计算机教学情境案例设计与分析

王磊　编著

清华大学出版社

北　京

内 容 简 介

本书的设计与编写是以提升高职高专学生的信息素养为突破口，精心设计了30个典型案例，并对每一个案例进行了详细的分析，每一个案例依据学习的难易程度逐步递进，又依据知识点的深度和广度设置了一个或多个扩展案例。本书是省部级课题“‘双主体、多进程、正反馈’混合教学模式的研究与实践”的教学改革成果之一，涵盖了计算机基础、字处理软件Word、电子表格软件Excel、演示文稿软件PowerPoint、数据库管理系统Access以及网络与多媒体等内容。

本书具有很强的操作性和实用性，既可作为高职高专院校计算机公共基础课程的教材，也可作为广大计算机爱好者的自学参考书。

图书在版编目(CIP)数据

计算机教学情境案例设计与分析 / 王磊编著. —北京：清华大学出版社，2019（2021.8重印）
ISBN 978-7-302-53639-0

Ⅰ. ①计… Ⅱ. ①王… Ⅲ. ①计算机辅助教学－高等职业教育－教材 Ⅳ. ①G434

中国版本图书馆CIP数据核字(2019)第178269号

责任编辑：王 军
装帧设计：孔祥峰
责任校对：牛艳敏
责任印制：沈 露

出版发行：清华大学出版社
网 址：http://www.tup.com.cn，http://www.wqbook.com
地 址：北京清华大学学研大厦A座 **邮 编**：100084
社 总 机：010-62770175 **邮 购**：010-62786544
投稿与读者服务：010-62776969，c-service@tup.tsinghua.edu.cn
质 量 反 馈：010-62772015，zhiliang@tup.tsinghua.edu.cn
印 装 者：三河市科茂嘉荣印务有限公司
经 销：全国新华书店
开 本：190mm×260mm **印 张**：17.25 **字 数**：464千字
版 次：2019年9月第1版 **印 次**：2021年8月第5次印刷
定 价：59.80元

产品编号：085267-02

前　言

本书是一部实践教学改革探索的教学学术专著。本书的作者有着多年的职业院校计算机教学经验，并取得过多项教学改革研究成果，本书为计算机应用课程混合式教学改革研究成果之一。

据调查，为使学生在学习计算机基础知识的同时接受岗位信息能力的培养，我国职业院校计算机应用基础教学中非常需要与岗位结合的典型教学案例。为此，作者结合职业院校学生的岗位需求，将计算机应用基础教学知识点与岗位信息化需求融合，通过对案例操作的训练来掌握具体计算机应用的基础知识和技巧，努力提升学生的信息技术能力和素养。

本书一共设计了 30 个情境案例，每个案例依据学习的难易程度逐步递进，又依据知识点的深度和广度设置了一个或多个扩展案例。

本书既可以作为计算机教学研究参考的专业性著作，又可以作为高职高专院校学生计算机基础训练用书，还可以作为计算机爱好者自学练习用书。

在本书撰写过程中，得到了山东中医药高等专科学校领导和相关部门的大力支持，在此表示衷心感谢。同时也特别感谢出版社各位编辑的辛勤付出。

因作者水平所限，书中不妥及谬误之处肯定存在，恳请同行和读者批评指正。

编　者

2019 年 3 月

目录

案例一

计算机开机初体验

电子计算机的诞生，使人类社会进入一个崭新的时代。它的出现使人类迅速进入了信息社会，彻底改变了人们的工作方式和生活方式，对人类的整个历史发展有着不可估量的影响。本学期要开设计算机应用基础这门课了，小张同学对计算机很感兴趣，但之前对计算机接触较少，想提前了解一下本门课程的主要内容、学习方法等。“计算机应用基础”课程的老师建设了课程网站，并提供了很多优秀的学习资源，可以实现学生的自主学习。本案例要求能正常开关计算机，并打开学习平台网址找到所需资源；了解计算机的起源、发展及趋势；掌握数制的基本概念、进制及各种进制之间的相互转换；熟悉桌面上的常见图标，掌握任务栏、对话框的用法。

一、案例设计

- 启动计算机，观察计算机桌面的组成，了解计算机桌面上不同图标的含义以及窗口、对话框等。
- 打开浏览器，输入课程网站网址，进入“计算机应用基础”课程网站，观看网站基本栏目以及计算机概述、计算机数据表示等栏目视频，了解课程的知识框架及学习方法。
- 关闭计算机，掌握计算机开关机注意事项。

二、案例分析

1. 开机并观察桌面图标及对话框

第 1 步：接通电源，按下计算机主机上的开机按钮，稍等片刻，计算机启动完毕后，首先映入眼帘的是绚丽的计算机桌面，如图 1-1 所示。桌面(Desktop)是启动计算机并登录到系统之后看到的显示器主屏幕区域，是用户工作的平台。

图1-1　Windows 7桌面

Windows 7 启动后，桌面上一般都有“计算机”“回收站”“网络”等图标以及任务栏、“开始”菜单等。图标(Icon)是 Windows 中一幅小的图像，双击这些小图标可以快速打开对应的应用程序、文件或文件夹等。在 Windows 7 中，任务栏默认位于桌面的最下方，由“开始”按钮、快速启动栏、任务按钮区和通知区域组成。单击“任务栏”左侧的“开始”按钮，即可弹出“开始”菜单，可根据需要选择相应的命令。

第 2 步：双击“计算机”图标，打开“计算机”窗口，如图 1-2 所示。Windows 系列操作系统及其应用程序采用图形化界面，只要运行某个应用程序或打开某个文档，就会对应出现一个矩形区域，这个矩形区域称为窗口。虽然 Windows 窗口的内容各不相同，但是不论在外观、风格还是操作方式上都高度统一。

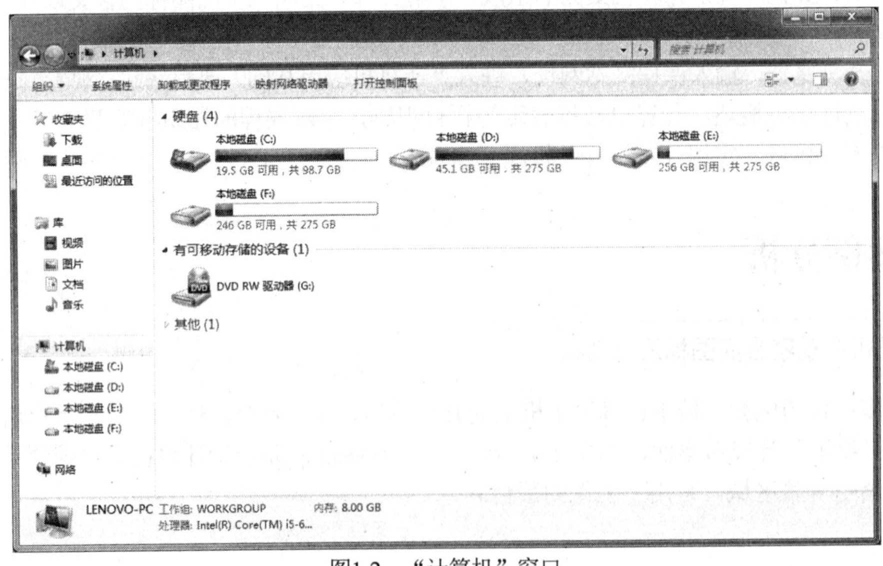

图1-2　“计算机”窗口

第 3 步：选中“本地磁盘(C:)”图标，单击鼠标右键，弹出“本地磁盘(C:)属性”对话框，可以查看磁盘的相应属性，如图 1-3 所示。对话框是一种特殊的视窗，用来在用户界面中向用户显示信息，或者在需要的时候获得对用户输入的响应。

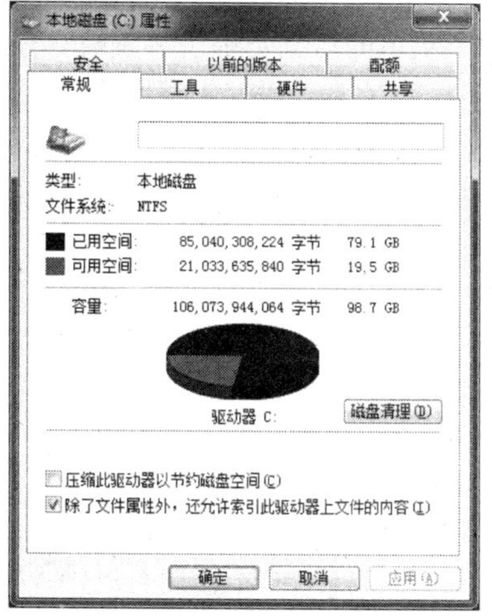

图1-3　“本地磁盘(C:)属性”对话框

2. 打开计算机应用基础课程网站，了解课程的知识框架及学习方法

第 1 步：双击桌面浏览器图标，在浏览器地址栏输入课程平台网站地址 http://221.214.182.55(http://umooc.sdctcm.edu.cn)，校内网用户也可用 http://10.0.85.36 打开学校网络课程平台，然后选择“计算机应用基础”这门课程，打开“计算机应用基础”课程网站，如图 1-4 所示。

图1-4　计算机应用基础课程网站

第 2 步：单击“基本信息”栏目，查看相应视频及文字资料，了解课程基本知识框架。单击“单元学习”栏目中的“初识计算机”模块，学习计算机概述、计算机数据表示等内容。计算机是人类历史上最伟大的发明之一。学习计算机基础知识，首先要了解什么是计算机。计算机是能够按照人的要求接收、存储信息，自动进行数据处理、计算，并输出结果信息的机器系统。

3. 关闭计算机

正确的关机步骤为：首先关闭正在运行的程序，如果提示保存文档，请先保存，再关闭。然后单击“开始”按钮，在“开始”菜单的右下角单击“关机”按钮，系统即可自动地保存相关信息，并关闭计算机。

注意事项：正常情况下，切勿直接按下电源按钮强行关机，切勿在未完成关机时就拔掉或关闭电源。主机上的所有指示灯会灭掉，所有风扇停止运转，显示器上的指示灯由“绿色”变成“橘黄色”，这时表示计算机完成关机。

三、案例拓展

(一) 熟悉键盘

常用的 Windows 键盘可分为主键盘区、功能键区、编辑键区、辅助键区和状态指示区，如图 1-5 所示。

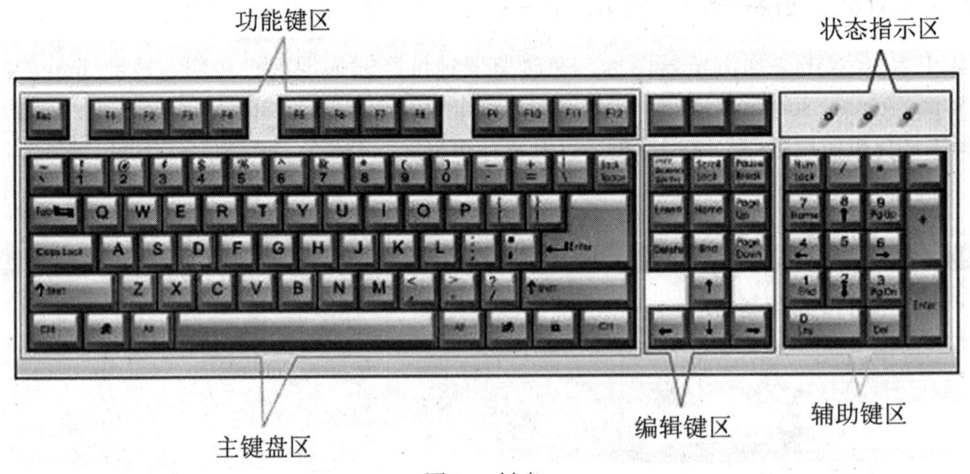

图1-5　键盘

1. 主键盘区

主键盘区是整个键盘的主要部分，包括字符键和控制键两大类。字符键主要包括英文字母键、数字键和标点符号键 3 类；控制键主要用于辅助执行某些特定操作。下面介绍常用控制键的功能。

- 制表键(Tab键)：用于使光标向右移动一个制表位的距离(默认为8个字符)。
- 大写锁定键(Caps Lock键)：主要用于控制大小写字母的输入。按下该键时，键盘右上角指示灯亮，则输入的是大写字母，反之输入的是小写字母。
- 上档键(Shift键)：又称为换档键，用于与其他字符、字母键组合使用。可以输入上档键上面的符号。
- Win键：标有Windows图标的键，按下后将弹出“开始”菜单。
- Enter键(Enter键)：通常表示确认，主要用于结束当前的输入或接受当前的状态。

- 退格键(Backspace键)：按一下该键，光标向左回退一格，并删除原位置上的字符。

2. 功能键区

- 功能键 Fl~F12：这12个功能键在不同的应用软件和程序中有各自不同的定义。在大多数程序中，按下F1键可打开帮助窗口。
- Esc键：该键为取消键，用于放弃当前的操作或退出当前程序。

3. 编辑键区

编辑键区包括特定功能键区和方向键区。特定功能键区中几个常用按键的功能如下。

- Print Screen键：屏幕拷贝键，按下该键，将会截取全屏幕画面。打开Word文档或画图程序，执行粘贴操作就会将截取的图片粘贴到其中。
- Pause/Break键：滚动锁定键，使正在滚动的屏幕显示停下来，或中止某一程序的运行。
- Insert键：插入键，用于切换“插入/改写”状态，多用于文本编辑操作。
- Home键：使光标直接移动到行首。
- End键：使光标直接移动到行尾。
- Page Up键：向上翻页键，显示屏幕前一页的信息。
- Page Down键：向下翻页键，显示屏幕后一页的信息。
- Delete键：删除键，删除光标后面的字符，并使光标后的字符向前移。

4. 辅助键区

Num Lock 键：数字控制键，数字指示灯亮时，可使用辅助键区的数字小键盘输入数字；数字指示灯灭时，数字小键盘不可用。

5. 状态指示区

在键盘的右上方有 3 个指示灯，分别是 Num Lock、Caps Lock 和 Scroll Lock。其中，指示灯 Num Lock 和 Caps Lock 亮起分别表示数字小键盘的锁定与大写锁定。Scroll Lock 是滚动锁定键。

(二) 指法练习

1. 正确的操作姿势

- 坐时腰背挺直，下肢自然地平放在地上，身体微向前倾，身体与键盘距离约为20cm。
- 手臂、肘、腕的姿势应是：两肩放松，两臂自然下垂，肘与腰部距离5~10cm。座椅高度以手臂与键盘桌面平行为宜，以便于手指灵活操作。
- 手掌与手指呈弓形，手指略弯曲，轻放在基准键上，指尖触键。左右手大拇指轻放在空格键上，大拇指外侧触键。
- 显示器应放在键盘的正后方，或右移5~6cm，输入的文稿一般放在键盘的左侧，以便于阅读文稿和屏幕。

2. 基准键和键位分配

基准键共有 8 个，左边的 4 个键是 A、S、D、F，右边的 4 个键是 J、K、L、；。操作时，左手小拇指放在 A 键上，无名指放在 S 键上，中指放在 D 键上，食指放在 F 键上；右手小拇指放在；键上，无名指放在 L 键上，中指放在 K 键上，食指放在 J 键上。

左手小拇指管辖 Z、A、Q、1 四个键，无名指管辖 X、S、W、2 四个键，中指管辖 C、D、E、3 四个键，食指管辖 V、F、R、4 四个键，右手四个手指的管辖范围依此类推，两手的拇指负责空格键，B、G、T、5 四个键和 N、H、Y、6 四个键也分别由左右手的食指管辖，如图 1-6 所示。

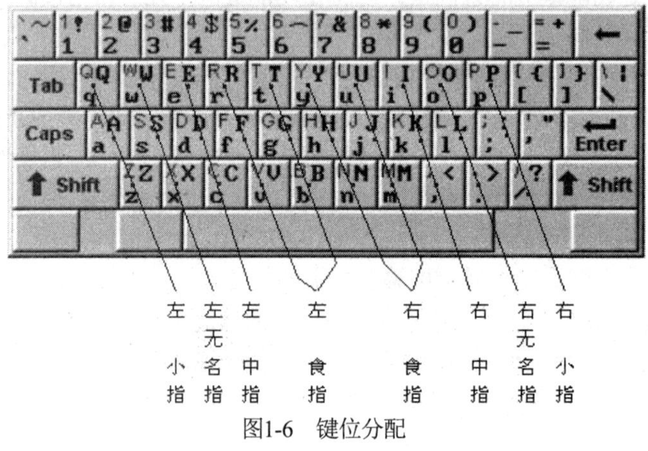

图1-6　键位分配

3. 指法练习

利用“记事本”输入以下内容并保存。

全国计算机等级考试

全国计算机等级考试(National Computer Rank Examination，NCRE)，是经原国家教育委员会(现教育部)批准，由教育部考试中心主办，面向社会，用于考查应试人员计算机应用知识与技能的全国性计算机水平考试体系。

全国计算机等级考试设四个等级。它不以评价教学为目的，考核内容不是按照学校要求设定，而是根据社会不同部门应用计算机的不同程度和需要、国内计算机技术的发展情况以及中国计算机教育、教学和普及的现状而确定的；它以应用能力为主，划分等级，分别考核，为人员择业、人才流动提供其计算机应用知识与能力水平的证明。

计算机一级考试

级别：

操作技能级。考核计算机基础知识及计算机基本操作能力，包括 Office 办公软件、图形图像软件。

科目：

计算机基础及 MS Office 应用、计算机基础及 WPS Office 应用、计算机基础及 Photoshop(简称 PS)应用，一共三个科目。

形式：

完全采取上机考试形式，各科上机考试时间均为 90 分钟。

获证条件：

考试不低于及格分数 60 分。

考核内容：

三个科目的考核内容都包括计算机基础知识和操作技能两部分。各科目对基础知识的要求相同，以考查应知应会为主，题型为选择题，占全卷的 20%(20 分)。

办公软件类考试，操作技能部分包括汉字录入、Windows 使用、文字排版、电子表格、演示文稿、IE 的简单应用及电子邮件收发。

PS 考试，要求了解数字图像的基本知识，熟悉 Photoshop 的界面与基本操作方法，掌握并熟练运用绘图工具进行图像的绘制、编辑、修饰，会使用图层蒙版、样式以及文字工具。

证书：

一级证书表明持有人具有计算机的基础知识和初步应用能力，掌握文字、电子表格和演示文稿等办公自动化软件(MS Office、WPS Office)的使用及互联网(Internet)应用的基本技能，具备从事机关、企事业单位文秘和办公信息计算机化工作的能力。

计算机二级考试

级别：

程序设计/办公软件高级应用级。考核内容包括计算机语言与基础程序设计能力，要求参试者掌握一门计算机语言，可选类别有高级语言程序设计类、数据库程序设计类、Web 程序设计类等；还包括办公软件高级应用能力，要求参试者具有计算机应用知识及 MS Office 办公软件的高级应用能力，能够在实际办公环境中开展具体应用。

科目：

语言程序设计(C、C++、Java、Visual Basic、Web)、数据库程序设计(Visual FoxPro、Access、MySQL)、办公软件(MS Office 高级应用)共 9 个科目。

形式：

完全采取上机考试形式。各科上机考试时间均为 120 分钟，满分 100 分。

获证条件：

总分不低于 60 分，可以获得合格证书。没有获得合格证书的考生，不再安排补考，需要以新考生身份报名参加考试。

考核内容：

计算机二级考试定位为程序员，考核内容包括公共基础知识和程序设计。所有科目对基础知识做统一要求，使用统一的公共基础知识考试大纲和教程。公共基础知识部分在各科考试选择题中体现。程序设计部分主要考查考生对程序设计语言的使用和编程调试等基本能力，在选择题和操作题中加以体现。

证书：

二级证书表明持有人具有计算机基础知识和基本应用能力，能够使用计算机高级语言编写程序，可以从事计算机程序的编制、初级计算机教学培训以及企业中与信息化有关的业务和营销服务工作。

案例二

认识并组装计算机

随着计算机的逐渐普及，使用计算机的人越来越多，但是很多人对计算机是如何工作的及其内部的硬件结构并不了解。有一天，学生小张的计算机突然无法开机，还发出“嘀嘀”的声音，他赶紧咨询老师，老师告诉他可能是计算机的内存条松动，打开机箱盖，重新插拔后就可以正常使用。为了尽快解决问题，小张打算对计算机进行拆卸和组装。通过本案例的学习，读者可以初步了解计算机的工作原理，并熟悉计算机的硬件系统构成，了解计算机的主要硬件，如主板、CPU、内存、电源、硬盘、显卡、声卡等。

一、案例设计

- 准备拆装计算机的常用工具，观察计算机主机外观以及与显示器、键盘、鼠标等外围设备的接线连接。
- 拆卸计算机，观察计算机主板及主板上插接的器件，拔下内存条，清理灰尘。
- 安装计算机，将内存条重新插入插槽，安装机箱盖并连接所有外围设备，了解计算机拆卸安装注意事项。

二、案例分析

1. 了解计算机硬件系统组成并观察计算机主机与外设的连接

第 1 步：了解计算机硬件系统组成。

一个完整的计算机系统由硬件系统和软件系统两大部分组成。硬件是完成工作的物质基础。计算机发展到现在，主要部件在外观上虽然有了很大的变化，但是其工作原理却没有变，主要部件包括主板、CPU、内存、电源、硬盘、显卡、声卡等。计算机的外观如图 2-1 所示。

图2-1　计算机的外观

① 主机箱

主机箱的内部构造如图 2-2 所示，包括电源、硬盘和光驱区域以及主板区。

图2-2　主机箱的内部构造

② 中央处理器

中央处理器又称为 CPU，是计算机的核心部件，一般都以它为标准来判断计算机的档次。图 2-3 所示是点触式 CPU 正面，图 2-4 所示是点触式 CPU 底面，图 2-5 所示是点触式 CPU 插槽，图 2-6 所示是针脚式 CPU 正面，图 2-7 所示是针脚式 CPU 底面，图 2-8 所示是针脚式 CPU 插槽，图 2-9 所示是 CPU 风扇。

图2-3　点触式CPU正面

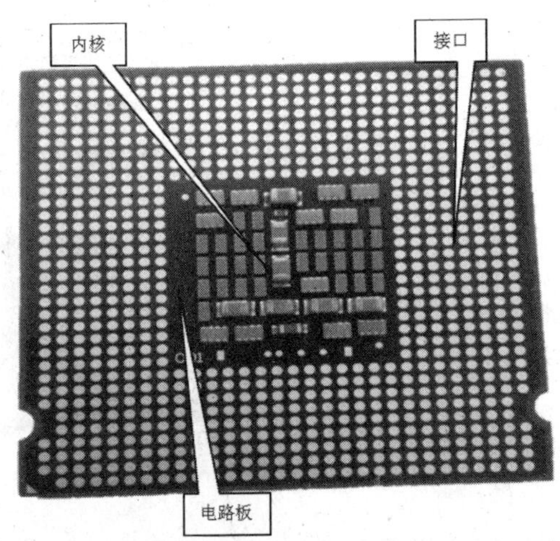

图2-4　点触式CPU底面

图2-5　点触式CPU插槽

图2-6　针脚式CPU正面

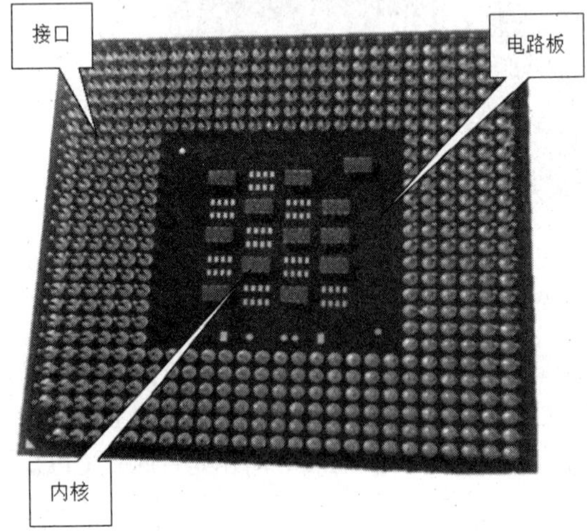

图2-7　针脚式CPU底面

图2-8　针脚式CPU插槽

图2-9　CPU风扇

③ 主板

主板是一块印制电路板，是整个计算机的中枢，所有部件及外部设备都通过它与CPU连接在一起，形成一个有机的整体。图2-10所示是主板上各主要部件的名称，图2-11所示是主板上的各种接口。

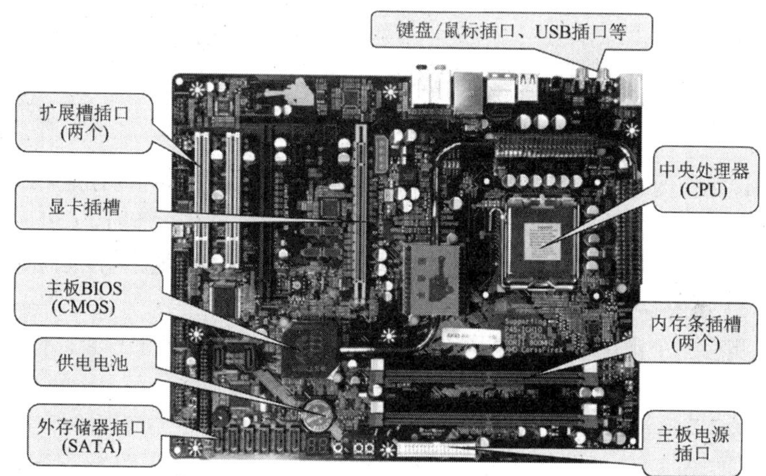

图2-10　主板上各主要部件的名称

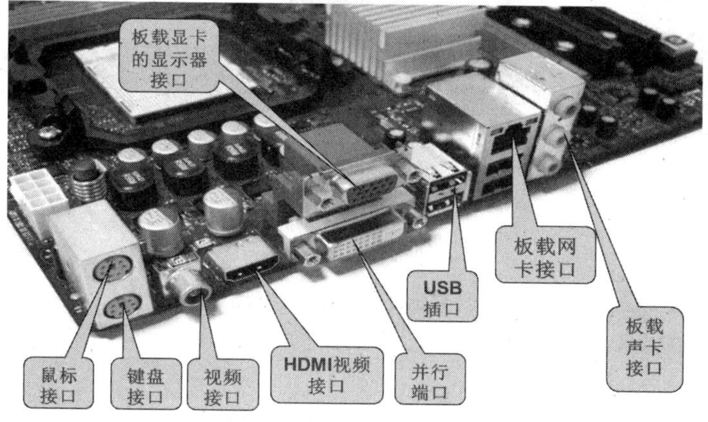

图2-11　主板上的各种接口

④ 硬盘

硬盘是计算机上主要的外部存储设备，具有容量大、存取速度快等优点，操作系统、可运行的程序文件以及用户的数据文件一般都保存在硬盘上。图 2-12 所示是硬盘的实物图。

图2-12　硬盘

⑤ 内存条

通常所说的计算机内存指的是 RAM 存储器，它是计算机的主存。内存是 CPU 能够直接访问的存储器，它只负责计算机数据的中转而不能永久保存。计算机在工作时，CPU 与输入输出设备和存储器之间要大量地交换数据，因此内存的存取速度和容量，也是影响计算机运行速度的主要因素之一。图 2-13 是内存条的实物图。

内存条的一侧有一个定位缺口，用于将其固定在主板插槽中合适的位置；利用金手指(主板插槽接触交换数据的线路)插入主板插槽内。

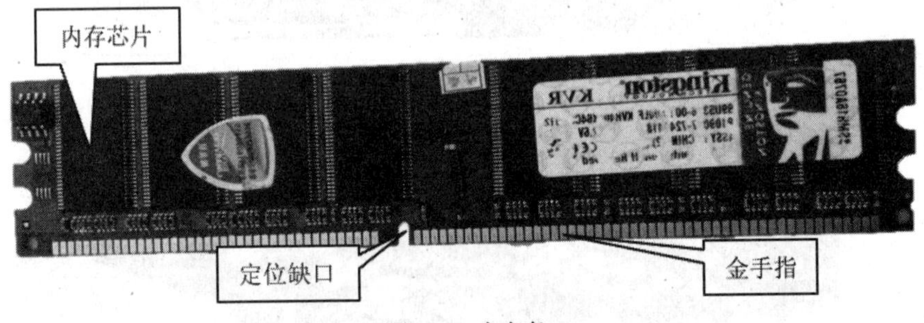

图2-13　内存条

⑥ 显卡

显卡(也称显示卡或显示适配器)的作用是把计算机输出的数据信息转换成特定格式的视频电信号并由显示器显示出来。图 2-14 所示是显卡的实物图。

⑦ 网卡

网卡(也称网络适配器)是工作在链路层的网络设备，是局域网中连接计算机和传输介质的接口，图 2-15 所示是 RJ-45 接口网卡的实物图。

图2-14　显卡

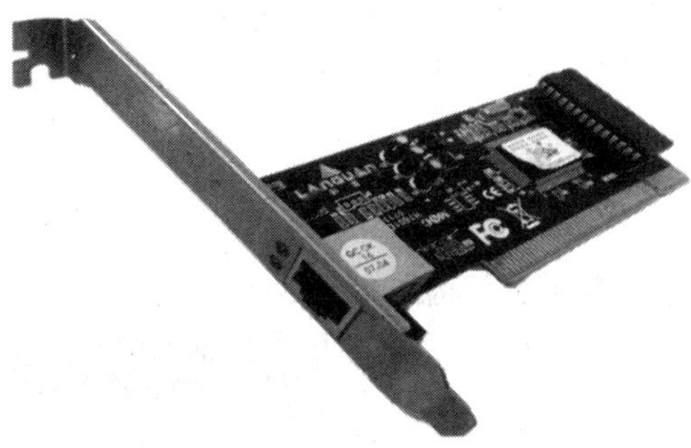

图2-15　网卡

第 2 步：准备工具。“工欲善其事，必先利其器。”在拆卸或组装计算机前，要准备好以下几种工具，如图 2-16 所示。对于简单的拆卸，一把十字形螺丝刀就可以了。

① 螺丝刀。至少要准备两把螺丝刀，一把为十字形螺丝刀，另一把为一字形螺丝刀。注意，最好选择螺丝刀头带有磁性的。

② 尖嘴钳。

③ 镊子。用于夹取螺钉、设置跳线等。

④ 在条件允许的情况下，准备一台万用电表和一支试电笔。

⑤ 除尘球。用于清理主板等器件上的灰尘。

第 3 步：观察计算机主机与外设连接线，必要时用手机拍照，以便后期安装时查看，如图 2-17 所示。

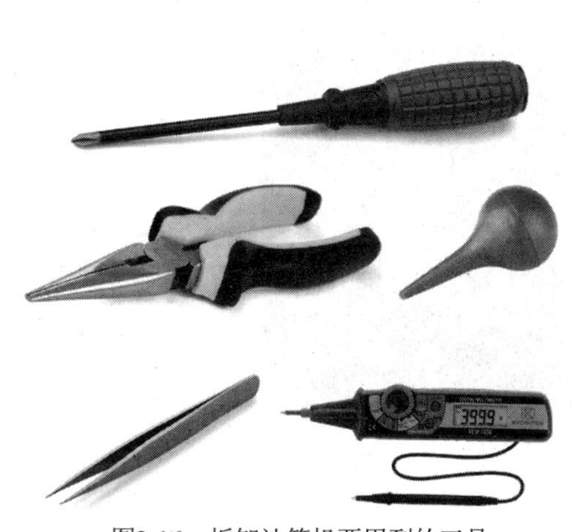

图2-16　拆卸计算机要用到的工具

图2-17　计算机主机与外设连接线

2. 拆卸计算机，拔下内存条，清理灰尘

拆卸计算机，就是将用线缆连接起来的各部件拆分开来。

第 1 步：切断主机电源，将主机电源线从主机箱上拔掉。

第 2 步：拔掉键盘、鼠标连线。用手握住键盘插头，沿垂直方向稍用力往外拔掉键盘与主机的连线。使用同样的方法拔掉鼠标连线，用手握住鼠标插头，沿垂直方向稍用力往外拔掉鼠标与主机的连线。如果为USB鼠标或键盘，则直接拔掉USB连接线。

第3步：拔掉网线。用手捏住水晶头的小卡子，用力向外拔出即可。

第4步：拔掉显示器数据线。用手沿逆时针方向旋转显示器数据线插头两端的固定螺丝，然后将显示器数据线从主机箱上拔掉。

第5步：拆卸主机箱侧面板。用螺丝刀拧开远离主板接口一边的螺丝，将主机箱侧面板取下来，机箱的内部构造如图2-18所示。

图2-18　机箱的内部构造

第6步：仔细观察机箱的内部构造，找到内存条插槽，向外拨动内存条插槽两侧的白色卡子，内存条将自动弹出插槽，两手提内存条的两侧，平行将内存条拔出，如图2-19所示。

图2-19　拔出内存条

第7步：用除尘球清理内存条上的灰尘，如果主板上的灰尘较多，也需要除尘。

3. 安装计算机并了解注意事项

安装计算机的过程与拆卸计算机的顺序相反，在实际安装过程中，以方便、快捷为原则，哪个操作方便，就按哪个操作进行，使得各部件之间的安装能够无干扰地进行。

第1步：安装内存条。在准备插入内存条前，先把内存条插槽两侧的锁扣往外掰，再将内存条对准插槽的缺口插下去，确保两侧的锁扣扣住内存条，如图2-20所示。

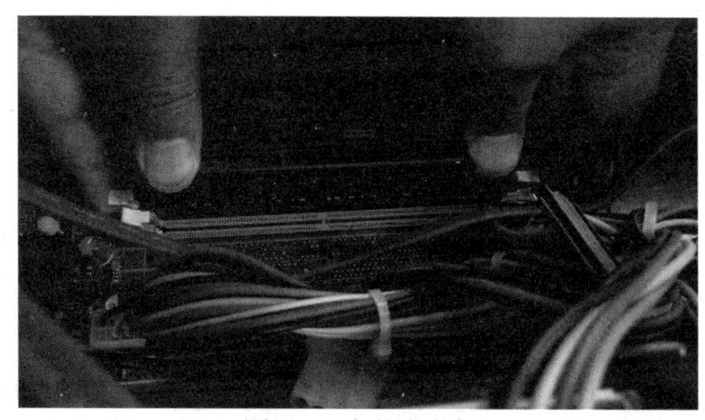

图2-20　安装内存条

第 2 步：固定主机箱侧面板。将主机箱侧面板安装上去，并用螺丝固定好。

第 3 步：对照之前拍摄的主机与外设接口图，找到各部件对应的接口，将各个部件接入主机。计算机的各个部件在接口设计上均有防反插设置，依次安装键盘、鼠标、显示器、网线、电源等部件。此时要注意各个插头的外形和对应接口的外形，防止接入方向出错。

第 4 步：了解装机注意事项，组装计算机是一件精细的工作，必须小心翼翼地进行。一般来说，下面一些事情是装机过程中需要特别注意的。

① 防静电。静电是计算机最大的敌人，在装机之前，一定要释放掉身上的静电，以防损坏计算机配件，具体做法是摸一摸水管或者洗洗手。

② 计算机配件要轻拿轻放，拿板卡时尽量从边缘拿，不要用手触摸金手指和芯片。

③ 固定螺丝的时候，用力要适度，无松动即可，不要拧得太紧，防止螺丝滑丝或卡板变形。

④ 禁止带电拔插，以免造成配件或整机损坏。

三、案例拓展

(一) 案例要求

登录“中关村在线”网站，使用网站上的“模拟攒机”功能，尝试组装一台个人计算机。

(二) 案例步骤

第 1 步： 打开“中关村在线”网站，网址是 http://www.zol.com.cn/。单击主页右上角的“模拟攒机”，如图 2-21 所示。

第 2 步：以 CPU 为例，在“请选择配件”中选择需要的 CPU，在类型“服务器 CPU”和“CPU”中选中“CPU”；然后选择 CPU 的品牌、价格、插槽类型以及系列(如奔腾系列、赛扬系列、酷睿系列等)，如图 2-22 所示。

第 3 步：选择 CPU 后单击“加入配置单”按钮，页面左侧的“装机配置单”中就会显示用户选择的装机 CPU，也可以在“装机配置单”中单击相应部件右侧的“添加”按钮，然后选择各种品牌的产品并加入配置单，如图 2-23 所示。

图2-21 “中关村在线”网站

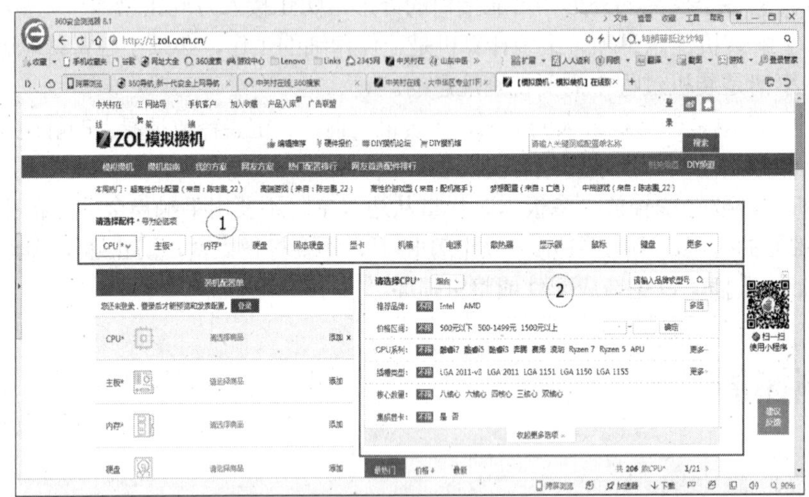

图2-22 选择配件

图2-23 加入配置单

第 4 步：其余硬件设备(如内存、主板、硬盘、显卡等)的选择方式与 CPU 设备的选择方式相同，直至完成“装机配置单”。在添加设备时，可以根据自己的需要有选择地添加，不必全部添加，如图 2-24 所示。

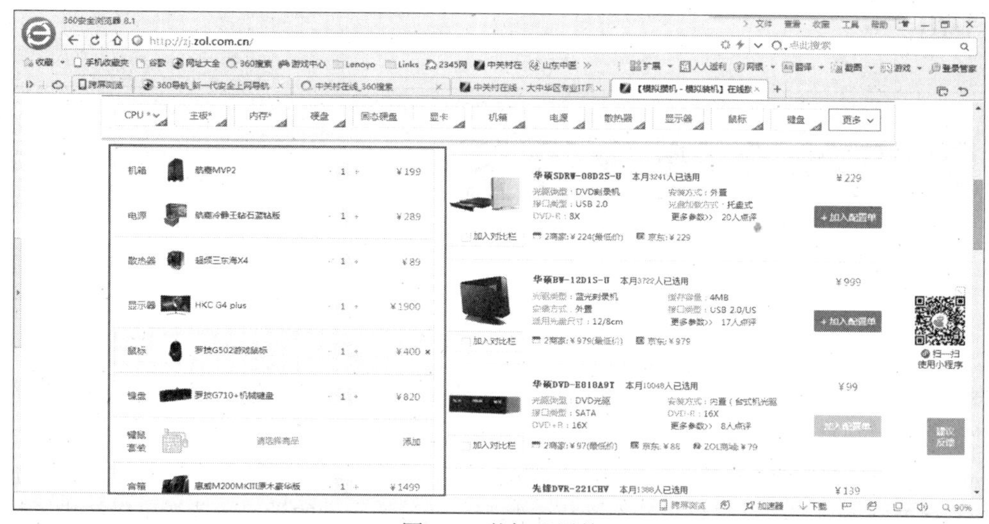

图2-24　装机配置单

第 5 步：发布自己的装机清单。选择自己的装机配置单属于什么“类型”，包括学习家用型、经济实惠型、商务办公型等，即出于什么需要进行装机配置。填写配置单“名称”，可以做简要“说明”，输入“验证码”，最后单击“发表配置单”，如图 2-25 所示。

如果对装机配置单不满意，可以单击“清空”按钮重新添加装机配置单，单击“预览”按钮查看自己的配置清单。

提示：

发表配置单和预览功能需要注册后登录才能实现。

图2-25　发表配置单

案例三

计算机的个性化设置

小刘刚刚考上大学，为了方便地自主登录学校的网络平台学习，他让爸爸买了一台计算机，他之前读高中时只熟悉 Windows XP 操作系统，新计算机安装的是 Windows 7 操作系统，听说 Windows 7 融合了 Windows XP 的实用性和 Windows Vista 的华丽外观，在个性化设置上更加丰富多彩。具体怎么对自己的计算机进行个性化定制呢？通过本案例的学习，读者可以初步了解计算机控制面板的设置、系统自带的常用工具软件的使用等。

一、案例设计

- 在Windows中添加一个新的管理员用户，账户名为“小刘”，密码为xiaoliu。
- 注销计算机，使用新建用户进行登录后，显示“计算机”“网络”等常见桌面图标。
- 查看所操作计算机的系统信息：本地计算机名、工作组、处理器、内存容量、操作系统版本、屏幕分辨率、IP地址、子网掩码、默认网关、DNS服务器等信息。
- 将“万维全自动网络考试系统”中的“考试系统”图标附到“开始”菜单，同时锁定到任务栏；在“开始”菜单中显示最近使用的项目；将“IE浏览器”图标从任务栏中解除。
- 将桌面背景设置为图片库中的“郁金香.jpg”，显示方式为“填充”。选择屏幕保护程序为“气泡”，设置“等待”时间为1分钟，在恢复时显示登录屏幕。更改电源设置，15分钟内对计算机无操作时关闭显示器，45分钟内无操作时计算机进入休眠状态。
- 设置区域和语言的格式为“中文(简体，中国)”，设置短日期格式为yyyy-M-d、长时间格式为HH:mm:ss，设置一周的第一天为星期一；设置数字“零起始显示”为0.7，小数点位数为2，设置货币符号为“$”，小数点后位数为2，设置排序为“拼音”；只保留一种中文输入法。
- 更改系统的日期和时间，观察效果，然后改为正确时间；向桌面添加“CPU仪表盘”“日历”“时钟”小工具。
- 利用计算器计算(Sqrt(4)/2+2)×3的值，将十进制数1000分别转成二进制、八进制、十六进制的值。
- 分别打开“记事本”程序、“写字板”程序、Word应用程序，并输入内容“欢迎您学习计算机应用基础课程！”，然后以“我的测试文档”为主文件名保存，设置取消隐藏已知文件类型扩展名，对比三种程序的界面和文件扩展名的不同。

- 利用画图工具，绘制任意图形，并以“我的绘画作品.bmp”为名保存成24位位图格式，放到桌面上。

二、案例分析

1. 创建新用户

创建新用户有两种方式，第一种方式是使用控制面板进行，第二种方式是使用计算机管理工具进行。

方式一

第 1 步：单击“开始”菜单，然后选择“控制面板”，打开“控制面板”窗口，将“查看方式”右侧的下拉列表设置为“大图标”，选择“用户账户”，此时弹出“用户账户”窗口，如图 3-1 所示。

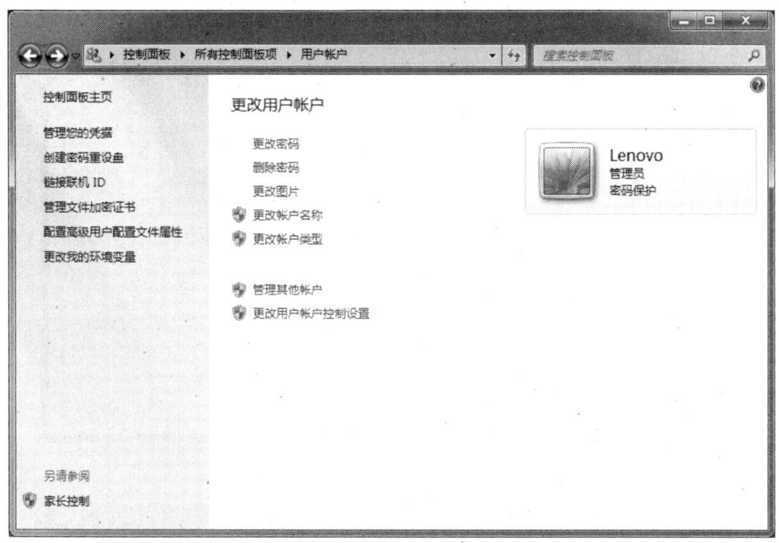

图3-1　用户账户设置窗口

第 2 步：单击“管理其他账户”，弹出“管理账户”窗口，选择“创建一个新账户”，将新账户命名为“小刘”，选中“管理员”单选按钮，如图 3-2 所示，然后单击“创建账户”按钮。此时，用户列表中便出现了名为“小刘”的管理员账户。

第 3 步：单击“小刘”管理员账户图标，此时弹出“更改账户”窗口，如图 3-3 所示。通过此窗口，可以更改账户名称、创建密码、更改图片、设置家长控制、更改账户类型、删除账户等。此处单击“创建密码”，在弹出的界面中输入新密码 xiaoliu，确认新密码 xiaoliu，输入密码提示 xiaoliu，如图 3-4 所示，然后单击“创建密码”按钮，即可为用户名为“小刘”的管理员创建新密码。

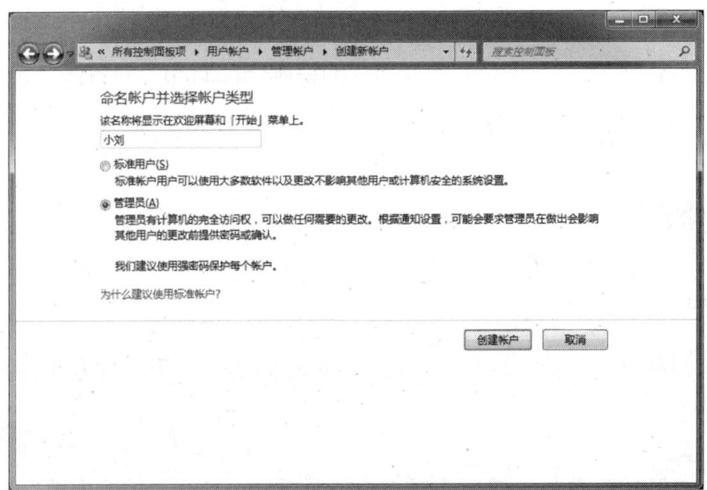

图3-2　创建新账户

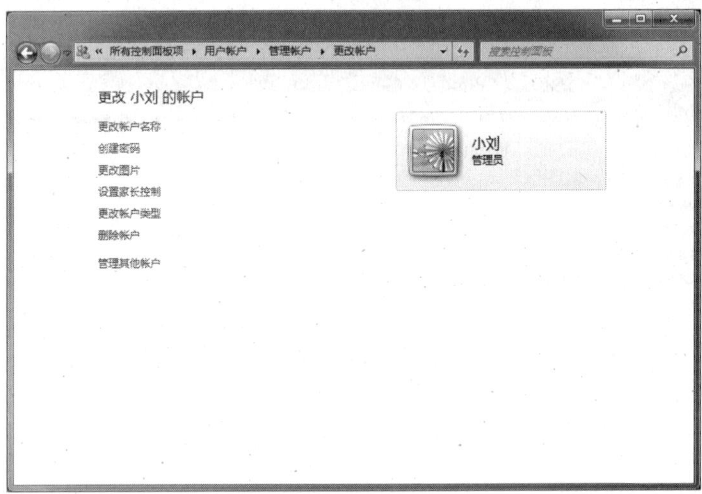

图3-3　更改账户设置

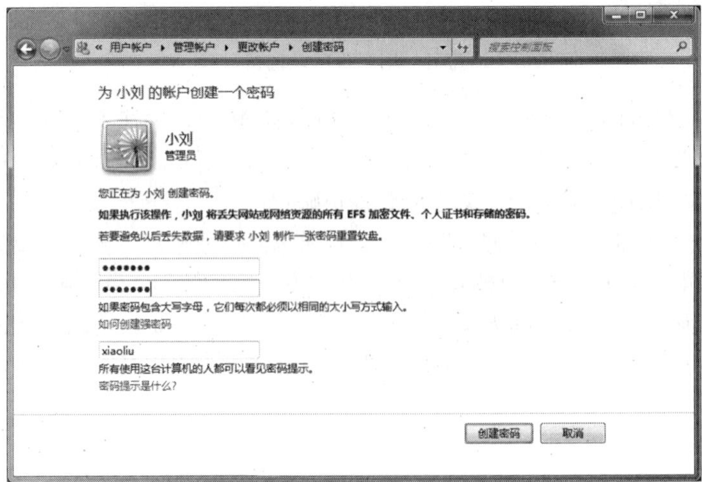

图3-4　进行密码设置

方式二

在桌面上右击“计算机”图标，在弹出的快捷菜单中选择“管理”命令，此时弹出“计算机管理”窗口，然后双击左侧的“本地用户和组”，展开列表，单击“用户”，在右侧空白处右击，在弹出的快捷菜单中选择“新用户”命令，然后弹出“新用户”对话框。在该对话框中，输入相应信息，如图 3-5 所示，单击“创建”按钮即可创建新用户。

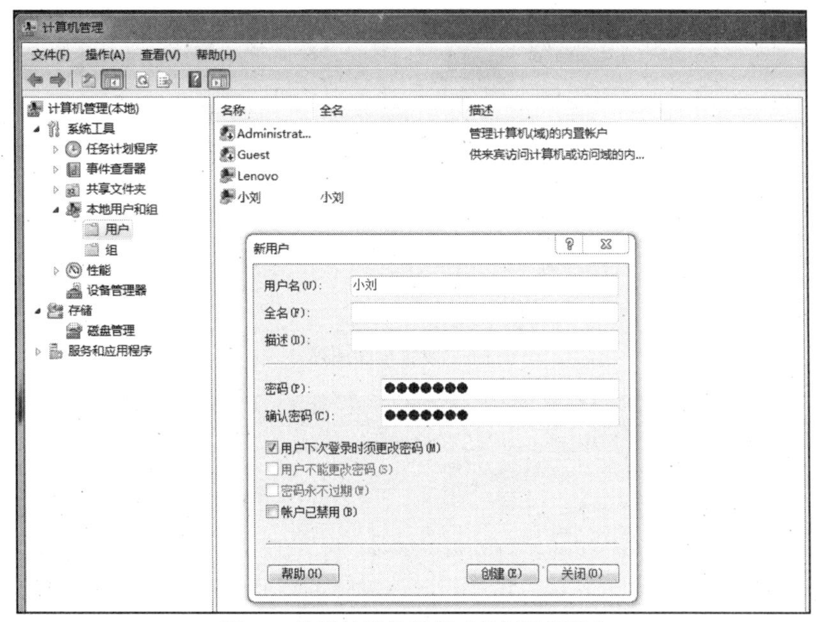

图3-5　使用计算机管理工具创建新用户

2. 注销计算机，切换用户并设置桌面图标

第 1 步：单击“开始”菜单，然后单击“关机”右侧的小三角符号，选择“注销”，或者使用组合键 Ctrl+Alt+Del，单击“注销”，即可注销计算机。

第 2 步：在注销后的界面中，单击新建的“小刘”用户图标，输入密码 xiaoliu，即可进入该用户的计算机桌面。

第 3 步：新用户的桌面上默认只有“回收站”图标。在桌面上右击，从弹出的快捷菜单中选择“个性化”命令，弹出“个性化”设置窗口，然后单击“更改桌面图标”，此时弹出“桌面图标设置”对话框，在该对话框中选中“计算机”“用户的文件”“控制面板”“网络”复选框，如图 3-6 所示，然后单击“确定”按钮，即可在桌面上显示“计算机”等常用的桌面图标。

3. 查看计算机的相关系统信息

第 1 步：在桌面上右击“计算机”图标，在弹出的快捷菜单中选择“属性”命令，弹出计算机“系统”窗口，如图 3-7 所示。在此窗口中，可以看到计算机名为 K153，工作组为 WORKGROUP，处理器为“Intel(R) Core(TM) i3-4150 CPU @ 3.50GHz 3.50GHz”双核处理器，内存容量为 4.00 GB，操作系统为“Windows 7 旗舰版 Service Pack 1”32 位操作系统。

图3-6　设置桌面图标

图3-7　计算机系统信息

第 2 步：在桌面空白处右击，在弹出的快捷菜单中选择“屏幕分辨率”命令，弹出“屏幕分辨率”窗口，如图 3-8 所示。通过该窗口，可以看到屏幕分辨率为“1600×900(推荐)”。更改为列表中的其他分辨率，然后单击“应用”按钮，观看屏幕效果的变化，最后再改为默认设置，然后单击“确定”按钮。

第 3 步：在桌面上右击“网络”图标，在弹出的快捷菜单中选择“属性”命令，在弹出的窗口中选择“打开网络和共享中心”，弹出“网络和共享中心”窗口。在该窗口中，单击“本地连接”图标，弹出“本地连接 状态”对话框，然后单击“详细信息”按钮，弹出“网络连接详细信息”对话框，如图 3-9 所示。该对话框显示本机物理地址为 00-23-24-7C-28-B1，IP 地址为 10.0.72.153，子网掩码为 255.255.255.0，默认网关为 10.0.72.254，首选 DNS 服务器为 202.102.128.68，备用 DNS 服务器为 114.114.114.114。

图3-8　屏幕分辨率设置窗口

图3-9　查看网络连接信息

4. 设置“开始”菜单及任务栏

第 1 步：单击“开始”菜单，选择“所有程序”，单击“万维全自动网络考试系统”图标，在展开的“考试系统”图标上右击，然后选择“附到「开始」菜单”命令，如图 3-10 所示。继续在展开的“考试系统”图标上右击，然后选择“锁定到任务栏”命令。

第 2 步：右击任务栏的空白处，从弹出的快捷菜单中选择“属性”命令，打开“任务栏和「开始」菜单属性”对话框，切换到“「开始」菜单”选项卡，单击“自定义”按钮，打开“自定义「开始」菜单”对话框，在列表框内选中最后一项“最近使用的项目”，如图 3-11 所示。单击“确定”按钮，返回“任务栏和「开始」菜单属性”对话框后，单击“确定”按钮，应用设置并关闭对话框。

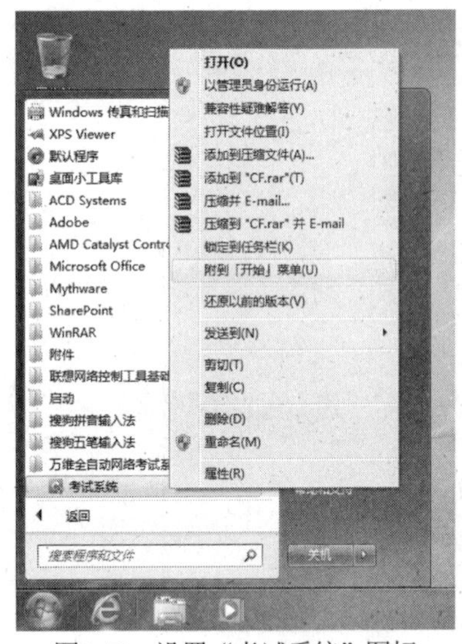

图3-10　设置“考试系统”图标

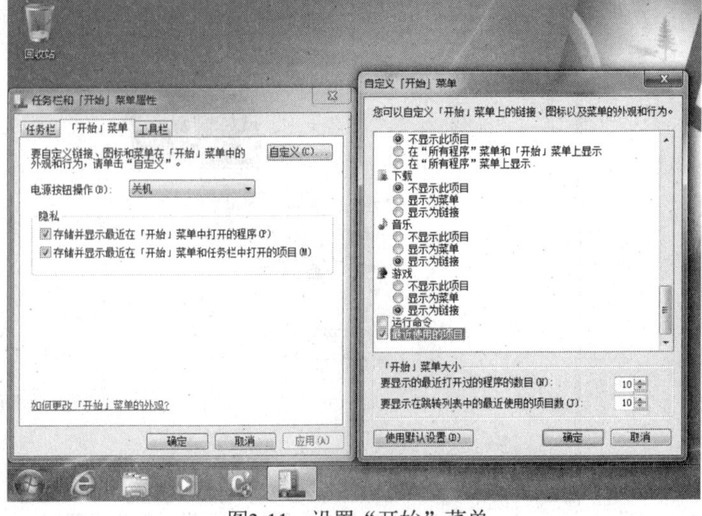

图3-11　设置“开始”菜单

第 3 步：在任务栏中的“IE 浏览器”图标上右击，选择“将此程序从任务栏解锁”命令，即可将“IE 浏览器”图标从任务栏中解除。单击打开“开始”菜单，观看设置后的效果，如图 3-12 所示。

5. 设置桌面背景、屏幕保护及电源属性

第 1 步：在桌面上右击，在弹出的快捷菜单中选择“个性化”命令，弹出“个性化”窗口，单击“桌面背景”图标，弹出“桌面背景”窗口。“图片位置”选择“图片库”，在下面的示例图片中选择图片“郁金香”，“图片位置”选择“填充”，如图 3-13 所示。单击“保存修改”按钮，即可设置“郁金香.jpg”为计算机桌面的背景图片。

图3-12　设置“开始”菜单及解除任务栏图标后的效果

图3-13　设置桌面背景

第2步：在“个性化”窗口中，单击“屏幕保护程序”图标，弹出“屏幕保护程序设置”对话框，在“屏幕保护程序”下拉列表中选择“气泡”，将“等待”设置为1分钟，选中“在恢复时显示登录屏幕”复选框，如图3-14所示。然后单击“应用”按钮，即可完成屏幕保护程序的设置。

第 3 步：在“屏幕保护程序设置”对话框中单击“更改电源设置”命令，打开“电源选项”窗口，在“首选计划”中选择“平衡(推荐)”，单击“更改计划设置”按钮，此时打开“编辑计划设置”窗口，在该窗口中，设置关闭显示器的时间为“15 分钟”，设置计算机进入睡眠状态的时间为“45 分钟”，如图 3-15 所示，最后单击“保存修改”按钮，关闭“电源选项”窗口。

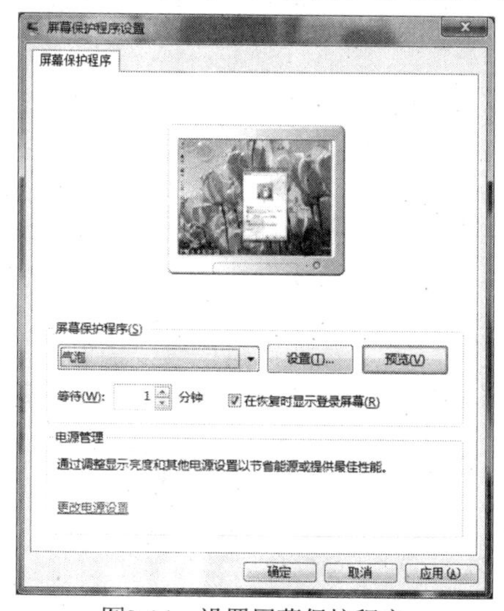

图3-14　设置屏幕保护程序

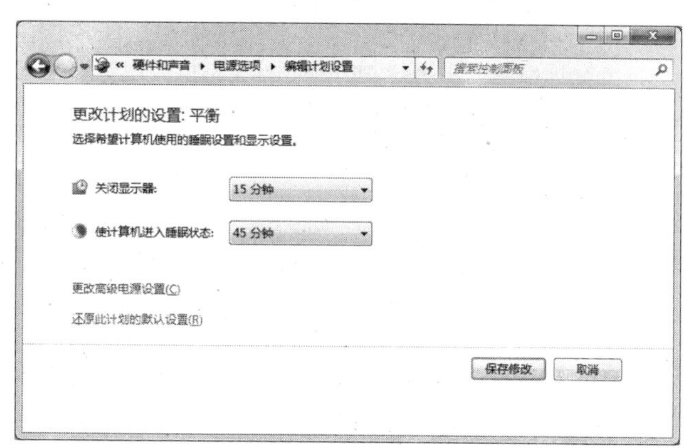

图3-15　设置电源选项

6. 设置区域和语言格式

第 1 步：双击桌面上的“控制面板”图标，或者单击“开始”菜单中的“控制面板”选项，打开“控制面板”窗口，将“查看方式”右侧的下拉列表设置为“大图标”，选择“区域和语言”，弹出“区域和语言”对话框。在该对话框中，在“格式”下拉列表框中选择“中文(简体，中国)”，“短日期”选择 yyyy-M-d，“长时间”选择 HH:mm:ss，将一周的第一天设置为“星期一”，其他默认不更改，如图 3-16 所示。

第 2 步：在“区域和语言”对话框中，单击“其他设置”按钮或者“更改排序方法”命令，此时弹出“自定义格式”对话框，分别有“数字”“货币”“时间”“日期”“排序”选项卡，可以进行更详细的格式设置。此处在“数字”选项卡的“零起始显示”中选择 0.7、“小数位数”选择 2，在“货币”选项卡的“货

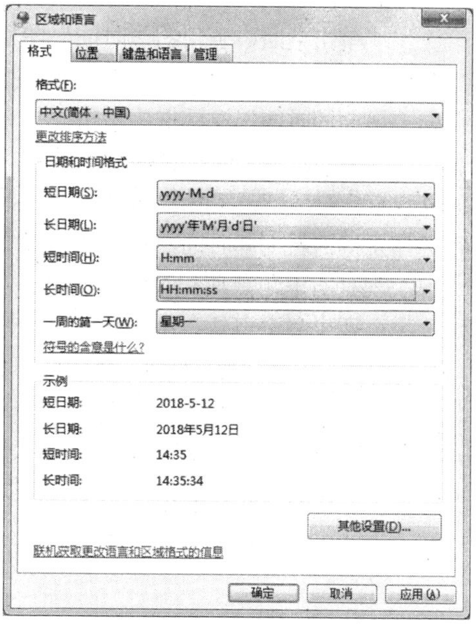

图3-16　设置日期和时间格式

币符号”中选择$、“小数点位数”选择 2，在“排序”选项卡的“选择排序方法”下拉列表中选择“拼音”，如图 3-17 所示。最后单击“确定”按钮，完成自定义格式设置。

第 3 步：单击“键盘和语言”选项卡中的“更改键盘”，或者右击屏幕右下角的输入法工具栏，在弹出的快捷菜单中选择“设置”命令，都会弹出“文本服务和输入语言”对话框，在该对话框中选中“中文(简体)-搜狗五笔输入法”，如图 3-18 所示，然后单击右侧的“删除”按钮，即可把平常不用的输入法删除。使用同样的方法删除其他输入法，只保留“搜狗拼音输入法”。然后单击“确定”按钮，关闭“文本服务和输入语言”对话框。最后，单击“确定”按钮，关闭“区域和语言”对话框。此时按 Ctrl+Shift 组合键，就会发现只能在搜狗拼音输入法和英文输入法之间进行切换。

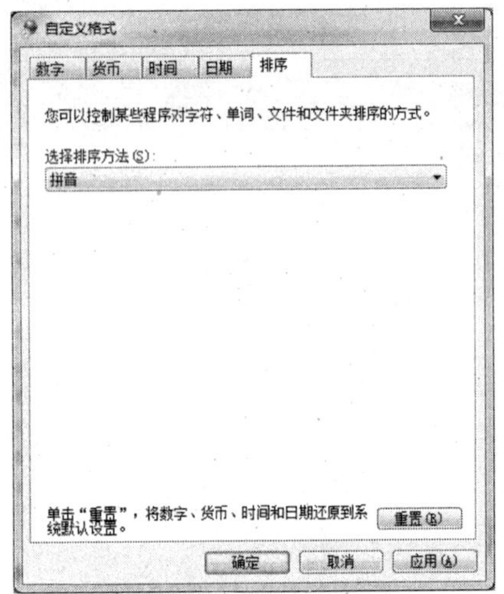

图3-17　自定义格式设置

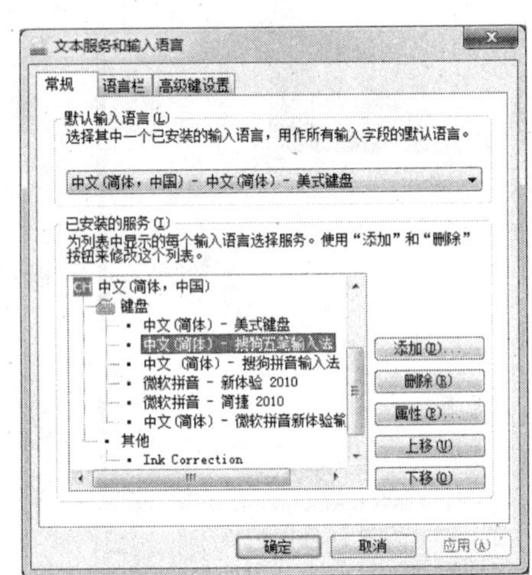

图3-18　文本服务和输入语言设置

7. 设置系统日期和时间，并添加桌面小工具

第 1 步：单击桌面右下角的“时间”图标，在弹出的窗口中单击“更改日期和时间设置”按钮，在弹出的“日期和时间”对话框中单击“日期和时间”选项卡中的“更改日期和时间”按钮，弹出“日期和时间设置”对话框，如图 3-19 所示。在此对话框中，选择正确的日期和时间，单击“确定”按钮即可更改，观察右下角日期和时间的变化。

第 2 步：在桌面空白处右击，在弹出的快捷菜单中选择“小工具”，打开“小工具库”，在“CPU 仪表盘”图标上右击，选择“添加”命令，如图 3-20 所示，此时即可在桌面右上角添加“CPU 仪表盘”小工具。使用同样的方法，添加“日历”和“时钟”小工具。

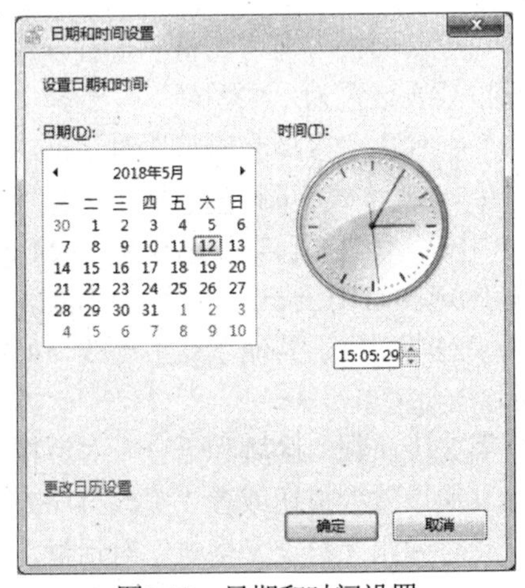

图3-19　日期和时间设置

图3-20　添加桌面小工具

8. 计算器的使用

第 1 步：单击“开始”菜单的“附件”组中的“计算器”，打开计算器工具。依次单击“4”“√(根号)”“/”“2”“+”“2”“*”“3”“=”，完成计算，结果为 9，数字和运算符也可以用键盘输入。

图3-21　计算器程序员查看窗口

第 2 步：单击“查看”菜单中的“程序员”命令，此时计算器切换界面，如图 3-21 所示，左侧的进制区域默认选择的是“十进制”，此时输入 1000，然后选中“二进制”单选按钮，此时显示 1000 转换成二进制数为 1111101000。使用同样的方法，“八进制”转换的值为 1750，“十六进制”转换的值为 3E8。通过计算器就可以快速实现二进制、八进制、十进制、十六进制之间的转换。

9. 分别用“记事本”程序、“写字板”程序、Word应用程序创建文档

第 1 步：分别单击“开始”菜单的“所有程序”子菜单中的“记事本”“写字板”“Microsoft Word 2010”，在打开的程序窗口中，分别输入“欢迎您学习计算机应用基础课程！”，然后分别保存，在弹出的位置保存对话框中，选择保存在桌面上，文件名为“我的测试文档”。

第 2 步：对比三个程序窗口的不同，如图 3-22 所示。“记事本”程序窗口简洁，使用菜单命令管理设置，命令功能相对较少。“写字板”程序窗口采用选项卡的形式进行管理，所有命令在相应选项卡上展示，能插入简单的图片等对象，命令功能较“记事本”程序有很大提升。这两个程序都是 Windows 系统自带的。Word 应用程序具有强大的文字编辑和格式设置功能，有多个选项卡，命令功能丰富强大，是编辑文档的有力工具。

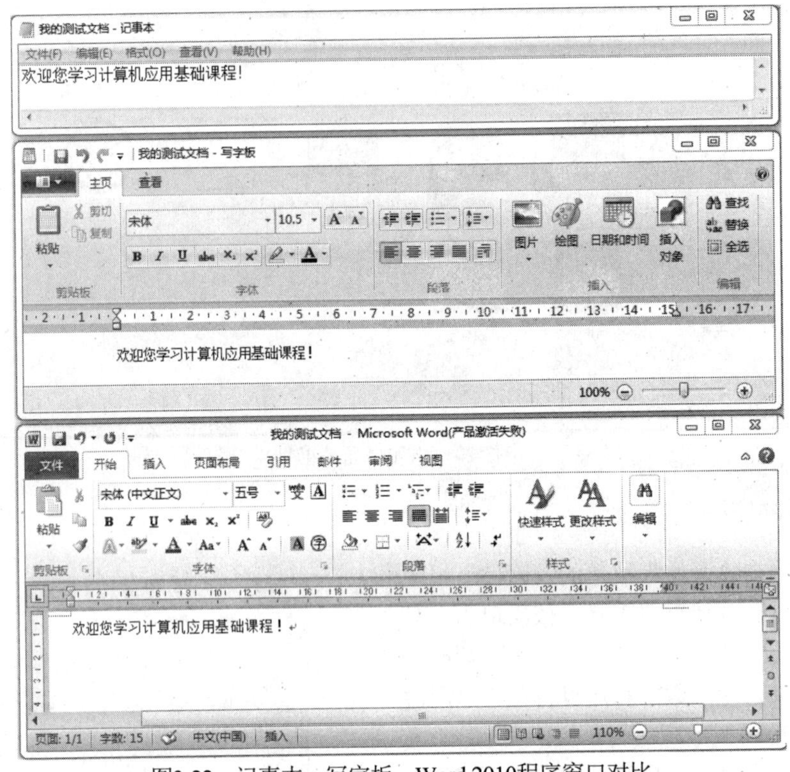

图3-22　记事本、写字板、Word 2010程序窗口对比

第 3 步：对比三种文件的扩展名，通过桌面上存放的三个文件发现，文件名都一样，只是图标不一样。实际上，现在显示的是它们的主文件名，三个文件的扩展名并没有显示出来。打开控制面板，单击“文件夹选项”，打开“文件夹选项”对话框，如图 3-23 所示。取消选中“隐藏已知文件类型的扩展名”复选框，单击“确定”按钮后，即可显示出三个文件的扩展名。记事本文件的扩展名为“.txt”，写字板文件的扩展名为“.rtf”，Word 文件的扩展名为“.docx”。

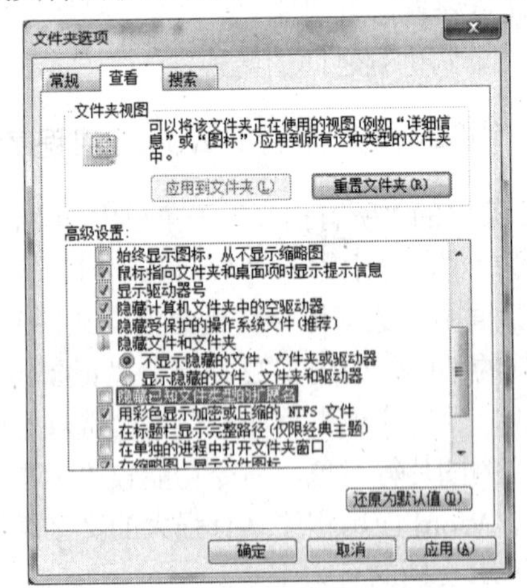

图3-23　设置取消隐藏已知文件类型的扩展名

10. 使用画图工具绘制任意图形并保存到桌面上

第 1 步：单击“开始”菜单，打开“附件”中的“画图”程序，使用“工具”选项卡下的“铅

笔”“橡皮”等工具以及“形状”选项卡下的各种“形状”，自由绘制图形，如图 3-24 所示。

图3-24　“画图”程序窗口

第 2 步：单击左上角的“保存”按钮，弹出“保存为”对话框，如图 3-25 所示。图形被默认保存到“图片库”中，单击“桌面”图标，选择保存位置为“桌面”，文件名为“我的绘画作品.bmp”，保存类型为“24 位位图(*.bmp;*.dib)”，此时就会看到桌面上有个名为“我的绘画作品.bmp”的文件。

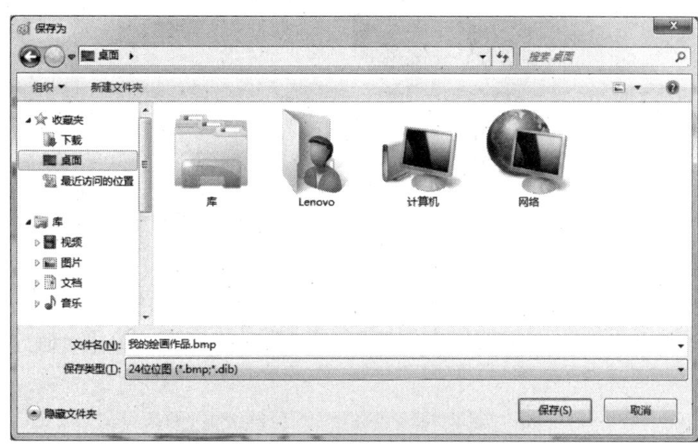

图3-25　“保存为”对话框

三、案例拓展

(一) 案例要求

- 在桌面上显示“计算机”和“控制面板”图标，以及“CPU仪表盘”和“日历”小工具。
- 将系统提供的“风景”主题作为新的桌面背景，图片每1小时更换一张，将窗口边框、“开始”菜单和任务栏的颜色设置为紫罗兰色。

- 系统等待30分钟后，自动启动“三维字体”屏幕保护程序，并显示“励志笃学 厚德济生”。
- 清除“开始”菜单中最近使用的项目列表。
- 将“图片库”中的“足球”图片设置为账户图片，并创建一个名为“公用登录账号”的标准账户。
- 切换用户到“公用登录账号”，禁用控制面板和U盘。

(二) 案例步骤

1. 定制桌面

第 1 步：右击桌面空白处，从弹出的快捷菜单中选择“个性化”命令，打开“个性化”设置窗口，如图 3-26 所示。

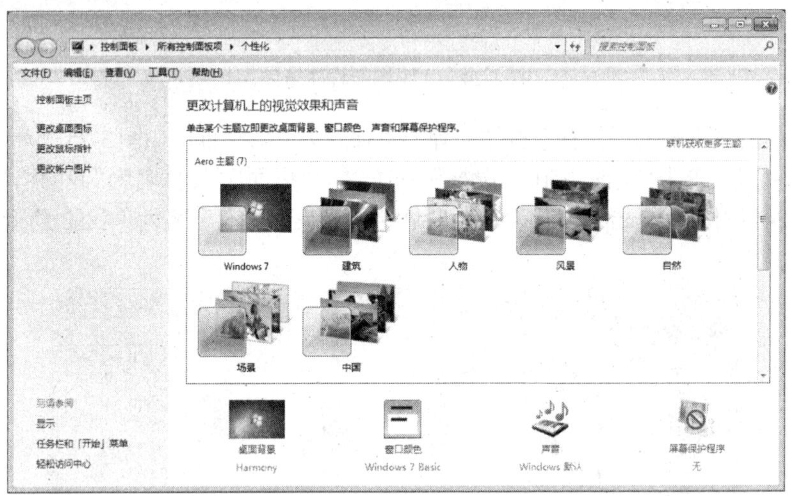

图3-26 “个性化”设置窗口

第 2 步：单击窗口左侧的“更改桌面图标”命令，打开“桌面图标设置”对话框。在“桌面图标”栏内选中“计算机”和“控制面板”复选框，如图 3-27 所示。单击“确定”按钮，返回“个性化”设置窗口。

图3-27 “桌面图标设置”对话框

第 3 步：右击桌面空白处，从弹出的快捷菜单中选择“小工具”命令，打开“小工具库”，如图 3-28 所示。

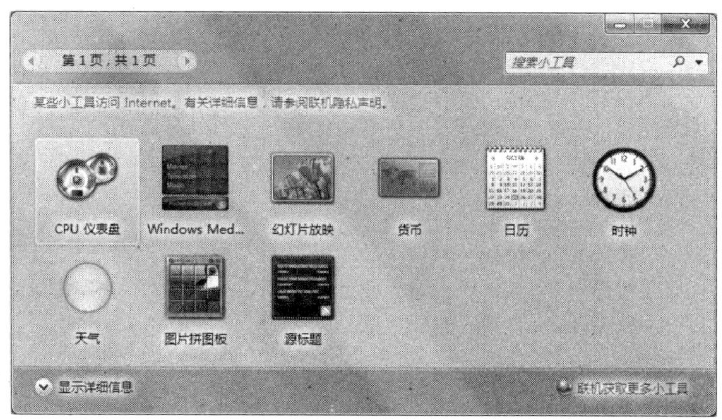

图3-28 “小工具库”

第 4 步：右击“CPU 仪表盘”小工具，从弹出的快捷菜单中选择“添加”命令，将“CPU 仪表盘”小工具添加到桌面上。

第 5 步：右击“日历”小工具，从弹出的快捷菜单中选择“添加”命令，将“日历”小工具也添加到桌面上，然后单击“关闭”按钮，将“小工具库”关闭。

2. 更改桌面主题及窗口颜色

第 1 步：在“个性化”设置窗口中，单击列表框中“Aero 主题”中的“风景”主题。

第 2 步：单击“桌面背景”图标，打开“桌面背景”窗口，在“更改图片时间间隔”下拉列表中选择“1 小时”，如图 3-29 所示，单击“保存修改”按钮，返回“个性化”设置窗口。

图3-29 设置桌面背景

第 3 步：单击“窗口颜色”图标，打开“窗口颜色和外观”窗口，选择“紫罗兰色”，如图 3-30 所示。单击“保存修改”按钮，返回“个性化”设置窗口。

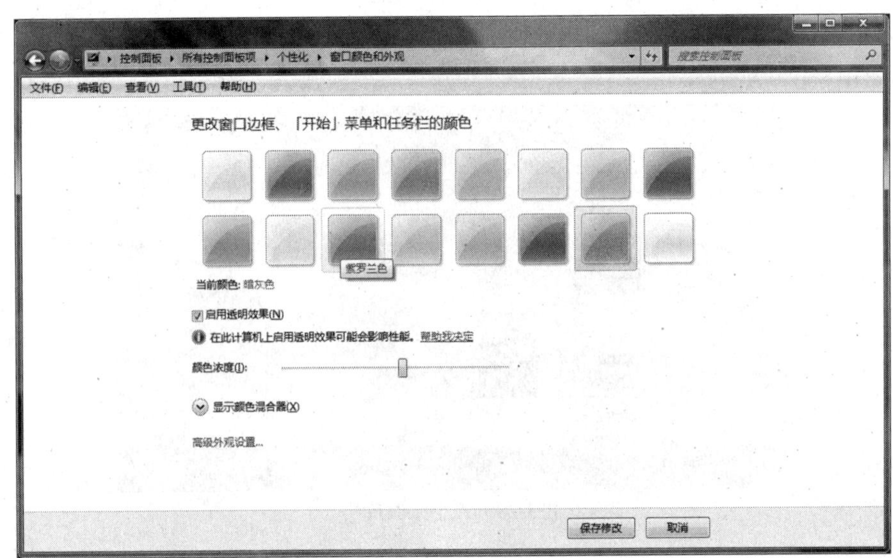

图3-30　设置窗口颜色和外观

3. 设置屏幕保护程序

第 1 步：在“个性化”设置窗口中，单击“屏幕保护程序”图标，打开“屏幕保护程序设置”对话框。

第 2 步：将“屏幕保护程序”设置为“三维文字”。

第 3 步：单击“设置”按钮，打开“三维文字设置”对话框，在“自定义文字”单选按钮右侧的文本框中输入“励志笃学 厚德济生”，如图 3-31 所示。单击“确定”按钮，返回“屏幕保护程序设置”对话框。

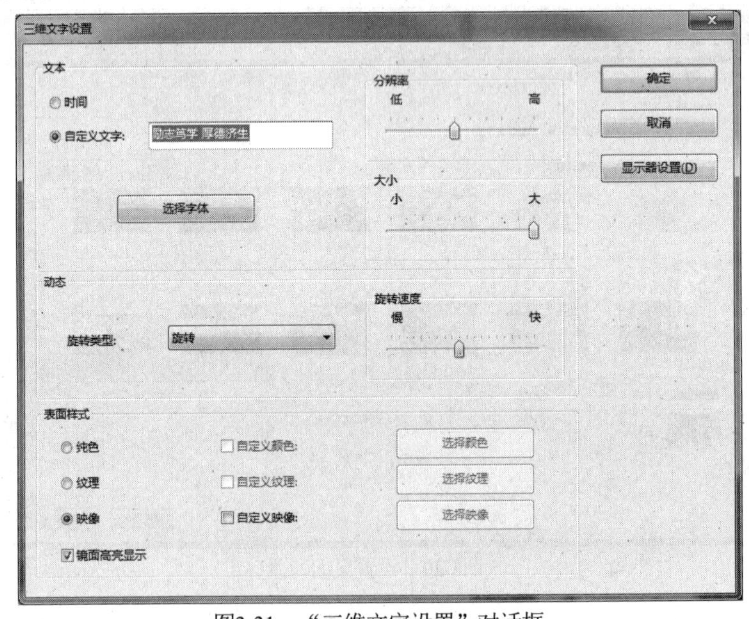

图3-31　“三维文字设置”对话框

第 4 步：将“等待”设置为“30 分钟”，如图 3-32 所示。单击“确定”按钮，返回“个性化”设置窗口后，单击右上角的“关闭”按钮，完成设置。

图3-32　“屏幕保护程序设置”对话框

4. 设置“开始”菜单

第 1 步：右击任务栏空白处，从弹出的快捷菜单中选择“属性”命令，打开“任务栏和「开始」菜单属性”对话框，如图 3-33 所示，切换到“「开始」菜单”选项卡。

第 2 步：单击“自定义”按钮，打开“自定义「开始」菜单”对话框，如图 3-34 所示，在列表框内选中最后一项“最近使用的项目”。单击“确定”按钮，返回“任务栏和「开始」菜单属性”对话框后，单击“确定”按钮，应用设置并关闭对话框。

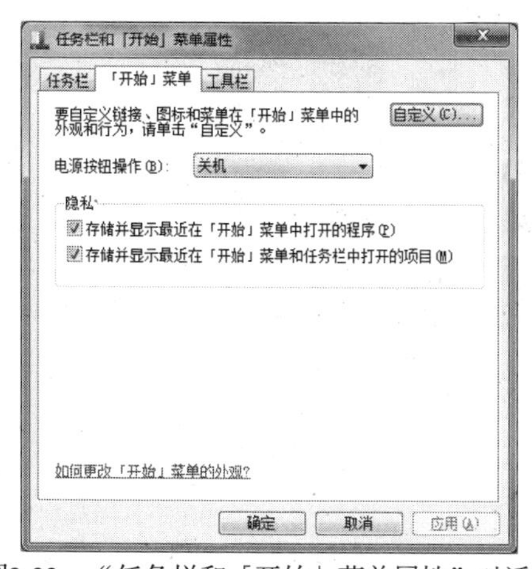

图3-33　“任务栏和「开始」菜单属性”对话框

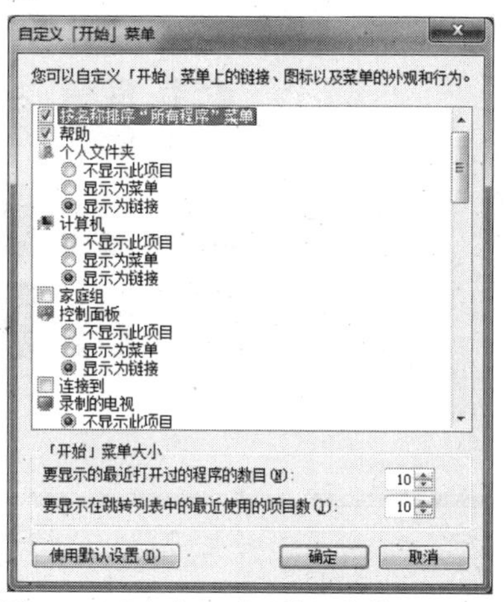

图3-34　“自定义「开始」菜单”对话框

第 3 步：打开“开始”菜单，右击添加的“最近使用的项目”菜单项，从弹出的快捷菜单中选择“清除最近使用的项目列表”命令，将最近使用的项目列表清除。

5. 设置并新建用户

第 1 步：双击桌面上的“控制面板”图标，打开“控制面板”窗口，将“查看方式”右侧的下拉列表设置为“类别”，然后单击“用户账户和家庭安全”命令，打开“用户账户和家庭安全”窗口，如图 3-35 所示。

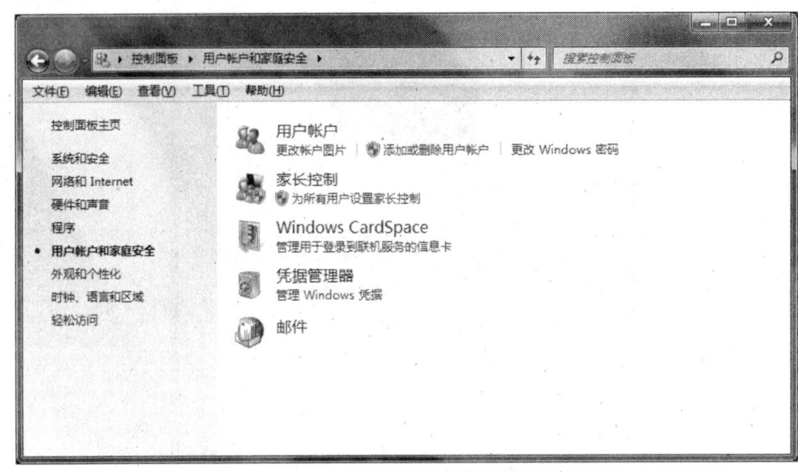

图3-35　“用户账户和家庭安全”窗口

第 2 步：单击“更改账户图片”命令，打开“更改图片”窗口，在图片列表中单击“足球”图片，如图 3-36 所示。单击“更改图片”按钮，返回“用户账户和家庭安全”窗口。

图3-36　“更改图片”窗口

第 3 步：单击“添加或删除用户账户”命令，然后在弹出的“管理账户”窗口中，单击“创建一个新账户”命令，打开“创建新账户”窗口。在文本框中输入文字“公用登录账号”，然后选中“标准用户”单选按钮，如图 3-37 所示。最后单击“创建账户”按钮，返回“管理账户”窗口。单击“关闭”按钮，将“管理账户”窗口关闭。此时一个新账户就添加完毕了。

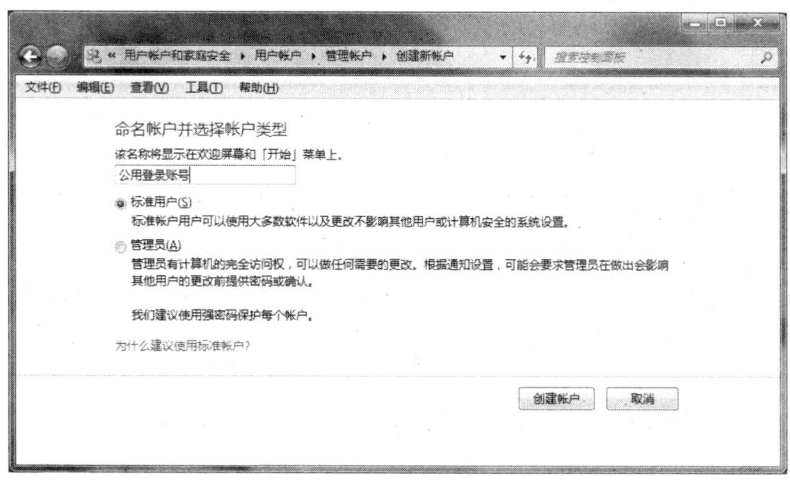

图3-37　“创建新账户”窗口

6. 切换用户，禁用控制面板和U盘

第 1 步：单击“开始”菜单，然后单击“关机”右侧的小三角符号，选择“切换用户”命令，此时显示用户登录列表界面。单击新建的“公用登录账号”用户图标，即可进入该用户的计算机桌面。

第 2 步：单击“开始”菜单，在“搜索程序和文件”输入框中输入 gpedit.msc，执行后弹出“本地组策略编辑器”窗口。单击左侧列表中“用户配置”下的“管理模板”命令，然后在展开的列表中单击“控制面板”，此时界面如图 3-38 所示。然后双击右侧的“禁止访问‘控制面板’”设置项，在打开的“禁止访问‘控制面板’”属性窗口中选中“已启用”，如图 3-39 所示，单击“确定”按钮，即可限制用户访问控制面板。

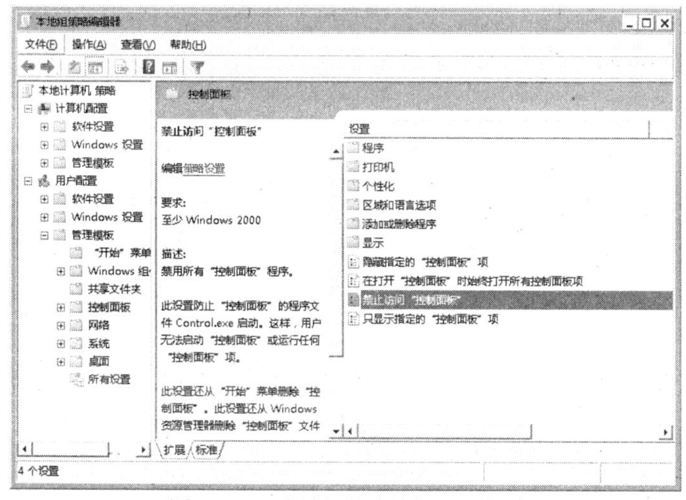

图3-38　“本地组策略编辑器”窗口

第 3 步：在“本地组策略编辑器”窗口中，单击左侧列表中“用户配置”下的“管理模板”命令，依次展开“系统”→“可移动存储访问”，此时界面如图 3-40 所示。然后双击右侧的“可移动磁盘：拒绝读取权限”设置项，在打开的“可移动磁盘：拒绝读取权限”属性窗口中，选中“已启用”，如图 3-41 所示，单击“确定”按钮，即可限制用户使用 U 盘。

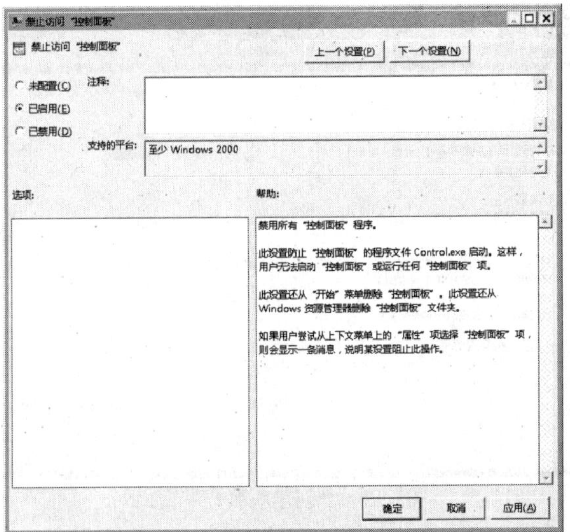

图3-39　设置禁止访问“控制面板”

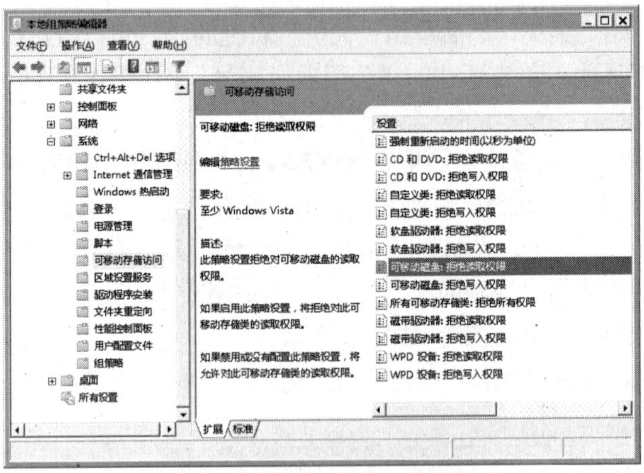

图3-40　可移动存储访问设置界面

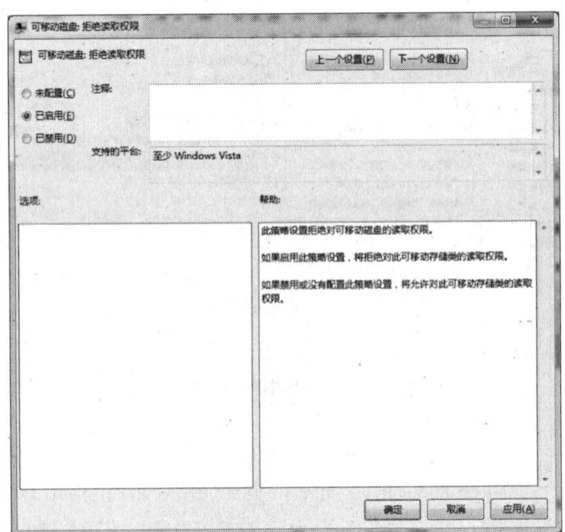

图3-41　“可移动磁盘：拒绝读取权限”设置窗口

案例四

文件及文件夹的管理

王允婷同学经常把从网上下载的图片、视频以及自己制作的作业文档等文件默认保存到用户文件夹中。随着存储的文件数量的增加，计算机中的文件越来越多。如果把这些文件全放在一起，要用时查找起来很麻烦，所以要通过文件夹对这些文件进行统一管理。通过本案例的学习，可以熟练掌握文件和文件夹的新建、复制、移动、删除、重命名等操作。

一、案例设计

- 打开用户文件夹，更改视图显示方式为“详细信息”，观察用户文件夹内存放的资料。
- 打开D盘，在D盘根目录下创建以个人名字命名的文件夹，在个人文件夹中分别创建“Word文档”“Excel文档”“PPT文档”“图片素材”“声音素材”“视频素材”文件夹。
- 根据文件类型，将用户文件夹内的资料，移动到新建的个人文件夹内。
- 从“我的视频”“我的图片”“我的音频”等文件夹中，复制素材放到个人的相应文件夹下。
- 将用户文件夹下的压缩文件解压缩到当前文件夹，然后将解压缩后的文件夹移动到个人文件夹下。
- 删除用户文件夹下的压缩文件。
- 将“Word文档”文件夹下所有文档的属性更改为只读，将“Excel文档”文件夹下所有文档的只读属性去掉。
- 设置“PPT文档”文件夹中“大学生创业.pptx”文件的属性为隐藏。

二、案例分析

操作前，请把“素材”文件夹中的文件提前拷贝到用户文件夹中。

1. 更改用户文件夹的视图显示方式

第 1 步：双击桌面上的 Administrator 图标，打开 Administrator 用户文件夹，如图 4-1 所示。

图4-1　Administrator用户文件夹

第 2 步：单击“更改您的视图”按钮，可在各种视图浏览模式间切换，此处单击“更改您的视图”按钮右侧的“更多选项”按钮，在弹出的下拉列表中选择“详细信息”命令，此时可以查看所有文件及文件夹的名称、修改日期、类型、大小等信息。

第 3 步：观察用户文件夹的内容，发现用户文件夹内包含“我的视频”“我的图片”“我的音乐”等文件夹，以及 Word、PPT、Excel 等各种类型的文件。双击“我的图片”文件夹，可以看到“我的图片”文件夹中存放了多张图片。

2. 在D盘创建文件夹

第 1 步：双击桌面上的“计算机”图标，或者单击“开始”菜单中的“计算机”命令，打开“计算机”窗口，双击“本地磁盘(D:)”图标，进入 D 盘根目录。

第 2 步：在窗口上方的菜单栏中选择“文件”→“新建”→“文件夹”，创建一个文件夹，然后将这个文件夹的名字设置为“王允婷”。

第 3 步：双击“王允婷”文件夹图标，进入个人文件夹内部，在空白处右击，选择“新建”→“文件夹”，输入“Word 文档”，使用同样的方法分别新建名为“Excel 文档”“PPT 文档”的文件夹。

第 4 步：新建文件夹还有其他方法，选中“Word 文档”空文件夹，单击“组织”菜单下的“复制”命令，然后单击“组织”菜单下的“粘贴”命令，即可创建一个名为“Word 文档 - 副本”的文件夹，然后选中该文件夹，单击“组织”菜单下的“重命名”命令，输入“图片素材”，即可创建一个名为“图片素材”的文件夹。

第 5 步：右击“图片素材”文件夹，在弹出的快捷菜单中选择“复制”命令，然后在空白处右击，选择“粘贴”命令两次，分别创建名为“图片素材 - 副本”和“图片素材 - 副本(2)”的两个文件夹，依次重命名为“声音素材”“视频素材”，如图 4-2 所示。

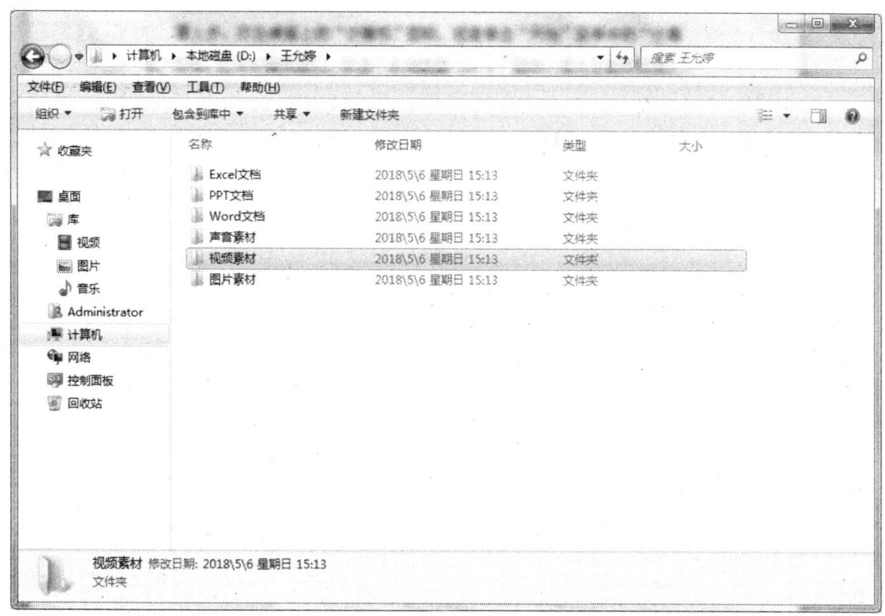

图4-2　创建文件夹后的界面

3. 移动用户文件夹内的资料

第 1 步：在用户文件夹窗口中单击“类型”排序按钮，此时所有类型一样的文件排在一起，如图 4-3 所示。

图4-3　排序后的文件按类型排在一起

也可以使用搜索功能，搜索出同类型的文件。例如，进入用户文件夹后，在右上角的搜索框内输入.pptx，即可把当前文件夹及子文件夹中所有文件名中含有.pptx 的文件搜索显示出来。如图 4-4 所示，也可更具体地限定要搜索文件的种类、修改日期、类型、大小、名称等。

图4-4　搜索文件示意图

第 2 步：用鼠标选中所有类型为“Microsoft Word 文档”的文件，或者用鼠标首先点选第一个，然后按住 Shift 键的同时单击连续区域内的最后一个，选中所有 Word 文档。然后在选中的范围内右击，在弹出的快捷菜单中选择“剪切”命令(或者按 Ctrl+X 组合键)，如图 4-5 所示。最后切换到“王允婷”文件夹窗口，双击进入“Word 文档”文件夹，在空白处右击，选择“粘贴”命令(或者按 Ctrl+V 组合键)，如图 4-6 所示，此时用户文件夹中所有 Word 类型的文件就完成了移动。

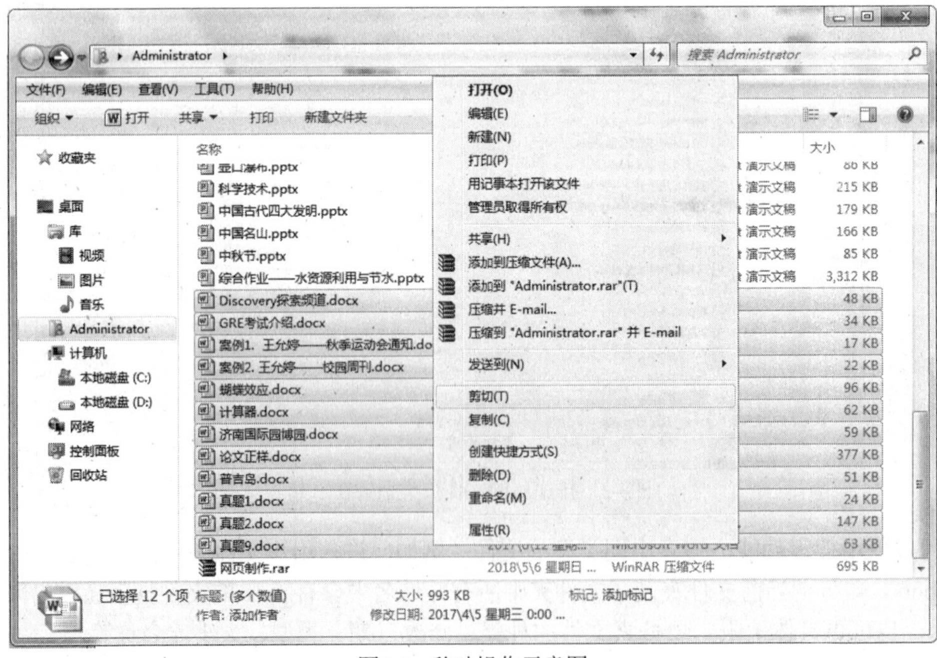

图4-5　移动操作示意图

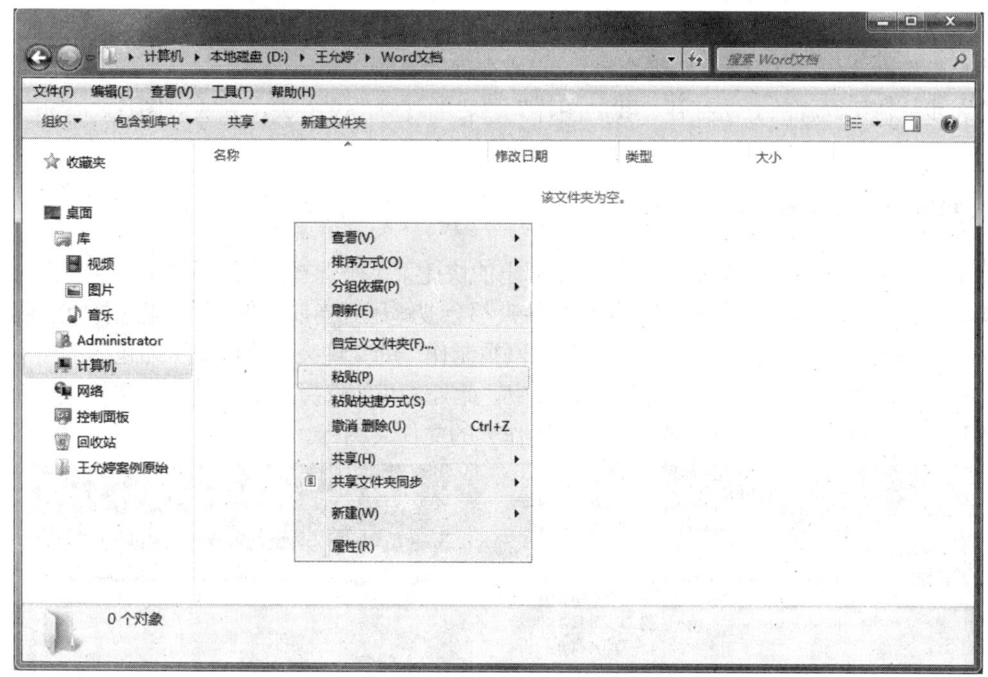

图4-6　粘贴操作示意图

第 3 步：使用同样的方法完成 Excel、PPT 类型文件的移动。

4. 复制素材并放到个人文件夹下

第 1 步：双击打开用户文件夹下的“我的视频”文件夹，然后选中两个视频文件，右击，在弹出的快捷菜单中选择“复制”命令，如图 4-7 所示。

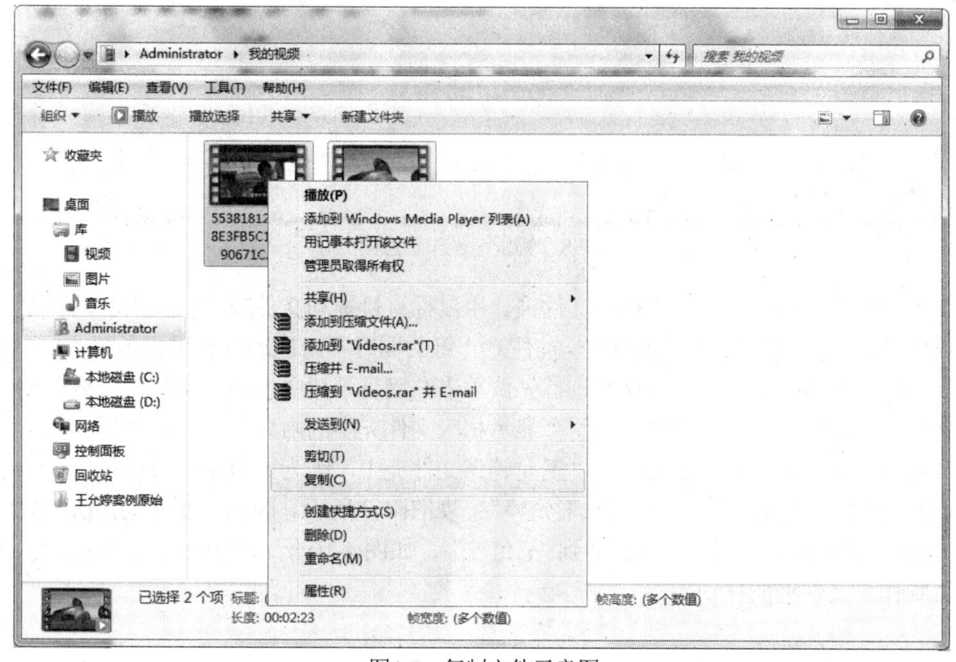

图4-7　复制文件示意图

第 2 步：然后切换到“王允婷”文件夹窗口，双击进入“视频素材”文件夹，在空白处右击，选择“粘贴”命令(或者按 Ctrl+V 组合键)，完成文件的复制。

第 3 步：使用同样的方法打开“我的图片”“我的视频”文件夹，完成对图片、音乐文件的复制。

5. 解压缩文件并移动

第 1 步：右击“网页制作.rar”文件，在弹出的快捷菜单中选择“解压到当前文件夹”命令，如图 4-8 所示，此时压缩包内的所有文件及文件夹都会被解压到当前文件夹。如果选择“解压到 网页制作\”，则会在当前位置先新建一个名为“网页制作”的文件夹，然后把压缩包内的所有文件及文件夹放到这个新建的“网页制作”文件夹中。此处，我们选择“解压到当前文件夹”命令，你会看到当前文件夹下多了一个名为“网页制作”的文件夹图标。

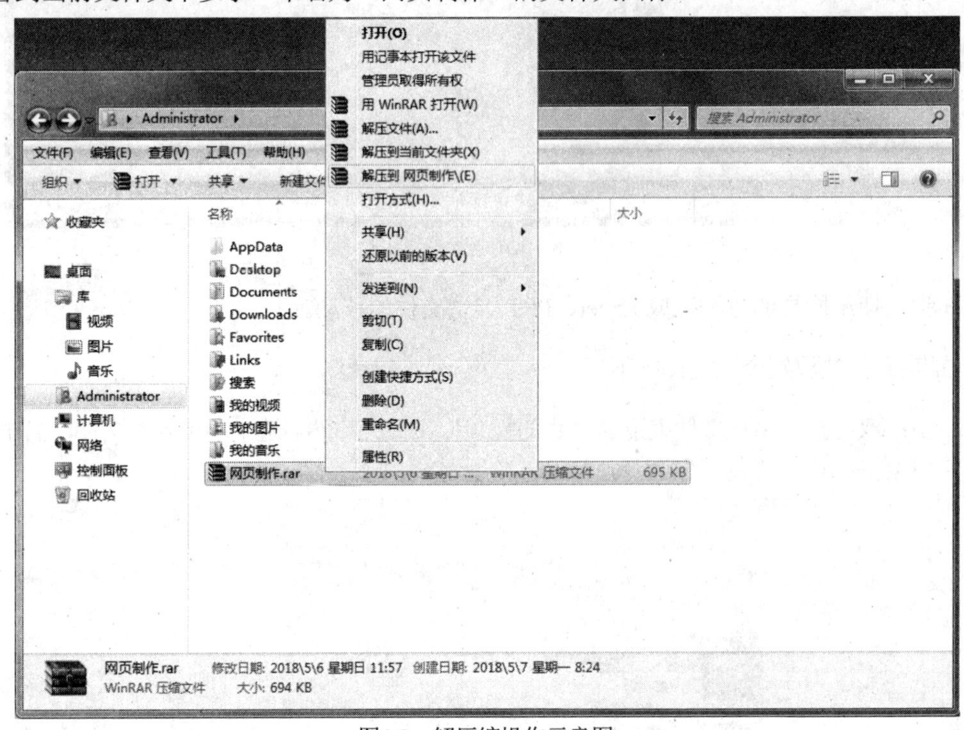

图4-8　解压缩操作示意图

第 2 步：使用鼠标拖动的方式移动文件夹。用鼠标直接拖动文件或文件夹，在同一根目录下是移动操作，在不同根目录下是复制操作，按住 Ctrl 键的同时不论拖动到哪里都是复制，按住 Shift 键的同时不论拖动到哪里都是移动操作。首先，单击左侧目录树中的小三角符号，展开相应文件夹，切勿单击文件夹名字，否则窗口右侧会显示相应文件夹中的内容。然后，用鼠标选中“网页制作”文件夹，拖动到左侧目录树中的“王允婷”文件夹中，因为原位置和目标位置位于不同根目录下，所以此时屏幕显示“＋复制到 王允婷”，如图 4-9 所示。因为是要移动，所以此时需要按住 Shift 键，这时候屏幕显示“→移动到 王允婷”，如图 4-10 所示。最后，松开鼠标，即可实现“网页制作”文件夹的移动。

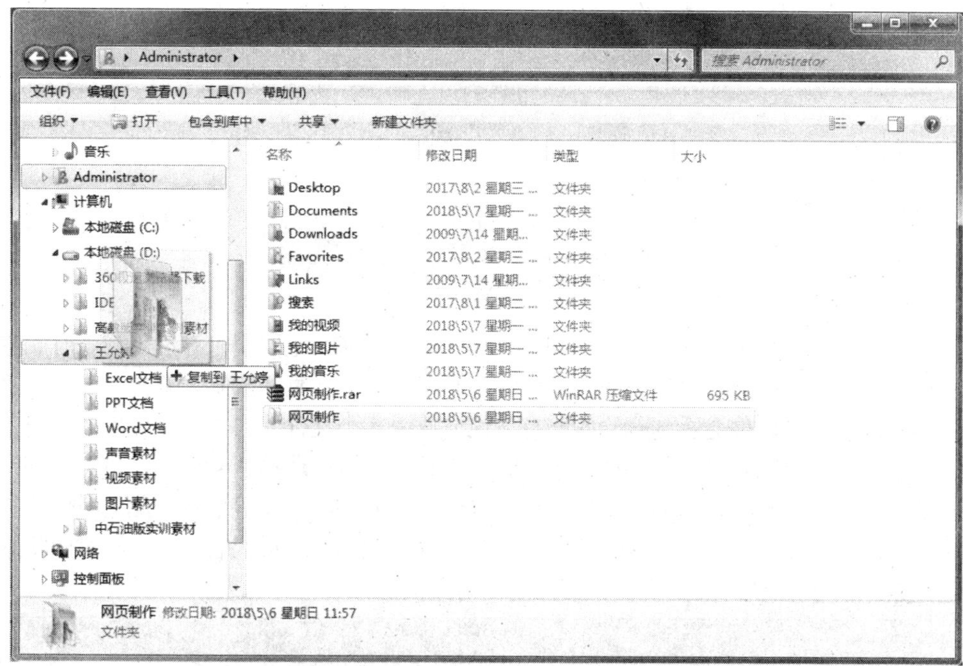

图4-9　用鼠标拖动复制文件

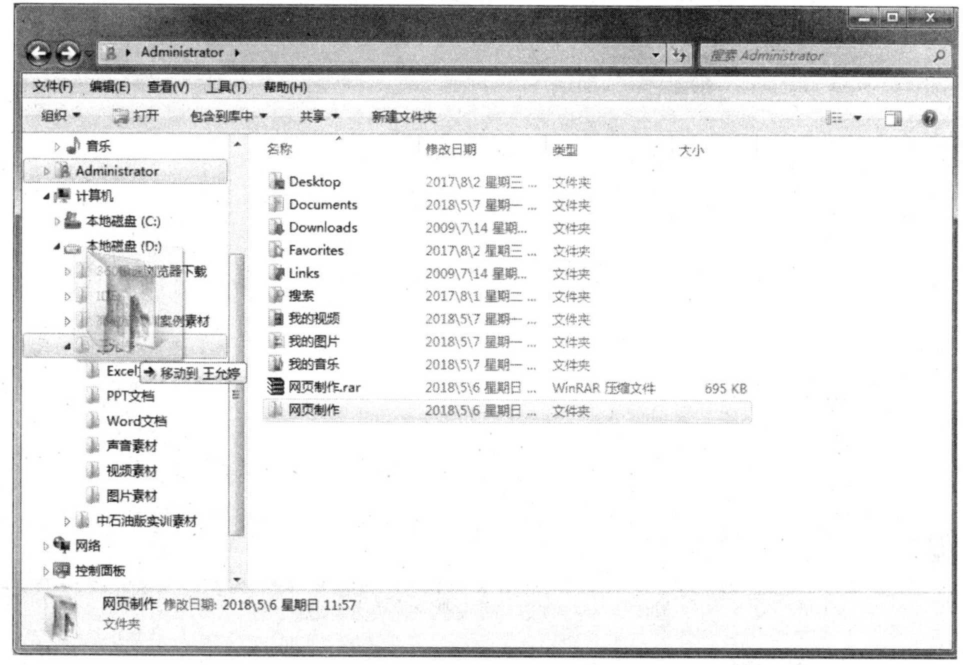

图4-10　用鼠标拖动移动文件

6. 删除用户文件夹下的压缩文件

第 1 步：选中用户文件夹下的“网页制作.rar”文件，按键盘上的 Delete 键，或者右击，在弹出的快捷菜单中选择“删除”命令，弹出“删除文件”提示框，提示“确实要把此文件放入回收站吗？”，如图 4-11 所示。单击“是”按钮，即可把此文件放入回收站。

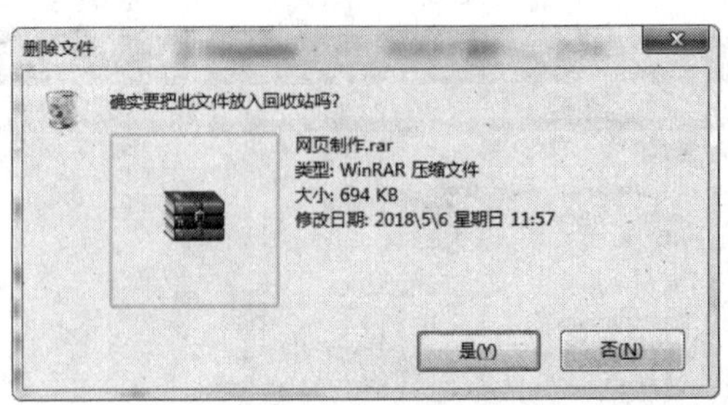

图4-11　删除文件到回收站中

第 2 步：回收站是 Windows 操作系统里的一个系统文件夹，主要用来存放用户临时删除的文档资料。上述操作只是把文件移到了回收站，并没有在计算机中真正删除。双击桌面上的“回收站”图标，进入回收站，你会看到删除的所有文件。选中某个文件并右击，在弹出的快捷菜单中可以选择“还原”，将删除的文件还原到删除时的位置；也可以选择“剪切”，将文件移动到其他位置；选择“属性”，在打开的对话框中可以看到文件的删除时间等信息；此处我们选择“删除”，如图 4-12 所示，将文件彻底删除(也可以一开始按 Shift+Delete 组合键，不经过回收站直接将文件彻底删除)，彻底删除后的文件无法恢复，请谨慎操作。

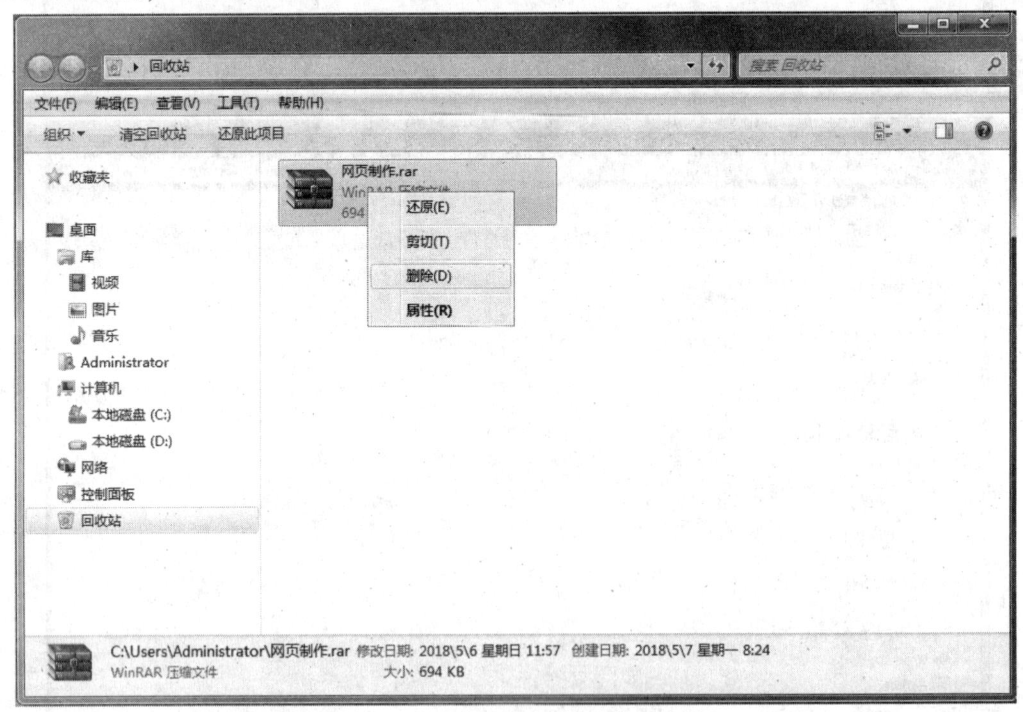

图4-12　从回收站彻底删除文件示意图

7. 设置文件的只读属性

第 1 步：打开“Word 文档”文件夹，然后用鼠标选择所有文档或者按 Ctrl+A 组合键，右击，在弹出的快捷菜单中选择“属性”命令，此时弹出属性对话框，如图 4-13 所示。选中“只读”复选框，单击“确定”按钮后，即可将所有文档的属性设置为只读。具有只读属性的文档只能查看，不能修改。如果想要修改的话，需要把只读属性去掉。

第 2 步：打开“Excel 文档”文件夹，然后按 Ctrl+A 组合键选中所有文件，右击，在弹出的快捷菜单中选择“属性”命令，此时弹出属性对话框，发现此时“只读”复选框处于选中状态，说明该文件夹中既有只读属性的文件也有非只读属性的文件，取消“只读”复选框的选中状态，单击“确定”按钮后，即可去掉所有文件的只读属性。

8. 设置文件的隐藏属性

第 1 步：打开“PPT 文档”文件夹，选中“大学生创业.pptx”，右击，在弹出的快捷菜单中选择“属性”命令，在打开的属性对话框中选中“隐藏”复选框，单击“确定”按钮后，即可将所选文档的属性设置为隐藏。

第 2 步：如果设置了隐藏属性的文件图标变为半透明状态，而没有真正隐藏，则需要设置一下计算机的文件夹选项。在“计算机”窗口中，单击“工具”菜单下的“文件夹选项”命令，打开“文件夹选项”对话框，如图 4-14 所示。选中“不显示隐藏的文件、文件夹或驱动器”单选按钮，单击“确定”按钮后，即可看到设置隐藏属性的文件消失了。如果想把隐藏的文件或文件夹显示出来，需要选中“显示隐藏的文件、文件夹或驱动器”单选按钮，此外，还可以设置“隐藏已知文件类型的扩展名”。

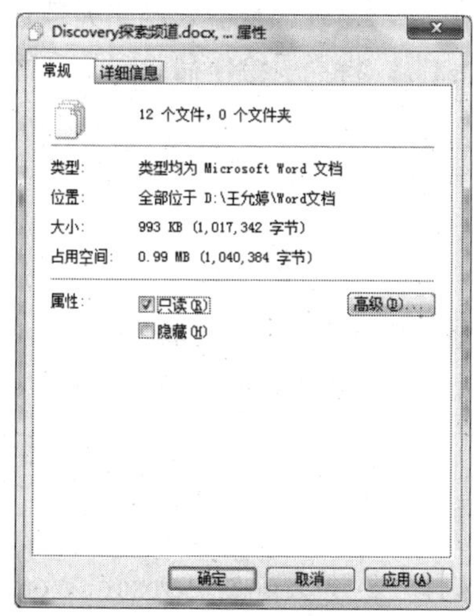

图4-13　属性对话框

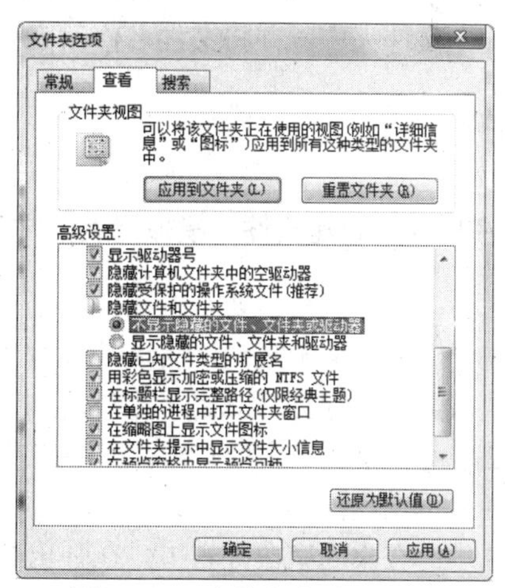

图4-14　“文件夹选项”对话框

三、案例拓展

(一) 案例要求

刘琦是某高校辅导员，之前在计算机桌面上创建了“招生信息.docx”“班级学生名单.xlsx”“教务软件序列号.txt”“手绘作品.bmp”4 个文件。后来，为了方便管理，她想对文件进行分类存放。于是她在 D 盘的根目录下建立了“办公”和“下载”两个文件夹，在“办公”文件夹中建立了“Excel 表格”和“Word 文档”文件夹，分别用于存放 Excel 文件和 Word 文件；在“下载”文件夹中建立了“软件”“电子图书”“音乐”文件夹，如图 4-15 所示。

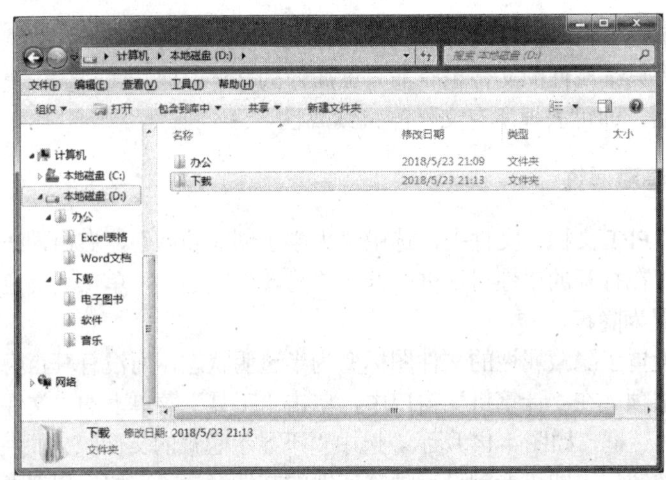

图4-15 创建的文件夹结构示意图

接着，她将文件“招生信息.docx”复制到“Word 文档”文件夹中；将文件“班级学生名单.xlsx”的文件属性修改为只读，并移动到“Excel 表格”文件夹中；将文件“教务软件序列号.txt”移动到“软件”文件夹中，并将文件名修改为“教务软件 sn.txt”；将“手绘作品.bmp”文件删除。

(二) 案例步骤

1. 在桌面上新建文件，模拟已有的文件

第 1 步：在桌面空白处右击，在弹出的快捷菜单中选择“新建”→“文本文档”命令，桌面上将出现一个新的文本文档，默认名称为“新建文本文档.txt”。切换到适当的中文输入法，将名称改为“教务软件序列号.txt”，按 Enter 键确定。

第 2 步：在桌面空白处右击，在弹出的快捷菜单中选择“新建”→“BMP 图像”命令，将其名称改为“手绘作品.bmp”。

第 3 步：在桌面空白处右击，在弹出的快捷菜单中选择“新建”→“Microsoft Word 文档”命令，在文件名处输入“招生信息.docx”，按 Enter 键确定。

第 4 步：在桌面上新建一个 Microsoft Excel 工作表，并将名称改为“班级学生名单.xlsx”。至此，准备工作结束。此时桌面如图 4-16 所示。

图4-16 新建文件后的桌面图标示意图

2. 利用Windows资源管理器，建立文件夹路径结构

第 1 步：单击任务栏上的“资源管理器”按钮，打开 Windows 资源管理器。在导航窗格中，单击“本地磁盘(D:)”选项，打开 D 盘窗口。

第 2 步：选择“文件”→“新建”→“文件夹”菜单命令，窗口内出现一个新的文件夹图标，

默认名称为“新建文件夹”，如图 4-17 所示。在文本框中输入文件夹名称“办公”，按 Enter 键确定。

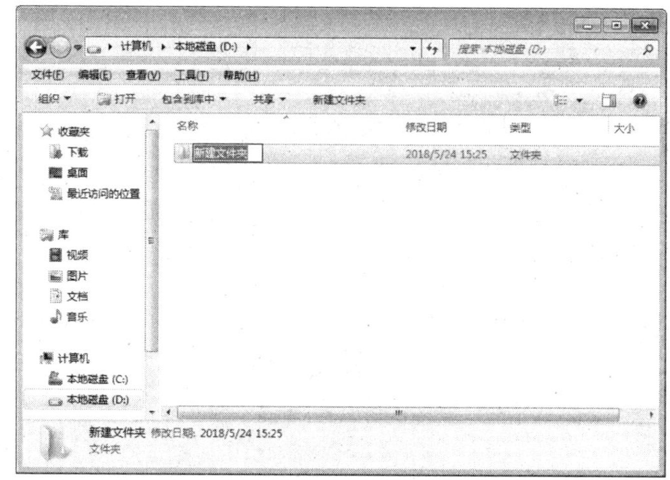

图4-17　新建文件夹示意图

第 3 步：在窗口的空白区域右击，从弹出的快捷菜单中选择“新建”→“文件夹”命令，创建一个新的文件夹，然后命名为“下载”。

第 4 步：双击打开“办公”文件夹，选择“文件”→“新建”→“文件夹”命令，输入新建文件夹的名称“Word 文档”，按 Enter 键确定。

第 5 步：参考上述方法，在“办公”文件夹中建立“Excel 表格”文件夹，在“下载”文件夹中建立“软件”“电子图书”和“音乐”文件夹。

3. 管理文件

第 1 步：在 Windows 资源管理器的导航窗格中，选择“桌面”选项，并在“文件”窗格内选中文件“招聘信息.docx”，然后单击“编辑”菜单，选择“复制”命令，如图 4-18 所示。

图4-18　复制文件示意图

第 2 步：在左侧的导航窗格中，双击“本地磁盘(D:)”，然后双击“办公”文件夹，选中“Word文档”文件夹，然后单击“编辑”菜单下的“粘贴”命令，如图 4-19 所示，完成对文件“招聘信息.docx”的粘贴操作。

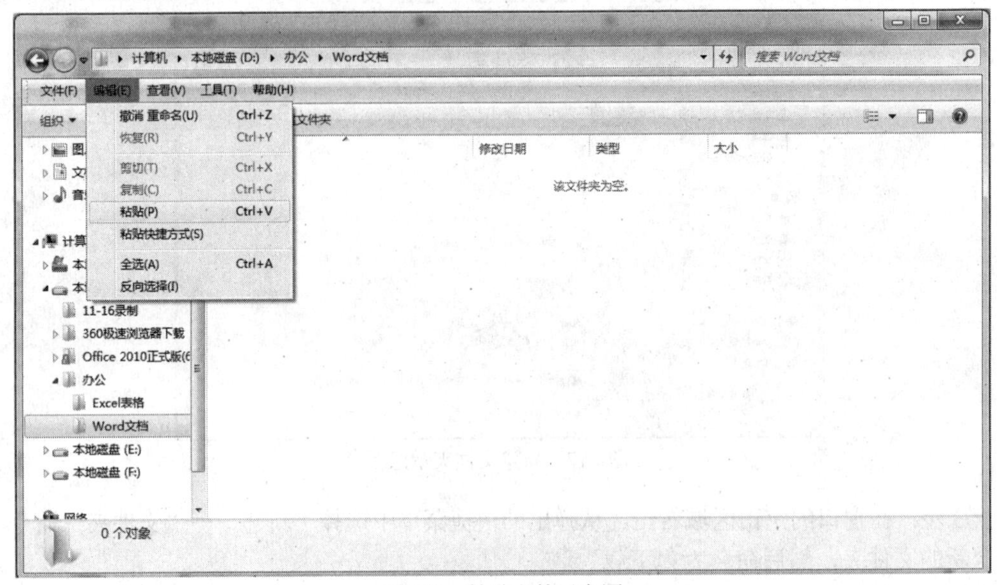

图4-19　粘贴文件示意图

第 3 步：单击“桌面”图标，右侧窗格定位到桌面，选中文件“班级学生名单.xlsx”并右击，从弹出的快捷菜单中选择“属性”命令，打开“班级学生名单.xlsx 属性”对话框，如图 4-20 所示。在“属性”栏内选中“只读”复选框，并单击“确定”按钮，完成文件属性的设置。

图4-20　修改文件属性示意图

第 4 步：保持文件“班级学生名单.xlsx”的选中状态，然后按 Ctrl+X 组合键，接着在导航窗格中单击 D 盘中“办公”文件夹内的“Excel 表格”子文件夹，再按 Ctrl+V 组合键，完成文件的移动操作。

第 5 步：右击桌面上的文件“教务软件序列号.txt”，从弹出的快捷菜单中选择“剪切”命令。单击 D 盘“下载”文件夹中的“软件”子文件夹，在右侧窗格的空白区域右击，从弹出的快捷菜单中选择“粘贴”命令，完成文件的移动操作。

第 6 步：右击文件“教务软件序列号.txt”，从弹出的快捷菜单中选择“重命名”命令，将文件命名为“教务软件 sn.txt”，如图 4-21 所示。

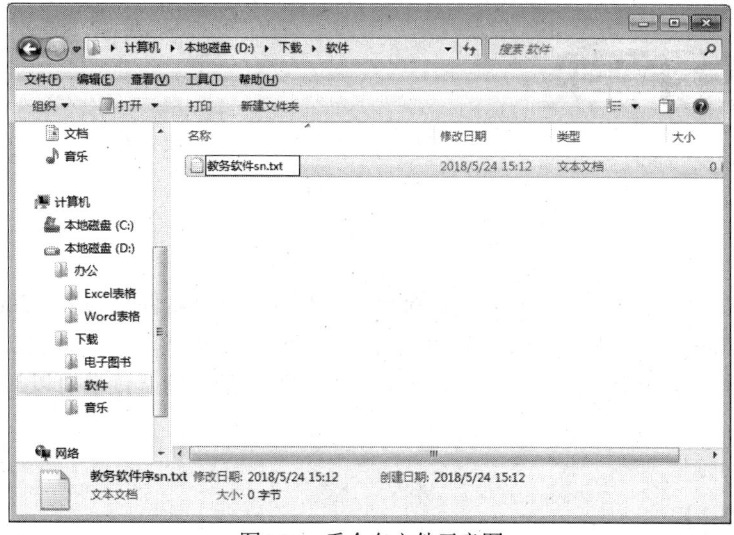

图4-21　重命名文件示意图

第 7 步：在桌面上选中文件“手绘作品.bmp”，然后按 Delete 键，打开“删除文件”提示框，如图 4-22 所示。提示“确实要把此文件放入回收站吗？”，单击“是”按钮，删除选中的文件到回收站中。

图4-22　“删除文件”提示框

案例五

安装应用程序

小张的计算机刚刚重装了系统，但是系统自带的Office办公软件是Office 2007版本，因为这个学期要学习Office 2010，所以小张打电话向计算机专业的一位朋友求助。朋友通过QQ给他传Office 2010安装程序，并让他自行解压缩安装。通过本案例的学习，读者可以掌握常见软件的安装与卸载方法。

一、案例设计

- 打开“素材”文件夹，然后双击QQ安装程序，进行安装。
- 登录QQ应用程序，接收Office 2010安装程序，保存到用户文件夹的“下载”目录下。
- 对接收到的安装程序进行解压缩。
- 卸载系统中已安装的Office 2007。
- 双击解压缩后的安装程序，安装Office 2010。
- 将常用的Word 2010、Excel 2010、PowerPoint 2010快捷方式发送到桌面上。

二、案例分析

1. 安装QQ

第1步：打开“素材”文件夹，然后双击QQ安装程序QQ9.0.3.exe，打开腾讯QQ安装向导，阅读条款后，选中“阅读并同意软件许可协议和青少年上网安全指导”复选框，单击“自定义选项”下拉按钮，展开自定义选项，如图5-1所示。

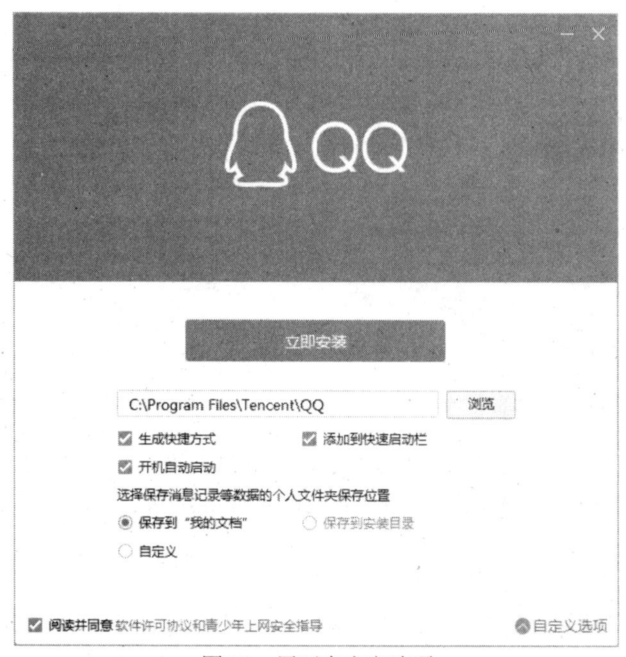

图5-1　展开自定义选项

第 2 步：用户可以进行自定义安装路径、安装后的选项以及消息记录的保存位置等，此处选择默认设置，单击“立即安装”按钮，进入安装进度界面，如图 5-2 所示，最后弹出“完成安装”确认界面，可以选择安装推荐的 QQ 浏览器等其他程序，此处不用选择。单击“完成安装”按钮，此时 QQ 安装成功。

图5-2　安装进度界面

2. 登录QQ并接收Office 2010安装程序

第 1 步：打开“开始”菜单中的“腾讯 QQ”应用程序图标，或者双击桌面上的“腾讯 QQ”应用程序图标，打开腾讯 QQ 登录窗口，如图 5-3 所示。

第 2 步：分别输入 QQ 用户名和密码，单击“登录”按钮。此时，由于是首次登录，会弹出如图 5-4 所示的 QQ 账户安全验证窗口。经过手机 QQ 验证之后，即可自动登录 QQ 客户端。

图5-3　腾讯QQ登录窗口

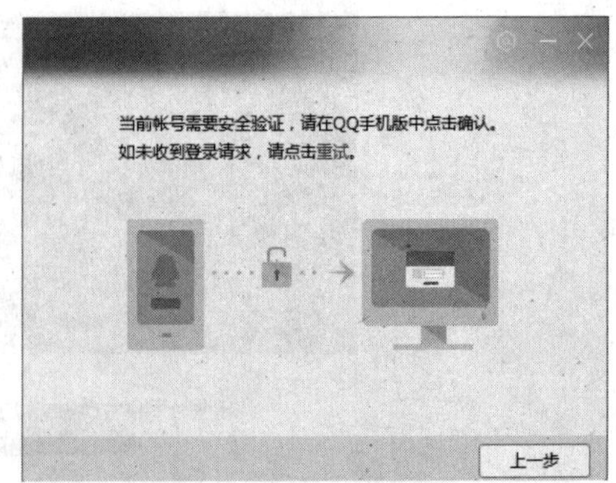

图5-4　QQ账户安全验证窗口

第 3 步：登录 QQ 后，接收朋友发送过来的离线文件 Office2010_2010_ XiTongZhiJia.rar，保存到用户文件夹的“下载”目录下(路径为 C:\Users\Administrator\下载)。

3. 解压缩安装程序

第 1 步：导航到文件保存位置，选中下载的文件并右击，在弹出的快捷菜单中选择“解压到 Office2010_2010_XiTongZhiJia\(E)”命令，如图 5-5 所示。此时就会把安装程序解压到名为 Office2010_2010_XiTongZhiJia 的文件夹中。

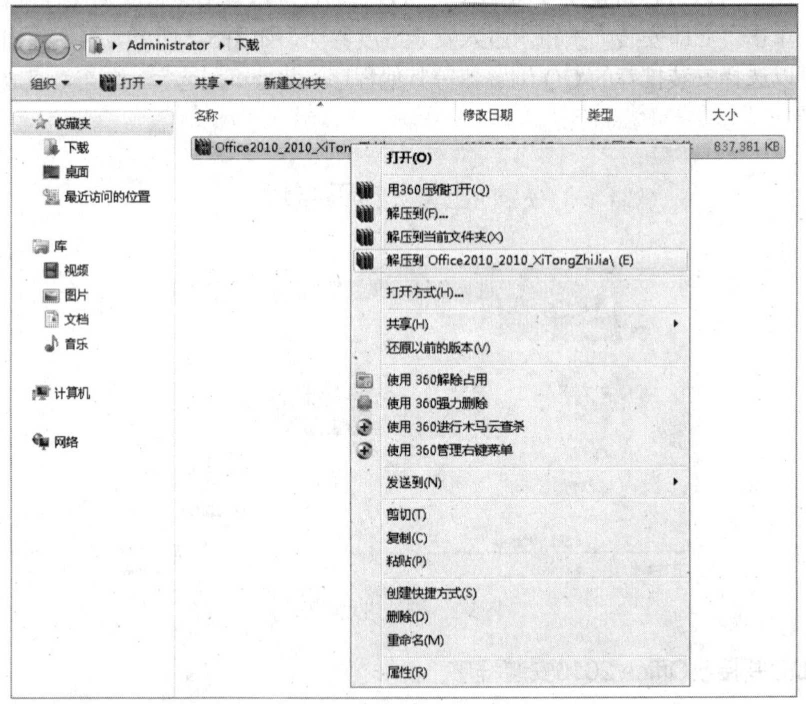

图5-5　解压缩下载的程序包

第 2 步：双击进入该文件夹的子文件夹，就会看到安装程序由很多文件及子文件夹组成，找到名为 setup.exe 的文件，setup.exe 是安装程序的主引导文件，如图 5-6 所示。

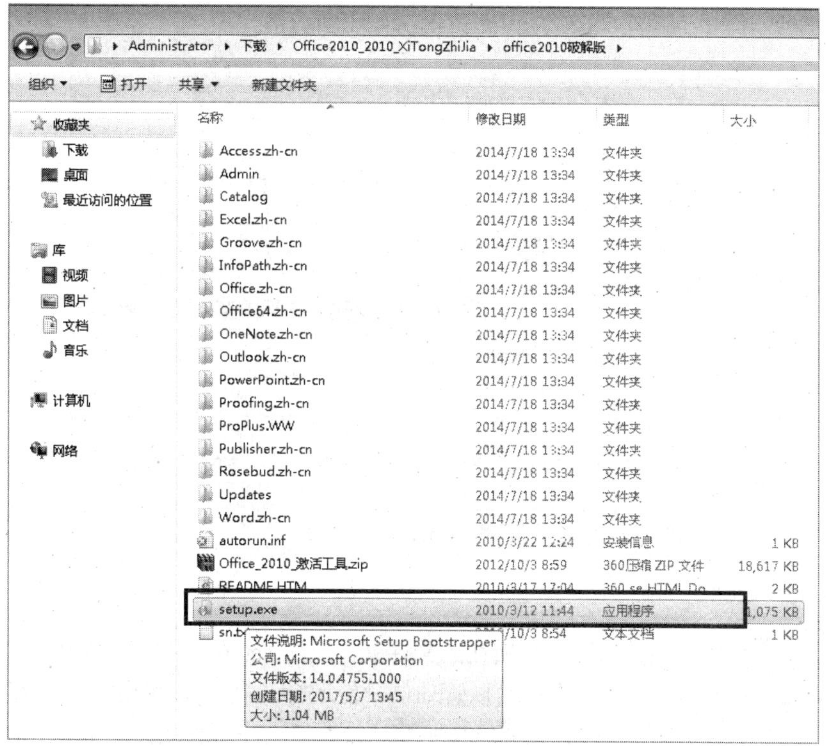

图5-6　找到安装程序的主引导文件setup.exe

4. 卸载系统中的Office 2007

在安装 Office 2010 之前，切记要将之前已安装的 Office 版本卸载干净(卸载时可以使用控制面板进行卸载，也可以使用软件管家之类的软件或强力卸载工具进行卸载)，以免安装失败。使用控制面板进行卸载的步骤如下。

第 1 步：单击“开始”菜单，选择“控制面板”，此时打开“控制面板”窗口，“查看方式”选择“类别”，如图 5-7 所示。

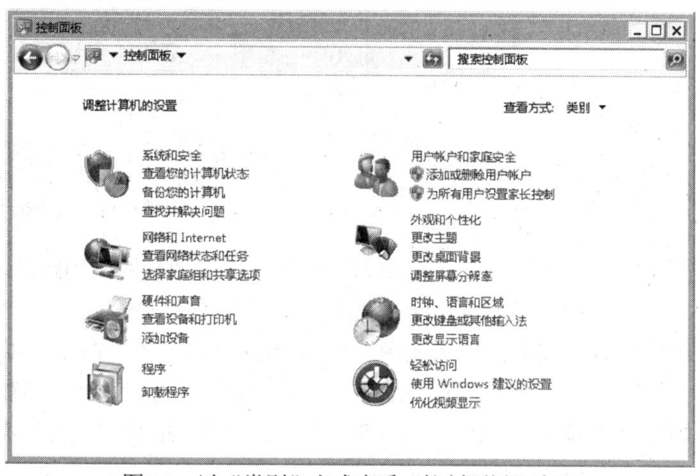

图5-7　以“类别”方式查看“控制面板”窗口

第 2 步：单击“卸载程序”，弹出“程序和功能”窗口，选中“Microsoft Office Enterprise 2007”，

然后单击“卸载”按钮，如图 5-8 所示，即可将该程序卸载掉。

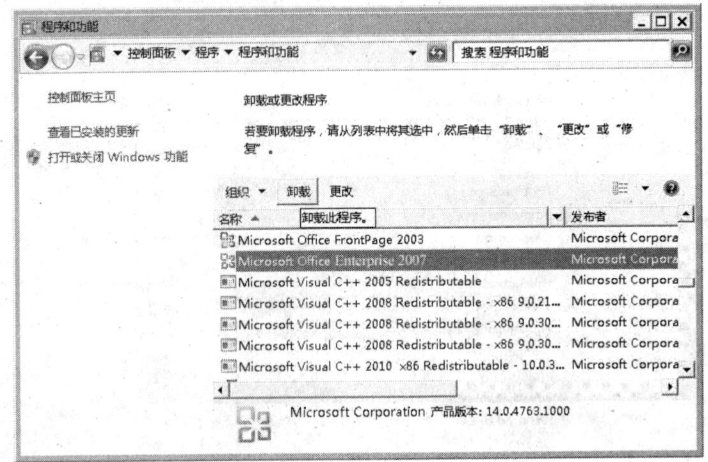

图5-8 卸载指定的程序

5. 安装Office 2010

第 1 步：打开解压缩后的安装程序所在的文件夹，双击 setup.exe 文件(安装程序无法运行或报错时，使用鼠标右击 setup.exe，选择“以管理员身份运行”命令)，弹出如图 5-9 所示界面。

第 2 步：单击“立即安装”按钮，系统按照默认设置自动进行安装，直至完成。下面看看如何进行自定义安装，单击“自定义”按钮，弹出如图 5-10 所示界面。

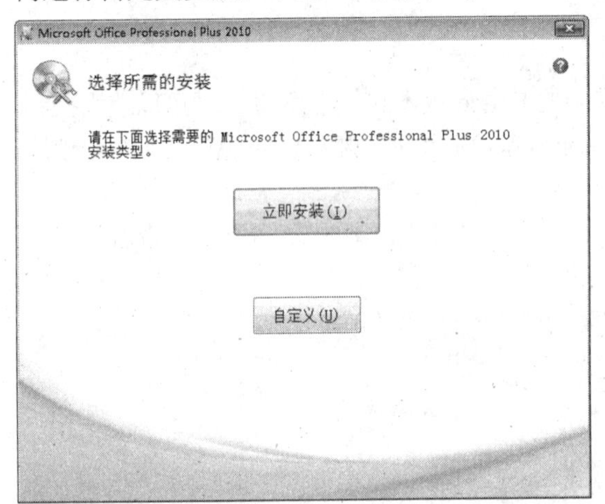

图5-9 开始安装Office 2010

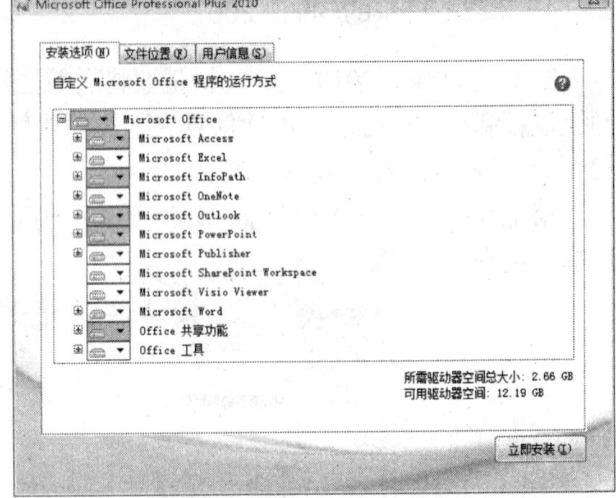

图5-10 自定义安装界面

第 3 步：“安装选项”选项卡中包含了日常办公事务处理要用到的常用组件。根据需要有些组件需要全部安装，单击如图 5-11 所示的“从本机运行全部程序”命令。

有些用不到的组件可以不安装，单击如图 5-12 所示的“不可用”命令，以节约磁盘空间。

如果需要准备全国计算机等级考试(NCRE)二级 Access 数据库的考试，则需要安装 Microsoft Access 下的组件；如果需要准备 NCRE 二级 MS Office 高级应用的考试，则只需要安装 Microsoft Word、Microsoft Excel、Microsoft PowerPoint 下的组件。Office 共享功能及 Office 工具，一般保持默认设置。本案例的设置界面如图 5-13 所示。

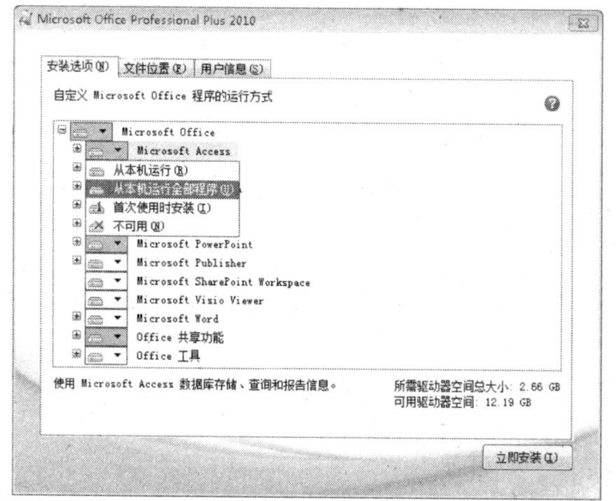

图5-11　设置“从本机运行全部程序”

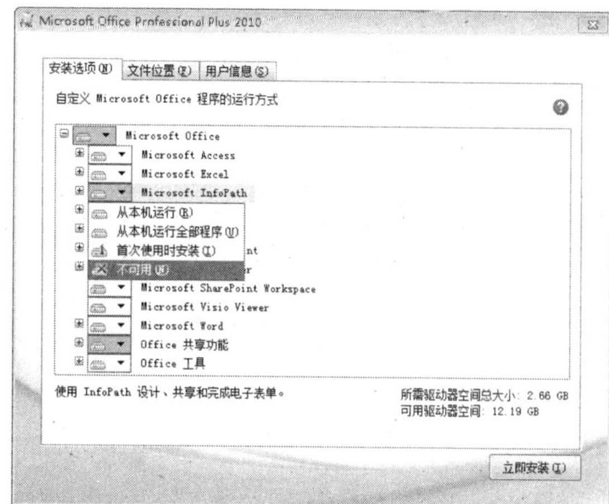

图5-13　设置“不可用”

第 4 步：选择“文件位置”选项卡，一般默认安装到 c:\Program Files\Microsoft Office 目录下，因为 c 盘是系统盘，程序装多了会变慢，所以此处将安装路径更改为 d:\Program Files\Microsoft Office，如图 5-14 所示。

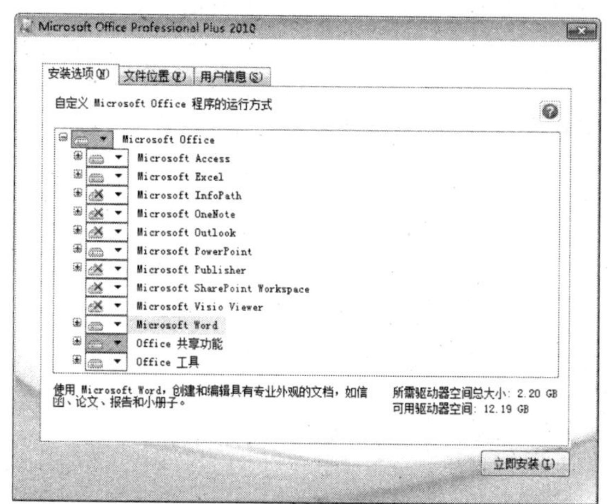

图5-13　完成自定义安装选项的设置

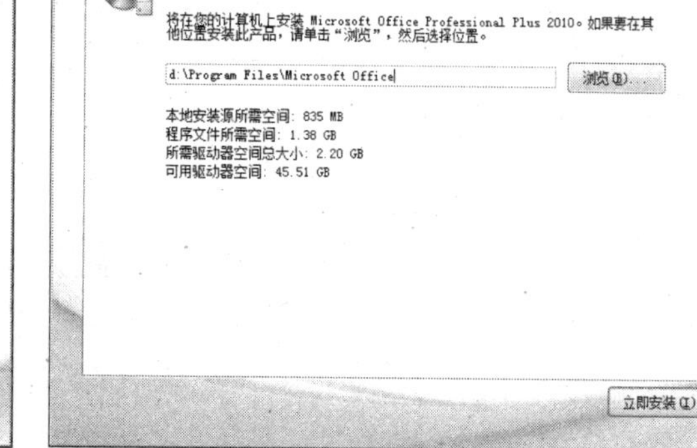

图5-14　设置文件位置

第 5 步：选择“用户信息”选项卡，键入文档的默认识别信息，如图 5-15 所示。

第 6 步：以上选项都设置完之后，单击“立即安装”按钮，程序开始进行安装，如图 5-16 所示。

Office 2010 安装时间大概 5~10 分钟，请耐心等待安装，安装完毕后弹出如图 5-17 所示窗口，单击“关闭”按钮，安装完成。

6. 发送快捷方式到桌面上

第 1 步：程序安装之后桌面上没有快捷方式，需要单击“开始”菜单，选择“所有程序”，打开“Microsoft Office”下拉列表，在“Microsoft Word 2010”图标上右击，在弹出的快捷菜单中选择“发送到”子菜单中的“桌面快捷方式”命令，如图 5-18 所示。

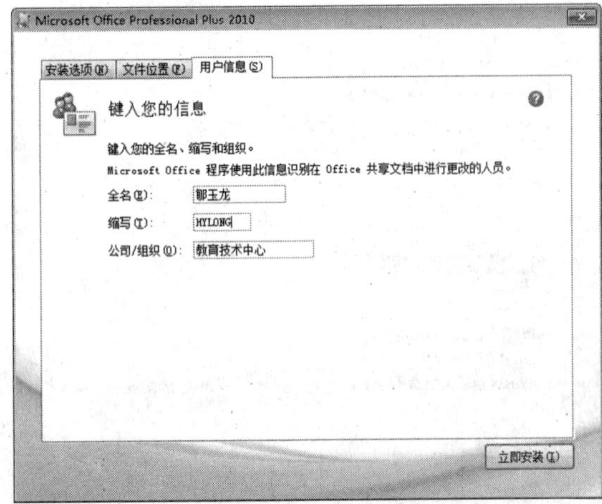

图5-15　设置用户信息

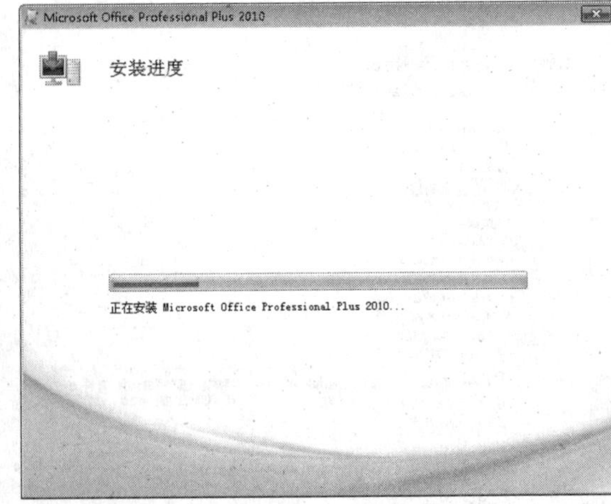

图5-16　查看安装进度

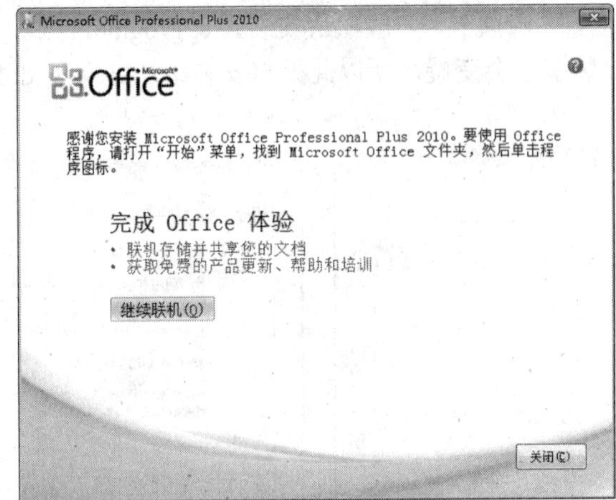

图5-17　安装完毕

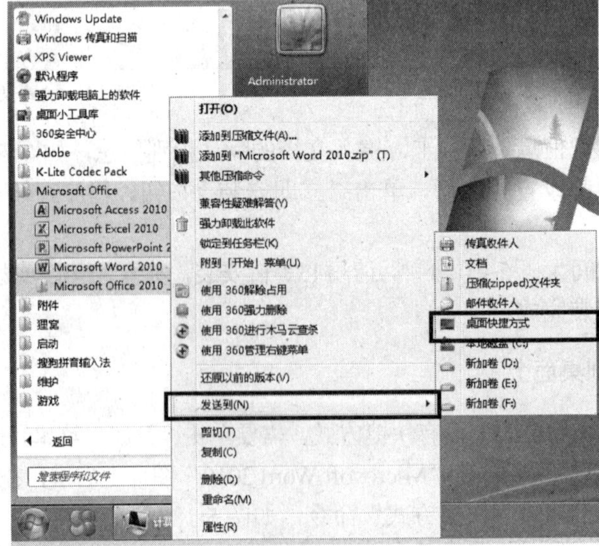

图5-18　设置桌面快捷方式

第 2 步：操作同第 1 步，分别将“Microsoft Excel 2010”“Microsoft PowerPoint 2010”的快捷方式发送至桌面。

三、案例拓展

在安装操作系统前，需要先做好硬盘分区，再安装系统。

将 Windows 7 系统的 DVD 安装光盘放入光驱，重启计算机，按 Del 键进入 BIOS，设置计算机从光盘(CD/DVD)启动。计算机将开始读取光盘数据，引导启动，出现“Windows is loading files…”字样，之后出现图 5-19 所示界面，单击“下一步”按钮，开始安装 Windows 7 操作系统。

1. 安装系统文件

第 1 步：在开始安装 Windows 7 操作系统之前会出现“请阅读许可条款”对话框，选中“我接受许可条款”复选框，如图 5-20 所示，然后单击“下一步”按钮。

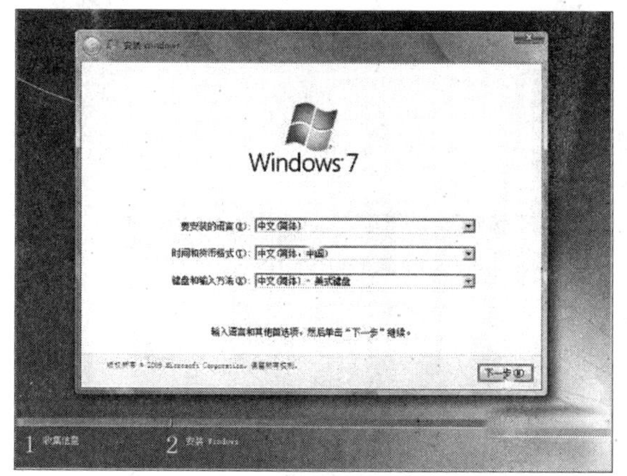

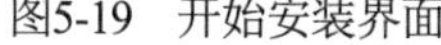
图5-19　开始安装界面

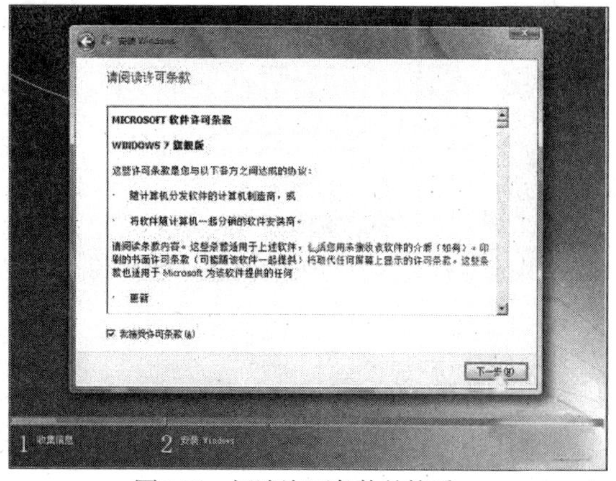

图5-20　阅读许可条款并接受

第 2 步：在出现的对话框中，通常选择硬盘的第一分区作为系统安装分区，可先对此分区进行格式化操作，再单击“下一步”按钮，也可以直接单击“下一步”按钮，如图 5-21 所示。

第 3 步：开始安装 Windows 7 操作系统，如图 5-22 所示，安装程序会自动复制系统文件到系统盘的临时文件夹中。当复制进度显示 100%时，安装程序自动开始“展开 Windows”文件，当展开文件的进度显示为 100%时，安装程序正式开始安装 Windows 7 操作系统。

第 4 步：展开 Windows 文件并且完成安装之后，如图 5-23 所示，“复制 Windows 文件”“展开 Windows 文件”“安装功能”“安装更新”前面都有绿色的符号 √，在这个过程中，用户需要耐心等待，不要切断计算机电源。

第 5 步：安装成功后，系统文件解包完成，一般等待 10 秒后，计算机会自动重启，如图 5-24 所示。重启后再次按 Del 键进入 BIOS，设置计算机从硬盘启动。

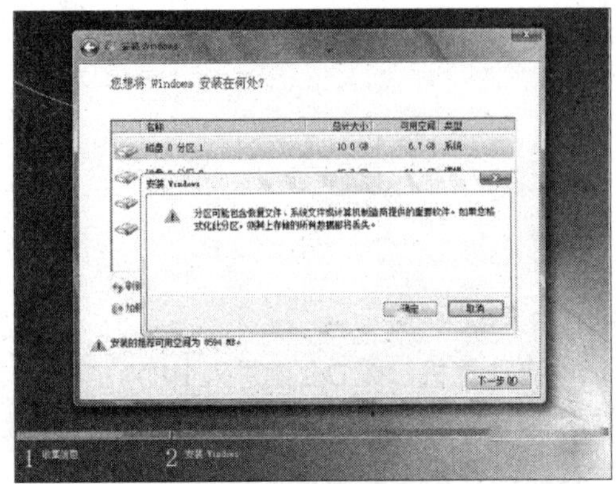
图5-21　选择安装分区

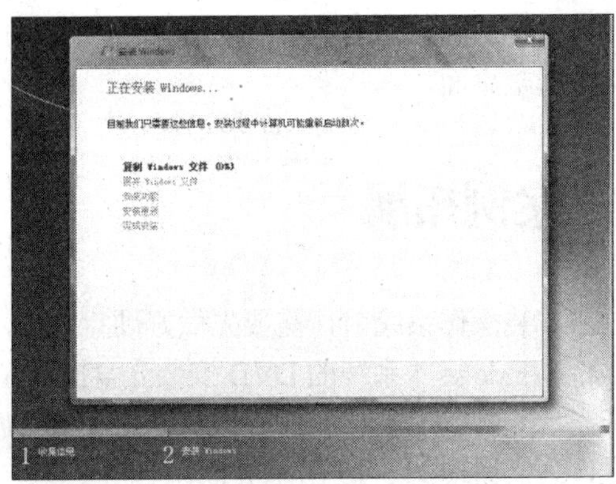
图5-22　进行安装

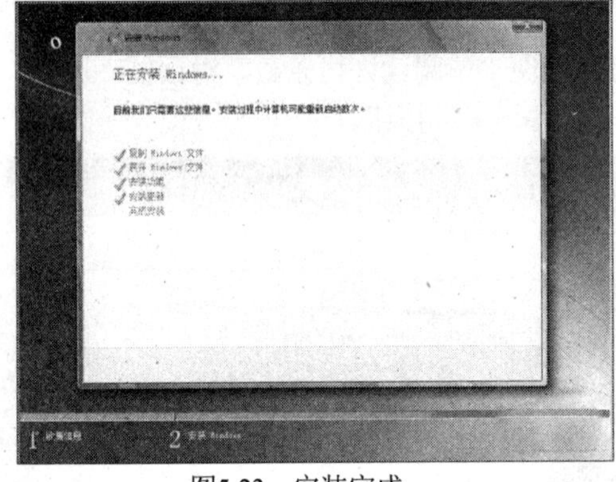
图5-23　安装完成

图5-24　重启倒计时

2. 系统配置

第 1 步：计算机第一次自动启动时，会从硬盘启动操作系统，屏幕上显示"正在启动 Windows"，如图 5-25 所示。

第 2 步：启动之后，安装程序自动更新注册表设置以及启动各种服务，屏幕显示"安装程序正在更新注册表设置"，如图 5-26 所示。

图5-25　启动Windows

图5-26　更新注册表

第 3 步：在计算机第二次重新启动后，操作系统已经对计算机的硬件资源做了全新的配置，需要为用户的第一次使用计算机做准备，屏幕上显示"安装程序正在为首次使用计算机做准备"，如图 5-27 所示。

第 4 步：系统提示用户为自己的账户输入用户名和计算机名称，如图 5-28 所示。

图5-27　使用前的准备

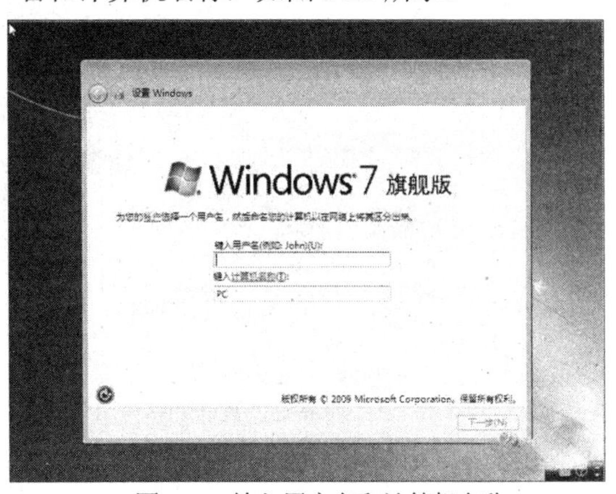

图5-28　输入用户名和计算机名称

第 5 步：输入产品密钥，在用户购买的正版安装光盘上一般会附带产品密钥。如果没有，可以暂时不填写，直接进行下一步操作，如图 5-29 所示。

第 6 步：手动设置系统登录密码，如图 5-30 所示。

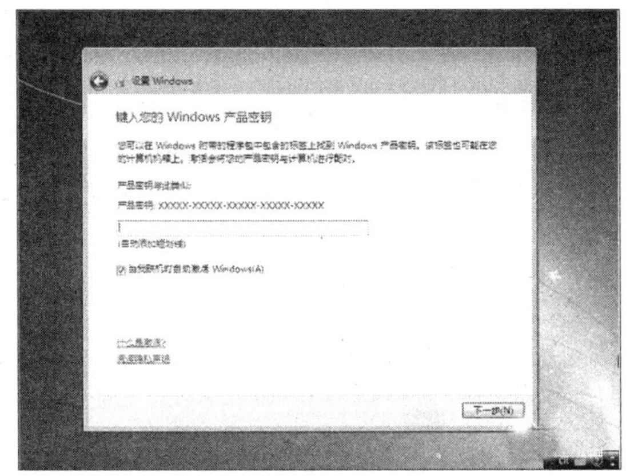

图5-29　输入产品密钥

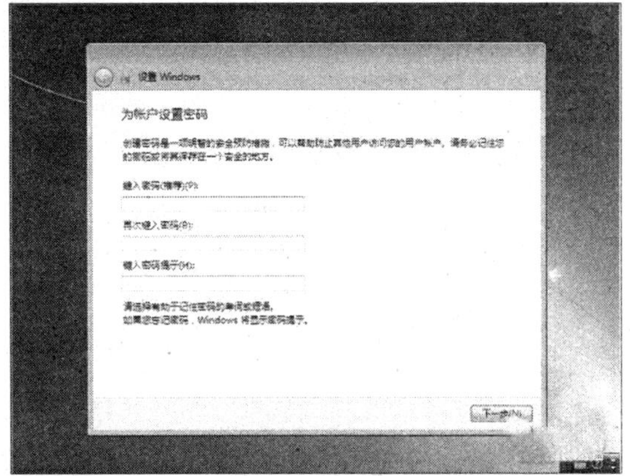

图5-30　设置登录密码

第 7 步：设置区域和时间。时区选择“(UTC+08:00)北京，重庆，香港特别行政区，乌鲁木齐”。手动调节当前时间，单击“下一步”按钮，如图 5-31 所示。

图5-31　设置系统日期和时间

3. 使用计算机

第 1 步：用户完成上述各项设置之后，就可以准备进入 Windows 7 系统的桌面使用计算机了，如图 5-32 所示。

第2步：第一次进入Windows 7系统的桌面时，桌面上只有“回收站”图标，如图5-33所示。

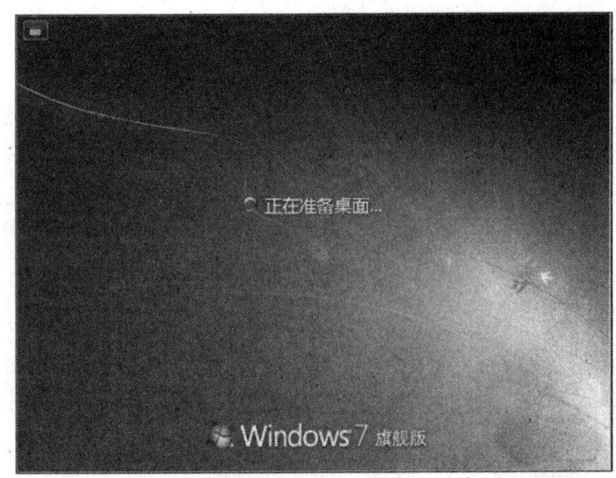

图5-32　正在准备进入Windows桌面

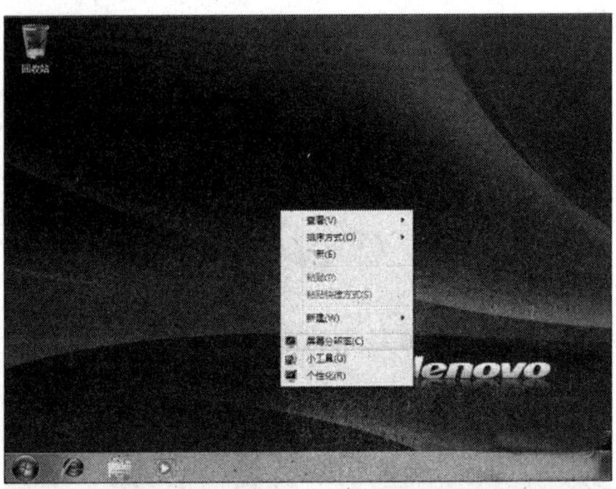

图5-33　Windows桌面

第 3 步：在桌面上右击，在弹出的快捷菜单中选择“屏幕分辨率”，打开如图 5-34 所示的窗口，设置显示器的屏幕分辨率。

第 4 步：手动添加桌面图标。在桌面上右击，在弹出的快捷菜单中选择“个性化”，打开如图 5-35 所示的窗口，单击窗口左上方的“更改桌面图标”选项，打开“桌面图标设置”对话框，选中需要显示的桌面图标。

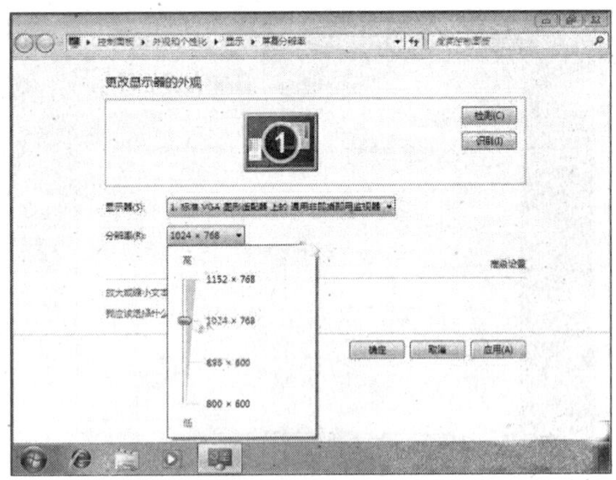

图5-34　设置屏幕分辨率

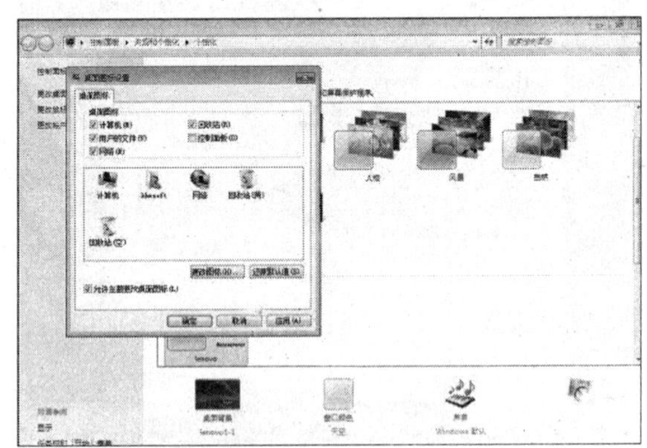

图5-35　添加桌面图标

第 5 步：桌面图标调整结束后，就可以开始正常使用 Windows 7 操作系统了，如图 5-36 所示。

图5-36　添加完桌面图标后的Windows桌面

四、综合案例拓展

综合案例一

在“拓展案例”目录下有如下文件夹结构，如图 5-37 所示，请按要求完成下列题目。

图5-37　示例文件夹结构(一)

- 在COMPUTERS文件夹内新建一个名为DOUBLE的文件夹。
- 将LOOKUP文件夹及其全部内容复制到HELLOO文件夹。
- 将文件COFFER.TXT移动到HELLOO文件夹下。
- 将TEACHERS文件夹下的文件CHENGJI.RAR删除。
- 把文件STUDENT.DOC的属性修改为只读，并且复制到新建的DOUBLE文件夹下。
- 把文件XS.XLS重命名为CHABEI.DOC。
- 将NOVEMBER.MP3压缩为YESTERDAYNOVEMBER.ZIP。
- 在文件夹TEACHERS下新建文件MASTER.ABC，并设置关联程序为“记事本”。

综合案例二

在“拓展案例 2”目录下有如下文件夹结构，如图 5-38 所示，请按要求完成下列题目。

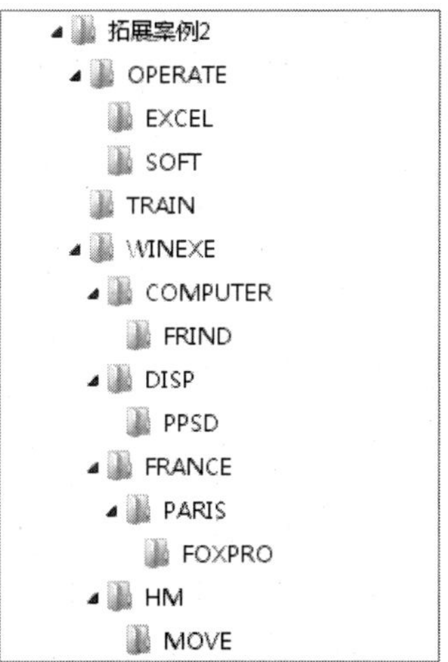

图5-38　示例文件夹结构(二)

- 在TRAIN文件夹下创建名为EXCISE.DOCX的Word文件，并将设置屏幕分辨率的活动窗口图片复制到该Word文件中。
- 利用搜索功能查找WINEXE文件夹下所有以S开头的文件，并将它们复制到OPERATE文件夹下。
- 删除FRIND文件夹。
- 将MOVE文件夹更名为LOAD，并将LOAD文件夹移动到DISP文件夹下。
- 将HM文件夹下名为JSJ.TXT的文件修改为只有隐藏属性。
- 在文件夹EXCEL下新建位图文件DESK.BMP，并且抓取任意屏幕截图存放于该位图文件中。

- 为文件夹SOFT下的文件FLAG.TXT创建快捷方式。

综合案例三

按要求完成下列题目。

- 利用Windows资源管理器或“计算机”窗口打开“素材”文件夹。
- 在“学校”文件夹中新建名为“学校简介.txt”的文件。
- 在“学校”文件夹中建立“中医系”子文件夹。
- 将“办公室”文件夹中名为“通知.docx”的文件复制到“中医系”文件夹中。
- 将文件“2018级学生成绩.xlsx”移到“学生成绩”文件夹中，并将文件夹“学籍管理”移到“教务处”文件夹中。
- 设置文件夹选项为“显示隐藏的文件或文件夹”，并在“学校”文件夹中搜索隐藏文件“2017级学生成绩”，去除其隐藏属性。
- 将文件夹“中药系”“护理系”及文件“学校规划”同时删除，然后清空回收站。
- 将文件夹“招办”重命名为“招生就业处”，将文件“招生信息”改为“招生简章”。
- 将“学校”文件夹的内容压缩成“学校.rar”，将文件夹“针康系”添加到“学院.rar”中，并将“学院.rar”解压缩到桌面上。

案例六

制作会议通知、邀请函

学校将于近期举行“中医药文化宣传月活动”，学校宣传部需要起草并编辑一份活动通知下发到学校相关部门，请根据活动内容和具体要求使用 Word 2010 编辑一份活动通知。

本案例主要练习使用字处理软件 Word 2010 的文档编辑功能制作会议通知和邀请函等公文。通过本案例的制作，可以熟悉会议通知、邀请函等公文的编辑方法，掌握基本文本的输入、段落的调整、文本的查找与替换，以及文件的保存等功能和技巧。本案例的制作效果如图 6-1 所示。

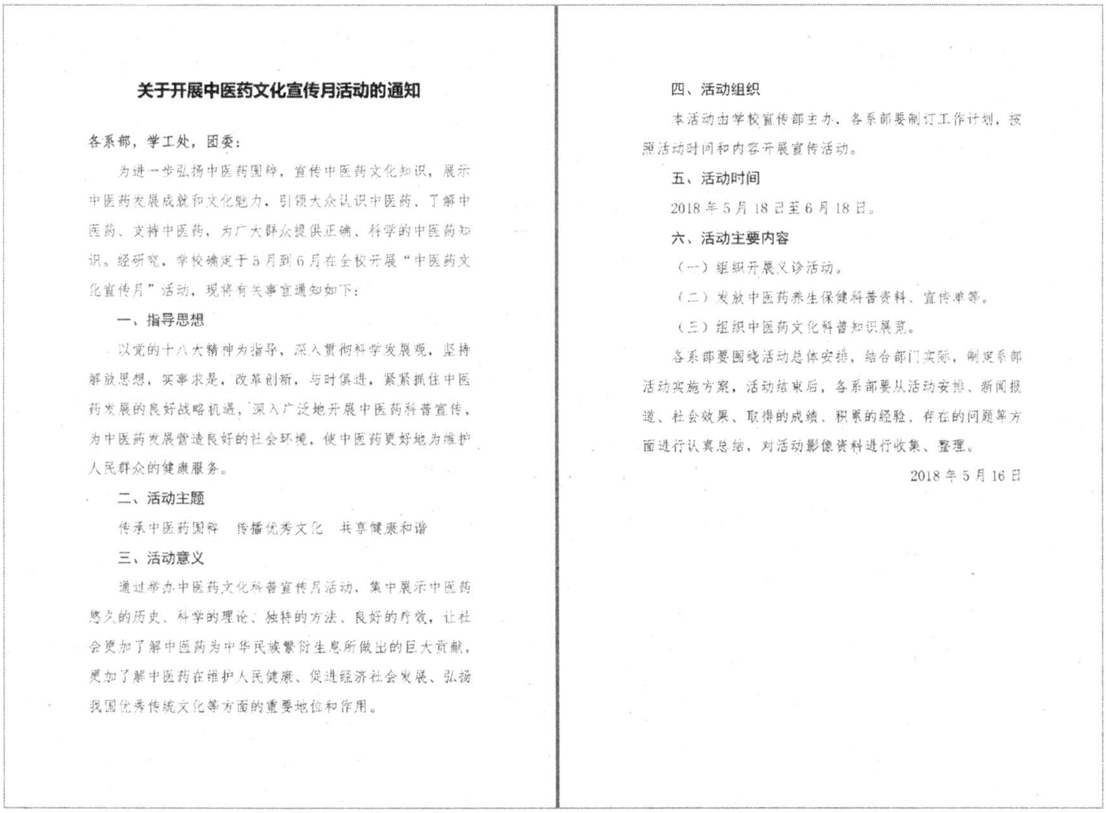

关于开展中医药文化宣传月活动的通知

各系部，学工处，团委：

为进一步弘扬中医药国粹，宣传中医药文化知识，展示中医药发展成就和文化魅力，引领大众认识中医药、了解中医药、支持中医药，为广大群众提供正确、科学的中医药知识。经研究，学校确定于5月到6月在全校开展“中医药文化宣传月”活动，现将有关事宜通知如下：

一、指导思想

以党的十八大精神为指导，深入贯彻科学发展观，坚持解放思想，实事求是，改革创新，与时俱进，紧紧抓住中医药发展的良好战略机遇，深入广泛地开展中医药科普宣传，为中医药发展营造良好的社会环境，使中医药更好地为维护人民群众的健康服务。

二、活动主题

传承中医药国粹　传播优秀文化　共享健康和谐

三、活动意义

通过举办中医药文化科普宣传月活动，集中展示中医药悠久的历史、科学的理论、独特的方法、良好的疗效，让社会更加了解中医药为中华民族繁衍生息所做出的巨大贡献，更加了解中医药在维护人民健康、促进经济社会发展、弘扬我国优秀传统文化等方面的重要地位和作用。

四、活动组织

本活动由学校宣传部主办，各系部要制订工作计划，按照活动时间和内容开展宣传活动。

五、活动时间

2018 年 5 月 18 日至 6 月 18 日。

六、活动主要内容

（一）组织开展义诊活动。

（二）发放中医药养生保健科普资料、宣传单等。

（三）组织中医药文化科普知识展览。

各系部要围绕活动总体安排，结合部门实际，制定系部活动实施方案，活动结束后，各系部要从活动安排、新闻报道、社会效果、取得的成绩、积累的经验、存在的问题等方面进行认真总结，对活动影像资料进行收集、整理。

2018 年 5 月 16 日

图6-1　“中医药文化宣传月活动的通知”效果图

一、案例设计

打开“素材\案例 6\中医药文化宣传月.doc”，按照要求完成以下操作并保存。

- 将打开的文件以“中医药文化宣传月通知.docx”为名字保存到桌面上。
- 在“二、活动主题”段落后输入活动主题“传承中医国粹　传播优秀文化　共享健康和谐”，并使该文本另起一段。
- 删除文本“，让广大人民群众更加深入地了解中医、认识中医”。
- 调整以“(一) 组织开展义诊活动”开始的段落，根据题号分为三段。
- 利用“格式刷”工具，复制“一、指导思想”开始的段落格式到提纲段落中，复制“为进一步弘扬”开始的段落格式到所有的正文段落中，使正文的格式统一。
- 使用“查找和替换”功能，将文档中所有的“中医”替换为“深红”色的“中医药”。
- 将标题“关于开展中医药文化宣传月活动的通知”的字体设置为“微软雅黑”，字号为“小二”，字形为“加粗”，字体颜色为“黑色，文字1”。
- 在文档末尾处插入当前日期，采用“××××年×月×日”的中文格式(×表示阿拉伯数字)，并设置段落对齐方式为“右对齐”。
- 将文档另存为PDF格式，文件名称为“通知最终稿.pdf”，并保存到桌面上。

二、案例分析

第 1 步：双击打开“素材\案例 6\中医药文化宣传月.doc”文档，进入 Word 2010 文档编辑界面。单击“文件”选项卡中的“另存为”命令，在弹出的“另存为”对话框中，选择文件的保存类型为“Word 文档(*.docx)”，输入文件名称为“中医药文化宣传月通知”，单击“保存”按钮，如图 6-2 所示。

图6-2　“另存为”对话框

第2步：将光标定位到“二、活动主题”段落后，按 Enter 键另起一段。使用组合键 Ctrl+Shift 切换到自己习惯的输入法，在新的段落中输入文字“传承中医国粹　传播优秀文化　共享健康和谐”。

第3步：用鼠标选中文本“，让广大人民群众更加深入地了解中医、认识中医”，按 Delete 键或 Backspace 键删除。

第4步：将光标分别定位到文字“(二) 发放中医”和“(三) 组织中医”的前面并按 Enter 键，将内容分为三段。

第5步：首先，选中“一、指导思想”段落，双击“格式刷”按钮格式刷，使鼠标形状变为小刷子形状。移动鼠标，分别在以“二”“三”“四”“五”“六”开始的段落的左侧单击鼠标，完成格式的复制，复制完成后按 Esc 键取消格式复制状态(也可以单击“格式刷”按钮来取消格式复制状态)。然后，选中以“为进一步弘扬”开始的段落，双击“格式刷”按钮格式刷，使鼠标形状变为小刷子形状。然后参照以上操作，分别对剩余的段落复制格式，复制完成后按 Esc 键取消格式复制状态。

思考：在 Word 2010 中快速选择段落内容，都有哪些快捷方法？

第 6 步：首先，单击“开始”选项卡的“编辑”组中的“替换”按钮替换，弹出“查找和替换”对话框，如图 6-3 所示。在“替换”选项卡的“查找内容”文本框中输入文本“中医”，在“替换为”文本框中输入文本“中医药”，然后单击“更多”按钮，展开“查找和替换”对话框。单击左下角的“格式”下拉按钮，在弹出的下拉列表中选择“字体”。在弹出的“替换字体”对话框中设置替换字体的颜色为“深红”，如图 6-4 所示。然后单击“确定”按钮，关闭“替换字体”对话框。最后，在“查找和替换”对话框中单击“全部替换”按钮，完成文本和格式的替换，单击对话框中的“关闭”按钮，退出“查找和替换”对话框。

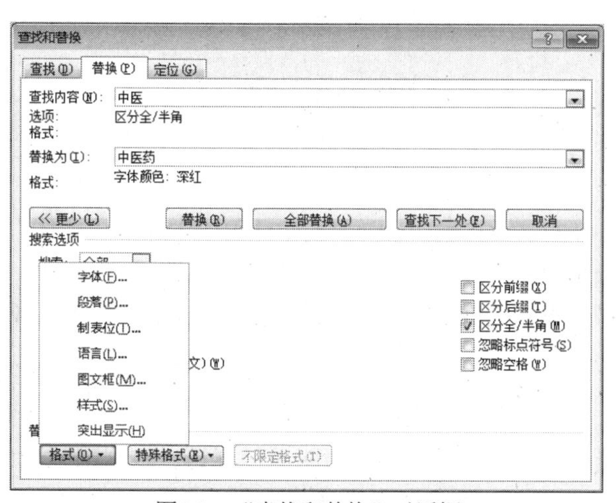

图6-3　“查找和替换”对话框

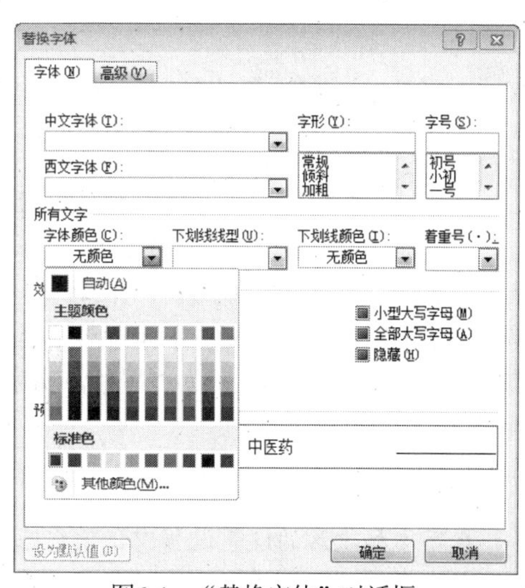

图6-4　“替换字体”对话框

第 7 步：在 Word 2010 中设置文字的字体格式。通常有以下两种方法。

方法一：使用选项卡中的命令进行字体设置。

① 用鼠标选中标题文字，在“开始”选项卡的“字体”组中，单击“字体”右侧的下拉箭头，在弹出的如图 6-5 所示的字体列表中选择“微软雅黑”字体；单击字号右侧的下拉箭头，在弹出的字号列表中选择“小二”。

② 在“开始”选项卡的“字体”组中，单击“加粗”按钮**B**，也可以使用组合键Ctrl+B。

③ 在“开始”选项卡的“字体”组中，单击“字体颜色”按钮A右侧的下拉箭头，在弹出的如图6-6所示的下拉列表中选择“黑色，文字1”。

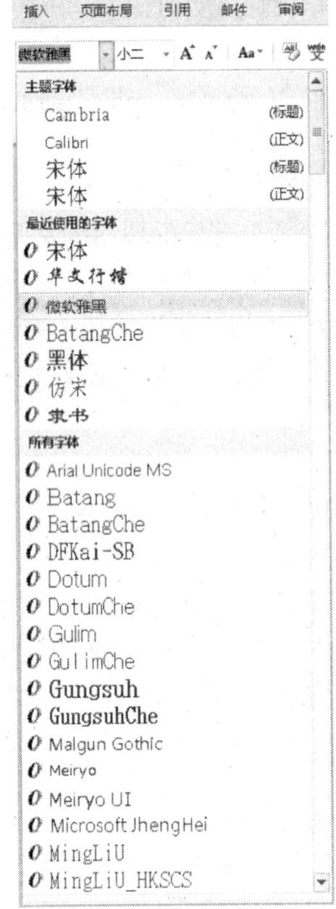

图6-5 设置字体

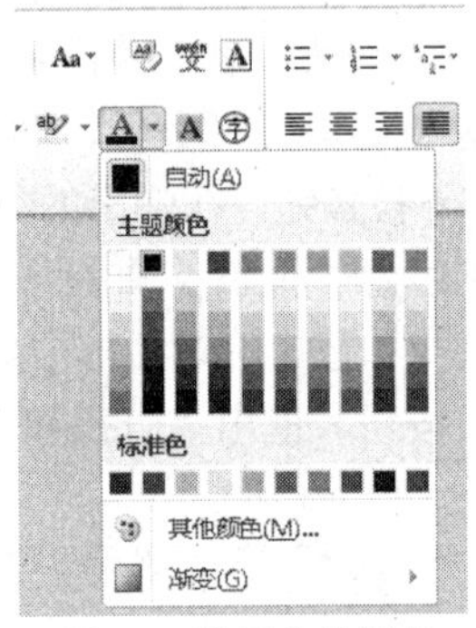

图6-6 设置字体颜色

方法二：通过使用“字体”对话框进行字体设置。

用鼠标选中标题文字，在“开始”选项卡的“字体”组中单击右下角的“对话框”启动按钮，弹出“字体”对话框，如图6-7所示。也可以单击鼠标右键，在弹出的快捷菜单中选择“字体”，弹出“字体”对话框。在“字体”对话框中分别设置中文字体为“微软雅黑”、字形为“加粗”、字号为“小二”、字体颜色为“黑色，文字1”。设置完成后单击“确定”按钮，关闭“字体”对话框。

说明：

在字体和段落的设置过程中，使用选项卡和对话框进行设置的效果是一样的，在训练过程中要逐渐形成自己的设置习惯，为了提高效率，这里建议大家使用对话框进行设置。

第8步：首先，将光标定位在文档结尾处，单击“插入”选项卡的“文本”组中的“日期和时间”按钮日期和时间，弹出“日期和时间”对话框，如图6-8所示。在“日期和时间”对话框中选择带有年、月、日的中文样式，单击“确定”按钮关闭对话框，将系统的当前日期插入当前位置。然后，单击“开始”选项卡的“段落”组中的“右对齐”按钮。

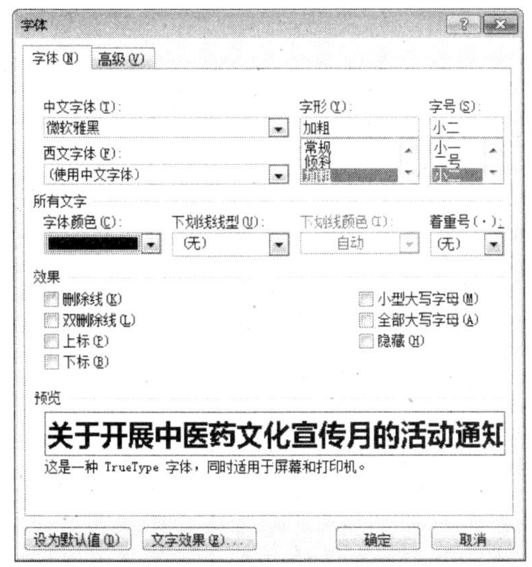

图6-7　“字体”对话框

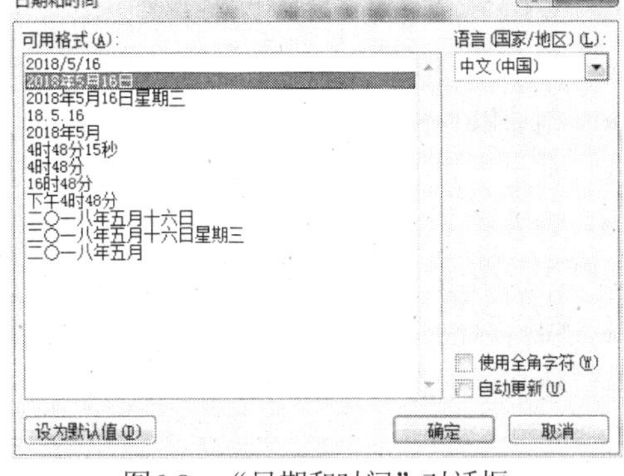

图6-8　“日期和时间”对话框

第 9 步：单击“文件”选项卡中的“另存为”命令，弹出“另存为”对话框。在“保存类型”下拉列表中选择“PDF(*.pdf)”格式，如图 6-9 所示。在“文件名”文本框中输入“通知最终稿.pdf”，单击“保存”按钮。

图6-9　“另存为”对话框

三、案例拓展一

今年是学校建校 60 周年，学校准备举行一系列庆祝活动，拟邀请优秀校友参加。请根据学校基本情况，用 Word 2010 编辑一份校庆活动邀请函。

打开“素材\案例6\校庆邀请函.docx”文件，参照图6-10所示的效果，按照下列要求完成操作。

- 对于前两行标题文字，设置字体为“微软雅黑”，字号设置为“二号”，字形设置为“加粗”，字体颜色设置为“深红”，并设置段落对齐方式为“居中对齐”。
- 在文字“尊敬的”后面输入校友的名字：赵覃。
- 从“金秋相约，畅谈别后人生路”开始另起一段。
- 利用“查找和替换”功能将文档中的所有空格删除。
- 将以“校庆报到时间”开始的段落移动到“山东中医药高等专科学校”段落的前面。
- 删除以“母校也时刻关注着”开始的段落。
- 利用“清除格式”按钮清除邀请函中正文部分的格式。
- 对于正文部分，设置字体大小为“四号”、段落首行缩进两个字符。
- 将邀请函主题设置为“暗香扑面”。
- 将落款的三个段落的对齐方式设置为“右对齐”。
- 将文档另存为“校庆邀请函.pdf”。

山东中医药高等专科学校

校庆活动邀请函

尊敬的赵覃校友：

您好！

山东中医药高等专科学校建校六十周年庆典将于 XXXX 年 XX 月 XX 日举行。值此盛典来临之际，特邀请您参加母校的庆典活动，衷心感谢您的积极进取为山东中医药高专学子树立了榜样，为母校发展增光添彩！

时光流转，日月嬗递，60 年薪火相传，60 年桃李芬芳。山东中医药高等专科学校自 1958 年建校以来，先后培养了 5 多万名优秀校友，广大校友在全国卫生战线上兢兢业业，自强不息、艰苦奋斗，取得了优异的成绩，为母校赢得了美誉，为国家卫生事业和中医药事业发展做出了重要贡献。

金秋相约，畅谈别后人生路；母校重聚，共话同窗师友情！我们诚挚邀您在校庆日回来看看，会恩师，叙友情，了解母校新貌，为母校的改革发展献计献策！

校庆报到时间：XXXX 年XX月 XX 日 8:00-11:30 校庆报到地点：山东中医药高等专科学校烟台校区（烟台市滨海东路 508 号）。

山东中医药高等专科学校

校长：xxx

2018 年 07 月 1 日

图6-10　“校庆邀请函”效果图

四、案例拓展二

学校团委近期要举行学生社团代表大会，请根据大会提供的资料用 Word 2010 编辑一份详细通知下发给各社团组织。

请打开“素材\案例 6\学生社团大会.docx”文件，参照图 6-11 所示的效果，按照下列要求完成操作。

- 清除从第三段(以“为了进一步立足学生社团”开始的段落)开始的所有段落和文字的格式。
- 利用“查找和替换”功能删除文档中的所有空行。
- 将以“一”“二”“三”开始的标题段落设置为“标题1”样式。
- 将正文中除标题外的正文字体设置为“仿宋”字体，字号设置为“四号”。
- 将正文中除标题外的正文段落特殊格式设置为“首行缩进”，磅值为2字符，设置段前段后间距均为5磅，行距设置为1.15行。
- 将标题“第四次学生社团代表大会的通知”的字符间距加宽1磅。
- 为会议时间及地点下面的内容段落添加样式为“1.”“2.”“3.”的项目编号。
- 将落款的最后3个段落的段落对齐方式设置为“右对齐”。
- 将文档另存为“社团大会通知.pdf”，并设置打开密码为zyy123456。

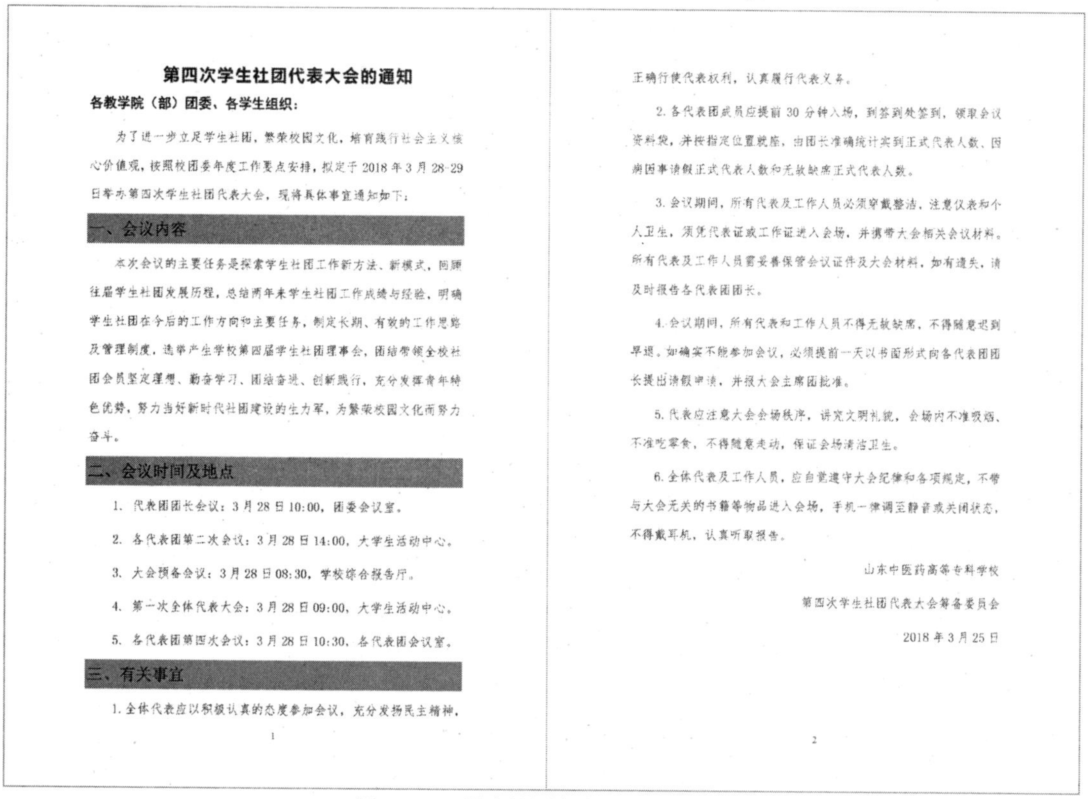

第四次学生社团代表大会的通知

各教学院（部）团委、各学生组织：

为了进一步立足学生社团，繁荣校园文化，培育践行社会主义核心价值观，按照校团委年度工作要点安排，拟定于 2018 年 3 月 28-29 日举办第四次学生社团代表大会，现将具体事宜通知如下：

一、会议内容

本次会议的主要任务是探索学生社团工作新方法、新模式，回顾往届学生社团发展历程，总结两年来学生社团工作成绩与经验，明确学生社团在今后的工作方向和主要任务，制定长期、有效的工作思路及管理制度，选举产生学校第四届学生社团理事会，团结带领全校社团会员坚定理想、勤奋学习、团结奋进、创新践行，充分发挥青年特色优势，努力当好新时代社团建设的生力军，为繁荣校园文化而努力奋斗。

二、会议时间及地点

1. 代表团团长会议：3 月 28 日 10:00，团委会议室。
2. 各代表团第二次会议：3 月 28 日 14:00，大学生活动中心。
3. 大会预备会议：3 月 28 日 08:30，学校综合报告厅。
4. 第一次全体代表大会：3 月 28 日 09:00，大学生活动中心。
5. 各代表团第四次会议：3 月 28 日 10:30，各代表团会议室。

三、有关事宜

1. 全体代表应以积极认真的态度参加会议，充分发扬民主精神，

1

正确行使代表权利，认真履行代表义务。

2. 各代表团成员应提前 30 分钟入场，到签到处签到，领取会议资料袋，并按指定位置就座，由团长准确统计实到正式代表人数、因病因事请假正式代表人数和无故缺席正式代表人数。

3. 会议期间，所有代表及工作人员必须穿戴整洁，注意仪表和个人卫生，须凭代表证或工作证进入会场，并携带大会相关会议材料。所有代表及工作人员需妥善保管会议证件及大会材料，如有遗失，请及时报告各代表团团长。

4. 会议期间，所有代表和工作人员不得无故缺席，不得随意迟到早退。如确实不能参加会议，必须提前一天以书面形式向各代表团团长提出请假申请，并报大会主席团批准。

5. 代表应注意大会会场秩序，讲究文明礼貌，会场内不准吸烟、不准吃零食，不得随意走动，保证会场清洁卫生。

6. 全体代表及工作人员，应自觉遵守大会纪律和各项规定，不带与大会无关的书籍等物品进入会场，手机一律调至静音或关闭状态，不得戴耳机，认真听取报告。

山东中医药高等专科学校

第四次学生社团代表大会筹备委员会

2018 年 3 月 25 日

2

图6-11　“学生社团大会通知”效果图

案例七

制作海报、简报

学校就业协会计划邀请赵功诚先生为同学们做一场就业讲座，为使更多的同学参加，就业协会需要为本场讲座制作一份宣传海报张贴在宣传栏。请协助主办方用 Word 2010 制作一份宣传海报，要求版面醒目、简介、美观。

通过本案例的练习，可熟练掌握字体、段落格式的设置方法，熟练掌握格式刷和样式的使用方法，熟练掌握边框和底纹的设置方法、技巧等。本案例的制作效果如图 7-1 所示。

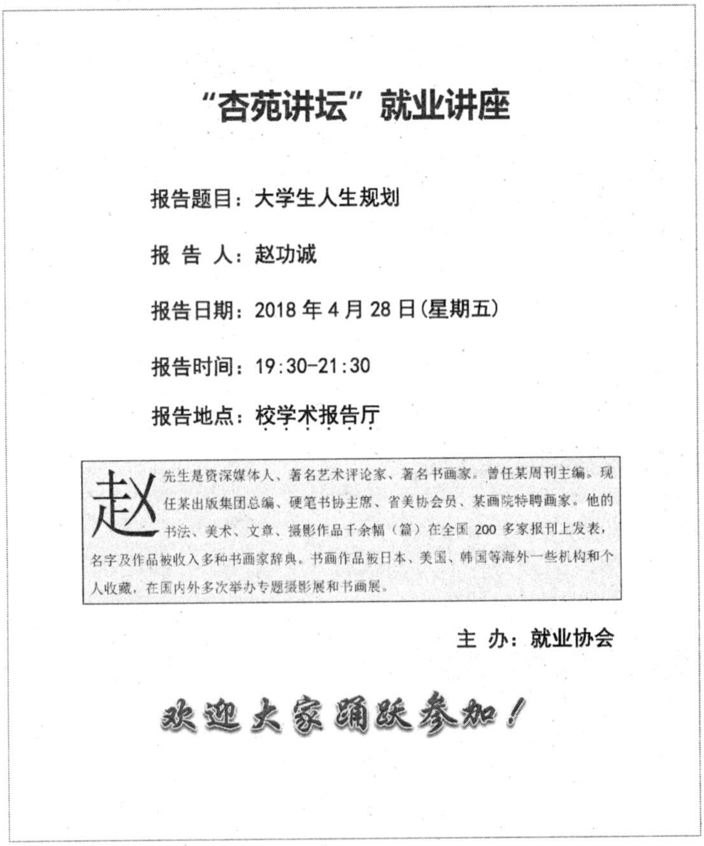

“杏苑讲坛”就业讲座

报告题目：大学生人生规划

报 告 人：赵功诚

报告日期：2018 年 4 月 28 日(星期五)

报告时间：19:30-21:30

报告地点：校学术报告厅

赵先生是资深媒体人、著名艺术评论家、著名书画家。曾任某周刊主编。现任某出版集团总编、硬笔书协主席、省美协会员、某画院特聘画家。他的书法、美术、文章、摄影作品千余幅（篇）在全国 200 多家报刊上发表，名字及作品被收入多种书画家辞典。书画作品被日本、美国、韩国等海外一些机构和个人收藏，在国内外多次举办专题摄影展和书画展。

主 办：就业协会

欢迎大家踊跃参加！

图 7-1　“就业讲座海报”效果图

一、案例设计

打开“素材\案例 7\就业讲座.docx”文件，按照要求完成以下操作。

- 将海报标题文字的字体设置为“微软雅黑”，字号设置为28磅，字形设置为“加粗”，颜色设置为“深红”色，段落对齐方式设置为“居中对齐”。
- 在以“报告题目”开始的段落中，将文字的字体设置为“黑体”，字号设置为“小二”，字形设置为“加粗”，字体颜色设置为“深蓝”色。为该段设置段落特殊效果为“首行缩进”，磅值设置为“3字符”，段前和段后间距均设置为“1行”，段落行距设置为“2倍行距”。
- 在以“赵先生是资深媒体人”开始的段落中，将文字的字号设置为“小四”，字体颜色设置为“黑色，文字1，淡色15%”，段落行距设置为“1.5倍行距”。
- 利用“格式刷”工具将以“报告题目”开始的段落的格式复制到以“报告人”“报告日期”“报告时间”“报告地点”开始的段落中。
- 将以“报告题目”“报告人”“报告日期”“报告地点”“主办”开始的段落中冒号后面的文字的字体颜色设置为“黑色，文字1”。
- 为以“赵先生是资深媒体人”开始的段落设置段落边框类型为“方框”，设置底纹填充颜色为“橙色，强调文字颜色6，淡色80%”。
- 在以“赵先生是资深媒体人”开始的段落中设置首字下沉，设置下沉行数为3。
- 为文字“校学术报告厅”加上着重号。
- 为以“主　办：”开始的段落设置段落对齐方式为“右对齐”。
- 将“欢迎大家踊跃参加！”转换为艺术字，设置艺术字样式为“填充-红色，强调文字颜色2，粗糙棱台”。设置艺术字字体为“华文行楷”，字号默认，并调整艺术字的位置，使艺术字相对页面居中。
- 保存并关闭文档。

二、案例分析

第 1 步：Word 2010 中字体的设置有通过选项卡和“字体”对话框两种设置方法，这里采用通过“字体”对话框的方法进行字体的设置。

① 先选中标题文字，单击鼠标右键，在弹出的快捷菜单中选择“字体”，打开“字体”对话框；也可以单击“开始”选项卡中“字体”组右下角的对话框启动器按钮，打开“字体”对话框。在“字体”对话框中分别设置中文字体为“微软雅黑”、字形为“加粗”、字号为“28 磅”、字体颜色为“深红”色。

② 在“开始”选项卡的“段落”组中，单击“居中对齐”按钮。

注意：

设置段落格式也有通过选项卡和“段落”对话框两种设置方法，比较简单的段落设置可以在选项卡中进行，相对复杂一点的设置还是要通过“段落”对话框进行。

第 2 步：用鼠标选中以“报告题目”开始的段落中的文字，或者在以“报告题目”开始的段落的左侧单击鼠标，选中段落中的文字。

① 单击鼠标右键，在弹出的快捷菜单中选择“字体”，在弹出的“字体”对话框中分别设置字体为“黑体”、字号为“小二”、颜色为“深蓝”、字形为“加粗”。

② 单击鼠标右键，在弹出的快捷菜单中选择“段落”，打开“段落”对话框。也可以单击“开始”选项卡中“段落”组右下角的对话框启动器按钮，打开“段落”对话框。在“段落”对话框中设置特殊格式为“首行缩进”，磅值为“3 字符”；设置段前间距为“1 行”、段后间距为“1 行”，行距设置为“2 倍行距”，设置效果如图 7-2 所示。

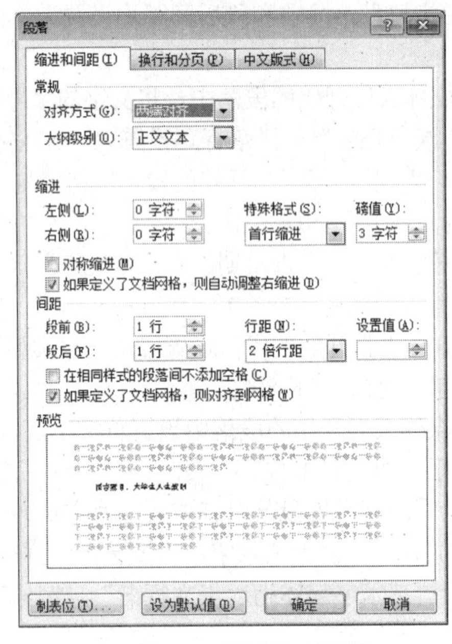

图 7-2 “段落”对话框

③ 将光标移动到以“赵先生是资深媒体人”开始的段落的左侧，双击鼠标，选中整段文字。单击鼠标右键，在弹出的快捷菜单中选择“字体”命令，打开“字体”对话框。在“字体”对话框中设置字号为“小四”、字体颜色为“黑色，文字 1，淡色 15%”，单击“确定”按钮。单击鼠标右键，在弹出的快捷菜单中选择“段落”命令，打开“段落”对话框，在对话框中设置行距为“1.5 倍行距”。设置段落行距时，也可以通过“开始”选项卡的“段落”组中的“行和段落间距”设置按钮进行，单击该设置按钮，在弹出的下拉列表中选择“1.5 倍行距”。

④ 将光标移动到以“报告题目”开始的段落的左侧，单击鼠标，选中段落。双击“开始”选项卡的“剪贴板”组中的“格式刷”按钮格式刷，移动光标分别单击以“报告人”“报告日期”“报告地点”“主 办”开始的段落。完成段落格式的复制后，按 Esc 键取消格式复制状态，也可用鼠标单击“格式刷”按钮来结束段落格式复制状态。

⑤ 先按住 Ctrl 键，用鼠标连续选择各段中冒号后的文字。然后单击“开始”选项卡的“字体”组中“字体颜色”按钮右侧的下拉箭头，在弹出的下拉列表中选择“黑色，文字 1”，单击任意区域结束选择。

⑥ 设置段落边框和底纹。首先，将光标定位到以“赵先生是资深媒体人”开始的段落中的任意位置，单击“开始”选项卡的“段落”组中的“边框和底纹”按钮右侧的下拉箭头，在弹出

的下拉列表中选择“边框和底纹”命令，弹出“边框和底纹”对话框。然后，在“边框和底纹”对话框的“边框”选项卡中设置边框为“方框”，在“底纹”选项卡中设置主题颜色为“橙色，强调文字颜色 6，淡色 80%”，设置效果如图 7-3 所示，单击“确定”按钮关闭对话框。

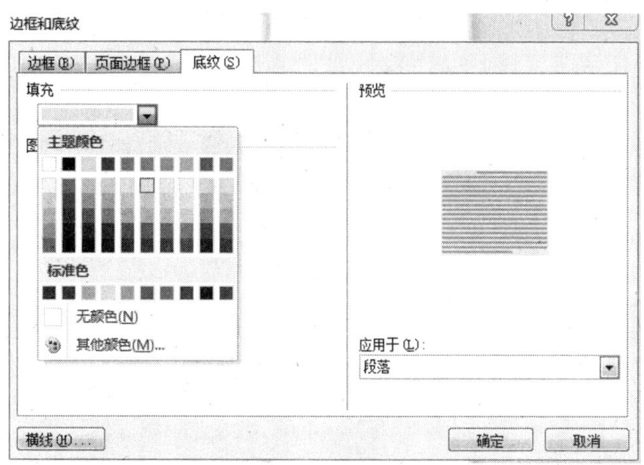

图7-3　“边框和底纹”对话框

⑦ 将鼠标定位到以“赵先生是资深媒体人”开始的段落中的任意位置，单击“插入”选项卡的“文本”组中的“首字下沉”按钮，在弹出的下拉列表中选择“首字下沉选项”，弹出“首字下沉”对话框，设置位置为“下沉”，下沉行数为 3 行，如图 7-4 所示。

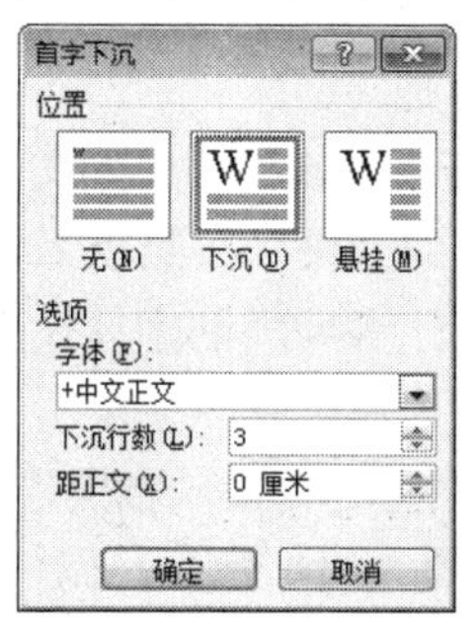

图7-4　“首字下沉”对话框

⑧ 选中文字“学术报告厅”，单击鼠标右键，在弹出的快捷菜单中选择“字体”命令，打开“字体”对话框，设置着重号为“.”。

⑨ 将鼠标定位到以“主　办”开始的段落中的任意位置，或选中以“主　办”开始的段落中的文字，单击“开始”选项卡的“段落”组中的“右对齐”按钮。

⑩ 选中文字“欢迎大家踊跃参加！”，单击“插入”选项卡的“文本”组中的“艺术字”按钮，在弹出的下拉列表中选择“填充-红色，强调文字颜色 2，粗糙棱台”，如图 7-5 所示。选中艺术字，在“开始”选项卡的“字体”组中设置字体为“华文行楷”，用鼠标或键盘上的方向键调整艺术字的位置，使艺术字相对页面居中。

提示：

艺术字默认的文字环绕类型为“浮动型”，使用鼠标或键盘上的方向键可将艺术字移动到页面的任意位置。要精确控制艺术字相对页面居中，可以使用“绘图工具”上下文选项卡的“排列”组中的“对齐”命令进行精确控制。

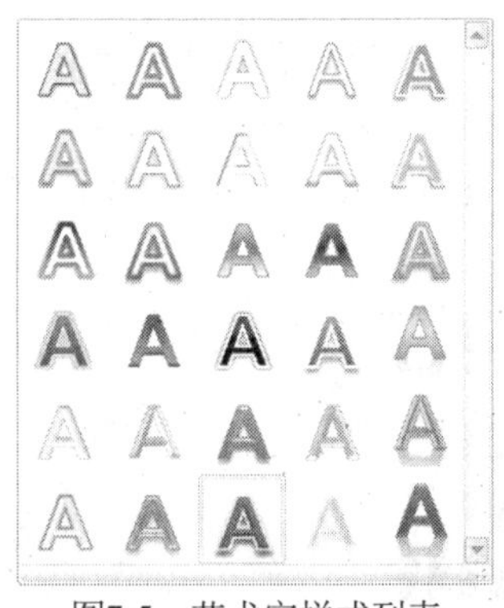

图7-5　艺术字样式列表

使用 Word 2010 保存文档的方法有多种，本文档可用以下方法保存。

方法一：单击左上角“快速访问工具栏”中的“保存”按钮。

方法二：单击“文件”选项卡中的“保存”命令。

方法三：使用组合键 Ctrl+S。

三、案例拓展一

学校于 2018 年 5 月举行大学生心理健康月活动，大学生心理健康月活动结束后，组织部门需要制作一份活动情况简报，以备学校存档。

打开“素材\案例 7\大学生心理健康简报.docx”原始文件，结合心理健康月活动的具体内容调整和优化简报格式，参考如图 7-6 所示的效果，按照以下要求进行设置。

- 将第一段文本“大学生心理健康月活动”的字体设置为“微软雅黑”，字体大小设置为“小初”，字体颜色设置为“深红”色。
- 将第二段文本“简报”的字体设置为“微软雅黑”，字体大小设置为“初号”，字体颜色设置为“红色”，字符间距设置为“加宽”，磅值设置为“15磅”。
- 将以“大学生心理健康中心”开始的段落的字体设置为“宋体”，字号设置为“三号”，为本段设置“下框线”，颜色为“红色”，粗细为“2.25磅”。
- 将文档中最后两段文字的字体设置为“宋体”，字号设置为“三号”，为这两段设置“上下框线”，框线的粗细为“2.25磅”，框线的颜色为“红色”，底纹颜色填充为“白色，背景1，深色5%”。
- 将其他段落的字体设置为“仿宋”，字号设置为“三号”，左侧缩进“1字符”，右侧缩进“1字符”，段落行距设置为“30磅”。
- 为以“自步入五月份以来”开始的段落设置首字下沉效果，下沉行数为3行。
- 为“心灵之源”“心灵之力”“心灵之风”“心灵之雨”开始的4个段落设置自动编号，自动编号格式为“1.2.3.”，并取消这4个段落中的“悬挂缩进”效果。
- 在文档的页脚处插入页码，页码格式设置为“-1-”“-2-”“-3-”的样式，页码设置为“居中对齐”。
- 在打印视窗下预览打印效果，确保该文档能打印在两页中，确认后另存该文档，另存文件为“心理健康月简报终稿.docx”。

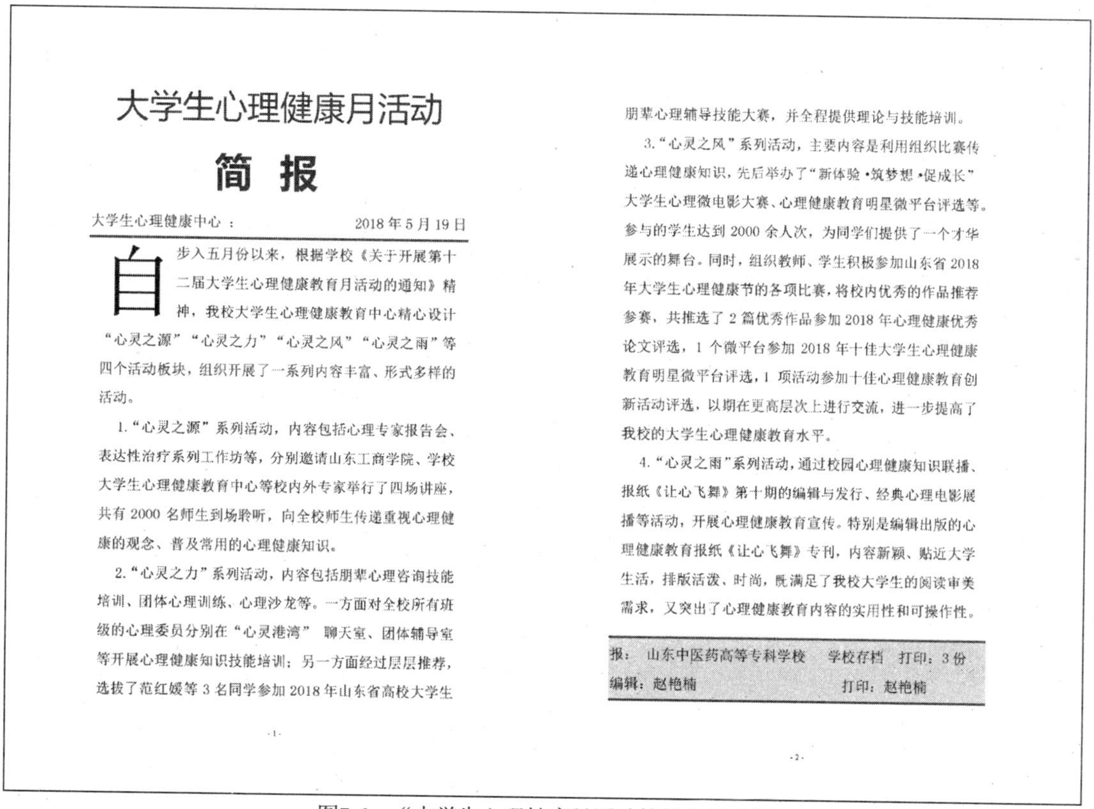

大学生心理健康月活动

简　报

大学生心理健康中心 ：　　　　2018 年 5 月 19 日

自步入五月份以来，根据学校《关于开展第十二届大学生心理健康教育月活动的通知》精神，我校大学生心理健康教育中心精心设计"心灵之源""心灵之力""心灵之风""心灵之雨"等四个活动板块，组织开展了一系列内容丰富、形式多样的活动。

1."心灵之源"系列活动，内容包括心理专家报告会、表达性治疗系列工作坊等，分别邀请山东工商学院、学校大学生心理健康教育中心等校内外专家举行了四场讲座，共有 2000 名师生到场聆听，向全校师生传递重视心理健康的观念、普及常用的心理健康知识。

2."心灵之力"系列活动，内容包括朋辈心理咨询技能培训、团体心理训练、心理沙龙等。一方面对全校所有班级的心理委员分别在"心灵港湾" 聊天室、团体辅导室等开展心理健康知识技能培训；另一方面经过层层推荐，选拔了范红媛等 3 名同学参加 2018 年山东省高校大学生朋辈心理辅导技能大赛，并全程提供理论与技能培训。

-1-

3."心灵之风"系列活动，主要内容是利用组织比赛传递心理健康知识，先后举办了"新体验·筑梦想·促成长"大学生心理微电影大赛、心理健康教育明星微平台评选等。参与的学生达到 2000 余人次，为同学们提供了一个才华展示的舞台。同时，组织教师、学生积极参加山东省 2018 年大学生心理健康节的各项比赛，将校内优秀的作品推荐参赛，共推选了 2 篇优秀作品参加 2018 年心理健康优秀论文评选，1 个微平台参加 2018 年十佳大学生心理健康教育明星微平台评选，1 项活动参加十佳心理健康教育创新活动评选，以期在更高层次上进行交流，进一步提高了我校的大学生心理健康教育水平。

4."心灵之雨"系列活动，通过校园心理健康知识联播、报纸《让心飞舞》第十期的编辑与发行、经典心理电影展播等活动，开展心理健康教育宣传。特别是编辑出版的心理健康教育报纸《让心飞舞》专刊，内容新颖、贴近大学生活，排版活泼、时尚，既满足了我校大学生的阅读审美需求，又突出了心理健康教育内容的实用性和可操作性。

报：　山东中医药高等专科学校　　学校存档　打印：3 份
编辑：赵艳楠　　　　　　　　　　打印：赵艳楠

-2-

图7-6　"大学生心理健康月活动简报"效果图

四、案例拓展二

最近几年，我国大健康产业得到快速发展。为进一步完善和规范产业发展，某机构委托第三方机构对大健康产业进行了一次调查分析，并完成了一份调查报告。为便于阅读，请为该调研报告设置相对美观的格式。

请打开"素材\案例 7\大健康产业调查报告.docx"文件，参考如图 7-7 所示的效果，按照下列要求进行设置。

- 设置文档的纸张大小为"A4"，上、下页边距为2.5厘米，左、右页边距为2厘米。
- 为该文档设置页眉，页眉文字为"大健康产业调查报告"。字符间距设置为"加宽"，磅值为"3磅"，对齐方式为"居中对齐"。
- 在文档的页脚位置插入页码，设置页码格式为"1，2，3"的样式，设置奇数页页码的对齐方式为"右对齐"，设置偶数页页码的对齐方式为"左对齐"。
- 将第一段中文档的标题文本"大健康产业调查报告"设置为"标题"样式。在样式库中修改"标题"样式的字体为"微软雅黑"、字号为"二号"、字形为"加粗"。
- 将以"1 大健康战略发展环境分析""2 国际大健康产业现状""3 大健康产业发展状况分析"开始的3个段落设置为"标题1"样式，并在样式库中修改"标题1"样式的字体为"黑体"、字号为"三号"、字体颜色为"蓝色"，并设置段落边框为"下框线"、框线粗细为“1磅”、颜色为“茶色，背景2，深色25%”。

- 将以“1.1”“1.2”“2.1”“2.2”开头的4个段落设置为“标题2”样式，并在样式库中修改“标题2”样式的字体为“宋体”，字体颜色设置为“茶色，背景2，深色75%”，字号设置为“小三”，段前和段后间距设置为“0.5行”，行距设置为“单倍行距”，段落底纹填充设置为“无颜色”。
- 将以“1. 人口结构变化”“2. 生态环境变化”“ 3. 医疗成本变化”“4. 药品安全问题”“5. 城镇化因素”开始的5个段落设置为“标题3”样式，并在样式库中修改“标题3”样式的字体为“黑体”，字体颜色设置为“黑色，文字1”，字号设置为“小四”，段落设置为左侧缩进“2字符”，特殊格式设置为“无”，分页设置为“段中不分页”和“与下段同页”。
- 将文档中正文部分的字体设置为“仿宋”，字号设置为“小四”，特殊格式设置为“首行缩进”，磅值设置为“2字符”。
- 将文档中的绿色文字内容(美国的健康产业比例)转换成5行2列的表格，设置表格的宽度为90%，并设置表格样式为“浅色底纹-强调文字颜色6”。
- 设置页眉和页脚距边界的距离均为“2厘米”。
- 保存文档。

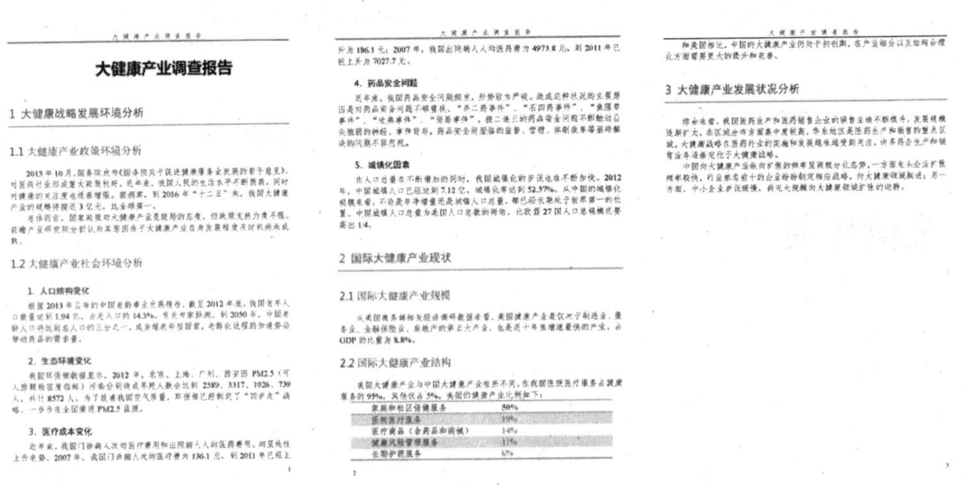

大健康产业调查报告

1 大健康战略发展环境分析

1.1 大健康产业政策环境分析

1.2 大健康产业社会环境分析

1. 人口结构变化

2. 生态环境变化

3. 医疗成本变化

4. 药品安全问题

5. 城镇化因素

2 国际大健康产业现状

2.1 国际大健康产业规模

2.2 国际大健康产业结构

家庭和社区保健服务	50%
医院医疗服务	19%
医疗商品（含药品和器械）	14%
健康风险管理服务	11%
长期护理服务	6%

3 大健康产业发展状况分析

图7-7 “大健康产业调查报告”效果图

案例八

制作个人简历、就业推荐表

即将毕业的大学生小王想去某公司应聘，公司要求小王提供个人简历表、就业推荐表、在校成绩单等资料，请帮助小王设计一份漂亮的个人简历表。

通过本案例的学习，可借助 Word 2010 的表格编辑功能熟练制作、修饰相对复杂的表格，使表格更加美观、便于阅读，读者将能熟练掌握表格的绘制方法、表格的设计与布局、表格的属性设置、表格单元格的合并与拆分、表格的边框与底纹设置等技巧。下面以制作毕业生个人简历表为例进行表格的操作，本案例的制作效果如图 8-1 所示。

一、案例设计

- 在桌面上新建一个Word文档，以“个人简历表.docx”为文件名进行保存。
- 在文档中创建一个17行5列的表格。
- 将表格中第一行的行高设置为1.2厘米，将其他行的行高设置为1厘米。
- 在表格的最后追加2行。
- 参考图8-1所示效果进行单元格的合并，并在对应的单元格内输入和图示一致的文字。
- 将表格中所有单元格的对齐方式设置为水平和垂直方向都居中。
- 将表格的第8行、第10行、第16行的行高设置为2厘米。
- 将“个人简历”的字体设置为“黑体”，字号设置为“三号”。将“教育背景”“工作经验”“求职意向”“个人自我评价”“联系方式”的字体设置为“黑体”，字号设置为“四号”，字符间距设置为“加宽”，磅值设置为“2磅”。
- 将“个人简历”单元格的底纹填充颜色设置为“橄榄色，强调文字颜色3，淡色40%”，将“教育背景”“工作经验”“求职意向”“个人自我评价”“联系方式”单元格的底纹填充颜色设置为“橄榄色，强调文字颜色3，淡色60%”。
- 将单元格的所有边框颜色设置为“白色，背景1，深色25%”，宽度为0.5磅。

<table>
<tr><th colspan="5">个 人 简 历</th></tr>
<tr><td>姓名：</td><td></td><td>性　　别：</td><td></td><td rowspan="4">照片</td></tr>
<tr><td>婚姻状况：</td><td></td><td>出生年月：</td><td></td></tr>
<tr><td>民　　族：</td><td></td><td>政治面貌：</td><td></td></tr>
<tr><td>身　　高：</td><td></td><td>学　　历：</td><td></td></tr>
<tr><td>语言能力：</td><td colspan="4"></td></tr>
<tr><td colspan="5">教育背景</td></tr>
<tr><td colspan="5"></td></tr>
<tr><td colspan="5">工作经验</td></tr>
<tr><td colspan="5"></td></tr>
<tr><td colspan="5">求职意向</td></tr>
<tr><td>工作类型：</td><td colspan="4"></td></tr>
<tr><td>工作岗位：</td><td colspan="4"></td></tr>
<tr><td>到岗时间：</td><td colspan="4"></td></tr>
<tr><td colspan="5">个人自我评价</td></tr>
<tr><td colspan="5"></td></tr>
<tr><td colspan="5">联系方式</td></tr>
<tr><td>联系电话：</td><td colspan="4"></td></tr>
<tr><td>电子邮件：</td><td colspan="4"></td></tr>
</table>

图8-1　“个人简历表”效果图

二、案例分析

1. 在Word 2010中新建空白文档

方法有以下多种。

方法 1：单击“文件”选项卡下的“新建”命令，在右侧展开的窗格中选择“空白文档”选项，如图 8-2 所示。

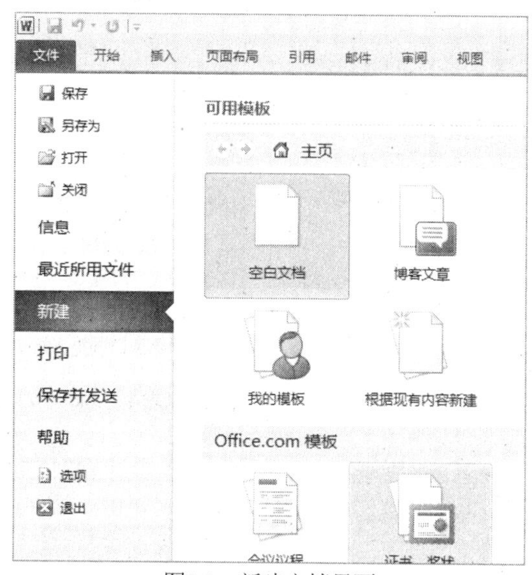

图8-2　新建文档界面

方法 2：使用组合键 Ctrl+N，快速新建空白文档。

方法 3：可在“快速访问工具栏”中自定义“新建”按钮。方法是：单击“快速访问工具栏”右侧的倒三角按钮，在展开的列表中选择“新建”，“快速访问工具栏”中将出现“新建”按钮，可单击刚刚添加的“新建”按钮，新建空白文档。

单击“快速访问工具栏”中的“保存”按钮，或者使用组合键 Ctrl+S，把新建的空白文档保存为“个人简历表.docx”文件。

方法 4：在桌面的空白位置单击鼠标右键，在弹出的快捷菜单中选择“新建”，在展开的子菜单中选择“Microsoft Word 文档”，给新建的文档输入名字“个人简历表.docx”。

2. 在Word 2010中创建表格

方法有以下多种。

方法 1：当输入的表格行数和列数较少时，可以用鼠标选中下拉列表中的单元格数，快速生成表格。

方法 2：可以通过“绘制表格”命令，按照自己的意图进行表格的绘制。

方法 3：可以将具有固定样式的文本转换成表格。

方法 4：把 Excel 中的表格复制到 Word 2010 中，实现表格的创建。

方法 5：使用“插入表格”对话框制作表格。

本案例中表格的行数较多，推荐使用方法 5 创建表格。

单击“插入”选项卡的“表格”组中的“表格”命令按钮，弹出如图 8-3 所示的下拉列表，在下拉列表中选择“插入表格”命令，打开“插入表格”对话框，在对话框中输入行数和列数，如图 8-4 所示，单击“确定”按钮即可创建指定行数和列数的表格。

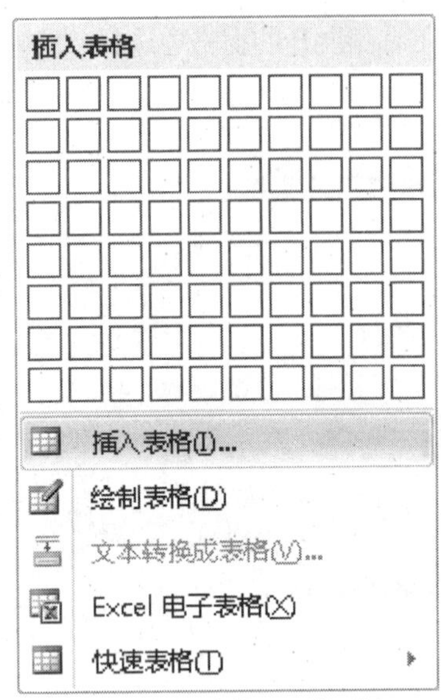

图8-3 “插入表格”下拉列表

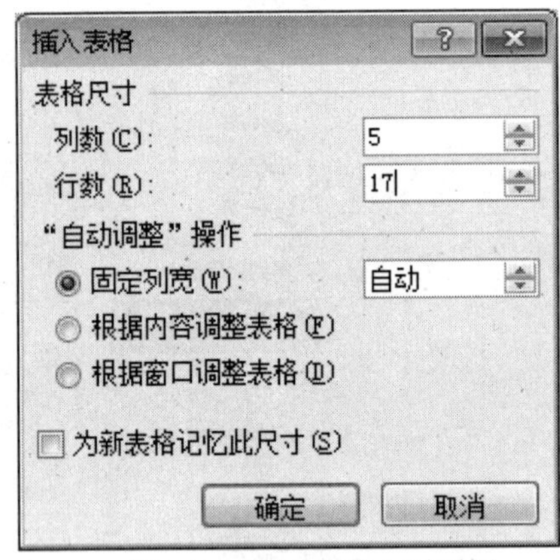

图8-4 “插入表格”对话框

3. 设置表格的行高(列宽)

可以在“表格工具”|“布局”选项卡的“单元格大小”组中设置，也可以通过“表格属性”对话框进行设置。下面通过“表格工具”|“布局”选项卡进行设置。

第 1 步：单击表格左上角的“表格选择”按钮⊞，选中整个表格。在功能区会出现“表格工具”上下文选项卡，如图 8-5 所示。在“布局”分选项卡的“单元格大小”组中，设置行高为 1 厘米。

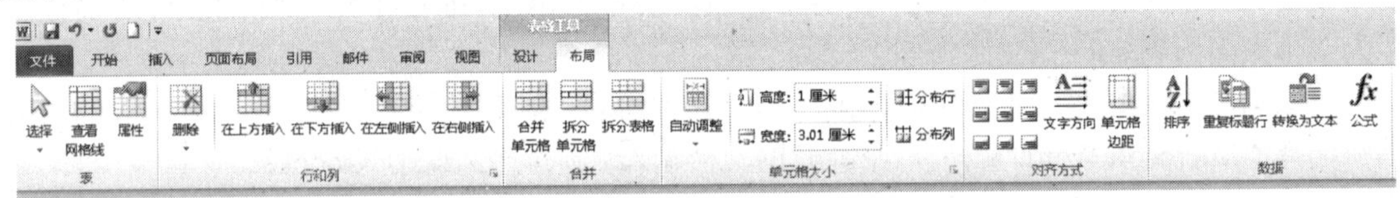

图8-5 “表格工具”上下文选项卡

第 2 步：移动光标至表格中第一行的左侧，单击鼠标左键，选中表格的第一行，在“布局”分选项卡的“单元格大小”组中，设置行高为 1.2 厘米。

4. 在表格中插入行(列)

方法有多种，可选用以下任意一种。

方法 1：用鼠标选中表格的最后两行，单击“布局”分选项卡的“行和列”组中的“在下方插入”按钮。

方法 2：用鼠标选中表格的最后两行，单击鼠标右键，在弹出的快捷菜单中选择“插入”命令，在展开的子菜单中选择“在下方插入行”命令。

方法 3：将光标定位在表格末尾处，按 Enter 键，表格会自动增加 1 行，用同样的方法可再增加 1 行。

方法 4：把光标定位在最后一个单元格内，按 Tab 键，表格会自动增加 1 行，用同样的方法可再增加 1 行。

5. 在表格中合并单元格

主要有 3 种方法。

方法 1：通过“表格工具”|“布局”分选项卡的“合并”组中的“合并单元格”按钮实现单元格的合并。

方法 2：选中要合并的单元格后，单击鼠标右键，在弹出的快捷菜单中选择 “合并单元格”命令。

方法 3：通过“表格工具”|“设计”分选项卡的“绘图边框”组中的“表格擦除器”按钮，擦除要合并的单元格之间的列线或行线。

这里采用方法 1 进行操作。

第 1 步：选中第一行单元格，单击“布局”分选项卡的“合并”组中的“合并单元格”按钮。

第 2 步：使用同样的方法，合并第 7、8、9、10、11、15、16、17 行的单元格。

第 3 步：参考图 8-1 所示的效果图，合并剩余的需要合并的单元格。

第 4 步：参考图 8-1 所示的效果图，在单元格内输入相应的文字。

6. 设置表格中单元格的对齐方式

表格中单元格的对齐方式分为水平和垂直两个方向上的对齐，共有 9 种对齐方式。设置单元格的对齐方式主要有以下两种方法。

方法 1：单击表格左上角的表格选择按钮，选中整个表格。单击“布局”分选项卡的“对齐方式”组中水平和垂直方向都居中的对齐按钮，如图 8-6 所示。

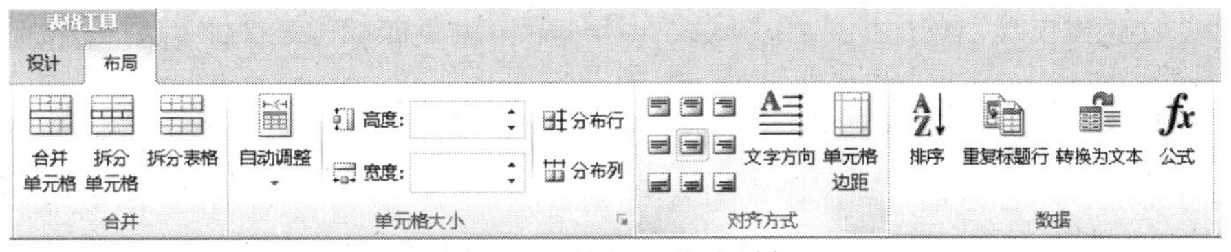

图8-6　“布局”分选项卡

方法 2：单击表格左上角的表格选择按钮，选中整个表格。单击鼠标右键，在弹出的快捷菜单中选择“单元格对齐方式”，在子菜单中选择水平和垂直方向都居中的对齐按钮。

7. 设置行高

按住 Ctrl 键，用鼠标选中表格的第 8 行、第 10 行和第 16 行，在“布局”分选项卡的“单元格大小”组中，设置行高为 2 厘米。

8. 对多个单元格设置同样的格式

可以在选择多个单元格后同时进行设置，也可以先设置一个单元格的格式，再利用格式刷工具进行格式的复制。

方法 1：按住 Ctrl 键，用鼠标连续选择“个人简历”“教育背景”“工作经验”“求职意向”“个人自我评价”“联系方式”单元格，单击“开始”选项卡中“字体”组右下角的对话框启动器按钮。在“字体”选项卡中将字体设置为“黑体”、字号设置为“四号”；在“高级”选项卡中将间距设置为“加宽”、磅值设置为 2 磅。

方法 2：先选中一个单元格，再单击“开始”选项卡中“字体”组右下角的对话框启动器按钮。在“字体”选项卡中将字体设置为“黑体”、字号设置为“四号”；在“高级”选项卡中将间距设置为“加宽”、磅值设置为 2 磅。双击“开始”选项卡的“剪贴板”组中的“格式刷”按钮，利用格式刷将设置的单元格格式分别复制到“个人简历”“教育背景”“工作经验”“求职意向”“个人自我评价”“联系方式”单元格中，按 Esc 键或者双击格式刷以取消格式复制。

9. 设置底纹

设置“个人简历”单元格的底纹，主要有以下两种方法。

方法 1：选中“个人简历”单元格，单击“设计”分选项卡的“表格样式”组中的“底纹”按钮，在弹出的颜色列表中选择“橄榄色，强调文字颜色 3，深色 40%”，如图 8-7 所示。

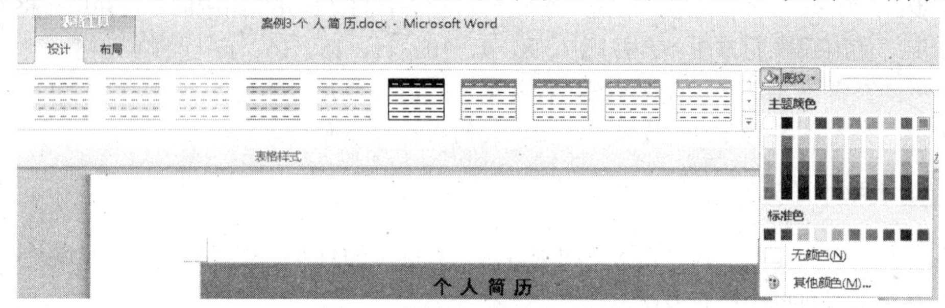

图8-7　设置单元格的底纹颜色

方法 2：选中“个人简历”单元格后，单击鼠标右键，在弹出的快捷菜单中选择“边框和底纹”，打开“边框和底纹”对话框，在“底纹”选项卡中设置底纹颜色为“橄榄色，强调文字颜色 3”。

下面设置其他几个单元格的底纹，分别将“教育背景”“工作经验”“求职意向”“个人自我评价”“联系方式”单元格的底纹颜色设置为“橄榄色，强调文字颜色 3，着色 6，淡色 60%”。

10. 设置边框

单击表格左上角的表格选择按钮，选中整个表格。单击鼠标右键，在弹出的快捷菜单中选择“边框和底纹”命令，打开“边框和底纹”对话框，在“边框”选项卡中，设置边框类型为“全部”，设置框线宽度为 0.5 磅，设置框线颜色为“白色，背景 1，深色 25%”，如图 8-8 所示。

图8-8　“边框和底纹”对话框

三、案例拓展一

用人单位要求毕业生所在的学校提供学生就业推荐表，请参考如图 8-9 所示的效果为本校的毕业生设计一份就业推荐表。制作要求如下：

- 在桌面上创建一个名为“就业推荐表.docx”的Word文档。
- 设置文档的纸张大小为A4，上、下、左、右页边距分别设置为1.5厘米、1.5厘米、2.5厘米、2.5厘米。
- 输入表格的标题“毕业生就业推荐表”，并将字体设置为“微软雅黑”，字号设置为“二号”，段落对齐方式设置为“居中对齐”。另起一段并输入文本“协议书号：　”，将字体设置为“宋体”，字号设置为“小四”，段落对齐方式设置为“右对齐”。
- 在文本下方插入(或绘制)一个12行7列的表格，设置第9、10、12行的行高为5厘米，设置其他行的行高为0.8厘米。
- 参照图8-9所示效果，合并与拆分单元格，并在单元格内输入相应的文字。

毕业生就业推荐表

协议书号：

姓　名		性别		出生年月		一寸近照 粘贴处
专业名称						
学　历			学　制			
政治面貌		民族		培养方式		
身体状况		身高		毕业时间		
学校地址					邮政编码	
电子信箱					联系电话	
个人爱好及特长						
在校任职及主要社会实践情况						
大学期间奖励情况						
院（系）评语				校招生就业处意见		
院（系）盖章 年　月　日				同意推荐 年　月　日		

注：成绩单由学校教务处打印并签章，其他证明及自荐材料另附。

图8-9　“就业推荐表”效果

- 参照图8-9所示效果，给单元格里的文字设置相应的字体，并设置相应的字体颜色。
- 参照图8-9所示效果，给单元格设置合适的对齐方式。
- 保存文档。

四、案例拓展二

某单位每年对职工进行健康体检，保健科需要设计一张体检表格。请参照图 8-10 所示效果，按照下列要求为该单位制作一份职工健康体检表。

职工健康体检表

<table>
<tr><td colspan="2">姓　名</td><td></td><td>性　别</td><td></td><td>出生日期</td><td colspan="2"></td><td rowspan="4">近　期
二寸免冠
正面半身
彩色照片</td></tr>
<tr><td colspan="2">身份证号</td><td colspan="6"></td></tr>
<tr><td colspan="2">出生地</td><td></td><td>民族</td><td></td><td>婚否</td><td colspan="2"></td></tr>
<tr><td colspan="2">既往病史</td><td colspan="6"></td></tr>
<tr><td rowspan="4">眼</td><td>裸眼视力</td><td rowspan="3">左</td><td colspan="2"></td><td rowspan="3">右</td><td colspan="2"></td><td rowspan="4">医师意见：

签名：</td></tr>
<tr><td>矫正视力</td><td colspan="2"></td><td colspan="2"></td></tr>
<tr><td>眼　疾</td><td colspan="2"></td><td colspan="2"></td></tr>
<tr><td>色　觉</td><td colspan="6"></td></tr>
<tr><td rowspan="3">耳
鼻
喉</td><td>听　力</td><td rowspan="3">左</td><td colspan="2"></td><td rowspan="3">右</td><td colspan="2"></td><td rowspan="3">医师意见：

签名：</td></tr>
<tr><td>耳　疾</td><td colspan="2"></td><td colspan="2"></td></tr>
<tr><td>鼻及鼻窦</td><td colspan="2"></td><td colspan="2"></td></tr>
<tr><td rowspan="5">内
科</td><td>呼吸</td><td>次/分</td><td>脉搏</td><td>次/分</td><td>血压</td><td colspan="2">mmHg</td><td rowspan="5">医师意见：

签名：</td></tr>
<tr><td>发育及营养</td><td colspan="6"></td></tr>
<tr><td>心肺功能</td><td colspan="6"></td></tr>
<tr><td>肝、脾、双肾</td><td colspan="6"></td></tr>
<tr><td>腹部查体</td><td colspan="6"></td></tr>
<tr><td rowspan="5">辅助
检查
结果</td><td>X线</td><td colspan="5"></td><td colspan="2">医师签名：</td></tr>
<tr><td>心电图</td><td colspan="5"></td><td colspan="2">医师签名：</td></tr>
<tr><td>血糖</td><td colspan="5"></td><td colspan="2">医师签名：</td></tr>
<tr><td>肝、肾功能</td><td colspan="5"></td><td colspan="2">医师签名：</td></tr>
<tr><td>血常规</td><td colspan="5"></td><td colspan="2">医师签名：</td></tr>
<tr><td>体
检
结
果</td><td colspan="8">结果：（请在以下项目序号前打“√”表示选定该项体检结果）
① 健康或正常　② 一般或较弱　③ 有慢性病
④ 传染病传染期　⑤ 精神病发病期　⑥ 身体残疾
说明：如选择上述结果③、请继续在下列符合的项目上用“√”表示：
1、心血管病　2、脑血管病　3、慢性呼吸系统病
4、慢性消化系统病　5、慢性肾炎　6、结核病
7、神经或精神疾病　8、糖尿病　9、其他：________
医师签名：　体检日期：　年　月　日</td></tr>
</table>

图8-10　“职工健康体检表”效果图

- 在计算机桌面上创建一个名为“职工健康体检表.docx”的Word文档。
- 将文档的纸张大小设置为A4，上、下、左、右边距分别设置为2厘米、2厘米、2.3厘米、2.3厘米。
- 输入表格的标题“职工健康体检表”，将字体设置为“黑体”，字号设置为“二号”。
- 参照图 8-10 所示效果，插入或绘制一个 22 行 8 列的表格，并对表格的单元格进行合并与拆分。
- 参照图8-10所示效果，在表格的单元格内输入对应的文字，并为单元格内的文本设置合适的字体和对齐方式。
- 将表格的外框线设置为0.5磅双实线，将表格的内框线设置为0.5磅单实线。
- 将表格的最后一行的行高设置为7厘米，将其余行的行高设置为0.8厘米。
- 保存文档。

案例九

制作宣传简章

学校中医药博物馆被山东省卫生计生委和山东省中医药管理局更名为山东省中医药文化博物馆，为让更多人了解、宣传和参观中医药文化博物馆，博物馆准备印制一批宣传彩页。请根据博物馆提供的资料，利用 Word 2010 制作一份山东省中医药文化博物馆简介，效果图如图 9-1 所示。

本案例主要练习在 Word 2010 中插入图片、插入艺术字、插入 SmartArt 图形和设置页面背景等技术，重点练习和掌握图文混排技术和将文本转换成表格的方法。

山东省中医药文化博物馆

山东省中医药文化博物馆总建筑面积五千五百余平方米。博物馆馆舍分两部分，东侧部分三层，西侧部分四层，中间以门厅连接，形如两片树叶，形体呈现流线型，形成简洁明快的现代建筑风格。

展馆主要由中医药史馆、中医药专题馆、中药标本馆，人体生命科学馆、山东中医药高等专科学校校史陈列馆五个馆组成，并设中医药超市和鉴定中心。目前馆藏 2000 余件（套）文物、1000 余本（套）古籍、百余幅字画、百余种奇特大中药标本、上万种中药标本、1000 余件（套）人体标本、200 余件校史文物及相关研究资料。

中医药史馆，以时间为序，将历史发展分为七个时期，反映中国医药学发展的基本脉络与完整过程。中医药专题馆展馆，分为中医理论、针灸推拿、中医养生、中药基原、中药炮制、中药方剂、中药制剂、中医药文化、中医药知识互动体验区等 9 个部分，从不同的方面展示中医药的特色文化。

中药标本馆，展示中药标本五千余件（种），分为茎木类、皮类、根及根茎类、果实种子类、花叶类、全草类、动物类、矿物类、藻菌类、道地药材及饮片、其他类等版块，汇集了川、广、云、贵等全国各地的道地药材、名贵药材、民间草药及部分进口药材。

人体生命科学馆，分为塑化、断层、铸型、大体、骨骼、胚胎等 6 个区展示，直观而全面地展示了人体各大系统的立体形态。

博物馆是一所集教学与科研、观赏与科普教育为一体、面向社会、服务大众的中医药文化博物馆，将精深广博的传统中医药文化与现代中医药发展成果结合，从不同的方面展示中医药的文化内涵，是弘扬医学文化、繁荣祖国医药事业、培养医学人才、普济医药知识和进行学术交流的重要窗口。

中医药文化博物馆的参观路线是：

博物馆开馆时间安排：

日期	开馆时间
星期二至星期五	9:00-16:00
星期六至星期天	8:30
星期一	闭馆休整

图 9-1 “山东省中医药文化博物馆”效果图

一、案例设计

打开“素材\案例 9\山东省中医药文化博物馆.docx”文件，按照下列要求完成操作：

- 将文档的页面纸张大小设置为A4，上下页边距设置为2厘米，左右页边距设置为3厘米。
- 将标题文字“山东省中医药文化博物馆”转换成艺术字，并将艺术字的样式设置为“填充-橙色，强调文字颜色6，暖色粗糙棱台”；艺术字的字体设置为“微软雅黑”，字号设置为“一号”；设置艺术字的环绕方式为“嵌入型”，并设置段落“居中对齐”。
- 将文档中其他文本的字体设置为“宋体”，字号设置为“四号”，在段落格式中设置为“首行缩进”，磅值为“2字符”。
- 在以“山东省中医药文化博物馆”开始的段落后另起一段。在新段中插入图片“博物馆外景.jpg”，将图片样式设置为“剪裁对角线，白色”，设置图片大小为原图的50%，设置图片段落对齐方式为“居中对齐”。
- 在以“中医药史馆”开始的段落中插入图片“中医药史馆.png”，设置图片样式为“棱台亚光，白色”；设置图片的环绕方式为“紧密型环绕”；设置图片的高度为5厘米、宽度为7厘米；移动图片至段落右侧的合适位置。
- 将博物馆的参观路线制作成SmartArt图形使其独占一段。设置SmartArt图形的布局为“基本V型流程”，设置SmartArt样式为“细微效果”，更改颜色为“彩色-强调文字颜色”；设置SmartArt图形的高度为2.5厘米、宽度为14厘米；设置图形环绕方式为“嵌入型”，并设置段落对齐方式为“居中对齐”。删除原来的参观路线文本。
- 将文档最后的开馆时间安排转换成表格，将表格样式设置为“中等深浅底纹1-强调文字颜色2”，并设置单元格对齐方式为水平和垂直方向都居中。
- 将文档背景的填充纹理设置为“羊皮纸”效果。
- 将文档另存为“山东省中医药文化博物馆.pdf”。

二、案例分析

第 1 步：打开文档，单击“页面布局”选项卡中“页面设置”组右下角的对话框启动器按钮，打开“页面设置”对话框。在“纸张”选项卡中选择纸张类型为“A4”；在“页边距”选项卡中，设置上下页边距为 2 厘米、左右页边距为 3 厘米，如图 9-2 所示。

第 2 步：

① 用鼠标选中标题“山东省中医药文化博物馆”(注意不要选中后面的回车符)，单击“插入”选项卡“文本”组中的“艺术字”按钮，在弹出的艺术字样式列表中选择“填充-橙色，强调文字颜色 6，暖色粗糙棱台”。

② 选中艺术字，单击鼠标右键，在弹出的快捷菜单中选择“其他布局选项”命令，打开“布局”对话框，在“文字环绕”选项卡中，设置环绕方式为“嵌入型”，如图 9-3 所示，单击“确定”按钮退出。

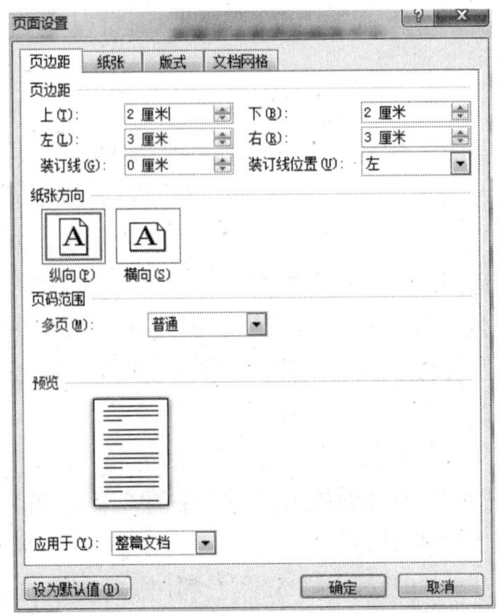
图9-2 “页面设置”对话框

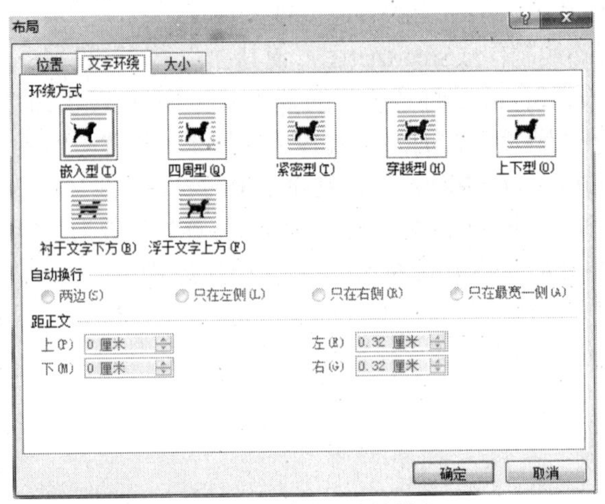
图9-3 “布局”对话框

③ 选中艺术字，在“开始”选项卡的“字体”组中设置字体为“微软雅黑”、字号为“一号”。

④ 将光标定位在艺术字的后面，单击“开始”选项卡的“段落”组中的“居中对齐”按钮，使艺术字相对段落居中。

第 3 步：

① 将光标定位于文档正文中的任意位置，单击“开始”选项卡的“编辑”组中的“选择”按钮，在弹出的列表中单击“选择格式相似的文本”，选中全部文本。

② 在“开始”选项卡的“字体”组中设置字体为“宋体”，设置字号为“四号”。

第 4 步：

① 在以“山东省中医药文化博物馆”开始的段落后按 Enter 键另起一段。把光标定位在新段中，单击“插入”选项卡的“插图”组中的“图片”按钮，打开“插入图片”对话框，在对话框中选择“实训素材\模块二\”目录下的“博物馆外景.jpg”，单击“确定”按钮，将图片插入文档中。

② 选中图片，功能区出现“图片工具”上下文选项卡，在“图片样式”组中设置图片样式为“剪裁对角线，白色”，如图 9-4 所示。

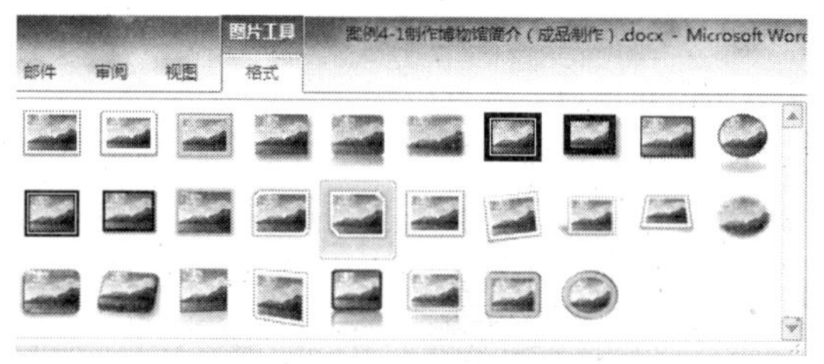

图9-4　图片样式选择界面

③ 选中图片，单击鼠标右键，在弹出的快捷菜单中选择“大小和位置”命令，打开“布局”对话框。在“大小”选项卡中设置高度和宽度缩放为 50%，如图 9-5 所示。把光标定位在图片的后面，单击“开始”选项卡的“段落”组中的“居中对齐”按钮，使图片居中。

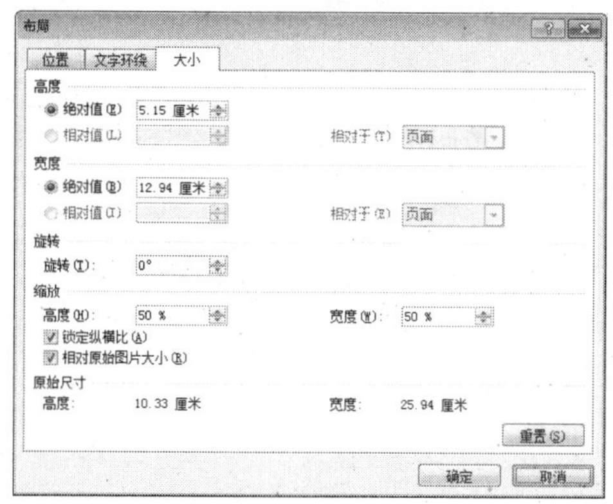

图9-5　“布局”对话框

第 5 步：

① 把光标定位在以“中医药史馆”开始的段落后，单击“插入”选项卡的“插图”组中的“图片”按钮，在打开的对话框中选择“实训素材\模块二\”目录下的“中医药史馆.png”，单击“确定”按钮。

② 选中图片，功能区出现“图片工具”上下文选项卡，在“图片样式”组中将图片样式设置为“棱台亚光，白色”。

③ 单击图片样式右侧的“图片效果”按钮，在弹出的下拉列表中选择“阴影”下级列表中的“外部，左下斜偏移”，如图 9-6 所示。

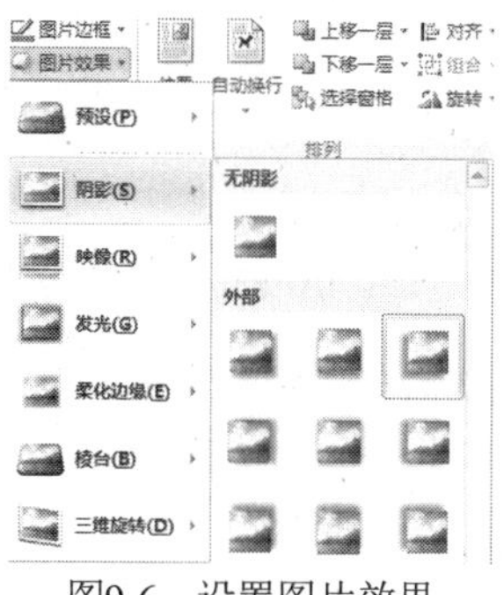

图9-6　设置图片效果

④ 选中图片，单击鼠标右键，在弹出的快捷菜单中选择“大小和位置”命令，打开“布局”对话框。在“文字环绕”选项卡中设置环绕方式为“紧密型”，在“大小”选项卡中先取消“锁定纵横比”，然后设置高度为5厘米、宽度为7厘米。拖动图片到段落的右侧。

第6步：

① 在以“中医药文化博物馆的参观路线是：”开始的段落后按Enter键，另起一段。

② 单击“插入”选项卡的“插图”组中的SmartArt按钮，在弹出的“选择SmartArt图形”对话框中选择“基本V形流程”布局，如图9-7所示。

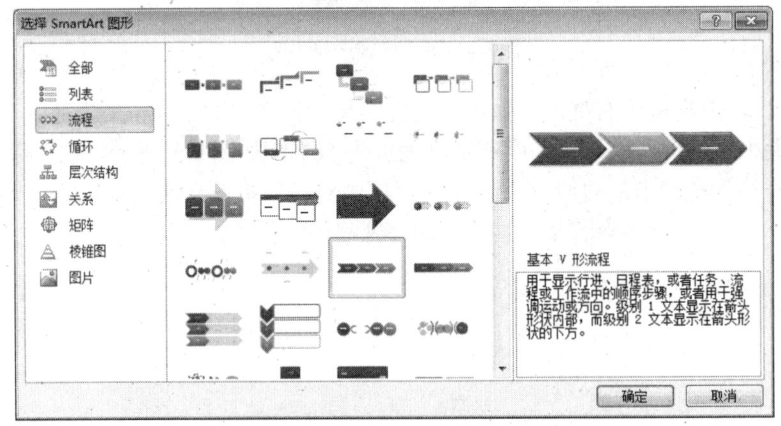

图9-7 “选择SmartArt图形”对话框

③ 单击SmartArt图形左侧箭头展开“文本窗格”，在“文本窗格”中输入参观流程，如图9-8所示。文本也可以在图形中直接输入。

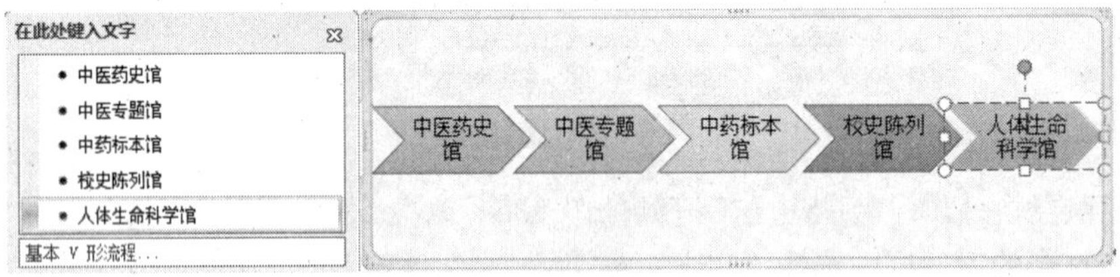

图9-8 输入参观流程

④ 选中SmartArt图形，在功能区右侧的“SmartArt工具”|“设计”分选项卡的“SmartArt样式”组中单击“更改颜色”按钮，在弹出的下拉列表中选择“彩色-强调文字颜色”。在右侧设置样式为“细微效果”，如图9-9所示。

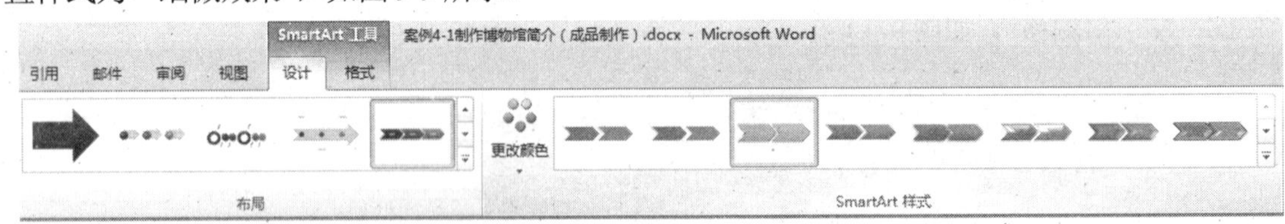

图9-9 “SmartArt图形样式”设计界面

⑤ 选中SmartArt图形，单击鼠标右键，在弹出的快捷菜单中选择“其他布局选项”命令，打开“布局”对话框。在“文字环绕”选项卡中选择“嵌入型”，在“大小”选项卡中去掉“锁定纵横比”，设置高度为2.5厘米、宽度为14厘米。

⑥ 将光标定位在SmartArt图形的后面，单击“开始”选项卡的“段落”组中的“居中对齐”按钮。

⑦ 选中原来的参观路线文本，按Delete键或Backspace键删除文本及段落标记。

第7步：

① 选中文档的最后4行文本，单击“插入”选项卡的“表格”组中的“表格”按钮，在弹出的如图9-10所示的下拉列表中选择“文本转换成表格”命令，打开“将文字转换成表格”对话框。在该对话框中，选择文字分隔位置为“逗号”，对话框上方的表格尺寸显示为2列4行，如图9-11所示。单击“确定”按钮，将文本转换成表格。

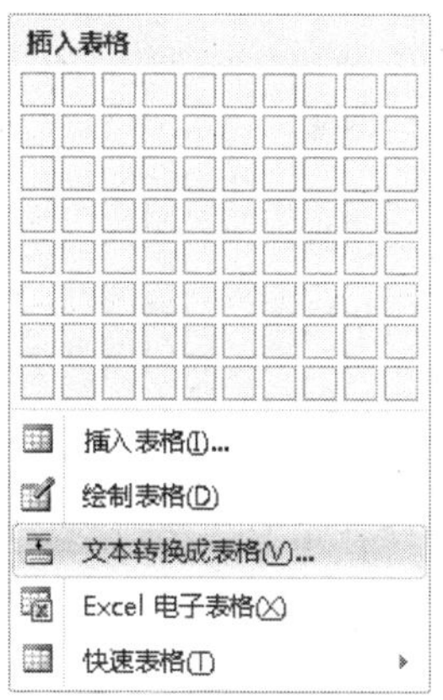

图9-10　选择“文本转换成表格”命令

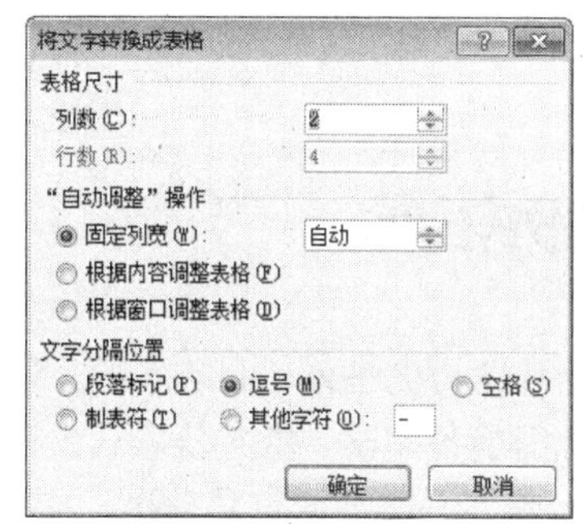

图9-11　“将文字转换成表格”对话框

② 单击表格左上角的“表格选择”按钮，选中表格，在“表格工具”|“设计”分选项卡的“表格样式”组中设置表格样式为“中等深浅底纹1-强调文字颜色2”，如图9-12所示。

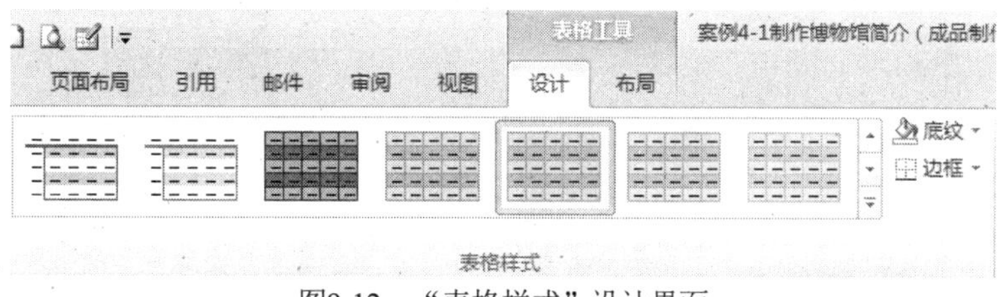

图9-12　“表格样式”设计界面

③ 单击表格左上角的“表格选择”按钮，选中表格，单击鼠标右键，在弹出的快捷菜单中选择“单元格对齐方式”，再从子级列表中选择水平和垂直方向都居中的对齐方式。也可以在“表格工具”|“布局”分选项卡的“对齐方式”组中进行设置。

第8步：单击“页面布局”选项卡的“页面背景”组中的“页面颜色”按钮，在弹出的列表中选择“填充效果”命令，打开“填充效果”对话框。在该对话框的“纹理”选项卡中设置文档的背景纹理为“羊皮纸”效果，如图9-13所示。

第9步：单击“文件”选项卡中的“另存为”命令，打开“另存为”对话框。在该对话框的“保存类型”下拉列表中选择PDF格式，单击“保存”按钮。

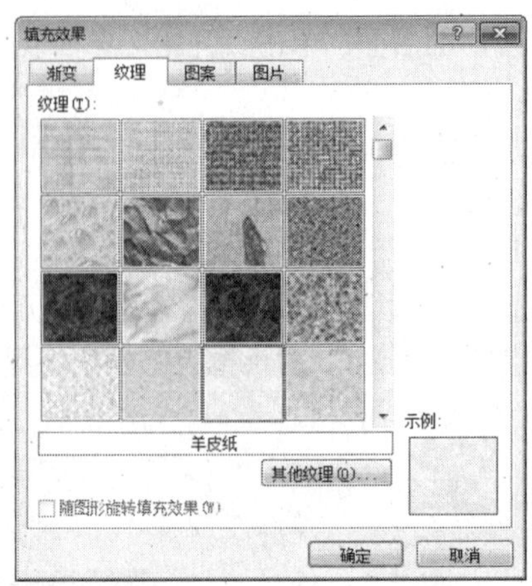

图9-13 “填充效果”对话框

三、案例拓展一

烟台养马岛历史悠久、风景秀丽，现为国家 4A 级风景区。为了让更多的游客到养马岛旅游，景区管理部门准备印刷一批宣传彩页。请依据景区管理部门提供的文字和图片资料，利用 Word 2010 制作一份养马岛旅游宣传彩页，完成效果可参考图 9-14。

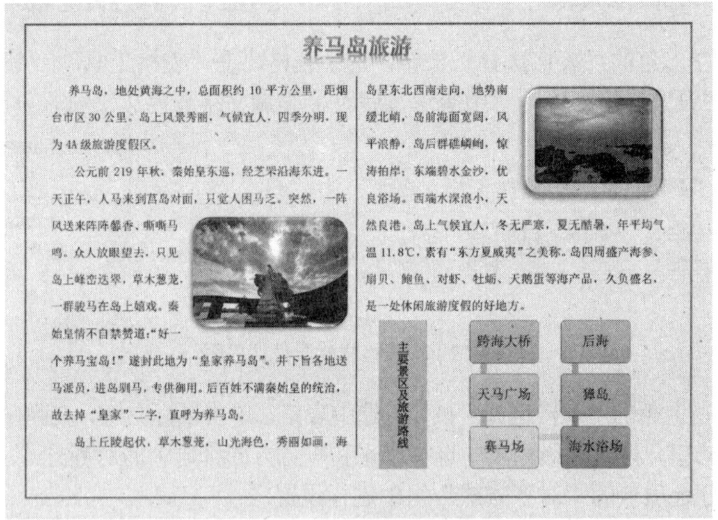

养马岛旅游

养马岛，地处黄海之中，总面积约 10 平方公里，距烟台市区 30 公里。岛上风景秀丽，气候宜人，四季分明，现为 4A 级旅游度假区。

公元前 219 年秋，秦始皇东巡，经芝罘沿海东进。一天正午，人马来到莒岛对面，只觉人困马乏。突然，一阵风送来阵阵馨香、嘶嘶马鸣。众人放眼望去，只见岛上峰峦迭翠，草木葱茏，一群骏马在岛上嬉戏。秦始皇情不自禁赞道：“好一个养马宝岛！”遂封此地为“皇家养马岛”。并下旨各地送马派员，进岛驯马，专供御用。后百姓不满秦始皇的统治，故去掉“皇家”二字，直呼为养马岛。

岛上丘陵起伏，草木葱茏，山光海色，秀丽如画，海岛呈东北西南走向，地势南缓北峭，岛前海面宽阔，风平浪静，岛后群礁嶙峋，惊涛拍岸；东端碧水金沙，优良浴场。西端水深浪小，天然良港。岛上气候宜人，冬无严寒，夏无酷暑，年平均气温 11.8℃，素有“东方夏威夷”之美称。岛四周盛产海参、扇贝、鲍鱼、对虾、牡蛎、天鹅蛋等海产品，久负盛名，是一处休闲旅游度假的好地方。

图9-14 “养马岛旅游”效果图

打开文件“素材\案例 9\养马岛旅游.docx”，按照下列要求进行操作：

- 将文档的纸张大小设置为A4，纸张方向设置为“横向”，上、下、左、右页边距分别设置为3厘米、2厘米、2厘米、2厘米。
- 将页面分为两栏，并显示分隔线。
- 将正文字体设置为“宋体”，字号设置为“四号”；段落格式设置为“首行缩进”，磅值为“2字符”，行距设置为“1.1倍行距”。
- 给文档设置页面边框，边框类型为“方框”，设置样式为单实线，宽度为0.5磅。

- 在页面顶端插入艺术字，艺术字文本为“养马岛旅游”。设置艺术字的字体为“黑体”，设置字号为“一号”，设置艺术字的样式为“填充-蓝色，强调文字颜色1，金属棱台，映像”。修改艺术字的映像图形效果为“紧密映像，接触”，设置艺术字的环绕方式为“浮于文字上方”，调整艺术字的高度，设置艺术字相对页面居中对齐。
- 在以“公元前219年秋”开始的段落中插入图片“秦皇塑像.jpg”，图片样式为“棱台矩形”，设置图片的环绕方式为“紧密型”，设置图片的高度和宽度分别为4.5厘米和6.5厘米，图片放置于段落右侧。
- 在以“岛上丘陵起伏”开始的段落中插入图片“后海风光.jpg”，图片样式为“金属圆角矩形”，图片的环绕方式设置为“四周型”，图片的高度设置为4厘米、宽度设置为6厘米，调整图片位置至段落右侧。
- 将最后一段景区及旅游路线设计成SmartArt图形，将SmartArt图形的布局设置为“垂直蛇形流程”，SmartArt样式设置为“细微效果”，更改图形颜色为“彩色-强调文字颜色”；设置SmartArt图形的高度为6厘米、宽度为10厘米；设置SmartArt图形的环绕方式为“浮于文字上方”，并调整至页面的右下角。
- 将文本“主要景区及旅游路线”转换成“竖排文本框”，设置文本框的图形样式为“细微效果-橙色，强调文字颜色6”，设置文本框的高度为6厘米、宽度为2厘米，设置文本框的环绕方式为“浮于文字上方”，调整文本框的位置至SmartArt图形的左侧并设置水平对齐。
- 设置页面颜色为“橙色，强调文字颜色6，淡色80%”。
- 调整所有对象使它们都保持在一个页面内，另存文档为同名的PDF文件。

四、案例拓展二

康复治疗技术专业学生会刚刚成立了报刊编辑部，正在筹备第一期《康复治疗》电子报。请依据编辑部现有的文字和图片素材，参考图 9-15 所示效果，利用 Word 2010 完成《康复治疗》电子报的编排。

打开文件“素材\案例 9\康复治疗电子报.docx”，按以下要求完成操作。

- 设置文档的纸张大小为A3，设置纸张方向为“横向”，上、下、左、右页边距分别设置为3厘米、3厘米、2.5厘米和2.5厘米。
- 把文档版面分为两栏。
- 将标题“康复治疗”的字体设置为“楷体”，大小设置为95磅，字形设置为“加粗”，字体颜色设置为“深红”色，设置对齐方式为“左对齐”。
- 参考图9-15，在标题右侧绘制文本框并在文本框中输入“2018年5月11日星期五”，分三行显示，并设置“居中对齐”。设置文本框内字体为“宋体”、字号为“四号”，并设置文本框的框线为复合型双实线，框线的宽度为2.25磅，设置文本框为无填充颜色。设置文本框的宽和高均为4厘米并调整文本框位置至标题右侧。
- 将文字“什么是康复治疗？”的字体设置为“微软雅黑”，字号设置为“三号”，字形设置为“加粗”，对齐方式设置为“居中对齐”。
- 将文档中的其他正文字体设置为“宋体”，字号设置为“四号”；段落格式设置为“首行缩进”，磅值设置为“2字符”。

- 将以“我国拥有13亿多人口”“康复治疗”“技术介绍”“我们应该怎样做？”开始的四段转换成文本框，并设置文本框的环绕方式为“浮于文字上方”。参考效果图调整四个文本框的位置。
- 参考图9-15，在文本框中插入对应的图片，调整图片到合适的大小，并为图片设置适当的样式。取消显示前三个文本框的框线，设置“我们应该怎样做？”所在的文本框的框线为“圆点”，粗细为0.5磅。
- 参考图9-15，将“康复治疗”“技术介绍”“我们应该怎样做？”设置为单独占一行，并设置相似的文本效果。
- 在版面右侧一栏的上方插入一个文本框，并输入“技术交流”，设置字体为“宋体”，设置字号为“四号”。设置文本框为无填充颜色，并在文本框下方插入一条水平线，设置线宽为2.25磅，颜色为“黑色，文字1”。
- 在左侧一栏中，两个文本框的中间位置插入一条竖线，设置竖线的类型为“虚线”“长划线-点”，粗细设置为2.25磅。
- 为文本“康复治疗技术专业”设置超链接，网址为http://www.sdctcm.edu.cn。
- 在页脚处输入“主办：康复学协会 责任编辑：张三丰”。
- 设置文档的背景颜色为“茶色-背景2”。
- 另存文档为同名的PDF文档。

康复治疗

2018 年
5 月 11 日
星期五

什么是康复治疗？

康复治疗（rehabilitation treatmen,rehabilitation care）是康复医学的重要内容，是使病、伤、残者身心健康与功能恢复的重要手段，也是病、伤残综合治疗的一个组成部分。康复治疗常与药物疗法、手术疗法等临床治疗综合进行。

我国拥有13亿多人口和6000万之多的残疾人。可是我国现有康复治疗师不足 5640 人，每 10 万人口仅分摊不足 0.4 名。在西方发达国家康复医师与康复治疗师的比例要求达到 1：5 到 1：10。

康复治疗

康复治疗前应先对病、伤、残者进行康复评定，然后制定一个康复治疗方案，由以康复医师为中心的，康复治疗师和临床医学相关人员共同组成的康复治疗组去实施，并在实施过程中不断总结、评定、调整，直至治疗结束。

技术交流

技术介绍

康复治疗技术专业是一门促进伤患者和残疾人身心功能康复的新的治疗学科，也是一门新的技术专业。它的目的是使人们能够尽可能地恢复日常生活、学习、工作和劳动，以及社会生活的能力，融入社会，改善生活质量。在 20 世纪下半叶及 21 世纪初，康复治疗技术这门新兴的技术专业和康复治疗师这种新的职业显示了强劲的发展势头和成长的活力，反映了医疗和康复市场对这门新的专业及人力资源的迫切需要。康复治疗技术专业的开设，正是顺应社会民众健康、审美的需要，满足人们对意外伤害、疾病所致的残疾、手术后的恢复等在治疗疾病、延年益寿等多方面的需求，有着广泛、深厚的社会基础，市场广阔。

我们应该怎样做？

康复治疗应先对病、伤、残者进行康复评定，然后根据其康复需要与客观条件，制定一个切实可行的综合的康复治疗方案。康复方案的制定和实施通常以康复医师为主导，康复专业治疗师和相关临床医学科研人员共同协作或组成一个康复治疗组来完成，并在治疗实施的过程中根据病、伤、残者情况的变化及时进行小结、调整治疗方案，直到治疗结束时为止。

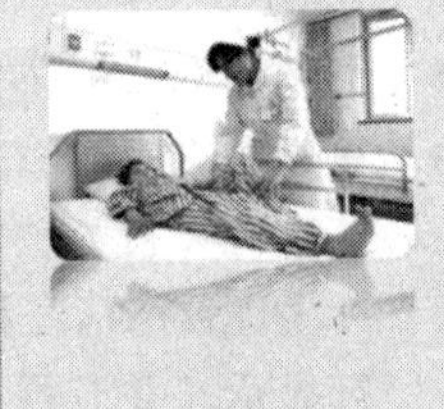

主办：康复学协会 责任编辑：张三丰

图9-15 “康复治疗电子报”效果图

案例十

编辑论文、书稿

小李即将毕业，他已初步完成毕业论文的文字部分，按照学校对论文格式的要求还有一定差距。请利用 Word 2010 帮助小李完成毕业论文的内容和版面设计。

本案例主要练习和掌握长文档的编辑技巧，重点练习样式的使用、分页与分节、页眉和页脚的设置、文档目录的创建、文档的水印效果和封面设计等技术和技巧，案例效果如图 10-1 所示。

图10-1 “毕业论文设计”效果图(部分)

一、案例设计

打开“素材\案例 10\毕业论文.docx”文档，按以下要求完成操作：

- 设置论文的纸张大小为A4，页码范围设置为“对称页边距”，上下页边距分别设置为2.5厘米和2厘米，内侧和外侧页边距分别设置为2.5厘米和2厘米。
- 在论文的开头插入“下一页”分节符，在第一页中输入文字“目录”，并设置字体为“黑体”，设置字号为“二号”，字符间距加宽6磅，段落对齐方式设置为“居中对齐”。将文字“目录”的格式复制给文字“摘要”。
- 给论文插入“条纹型”样式的封面，输入论文标题“网络课程设计”，删除封面中不需要的占位符。参考图10-1，在封面中加上作者姓名、指导教师、学校和提交时间等信息，给这些文字设置合适的字体及大小，并设置相应的对齐方式。
- 将论文中显示红色字体的段落设置为“标题1”样式，显示蓝色字体的段落设置为“标题2”样式，显示绿色字体的段落设置为“标题3”样式。
- 在论文的正文部分，在页脚处插入页码。编号格式为阿拉伯数字“1，2，3…”，起始页码设置为1。设置奇数页页码靠右对齐，偶数页页码靠左对齐。注意论文的封面、目录和摘要不设置页码。
- 在论文的正文部分插入页眉，页眉文字为“山东中医药高等专科学校毕业论文”，设置文字居中对齐。注意论文的封面、目录和摘要部分不设置页眉。
- 在文字“目录”下插入显示“标题1”“标题2”“标题3”样式的目录。
- 在“第二章”“第三章”“第四章”“第五章”“参考文献”前插入分页符，使每一章内容另起一页。
- 更新插入的论文目录。
- 预览论文的打印效果后保存论文。

二、案例分析

第 1 步：单击“页面布局”选项卡中“页面设置”组右下角的对话框启动器按钮，打开“页面设置”对话框。在“纸张”选项卡中选择纸张类型为 A4，在“页边距”选项卡中，先设置多页为“对称页边距”，再设置上下页边距分别为 2.5 厘米和 2 厘米，设置内侧和外侧分别为 2.5 厘米和 2 厘米，如图 10-2 所示。

第 2 步：

① 把光标定位在“摘要”的前面，单击“页面布局”选项卡的“页面设置”组中的“分隔符”按钮分隔符，在弹出的下拉列表中，选择“分节符”下面的“下一页”命令，如图 10-3 所示。在“摘要”的前面将出现一个空白页。

② 在新页的最前面按 Enter 键，然后输入文字“目录”。选中“目录”两个字，单击鼠标右键，在弹出的快捷菜单中选择“字体”命令，打开“字体”对话框(也可单击“开始”选项卡的“字体”组右下角的对话框启动器按钮，打开“字体”对话框)。在“字体”选项卡中设置字体为“黑体”，设置字号为“二号”。在“高级”选项卡中设置字符间距为“加宽”，设置磅值为 6 磅，

单击“确定”按钮退出对话框。然后单击“段落”组中的“居中对齐”按钮，使“目录”两字居中对齐。

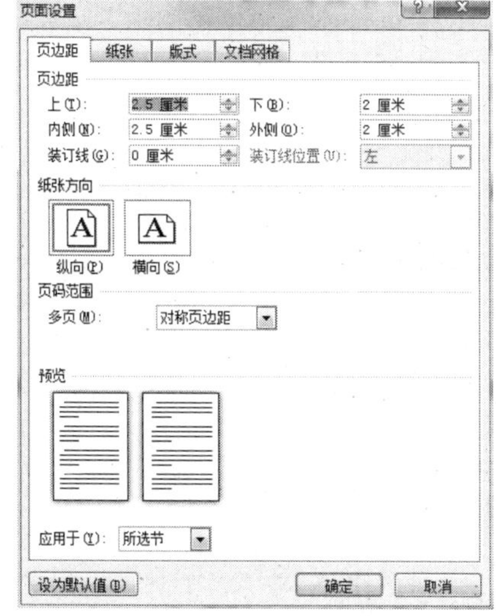

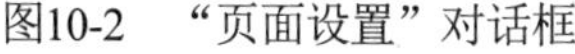
图10-2　“页面设置”对话框

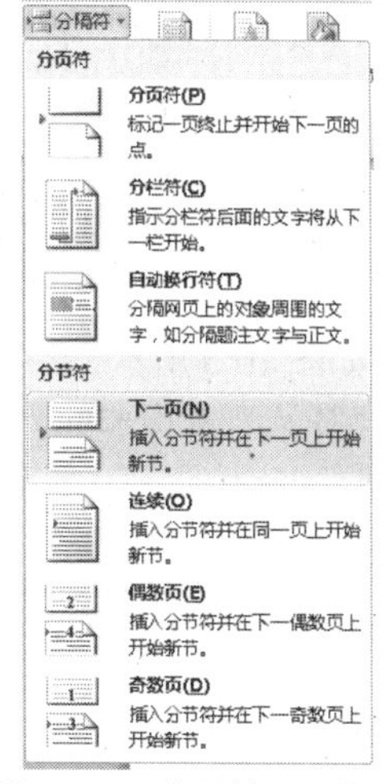

图10-3　“分隔符”下拉列表

③ 选中“目录”，单击“开始”选项卡的“剪贴板”组中的“格式刷”按钮，移动鼠标选中“摘要”，把格式复制给“摘要”。

第 3 步：

① 单击“插入”选项卡的“页”组中的“封面”按钮，拖动滚动条选择“条纹型”样式，如图 10-4 所示。这时会在论文的最前面出现“条纹型”封面。

图10-4　“封面”下拉列表

② 参照图 10-1，在封面中输入论文的题目“网络课程设计”，设置字体为“黑体”、字号为“小初”，设置字形为“加粗”。在论文题目的上方输入“山东中医药高等专科学校毕业论文”，并设置字体为“宋体”，设置字号为“小二”。在论文题目的下面插入文本框，输入“作者姓名：崔维响”“指导教师：白成杰 教授”“提交时间：2018 年 5 月 15 日”，设置字体为“宋体”，设置字号为“小二”，并适当调整位置。

第 4 步：

① 选中“第一章　绪论”，单击“开始”选项卡的“编辑”组中的“选择”按钮，在弹出的下拉列表中选择“选定所有格式类似的文本”，如图 10-5 所示。论文中所有红色字体处于选中状态。

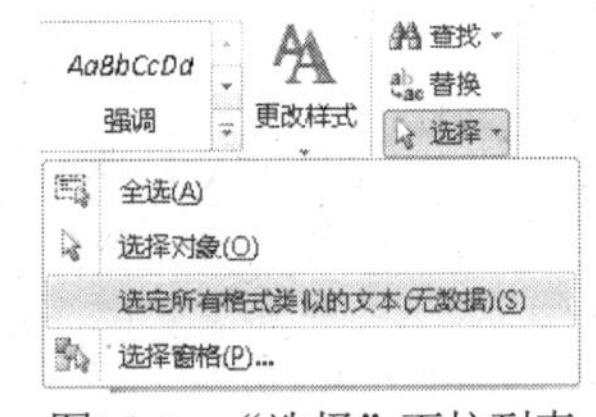

图10-5　“选择”下拉列表

② 单击“开始”选项卡的“样式”组中的“标题 1”样式，如图 10-6 所示。

图10-6　“标题样式”界面

③ 重复之前的做法，分别把蓝色字体的段落设置成“标题 2”样式，把绿色字体的段落设置成“标题 3”样式。

第 5 步：

① 把光标定位在“第一章　绪论”所在的页，单击“插入”选项卡的“页眉和页脚”组中的“页眉”按钮，进入页眉、页脚编辑状态。也可以双击页面的页眉位置，直接进入页眉、页脚的编辑状态。

② 将光标定位在“第一章　绪论”所在页的页脚中，选中“页眉和页脚工具”|“设计”分选项卡的“选项”组中的“奇偶页不同”复选框 ☑ 奇偶页不同 。

③ 单击“页眉和页脚工具”|“设计”分选项卡的“页眉和页脚”组中的“页码”按钮，弹出如图 10-7 所示的“页码”下拉列表，在列表中选择“设置页码格式”命令，打开“页码格式”对话框。在对话框中设置编号格式为“1，2，3…”的阿拉伯数字格式，设置起始页码从 1 开始，如图 10-8 所示。

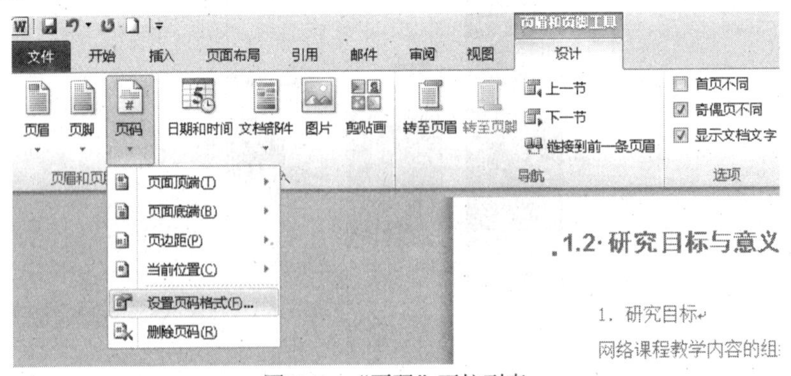

图10-7　“页码”下拉列表

图10-8　“页码格式”对话框

④ 把光标定位在“第一章　绪论”所在页的页脚中，先单击“页眉和页脚工具”|“设计”分选项卡的“导航”组中的“链接到前一条页眉”按钮 链接到前一条页眉，使页脚右侧的“与上一节相同”提示不再显示。然后单击“页眉和页脚工具”|“设计”分选项卡的“页眉和页脚”组中的“页码”按钮，在弹出的下拉列表中选择“页面底端”后面的“普通数字 3”样式，如图 10-9 所示。

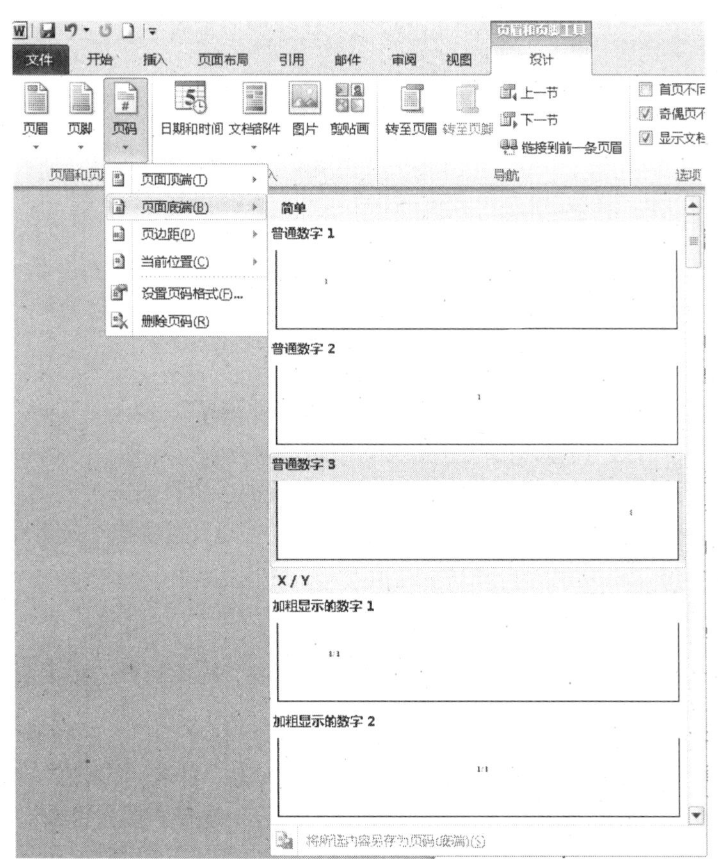

图10-9　“页码”设计列表

⑤ 把光标定位在“偶数页”的页脚中，先单击“页眉和页脚工具”|“设计”分选项卡的“导航”组中的“链接到前一条页眉”按钮 链接到前一条页眉，使页脚右侧的“与上一节相同”提示不再显示。然后单击“页眉和页脚工具”选项卡的“页眉和页脚”组中的“页码”按钮，在弹出的下拉列表中选择“页面底端”后面的“普通数字 1”样式。

⑥ 单击“页眉和页脚工具”|“设计”分选项卡的“关闭”组中的“关闭页眉和页脚”按钮，退出页眉、页脚编辑状态。

第6步：

① 把光标定位在“第一章 绪论”所在的页，单击“插入”选项卡的“页眉和页脚”组中的“页眉”按钮，进入页眉、页脚编辑状态。也可以双击页面的页眉位置，直接进入页眉、页脚的编辑状态。

② 单击“页眉和页脚工具”选项卡的“导航”组中的“链接到前一条页眉”按钮 链接到前一条页眉，使页眉右侧的“与上一节相同”提示不再显示，如图10-10所示。

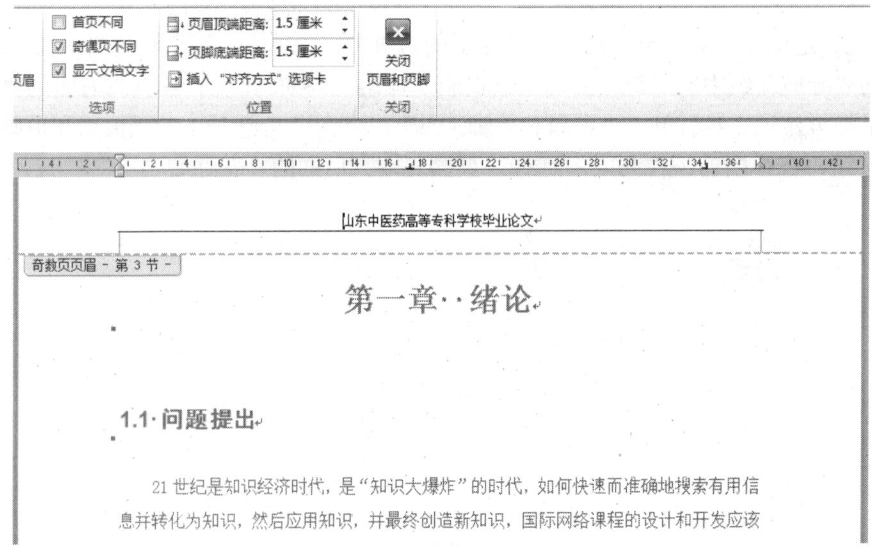

图10-10 “页眉”设置界面

③ 在页眉中输入文字“山东中医药高等专科学校毕业论文”，单击“开始”选项卡的“段落”组中的“居中对齐”按钮，使输入的文字在页眉中居中对齐。

④ 在“偶数页”重复第2步和第3步的操作，设置偶数页页眉。

⑤ 单击“页眉和页脚工具”|“设计”分选项卡的“关闭”组中的“关闭页眉和页脚”按钮，退出页眉、页脚编辑状态。

注意：

在不同的节中设置不同的页眉、页脚时，一定要取消“链接到前一条页眉”。

第7步：

① 在文本“目录”后按Enter键，并将光标定位在文本“目录”的下方。单击“引用”选项卡的“目录”组中的“目录”按钮，在弹出的下拉列表中选择“插入目录”命令，如图10-11所示。

② 在打开的“目录”对话框中设置“显示级别”为3，如图10-12所示。单击“确定”按钮，在目录下自动生成三级目录。

第8步：

① 将光标定位在文本“第二章”的前面，单击“插入”选项卡的“页”组中的“分页”命令，或者按组合键Ctrl+Enter，使文本“第二章”另起一页。

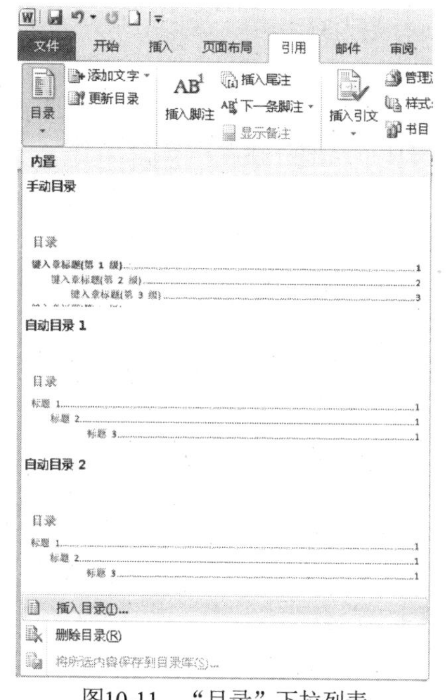

图10-11　“目录”下拉列表

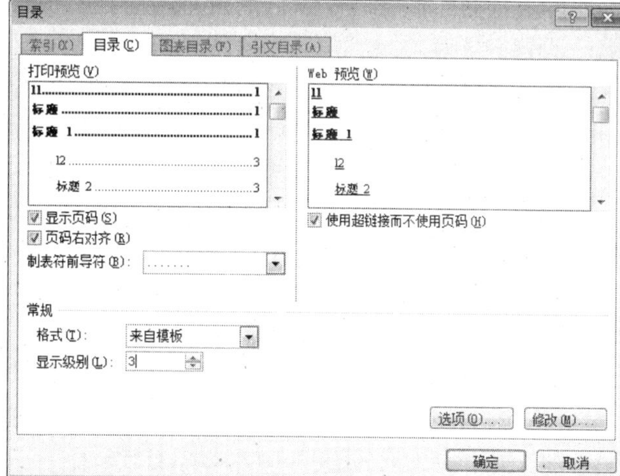

图10-12　“目录”对话框

② 用同样的方法分别把文本“第三章”“第四章”“第五章”“参考文献”另起一页。

第 9 步：

① 将光标定位在提取的目录中，单击鼠标右键，在弹出的快捷菜单中选择“更新域”命令，打开“更新目录”对话框。

② 在“更新目录”对话框中选择“只更新页码”，单击“确定”按钮退出，目录的页码被更新。

第 10 步：单击“文件”选项卡中的“打印”，在右侧预览打印效果。单击“保存”按钮，保存文档。

三、案例拓展一

为了让学生们更多地了解黑客技术相关知识，学校计算机协会的同学们在网络上下载了一篇关于黑客技术的文档，准备进行编辑后印发给协会的同学们。请利用 Word 2010 帮助协会编辑一份美观实用的技术文档，效果参考图 10-13。

打开“素材\案例 10\黑客技术.docx”文档，按下列要求完成操作：

- 设置文档的纸张大小为B5，设置页码范围为“对称页边距”，设置页面的上下页边距为2.5厘米，设置内侧和外侧为2.5厘米，设置装订线为1厘米。
- 将第一行文本“黑客技术”设为“标题1”样式，并设置段落对齐方式为“居中对齐”。将黑体字段落设置为“标题2”样式，将斜体字段落设置为“标题3”样式。
- 将正文部分字体设置为“宋体”，字号设置为“四号”，行距设置为1.2倍行距，首行缩进2字符。

- 为以“很显然”开始的段落设置首字下沉效果，下沉行数为3行。
- 在文档开始的位置输入“目录”，并设置字体为“黑体”、大小为“四号”，设置对齐方式为“居中对齐”。在文本“目录”下方插入只显示“标题2”和“标题3”样式的目录，设置目录部分的段落行距为1.5倍行距，并通过分节符使目录部分独占一节。
- 给文档插入“奥斯汀”样式的封面，在封面上输入标题“黑客技术”，设置字体为“黑体”，设置字号为“小初”。作者落款为“计算机协会”，设置字体为“黑体”，设置字号为“四号”，调整到合适位置后删除封面上多余的占位符。
- 设置文档除封面和目录页外，均显示页码。设置页码数字格式为阿拉伯数字，起始页码为1，奇数页页码显示在页脚右侧，偶数页页码显示在页脚左侧。给文档的正文部分插入页眉，文字为“黑客技术”，段落居中对齐。奇数页不显示页眉，偶数页显示页眉。
- 将文档的最后5行转换为5行2列的表格，为表格套用“浅色列表-强调文字颜色1”表格样式，设置表格段落对齐方式为“居中对齐”。
- 给文档设置“沉稳型”主题。
- 给文档设置自定义文字水印，水印文字为“计算机协会”，字体为“黑体”，颜色设置为“白色，背景1，深色25%”，半透明，版式设置为“水平”。
- 将文档另存为同名的PDF文档以备打印。

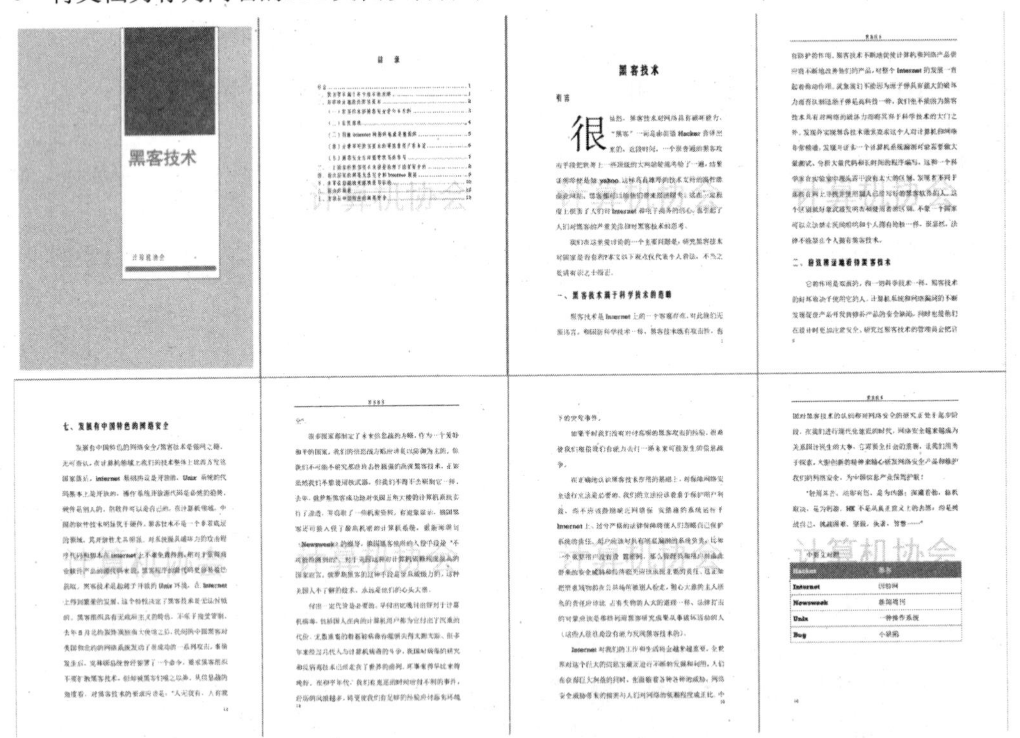

图10-13 “黑客技术”效果图(部分)

四、案例拓展二

小李刚刚入职出版社就接到《计算机应用基础》教材的编辑任务。请利用 Word 2010 帮助小李完成这次编辑任务，完成效果参考图 10-14。

打开“素材\案例 10\计算机应用基础(初稿).docx”文档，按下列要求完成操作：

- 将文档另存为“计算机应用基础(正式).docx”。
- 设置文档的纸张大小为A4，上下页边距设置为3厘米，左右页边距设置为2.5厘米，每页行数设置为36行。
- 将封面、前言、目录和正文部分均设置为独立的一节。
- 将教材所有的章标题(如“第1章　计算机概述”)设置为“标题1”样式，节标题(如“1.1　计算机发展史”)设置为“标题2”样式，小节标题(如“1.1.2　第一台现代电子计算机的诞生”)设置为“标题3”样式。其他正文部分字体设置为“宋体”，字号设置为“五号”。段落行距设置为“单倍行距”，并设置首行缩进2字符。
- 将“\素材\案例10”文件夹中的图片“封面背景.jpg”插入书稿的第一页，并设置环绕方式为“衬于文字下方”，调整图片大小与页面适合。
- 为教材添加页码。封面、前言不要页码，目录页码格式设置为小写罗马数字。正文和参考文献部分的页码格式设置为阿拉伯数字，起始页码为1，页码放置于页脚的中间位置。正文的每一章以奇数页开始。
- 在目录页以“自动目录1”的样式自动生成目录。
- 清除书稿中的作者等相关信息后，保存文档。

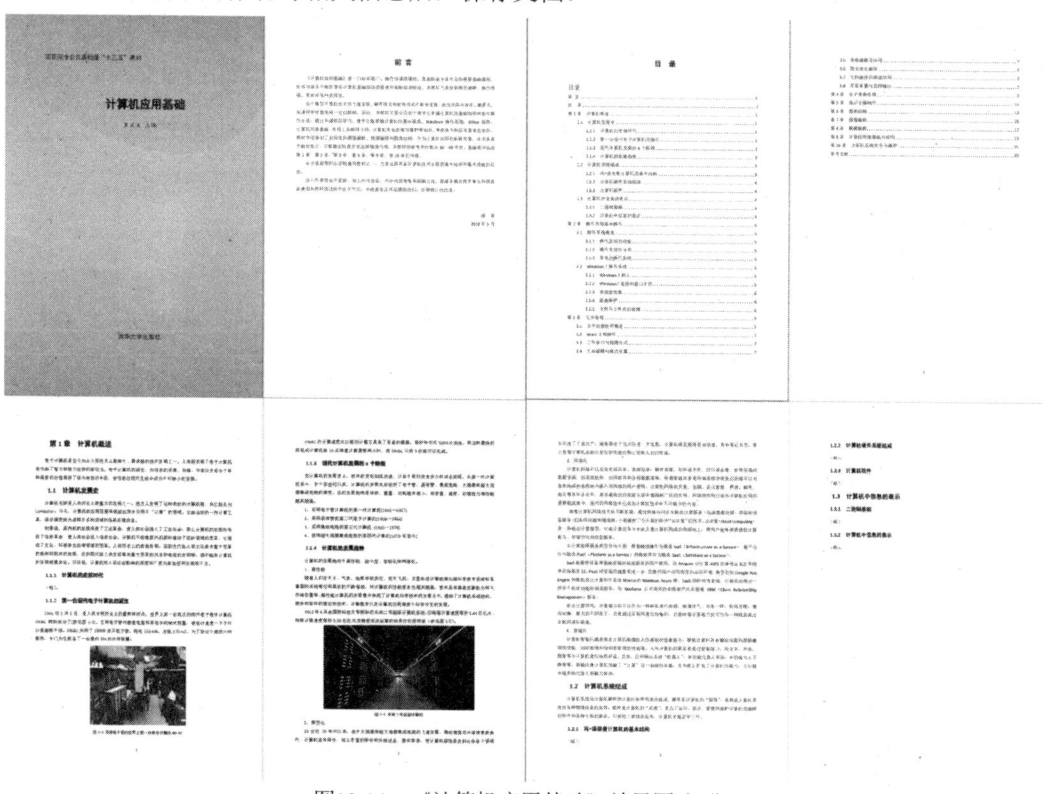

图10-14　《计算机应用基础》效果图(部分)

案例十一

批量制作邀请函、通知书

为了促进大学生就业，学校将要召开毕业生就业双选会，需要给用人单位发送一大批邀请函。学校就业处已经草拟了一份邀请函，用人单位的信息存储在名为“双选会通讯录.xlsx”的 Excel 工作簿中。请协助学校就业处利用邮件合并功能给每一个单位打印一份邀请函，邀请函效果如图 11-1 所示。

邮件合并功能是制作请柬、邀请函等公文的利器。本案例重点练习邮件合并功能的设置步骤和设置技巧等。

图11-1 “双选会邀请函”效果图(部分)

一、案例设计

打开“素材\案例 11\双选会邀请函\毕业生就业双选会邀请函.docx”文件，按下列要求完成操作：

- 设置邀请函页面高度为23厘米，宽度为27厘米，上、下、左、右页边距均设置为3厘米。
- 将邀请函标题文字的字体设置为“微软雅黑”，字号设置为“一号”，字体颜色设置为“深红”色。
- 将开头文字“尊敬的　　：”的字体设置为“黑体”，字号设置为“四号”，字形设置“加粗”。将文本“山东中医药高等专科学校”和“2018年5月31日”的字体设置为“宋体”，字号设置为“四号”，字形设置为“加粗”，段落对齐方式设置为“右对齐”。
- 将邀请函正文部分的字体设置为“宋体”，字号设置为“四号”。段落格式左侧缩进设置为2字符，特殊格式设置为“首行缩进”，磅值设置为2字符，段落对齐方式设置为“左对齐”。
- 给邀请函设置页面边框为星形的“艺术型”边框，页面填充效果设置为“羊皮纸”纹理。
- 利用邮件合并功能，在“尊敬的”之后插入用人单位信息(用人单位信息在“双选会通讯录.xlsx”文件中)，将邀请函合并到一个文档中，每页只能包含一个邀请单位。
- 邀请函制作生成后，将生成的文件保存为“邀请函合并.docx”。

二、案例分析

第1步：单击“页面布局”选项卡的“页面设置”组右下角的对话框启动器按钮，打开“页面设置”对话框。在“纸张”选项卡中选择纸张类型为“自定义大小”，并设置页面高度为23厘米、宽度为27厘米。在“页边距”选项卡中，设置上、下、左、右页边距均为3厘米。

第2步：选中标题文字“毕业生就业双选会邀请函”，在“开始”选项卡的“字体”组中设置字体为“微软雅黑”、字号为“一号”、颜色为“深红”色。也可以通过右键选择“字体”命令来完成操作。

第3步：选中文字“尊敬的　：”。在“开始”选项卡的“字体”组中设置字体为“黑体”，字号选择为“四号”，单击字形加粗按钮加粗显示文字。选中文档中的最后两行(学校名称和时间)，在“开始”选项卡的“字体”组中设置字体为“宋体”、字号为“四号”、字形为“加粗”。单击“段落”组中的“右对齐”按钮，使最后两段靠右对齐。

第4步：选中正文部分，在“开始”选项卡的“字体”组中分别设置字体为“宋体”、字号为“四号”。单击鼠标右键，在弹出的快捷菜单中选择“段落”命令，在“段落”对话框中分别设置段落左缩进2字符，特殊格式选择“首行缩进”，磅值设置为2字符，段落对齐方式设置为“左对齐”。

第5步：

① 单击“页面布局”选项卡的“页面背景”组中的“页面边框”按钮，打开“边框和底纹”对话框。在对话框的“页面边框”选项卡中设置“方框”，“艺术型”选择“星型”，应用于“整篇文档”，如图11-2所示。

② 单击“页面布局”选项卡的“页面背景”组中的“页面颜色”按钮，在弹出的下拉列表中选择“填充效果”，打开“填充效果”对话框。在对话框的“纹理”选项卡中选择“羊皮纸”纹理，单击“确定”退出。

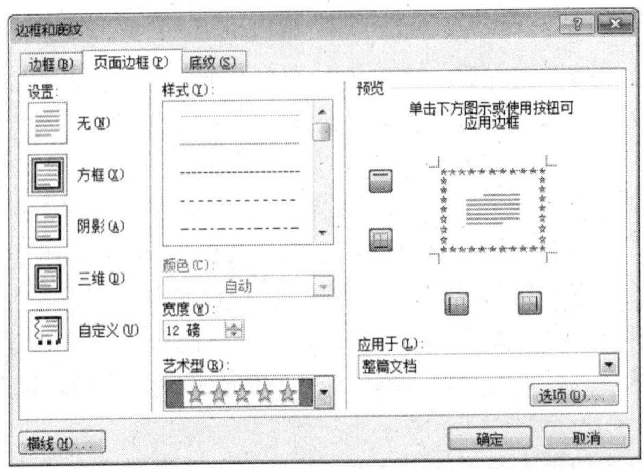

图11-2　“边框和底纹”对话框(选择艺术型边框)

第 6 步(本操作为邮件合并的重点步骤):

① 单击“邮件”选项卡的“开始邮件合并”组中的“开始邮件合并”按钮，在弹出的下拉列表中选择“信函”，如图 11-3 所示。

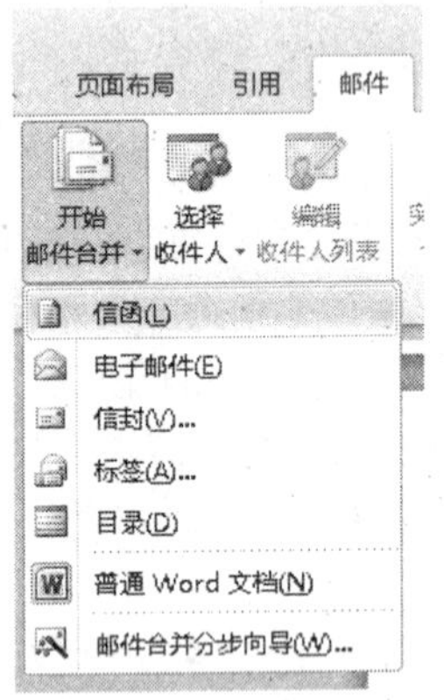

图11-3　“开始邮件合并”列表

② 单击“邮件”选项卡的“开始邮件合并”组中的“选择收件人”按钮，在弹出的下拉列表中选择“使用现有列表”，如图 11-4 所示，打开“选择数据源”对话框。在对话框中选择“双选会通讯录.xlsx”文件，如图 11-5 所示。然后在打开的“选择表格”对话框中选择“通讯录”表格，如图 11-6 所示。

图11-4　“选择收件人”列表

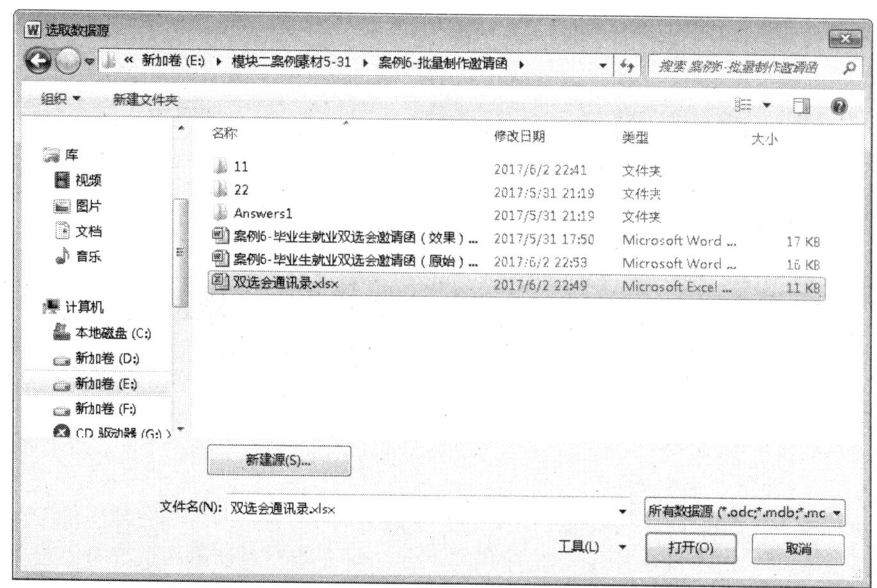

图11-5　“选取数据源”对话框

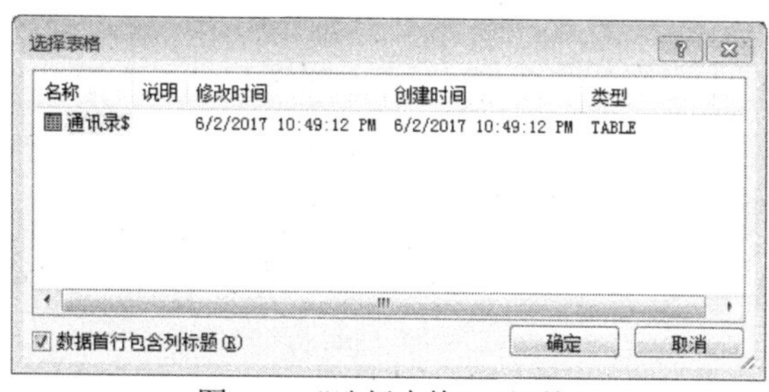

图11-6　“选择表格”对话框

③ 单击“邮件”选项卡的“编写和插入域”组中的“插入合并域”按钮，在弹出的下拉列表中选择“单位”字段，如图11-7所示。

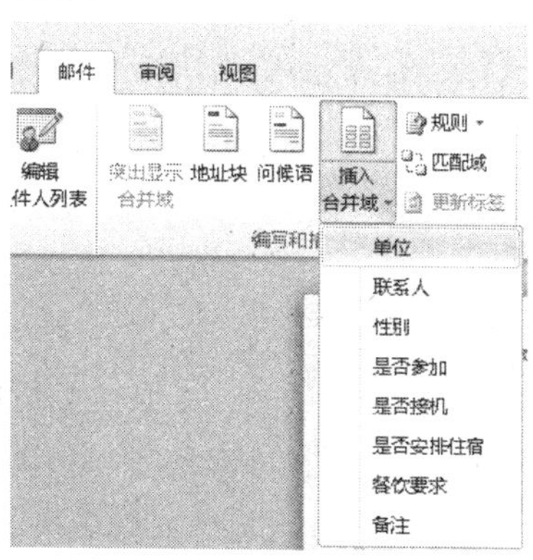

图11-7　“插入合并域”列表

④ 单击“邮件”选项卡的“预览结果”组中的“预览结果”按钮，原来文档中的“域”变成表格中的记录，如图11-8所示。可通过单击“预览结果”按钮右侧的左右箭头查看多条记录。

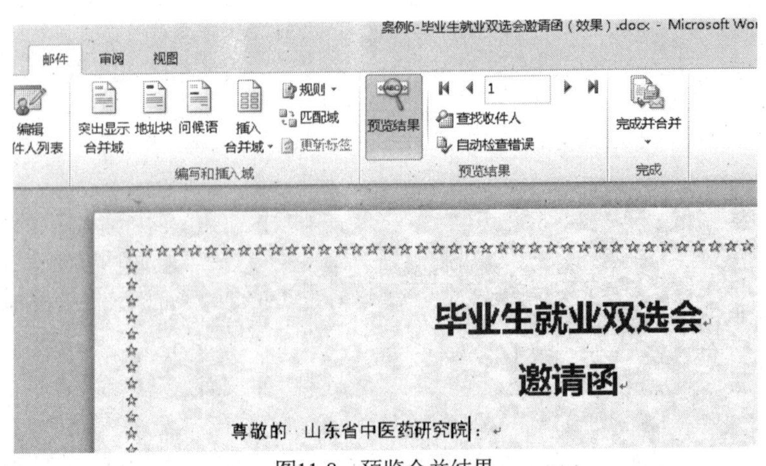

图11-8　预览合并结果

⑤ 单击“邮件”选项卡的“完成”组中的“完成并合并”按钮，在弹出的下拉列表中选择“编辑单个文档”，如图 11-9 所示。在打开的“合并新文档”对话框中选择全部或部分记录，如图 11-10 所示，单击“确定”按钮完成邮件合并。

图11-9 “完成并合并”列表

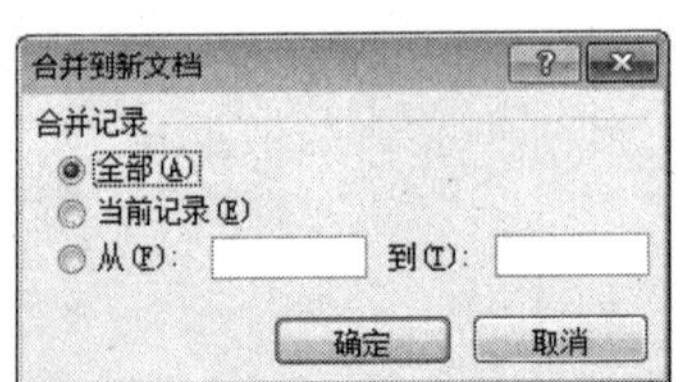

图11-10 “合并到新文档”对话框

注意：

邮件合并可以把大部分的格式合并到新文档中，但是也有一些格式或样式不能合并，比如本例中的纹理效果就没有合并到新的文档中。可在新文档中重新设置“羊皮纸”纹理效果。

第 7 步：在把主文档与数据源合并成一个新的文档后，单击“保存”，把新文档保存为“邀请函合并.docx”，与主文档放在同一目录下。然后单击快捷工具栏上的“保存”按钮对主文档进行保存。

三、案例拓展一

小王是“国际中医药大会”筹备组的工作人员，大会需要印制一批会议邀请函。筹备组已经草拟了邀请函的文本，要邀请的人员名单保存在“素材\案例11\拓展1\中医药大会通讯录.xlsx”文件中，请利用 Word 2010的邮件合并功能帮助小王高效完成这次任务，邀请函的效果参考图11-11。

请打开“素材\案例 11\拓展 1\中医药会议邀请函.docx”文件，按以下要求完成操作。

- 设置邀请函的页面高度为27厘米、宽度为27厘米，设置上、下、左、右页边距均为3厘米。
- 设置邀请函的标题文字为“微软雅黑”，设置字号为“一号”，设置颜色为“深红”色；设置标题的段落对齐方式为“居中对齐”。

- 将文字“尊敬的　　：”设置为“黑体”，设置字号为“四号”，设置字形为“加粗”。将文字“2018年国际中医药大会组委会”和“2018年4月1日”设置为“宋体”，字号设置为“四号”，字形设置为“加粗”，段落对齐方式设置为“右对齐”，段落右侧缩进3字符。
- 将邀请函的正文部分设置为“宋体”，字号设置为“四号”。段落行距设置为1.25倍行距，段前和段后间距设置为0.5倍行距，特殊格式设置为“首行缩进”，磅值为2字符。
- 将邀请函中的“×××大会”替换为“2018年国际中医药大会”。
- 在正文第二段的最后一句“以及国内各高校、医院、研究机构的专家学者参会并演讲”后插入脚注“参见http://wccm-zy.com/网站”。
- 利用邮件合并功能，将“中医药大会通讯录.xlsx”中的姓名信息自动填写到“尊敬的”后面，并根据性别信息在姓名后添加“先生”(性别为男)或“女士”(性别为女)。
- 邀请函合并完成后，将主文档原名保存，将生成的新文档保存为“中医药大会邀请函合并.docx”。

图11-11　“中医药会议邀请函”效果图

四、案例拓展二

学校学生会进行了新一届改选，小李同学负责为新一届的学生会负责同学每人制作一个工作证，要求在工作证上添加照片。学生会负责同学的相关信息和照片都已经发给小李，请帮助小李利用 Word 2010 的邮件合并功能快速完成这项任务，工作证的完成效果参考图 11-12。

山东中医药高等专科学校

学生会工作证

职务	体育部长
姓名	傅铄城
学号	2015000002
院系	中医系
班级	中医 1 班

山东中医药高等专科学校

学生会工作证

职务	学生会长
姓名	韩一民
学号	2015000003
院系	中药系
班级	制药 2 班

图11-12 “学生会工作证”合并效果图(部分)

请打开“素材\案例 11\拓展 2\学生会工作证.docx”文件，按下列要求完成操作：

- 打开“学生会工作证.docx”文件，设置纸张大小为A4，设置纸张方向为“横向”。
- 把页面分为两栏。
- 设置证件的标题文字为“微软雅黑”、字号为“二号”，设置字体的颜色为“深蓝”色，并设置段落对齐方式为“居中对齐”。
- 在证件标题的下方插入一个 5 行 3 列的表格，参考图 11-12 合并单元格，并在单元格内输入对应的文字。设置表格样式为“浅色网格，强调文字颜色 6”，设置表格大小为固定列宽，3 列的列宽分别为 5.3 厘米、3.5 厘米和 3.5 厘米，设置表格的行高为 1.5 厘米。设置表格单元格的字体为“黑体”，设置字号为“三号”，设置单元格对齐方式为水平和垂直方向都居中。
- 在合并后的单元格内插入一个域名为Include Picture的文档部件，文档部件插入文件后的名字为“111字符”，适当调整文档部件的大小。
- 在表格的下面输入空行或说明性文字，使证件的内容独占一栏。
- 利用邮件合并功能把“学生会情况表.xlsx”文件中的相关信息合并到对应的表格中。要求合并后的文档中每一页包含两个证件，照片以及相关字段要与电子表格中的内容对应。学习成绩较差的同学不予打印证件。**提示：**照片的路径需要在按Shift+F9组合键切换域代码后进行合并，用表格中的图片字段替换原来的“111字符”。对于合并后的文档，需要选中全部文档并按F9键进行刷新，照片才能一一对应。
- 原名保存主文档，将生成的批量文档以“学生会证件合并.docx”命名。

五、Word综合案例拓展

综合案例一

打开“素材\Word 综合案例拓展\膳食宝塔.docx”文件，参照图 11-13 按下列要求完成操作：

- 将文章标题“膳食宝塔”设置为“隶书”、字号为“二号”、字体颜色为“红色”、段落对齐方式为“居中对齐”。

- 将除标题行外的其他段落设置为首行缩进2字符，左对齐，段前、段后间距均设置为0.5行，行距设置为1.2倍行距。
- 在“平衡膳食宝塔共分五层”开始的段落后插入空的段落，并在新段落中插入“基本棱锥图”样式的SmartArt图形，图形增加至五层，并根据该段内容填写各层相应的文字，最后将Smart图形样式设为“卡通”。设置SmartArt图形的高度和宽度都为10厘米，对齐方式为“水平居中”。
- 将“膳食宝塔简介表”以空格为判断标准转换成2列6行的表格，并选择根据内容调整表格列宽。将表头文字的字形设置为“加粗”，整个表格居中。删除“原则”行，并将表格中的“意见”改成“原则”。
- 将表格中的《中国居民膳食指南》设置为突出显示。
- 将文档的上、下、左、右页边距分别设置为2厘米、2厘米、3厘米、3厘米。

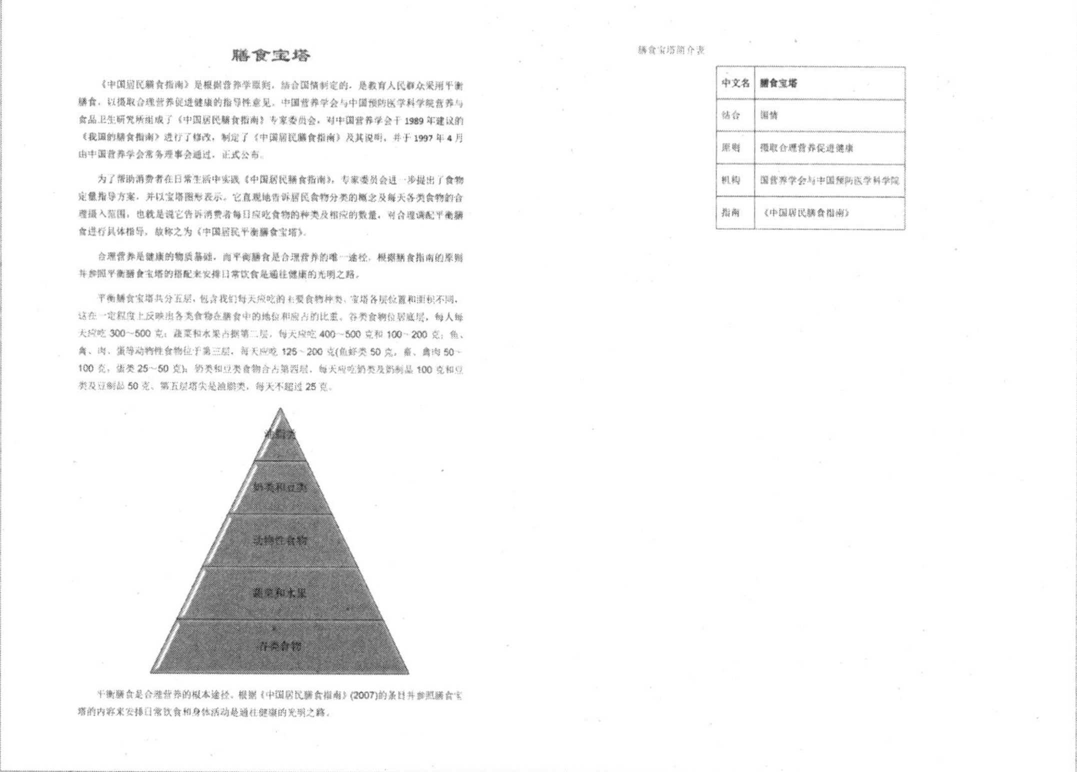

膳食宝塔

《中国居民膳食指南》是根据营养学原则，结合国情制定的，是教育人民群众采用平衡膳食，以摄取合理营养促进健康的指导性意见。中国营养学会与中国预防医学科学院营养与食品卫生研究所组成了《中国居民膳食指南》专家委员会，对中国营养学会于1989年建议的《我国的膳食指南》进行了修改，制定了《中国居民膳食指南》及其说明，并于1997年4月由中国营养学会常务理事会通过，正式公布。

为了帮助消费者在日常生活中实践《中国居民膳食指南》，专家委员会进一步提出了食物定量指导方案，并以宝塔图形表示。它直观地告诉居民食物分类的概念及每天各类食物的合理摄入范围，也就是说它告诉消费者每日应吃食物的种类及相应的数量，对合理调配平衡膳食进行具体指导，故称之为《中国居民平衡膳食宝塔》。

合理营养是健康的物质基础，而平衡膳食是合理营养的唯一途径。根据膳食指南的原则并参照平衡膳食宝塔的搭配来安排日常饮食是通往健康的光明之路。

平衡膳食宝塔共分五层，包含我们每天应吃的主要食物种类。宝塔各层位置和面积不同，这在一定程度上反映出各类食物在膳食中的地位和应占的比重。谷类食物位居底层，每人每天应吃300~500克；蔬菜和水果占据第二层，每天应吃400~500克和100~200克；鱼、禽、肉、蛋等动物性食物位于第三层，每天应吃125~200克(鱼虾类50克，畜、禽肉50~100克，蛋类25~50克)；奶类和豆类食物合占第四层，每天应吃奶类及奶制品100克和豆类及豆制品50克。第五层塔尖是油脂类，每天不超过25克。

平衡膳食是合理营养的根本途径。根据《中国居民膳食指南》(2007)的条目并参照膳食宝塔的内容来安排日常饮食和身体活动是通往健康的光明之路。

膳食宝塔简介表

中文名	膳食宝塔
结合	国情
原则	摄取合理营养促进健康
机构	国营养学会与中国预防医学科学院
指南	《中国居民膳食指南》

图11-13　“膳食宝塔”效果图

综合案例二

打开“素材\Word 综合案例拓展\计算器.docx”文件，参照图 11-14 按下列要求完成操作：

- 将文档标题“计算器的起源和发展”设置为“隶书”，字号设置为“二号”，字体颜色设置为“红色”，段落对齐方式设置为“居中对齐”。
- 将除标题外的前四段设置段落特殊格式为“首行缩进”，磅值为2字符；段前和段后间距均设置为0.5行，行距设置为1.75倍行距。
- 给“中国古代最早采用的一种计算工具叫筹策，又被叫做算筹。”这句话设置下画线，下画线类型设置为“波浪线”，下画线颜色设置为“红色”。

- 删除文档中所有的空格。
- 在以“Windows操作系统都自带计算器软件程序”开始的段落后以嵌入方式插入Windows 7自带的计算器应用程序的“科学型”界面截图。设置插入的图片高度为5厘米，宽度按图片纵横比自动调整，并设置图片居中对齐。
- 删除文档中表格的空行和空列。设置表格中单元格文本的对齐方式为水平和垂直方向都居中。将表头的字体加粗显示。设置第1列的宽度为4厘米、第2列的宽度为10厘米，并使表格居中对齐。
- 给文档添加页眉，页眉文字为“计算器的起源和发展”。在文档的页脚的中间位置添加页码，页码的格式为“-1-，-2-”，并设置起始页码为“-1-”。设置页眉和页脚距边界的距离分别为1.3厘米和1.5厘米。

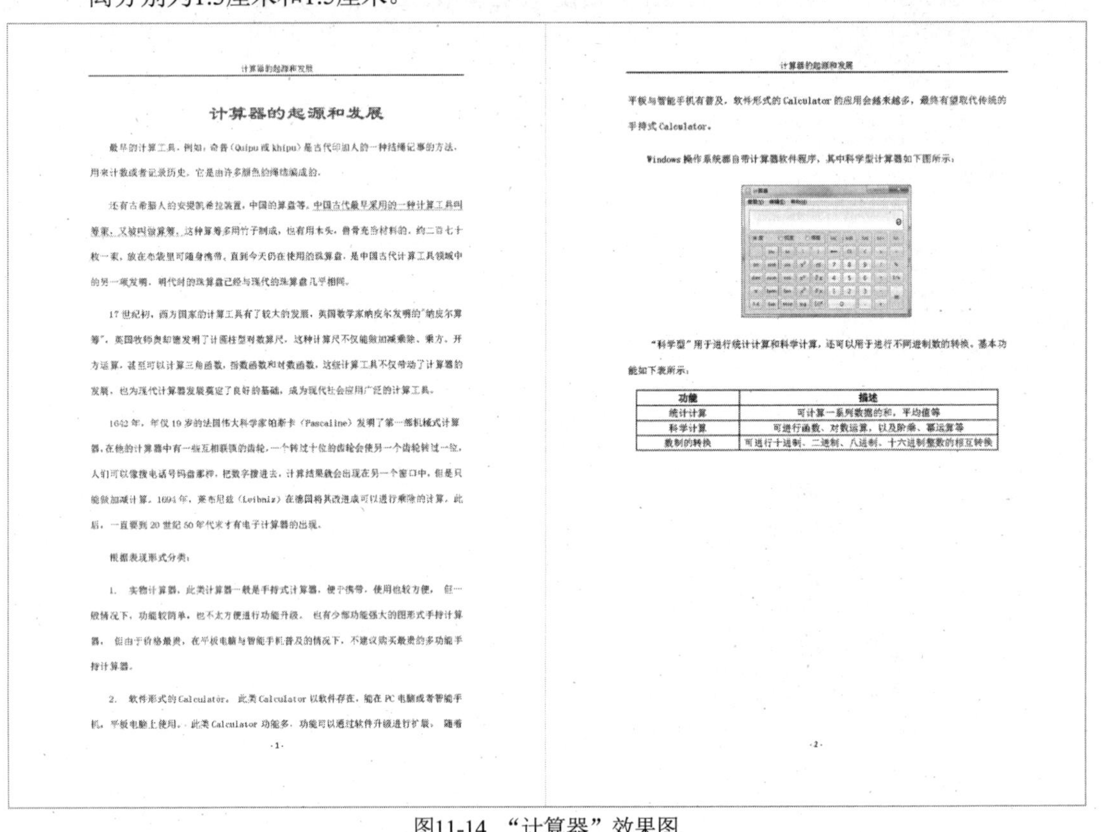

图11-14 “计算器”效果图

综合案例三

打开“素材\Word 综合案例拓展\大学生职业生涯规划书.docx”文件，参照图 11-15，按以下要求完成操作：

- 将文档的纸张类型设置为A4，页面方向设置为“纵向”，上、下、左、右页边距分别设置为2厘米、2厘米、3厘米和3厘米。
- 将文档标题“大学生职业生涯规划书”的字体设置为“黑体”，字号设置为“二号”，字形设置为“加粗”，字体颜色设置为“深红”色，段落对齐方式设置为“居中对齐”。

- 将文档中的红色字体段落设置成“标题2”样式，斜体字段落设置成“标题3”样式，其他正文部分设置为“仿宋”，字号设置为“四号”，段落特殊格式设置为“首行缩进”，磅值为2字符，行距设置为1.2倍行距。
- 在以“通过人才测评分”开始的段落中设置首字下沉，下沉2行，距正文1厘米。
- 在以“通过人才测评分”开始的段落后插入一张“人物类”剪贴画。设置环绕方式为“四周型”，高度设置为4厘米，宽度设置为3厘米，并移动剪贴画到本段的右侧。
- 给文档添加页眉，页眉文字为“大学生职业规划”，在文档页脚的中间位置插入页码，页码格式设置为阿拉伯数字，设置起始页码为1。
- 将文档中所有的“工作”替换成字体红色加粗的“生活”。
- 给以“能力优势”和“能力劣势”开始的两段添加小圆点项目符号。
- 给《大学生职业生涯规划书 规划精彩人生 打造锦绣前程》添加脚注，脚注内容为后方括号内的文字。
- 在文档的结尾处插入艺术字“会拼才会赢！”，艺术字样式设置为“填充-红色，强调文字颜色2，粗糙棱台”。

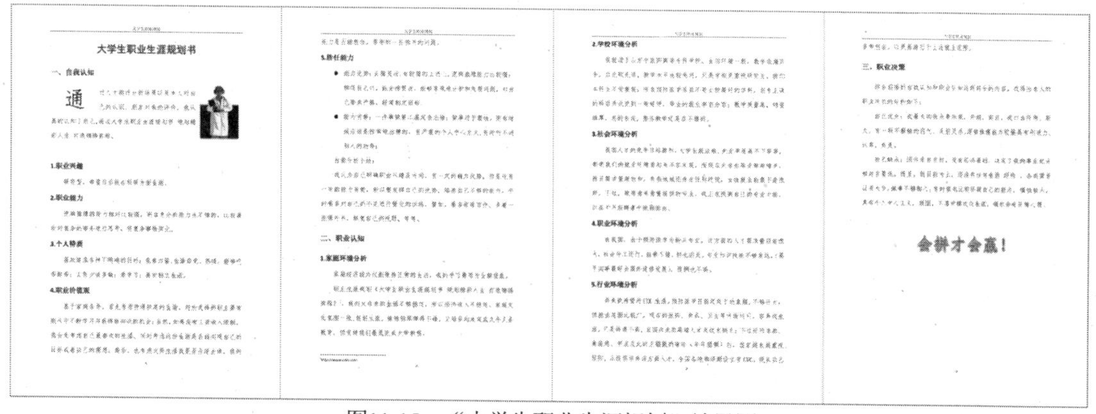

图11-15　“大学生职业生涯规划”效果图

综合案例四

打开“素材\Word 综合案例拓展\求职简历.docx”，结合图 11-16，按照以下要求完成求职简历的制作。

- 将文档的纸张类型设置为A4，页面方向设置为“纵向”，上、下、左、右页边距分别设置为2.5厘米、2.5厘米、3.2厘米和3.2厘米。
- 根据页面布局，在页面中插入一个标准橙色和一个标准白色的矩形，其中橙色矩形占满页面，白色矩形放置于橙色矩形上方，作为整个求职简历的背景。
- 参考图11-16，插入标准色为橙色的圆角矩形，并添加文字“实习经验”，再插入一个短线的虚线圆角矩形框。
- 插入文本框和文字，参考图11-16调整文字的字体、字号和颜色。其中姓名设置为“橙色”艺术字，“寻求能够……”文本效果设置为跟随路径的“上弯弧”。
- 插入“求职图片.png”图片，并参考图11-16对图片进行适当裁剪并调整图片的位置。
- 参考图11-16，在适当位置使用形状中的 “橙色”箭头(其中横向箭头使用线条型箭头)，插入SmartArt图形，样式为“步骤上移流程”，并根据图11-16输入相应的文字。

- 在“促销活动分析”等四处使用项目符号“对勾”，在“曾任班长”等四处插入符号“五角星”、颜色为“红色”。
- 参考效果图，调整各部分的位置、大小和颜色。

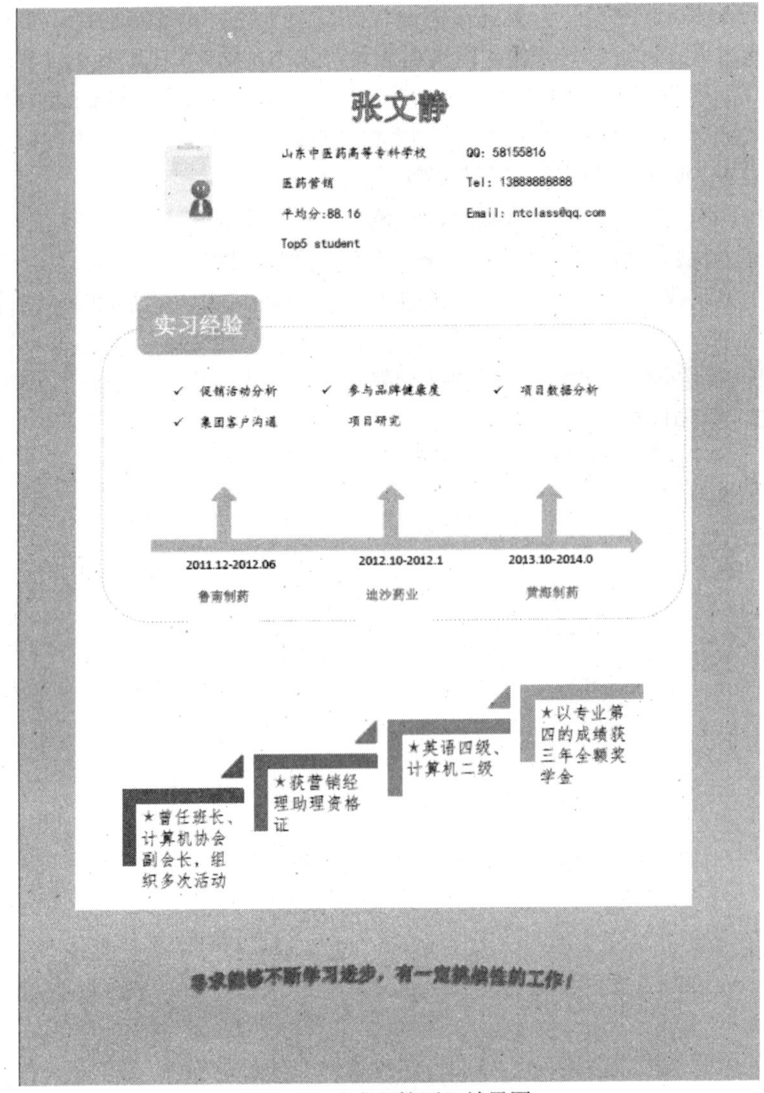

图11-16 “求职简历”效果图

案例十二

制作员工信息表

某公司总经理要求人力资源部门整理公司所有员工的信息，对有变化的员工信息进行修改调整，增加新入职员工的信息，对员工信息表中的数据进行修饰，制作一份美观的员工信息表。

本案例主要练习 Excel 2010 工作簿的基本操作、数据输入和单元格修饰方法。通过本案例，可以了解日常生活中常见的工作表修饰流程，掌握各类数据的不同输入方法，掌握工作表的基本操作，掌握单元格格式化操作的方法，下面以制作员工信息表为例讲解详细操作步骤。案例效果如图 12-1 所示。

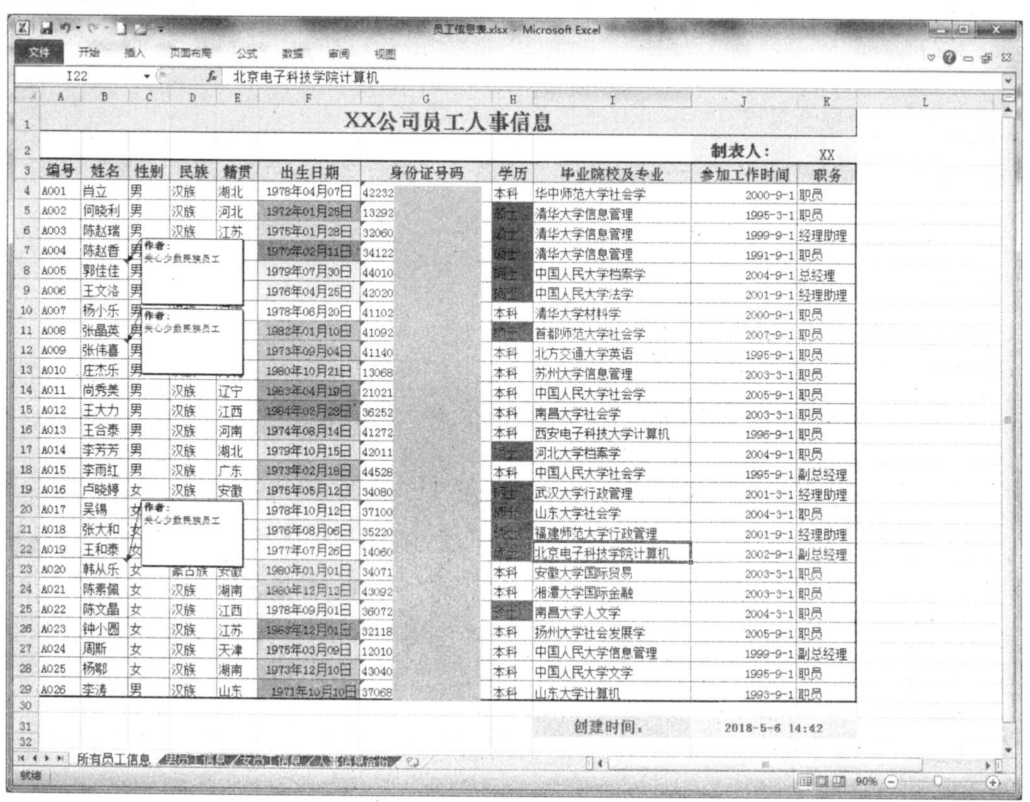

XX公司员工人事信息

制表人： XX

编号	姓名	性别	民族	籍贯	出生日期	身份证号码	学历	毕业院校及专业	参加工作时间	职务
A001	肖立	男	汉族	湖北	1978年04月07日	42232[illegible]	本科	华中师范大学社会学	2000-9-1	职员
A002	何晓利	男	汉族	河北	1972年01月25日	13292[illegible]	[illegible]	清华大学信息管理	1995-3-1	职员
A003	陈赵瑞	男	汉族	江苏	1975年01月28日	32060[illegible]	[illegible]	清华大学信息管理	1999-9-1	经理助理
A004	陈赵香	男	[illegible]	[illegible]	1970年02月11日	34122[illegible]	[illegible]	清华大学信息管理	1991-9-1	职员
A005	郭佳佳	男	[illegible]	[illegible]	1979年07月30日	44010[illegible]	[illegible]	中国人民大学档案学	2004-9-1	总经理
A006	王文洛	男	[illegible]	[illegible]	1976年04月25日	42020[illegible]	[illegible]	中国人民大学法学	2001-9-1	经理助理
A007	杨小乐	男	[illegible]	[illegible]	1978年06月20日	41102[illegible]	本科	清华大学材料学	2000-9-1	职员
A008	张晶英	男	[illegible]	[illegible]	1982年01月10日	41092[illegible]	[illegible]	首都师范大学社会学	2007-9-1	职员
A009	张伟喜	男	[illegible]	[illegible]	1973年09月04日	41140[illegible]	本科	北方交通大学英语	1995-9-1	职员
A010	庄杰乐	男	[illegible]	[illegible]	1980年10月21日	13068[illegible]	本科	苏州大学信息管理	2003-3-1	职员
A011	尚秀美	男	汉族	辽宁	1983年04月19日	21021[illegible]	本科	中国人民大学社会学	2005-9-1	职员
A012	王大力	男	汉族	江西	1984年02月28日	36252[illegible]	本科	南昌大学社会学	2003-3-1	职员
A013	王合泰	男	汉族	河南	1974年08月14日	41272[illegible]	本科	西安电子科技大学计算机	1996-9-1	职员
A014	李芳芳	男	汉族	湖北	1979年10月15日	42011[illegible]	[illegible]	河北大学档案学	2004-9-1	职员
A015	李雨红	男	汉族	广东	1973年02月18日	44528[illegible]	本科	中国人民大学社会学	1995-9-1	副总经理
A016	卢晓婷	女	汉族	安徽	1975年05月12日	34080[illegible]	[illegible]	武汉大学行政管理	2001-3-1	经理助理
A017	吴锡	女	[illegible]	[illegible]	1978年10月12日	37100[illegible]	[illegible]	山东大学社会学	2004-3-1	职员
A018	张大和	女	[illegible]	[illegible]	1976年08月06日	35220[illegible]	[illegible]	福建师范大学行政管理	2001-9-1	经理助理
A019	王和泰	女	[illegible]	[illegible]	1977年07月26日	14060[illegible]	[illegible]	北京电子科技学院计算机	2002-9-1	副总经理
A020	韩从乐	女	蒙古族	安徽	1980年01月01日	34071[illegible]	本科	安徽大学国际贸易	2003-3-1	职员
A021	陈素佩	女	汉族	湖南	1980年12月12日	43092[illegible]	本科	湘潭大学国际金融	2003-3-1	职员
A022	陈文晶	女	汉族	江西	1978年09月01日	36072[illegible]	[illegible]	南昌大学人文学	2004-3-1	职员
A023	钟小圆	女	汉族	江苏	1983年12月01日	32118[illegible]	本科	扬州大学社会发展学	2005-9-1	职员
A024	周斯	女	汉族	天津	1975年03月09日	12010[illegible]	本科	中国人民大学信息管理	1999-9-1	副总经理
A025	杨鄂	女	汉族	湖南	1973年12月10日	43040[illegible]	本科	中国人民大学文学	1995-9-1	职员
A026	李涛	男	汉族	山东	1971年10月10日	37068[illegible]	本科	山东大学计算机	1993-9-1	职员

创建时间： 2018-5-6 14:42

图12-1 “员工信息表.xlsx”效果图

一、案例设计

打开“素材\案例 12\素材 1.xlsx”工作簿，完成以下操作。

(一) 工作簿和工作表的基本操作

1. 打开、另存工作簿

打开“素材\案例 12\素材 1.xlsx”工作簿，另存到桌面上，命名为“员工信息表.xlsx”。

2. 新建工作表

在工作表 Sheet3 的后面建立 Sheet4，将其重命名为“女员工信息”。

3. 复制工作表

将工作表 Sheet1 的内容复制一份放到“女员工信息”工作表后面，将其重命名为“人事信息备份”。

4. 重命名、删除工作表

将工作表 Sheet1 重命名为“所有员工信息”，将工作表 Sheet3 重命名为“男员工信息”，将工作表 Sheet2 删除。

5. 修改工作表标签颜色

将“所有员工信息”工作表标签颜色修改为“红色，强调文字颜色 2，淡色 40%”。其余工作表标签颜色均为“蓝色，强调文字颜色 1，深色 25%”。

(二) 数据的编辑操作

1. 序列填充

在工作表“所有员工信息”中的“编号”列填充 A001~A026。

2. 输入信息

公司近期新增加一名技术人员，信息为“李涛，男，汉族，山东，1971-10-10，370682197010100***，本科，山东大学计算机，1993-9-1，职员”，请输入新增人员个人信息。

3. 修改信息

公司有三名员工(A002、A003、A004)今年完成了清华大学信息管理专业的学习，获得了信息管理专业的硕士学历和学位，需要更新一下这三名员工的学历、毕业院校和专业。

4. 插入批注

公司有三名少数民族员工，通过插入批注功能，在员工姓名处分别插入批注信息“关心少数民族员工”。

5. 复制数据

将工作表“所有员工信息”中的男员工信息复制到工作表“男员工信息”中，将女员工信息复制到工作表“女员工信息”中。

6. 输入制表人姓名、日期和时间

在 K2 单元格中输入制表人姓名。在 J31 单元格中利用快捷键输入当前系统日期和时间，作为创建工作簿“员工信息表”的日期和时间。

(三) 数据的格式化操作

1. 设置表格标题

将“所有员工信息”工作表中 A1 单元格内容“XX 公司员工人事信息”作为表格标题，相对于表格居中，设置字体为“华文中宋”、字号为 20 磅、字体颜色为“红色”、填充色为“黄色”。

2. 设置列标题格式

将单元格区域 A3:K3 的字体设置为“华文中宋”，字号设置为 14 磅，字体颜色设置为“深蓝色”，填充颜色设置为“橙色，强调文字颜色 6，淡色 60%”。

3. 设置日期格式

为所有出生日期设置自定义格式：yyyy"年"mm"月"dd"日"。

4. 设置行高和列宽

将单元格区域 A3:K29 的行高设置为 18 磅，列宽设置为“自动调整列宽”。

5. 设置边框线

为单元格区域 A3:K29 加边框线，内线是绿色细实线，外线是深蓝色粗实线。

6. 设置条件格式

利用条件格式为“出生日期”列设置色阶，色阶规则为“绿-白-红色阶”。为“学历”列中的“硕士”学历设置“蓝色”填充色，其余的正常显示。

7. 设置表格套用格式

为工作表“人事信息备份”中的单元格区域 A3:K28 设置表格套用格式，设置套用格式为中等深浅类的“表样式中等深浅 11”，并将其转换为普通区域。

二、案例分析

(一) 工作簿和工作表的基本操作

1. 打开、另存工作簿

打开“素材\案例 12\素材 1.xlsx”工作簿，另存到桌面上，命名为“员工信息表.xlsx”。

第 1 步：双击打开“案例 12\素材 1.xlsx”工作簿。

第 2 步：单击“文件”选项卡中的“另存为”命令，弹出“另存为”对话框，在对话框中设置工作簿的保存位置为“桌面”、文件名为“员工信息表”、保存类型为“Excel 工作簿(*.xlsx)”，如图 12-2 所示。

第 3 步：单击“确定”按钮。

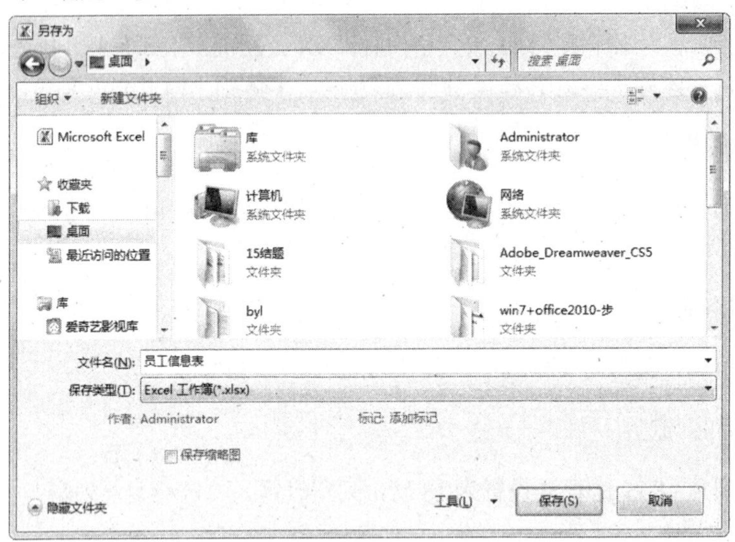

图12-2　“另存为”对话框

2. 新建工作表

在工作表 Sheet3 的后面建立工作表 Sheet4，重命名为“女员工信息”。

第 1 步：用鼠标单击工作表标签栏右侧的“插入工作表”按钮(或按 Shift+F11 组合键)，就可以在 Sheet3 后新建工作表 Sheet4。

第 2 步：用鼠标双击 Sheet4 的工作表标签，然后输入“女员工信息”。

3. 复制工作表

将工作表 Sheet1 复制一份放到“女员工信息”工作表后面，重命名为“人事信息备份”。

第 1 步：单击选择工作表 Sheet1，同时按住 Ctrl 键，沿工作表标签区域拖动到“女员工信息”工作表后面，松开鼠标，再松开 Ctrl 键，这样可以建立新的工作表，新建的工作表名为 Sheet1(2)。

第 2 步：用鼠标双击 Sheet1(2)的工作表标签，然后输入“人事信息备份”。

4. 重命名、删除工作表

将工作表 Sheet1 重命名为“所有员工信息”，将工作表 Sheet3 重命名为“男员工信息”，将工作表 Sheet2 删除。

第 1 步：选择工作表 Sheet1，单击鼠标右键，选择“重命名”命令，输入新名称“所有员工信息”，按 Enter 键结束。工作表 Sheet3 的重命名方法与此相同。

第 2 步：选择工作表 Sheet2，单击鼠标右键，选择“删除”命令。

5. 修改工作表标签颜色

将“所有员工信息”工作表标签颜色修改为“红色，强调文字颜色 2，淡色 40%”。其余工作表标签颜色均为“蓝色，强调文字颜色 1，深色 25%”。

操作方法：选择“所有员工信息”工作表，单击鼠标右键，选择“工作表标签颜色”为“红色，强调文字颜色 2，淡色 40%”。其他工作表标签颜色的修改方法与此类似。

(二) 数据的编辑操作

1. 序列填充

在工作表“所有员工信息”的“编号”列中填充 A001~A026。

第 1 步：在工作表“所有员工信息”的“编号”列中选择 A4 单元格，输入 A001，按 Enter 键结束。

第 2 步：选择 A4 单元格，然后用鼠标指向其右下角，当鼠标变成实心符号+的时候，按住鼠标左键，拖动至 A29 单元格，松开鼠标。

注意：

将文本与数字混合填充时，文本不变，数字递增或递减。

2. 输入信息

公司近期新增加一名技术人员，信息为“李涛，男，汉族，山东，1971-10-10，370682197010100***，本科，山东大学计算机，1993-9-1，职员”，请输入新增人员个人信息。

操作方法：在工作表“所有员工信息”的“编号”列中，选择 B29 单元格，输入“李涛”，按 Enter 键结束。然后依次输入后面单元格内容。

注意：

在输入身份证号时，要先输入半角状态下的单引号，再输入身份证号；也可以先设置单元格的格式为“文本”类型，再输入。

3. 修改信息

公司有三名员工(A002、A003、A004)今年完成了清华大学信息管理专业的学习，获得了信息管理专业的硕士学历和学位，需要更新一下这三名员工的学历和毕业院校及专业。

第 1 步：在工作表“所有员工信息”的“学历”列中，选择单元格区域 H5:H7，按 Delete 键清除原来的信息。

第 2 步：单击 H5 单元格，输入“硕士”，按 Enter 键，然后再次选择 H5 单元格，将鼠标指向其右下角，当鼠标变成实心符号+的时候，按住鼠标左键，拖动鼠标至 H7 单元格，松开鼠标。

4. 插入批注

公司有三名少数民族员工，通过插入批注功能，在员工姓名处分别插入批注信息“关心少数民族员工”。

操作方法：用鼠标指向 B8 单元格，单击鼠标右键，在快捷菜单中选择“插入批注”，输入内容“关心少数民族员工”。其他单元格操作类似(也可以使用“选择性粘贴”功能来复制批注)。

5. 复制数据

将工作表“所有员工信息”中的男员工信息复制到工作表“男员工信息”中，将女员工信息复制到工作表“女员工信息”中。

第 1 步：选择单元格区域 A4:K18，再按住 Ctrl 键，选择单元格区域 A29:K29，单击鼠标右键，在快捷菜单中选择“复制”命令。

第 2 步：单击选择工作表“男员工信息”中的 A1 单元格，直接按 Enter 键。

第 3 步：选择单元格区域 A20:K28，单击鼠标右键，在快捷菜单中选择“复制”命令。

第 4 步：单击选择工作表“女员工信息”中的 A1 单元格，直接按 Enter 键。

6. 输入制表人姓名、日期和时间

在 K2 单元格中输入制表人姓名。在 J31 单元格中利用快捷键输入当前系统日期和时间，作为创建工作簿“员工信息表”的日期和时间。

操作方法：单击 K2 单元格，输入制表人姓名，按 Enter 键结束。单击 J31 单元格，按 Ctrl+;组合键输入当前日期，按一下空格键，再按 Ctrl+Shift+;组合键输入当前时间，最后按 Enter 键结束。

(三) 数据的格式化操作

1. 设置表格标题

将 A1 单元格内容“××公司员工人事信息”作为表格标题，相对于表格居中，字体为“华文中宋”，字号为 20 磅，字体颜色为“红色，强调文字颜色 2，深色 25%”，填充色为“水绿色，强调文字颜色 5，淡色 60%”。

第 1 步：选择 A1:K1 单元格区域，单击“开始”选项卡的“对齐方式”组中的“合并后居中”按钮 合并后居中 ，将其合并。

第 2 步：单击“开始”选项卡中的“字体”组的“字体”和“字号”按钮右侧的下拉箭头，选择字体为“华文中宋”、字号为 20；单击“字体颜色”按钮 A 右侧的下拉箭头，选择字体颜色为“红色，强调文字颜色 2，深色 25%”，如图 12-3~图 12-5 所示。

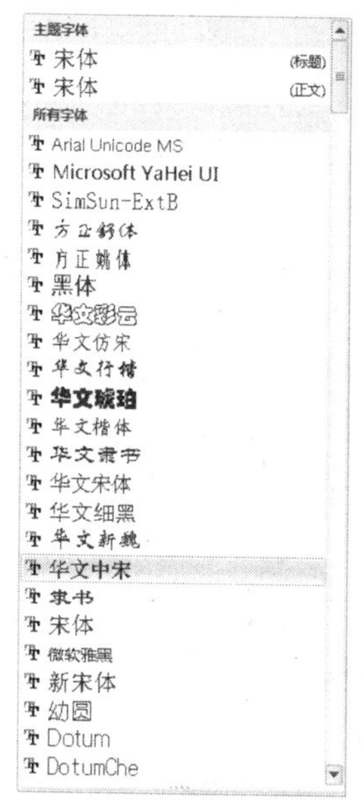

图12-3　“字体”下拉列表

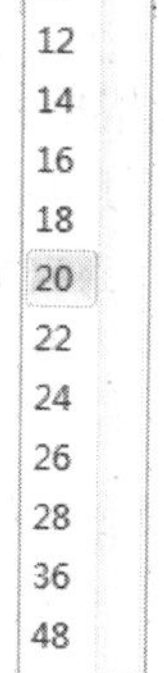

图12-4　“字号”下拉列表

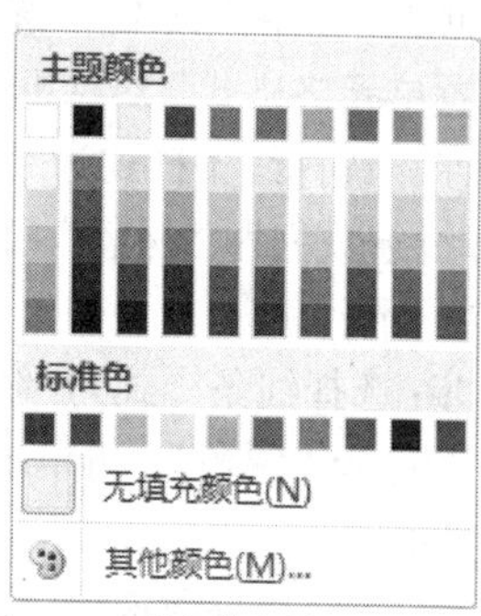

图12-5　“字体颜色”下拉列表

第 3 步：单击“开始”选项卡的“字体”组中的“填充颜色”按钮右侧的下拉箭头，选择填充颜色为“水绿色，强调文字颜色 5，淡色 60%”。

2. 设置列标题格式

将单元格区域 A3:K3 的字体设置为“华文中宋”、字号为 14 磅、字体颜色为“深蓝色”、填充颜色为“橙色，强调文字颜色 6，淡色 60%”。

第 1 步：选择 A3:K3 单元格区域，单击“开始”选项卡的“字体”组中的“字体”“字号”“字体颜色”按钮右侧的下拉箭头，选择字体为“华文中宋”、字号为 14、字体颜色为“深蓝色”。

第 2 步：单击“开始”选项卡的“字体”组中的“填充颜色”按钮右侧的下拉箭头，选择填充颜色为“橙色，强调文字颜色 6，淡色 60%”。

3. 设置日期格式

为所有出生日期设置自定义格式：yyyy"年"mm"月"dd"日"。

第 1 步：选择 F4:F29 单元格区域，单击鼠标右键，选择“设置单元格格式”命令，打开“单元格格式”对话框。

第 2 步：单击“数字”选项卡中的“自定义”分类，选择“yyyy"年"m"月"d"日"”类型，修改为“yyyy"年"mm"月"dd"日"”，单击“确定”按钮。

4. 设置行高和列宽

将工作表的 A3:K29 单元格区域的行高设置为 18 磅，列宽设置为“自动调整列宽”。

第 1 步：选择单元格区域 A3:K29。

第 2 步：在“开始”选项卡的“单元格”组中单击“格式”按钮右侧的下拉箭头，选择“行高”选项，在弹出的对话框中将行高设置为 18，单击“确定”按钮。

第 3 步：在“开始”选项卡的“单元格”组中单击“格式”按钮右侧的下拉箭头，选择“自动调整列宽”选项，如图 12-6 所示。

5. 设置边框线

为单元格区域 A3:K29 加边框线，内线是绿色细实线，外线是深蓝色粗实线。

第 1 步：选择单元格区域 A3:K29。

第 2 步：单击鼠标右键，选择“设置单元格格式”，打开“设置单元格格式”对话框，选择“边框”选项卡。

第 3 步：选择线条样式为“粗线”(第 2 列倒数第 3 条)，选择线条颜色为“深蓝”，再单击“外边框”按钮，如图 12-7 所示。

第 4 步：选择线条样式为“细线”(第 1 列最后一条)，选择线条颜色为“绿色”，再单击“内部”按钮，最后单击“确定”按钮。

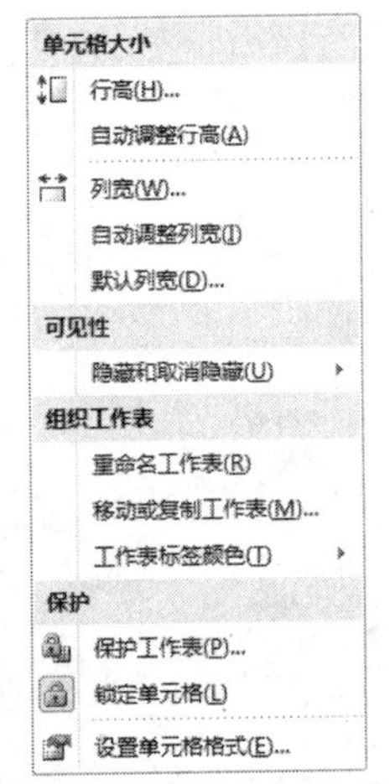

图12-6 “格式”下拉列表

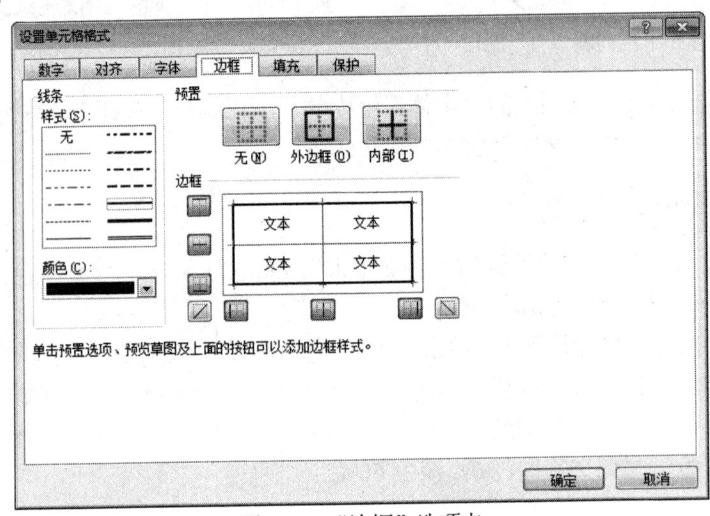

图12-7 “边框”选项卡

6. 设置条件格式

利用条件格式为“出生日期”列设置色阶，色阶规则为“绿-白-红色阶”。为“学历”列中的“硕士”学历设置蓝色填充色，其余的正常显示。

第 1 步：选择单元格区域 F4:F29。

第 2 步：在“开始”选项卡的“样式”组中，单击“条件格式”下拉列表中的“色阶”命令，从级联菜单中选择“绿-白-红色阶”，如图 12-8 所示。

第 3 步：在“开始”选项卡的“样式”组中，单击“条件格式”下拉列表中的“突出显示单元格规则”命令，从级联菜单中选择“等于”命令。

第 4 步：在弹出的“等于”对话框中，输入数值“硕士”，然后选择“自定义格式”，设置填充颜色为“蓝色”，单击“确定”按钮。

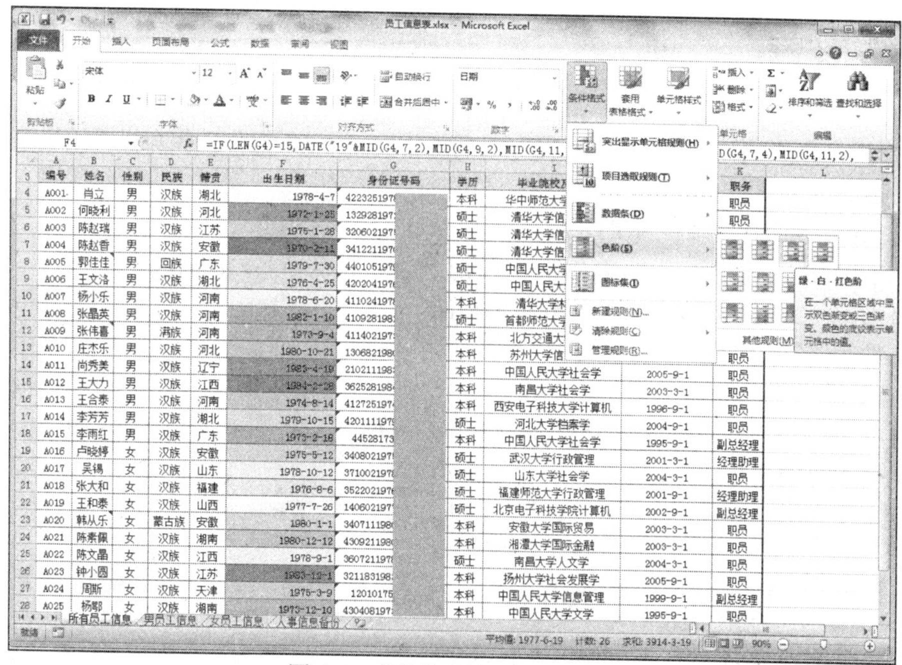

图12-8　条件格式的“色阶”选项

7. 设置表格套用格式

为工作表“人事信息备份”中的单元格区域 A3:K28 设置表格套用格式，设置表格套用格式为中等深浅类的“表样式中等深浅 11”，并转换为普通区域。

第 1 步：首先单击工作表“人事信息备份”，然后选择单元格区域 A3:K28，在“开始”选项卡的“样式”组中单击“套用表格格式”按钮，在下拉列表中选择“中等深浅”类中的“表样式中等深浅 11”，如图 12-9 所示。

第 2 步：在“表格工具”|“设计”分选项卡中单击“工具”组中的“转换为区域”按钮。

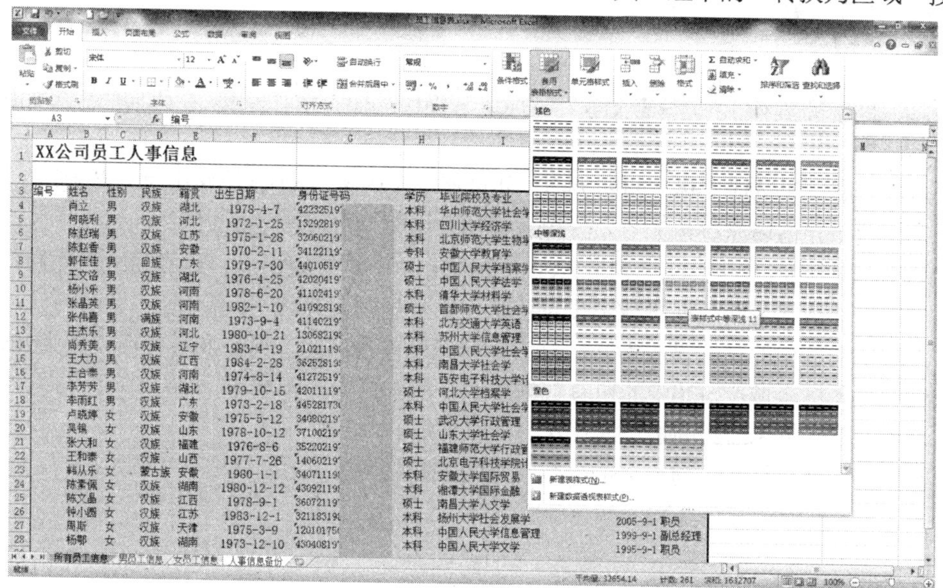

图12-9　套用表格格式

三、案例拓展一

建立新工作簿“工作表管理.xlsx”，保存在桌面上，完成以下操作并保存操作结果。完成后的效果如图 12-10 所示。

- 将工作表Sheet1重命名为GH，将工作表Sheet2重命名为EF。
- 在工作表EF的前面一次性插入两个新的工作表，依次命名为AB和CD。
- 将工作表GH移动到最后一个工作表的后面。
- 在最后一个工作表的后面新建工作表IJ。
- 删除工作表Sheet3。

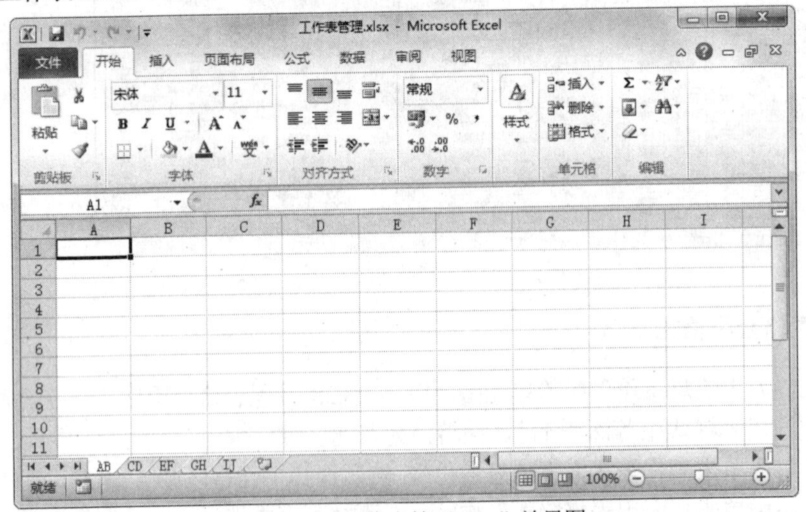

图12-10 “工作表管理.xlsx”效果图

四、案例拓展二

打开素材“素材\案例 12\奖学金.xlsx”，完成以下操作并保存操作结果。完成后的效果如图 12-11 所示。

- 将表格标题设置成黑体，24磅大小，并设置单元格区域A1:J1合并居中，字体颜色为红色，并设置单元格填充颜色为“水绿色、强调文字颜色5，淡色60%”。
- 利用填充功能，在“学号”列输入2017001~2017018，设置所有科目成绩小数位为1位小数。
- 利用条件格式为四门课程成绩设置色阶，色阶规则为“红-白-蓝色阶”。
- 将表格中各列的列宽设置为9磅，第2行行高设置为25磅，第3~20行行高设置为20磅。
- 设置单元格区域A2:J20中的所有数据在水平和垂直方向都居中。
- 将单元格区域A2:J20的边框线设置为所有框线。
- 利用条件格式将总分前五名的分数设置为加粗红色。

	A	B	C	D	E	F	G	H	I	J	K
1	综合奖学金发放表										
2	学号	姓名	性别	班级	英语	体育	数学	物理	总分	奖学金	
3	2017001	陈小峰	男	营销051	92.0	93.0	85.0	98.0	**368.0**		
4	2017002	沈时辰	男	营销051	89.0	82.0	84.0	90.0	345.0		
5	2017003	李光良	男	营销051	86.0	93.0	90.0	94.0	363.0		
6	2017004	孙寺江	男	营销051	95.0	91.0	89.0	87.0	362.0		
7	2017005	李兵	男	营销051	78.0	86.0	92.0	60.0	316.0		
8	2017006	王朝猛	男	营销051	99.0	83.0	96.0	82.0	360.0		
9	2017007	王小芳	女	营销051	96.0	82.0	86.0	88.0	352.0		
10	2017008	张慧	女	营销051	99.0	88.0	93.0	92.0	**372.0**		
11	2017009	郭峰	男	营销051	88.0	92.0	94.0	93.0	**367.0**		
12	2017010	任春花	女	营销051	96.0	93.0	64.0	77.0	330.0		
13	2017011	方子萍	女	营销051	85.0	90.0	76.0	82.0	333.0		
14	2017012	徐洁	女	营销051	79.0	94.0	87.0	91.0	351.0		
15	2017013	张艳红	女	营销051	94.0	87.0	90.0	93.0	**364.0**		
16	2017014	李娟	女	营销051	91.0	60.0	73.0	82.0	306.0		
17	2017015	宋大远	男	营销051	84.0	82.0	98.0	93.0	357.0		
18	2017016	程前	男	营销051	84.0	88.0	80.0	91.0	343.0		
19	2017017	王子荐	男	营销051	99.0	92.0	95.0	85.0	**371.0**		
20	2017018	李佳政	男	营销051	67.0	93.0	76.0	83.0	319.0		
21											

图12-11 “奖学金.xlsx”效果图

案例十三

制作单位工资表

根据国家人力资源和社会保障部的通知，某单位在 2018 年对职工工资进行调整，需要增加部分工资项目，对职工的工资项目进行调整，还要完成养老保险和职业年金等项目的扣款。

对工作簿中大批量数据的调整是日常生活中经常遇到的数据处理任务，Excel 2010 提供了强大的公式计算功能，可以快速完成数据的计算，比人工计算更便捷、准确。通过本案例，可以了解公式、运算符号和地址引用的功能，掌握根据实际需要构造公式，完成对数据批量计算的方法，掌握 Excel 2010 数据地址引用的技巧。下面以制作单位工资表为例进行详细步骤操作。案例效果如图 13-1 所示。

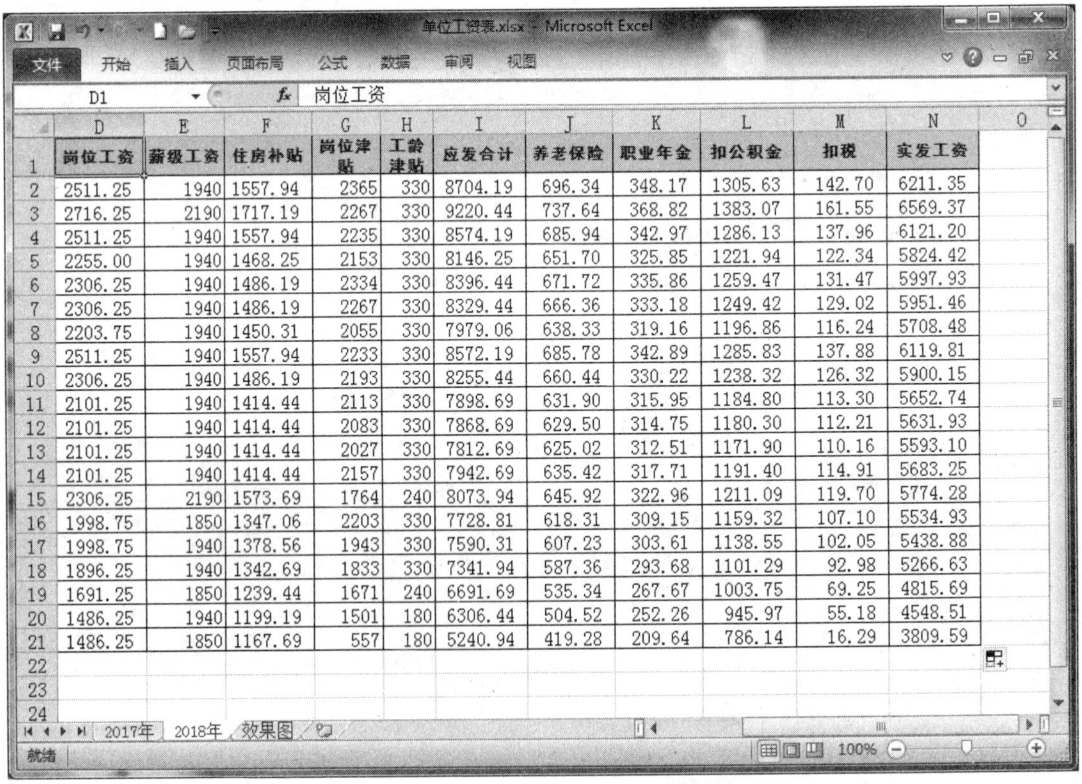

	D	E	F	G	H	I	J	K	L	M	N
1	岗位工资	薪级工资	住房补贴	岗位津贴	工龄津贴	应发合计	养老保险	职业年金	扣公积金	扣税	实发工资
2	2511.25	1940	1557.94	2365	330	8704.19	696.34	348.17	1305.63	142.70	6211.35
3	2716.25	2190	1717.19	2267	330	9220.44	737.64	368.82	1383.07	161.55	6569.37
4	2511.25	1940	1557.94	2235	330	8574.19	685.94	342.97	1286.13	137.96	6121.20
5	2255.00	1940	1468.25	2153	330	8146.25	651.70	325.85	1221.94	122.34	5824.42
6	2306.25	1940	1486.19	2334	330	8396.44	671.72	335.86	1259.47	131.47	5997.93
7	2306.25	1940	1486.19	2267	330	8329.44	666.36	333.18	1249.42	129.02	5951.46
8	2203.75	1940	1450.31	2055	330	7979.06	638.33	319.16	1196.86	116.24	5708.48
9	2511.25	1940	1557.94	2233	330	8572.19	685.78	342.89	1285.83	137.88	6119.81
10	2306.25	1940	1486.19	2193	330	8255.44	660.44	330.22	1238.32	126.32	5900.15
11	2101.25	1940	1414.44	2113	330	7898.69	631.90	315.95	1184.80	113.30	5652.74
12	2101.25	1940	1414.44	2083	330	7868.69	629.50	314.75	1180.30	112.21	5631.93
13	2101.25	1940	1414.44	2027	330	7812.69	625.02	312.51	1171.90	110.16	5593.10
14	2101.25	1940	1414.44	2157	330	7942.69	635.42	317.71	1191.40	114.91	5683.25
15	2306.25	2190	1573.69	1764	240	8073.94	645.92	322.96	1211.09	119.70	5774.28
16	1998.75	1850	1347.06	2203	330	7728.81	618.31	309.15	1159.32	107.10	5534.93
17	1998.75	1940	1378.56	1943	330	7590.31	607.23	303.61	1138.55	102.05	5438.88
18	1896.25	1940	1342.69	1833	330	7341.94	587.36	293.68	1101.29	92.98	5266.63
19	1691.25	1850	1239.44	1671	240	6691.69	535.34	267.67	1003.75	69.25	4815.69
20	1486.25	1940	1199.19	1501	180	6306.44	504.52	252.26	945.97	55.18	4548.51
21	1486.25	1850	1167.69	557	180	5240.94	419.28	209.64	786.14	16.29	3809.59

图 13-1 “单位工资表.xlsx”效果图

一、案例设计

打开“素材\案例 13\单位工资表.xlsx”工作簿，完成以下操作。

工作表“2017 年”中的数据是单位员工的原工资情况，根据调整的工资政策，对工作表中的部分工资项目进行调整，根据调整后的工资项目重新计算每个员工的新工资，将结果放到工作表“2018 年”中。

1. 计算岗位工资

单位每个员工的岗位工资在原来基础上增加 2.5%。

2. 计算薪级工资、工龄津贴

单位每个员工的薪级工资在原来基础上增加 260 元。工龄津贴在原来基础上增加 30 元。

3. 计算住房补贴

增加单位每个员工的住房补贴，住房补贴为(岗位工资+薪级工资)之和的 35%。

4. 计算岗位津贴

基础补贴、生活补贴和车辆津贴合并为“岗位津贴”。

5. 计算应发合计

按照以上调整，计算应发合计(应发合计=岗位工资+薪级工资+住房补贴+岗位津贴+工龄津贴)。

6. 计算养老保险和职业年金

养老保险为应发工资的 8%；职业年金为应发工资的 4%。

7. 扣公积金

按照应发工资的 15%缴纳。

8. 扣税

将应发合计减去养老保险、职业年金和扣公积金，超过 3500 元的部分按照 5%纳税。

9. 计算实发工资

实发工资等于应发工资减去扣税、扣公积金、养老保险和职业年金。

二、案例分析

打开“素材\案例 13\单位工资表.xlsx”。

1. 计算岗位工资

单位每个员工的岗位工资在原来基础上增加 2.5%。

本案例需要使用三维地址引用方式，引用工作表“2017 年”中的数据进行计算，在单元格地址的前面需要添加工作表名和半角状态下的感叹号。

第 1 步：选择工作表“2018 年”中的单元格 D2，输入公式先导符号=。

第 2 步：选择工作表“2017 年”，然后选择其中的单元格 D2，这样可以在公式中添加“='2017 年'!D2”，如图 13-2 所示。

IF　　=' 2017年' !D2

	A	B	C	D	E	F	G	H	I	J	K	L	M
1	工号	姓名	部门	岗位工资	薪级工资	生活补贴	工龄津贴	基础津贴	车辆津贴	应发合计	扣税	扣公积金	实发工资
2	0001	王大俊	中药	2450	1680	735	300	1180	450	6795	164.8	620	6010.75
3	0002	国春	护理	2650	1930	767	300	1180	320	7147	182.4	687	6277.65
4	0003	孙勇	针灸	2450	1680	735	300	1180	320	6665	158.3	620	5887.25
5	0006	王礼	针灸	2200	1680	613	300	1180	360	6333	141.7	582	5609.35
6	0007	李实	针灸	2250	1680	834	300	1180	320	6564	153.2	590	5821.30
7	0008	王小霞	针灸	2250	1680	767	300	1180	320	6497	149.9	590	5757.65
8	0009	李桂珍	中医	2150	1680	555	300	1180	320	6185	134.3	575	5476.25
9	0010	谢平平	护理	2450	1680	613	300	1180	440	6663	158.2	620	5885.35
10	0011	邢为群	护理	2250	1680	613	300	1180	400	6423	146.2	590	5687.35
11	0012	刘位保	中医	2050	1680	613	300	1180	320	6143	132.2	560	5451.35
12	0013	沈可儿	护理	2050	1680	583	300	1180	320	6113	130.7	560	5422.85
13	0014	代乐乐	针灸	2050	1680	527	300	1180	320	6057	127.9	560	5369.65
14	0016	王家军	中药	2050	1680	527	300	1310	320	6187	134.4	560	5493.15
15	0017	孙科明	中药	2250	1930	404	210	1040	320	6154	132.7	627	5394.30
16	0018	袁笑华	中药	1950	1590	703	300	1180	320	6043	127.2	531	5384.85
17	0019	沈建荣	中药	1950	1680	443	300	1180	320	5873	118.7	545	5209.85
18	0020	汪胜鹏	中医	1850	1680	333	300	1180	320	5663	108.2	530	5025.35
19	0021	汪程晨	中医	1650	1590	391	210	1040	240	5121	81.1	486	4553.95
20	0022	汪辉	中医	1450	1680	341	150	840	320	4781	64.1	470	4247.45
21	0023	王利进	护理	1450	1590	317	150	140	100	3747	12.4	456	3278.65
22													

图13-2　岗位工资计算公式

第 3 步：在编辑栏中接着输入“*1.025”，按 Enter 键结束。这样可以计算出第一个人新的岗位工资为 2511.25。

第 4 步：单击工作表“新工资”中的单元格 D2，用鼠标指向其填充柄，当鼠标变成实心符号+的时候，按住鼠标左键向下拖动至 D21 单元格，这样就可以计算出其他人新的岗位工资。

2. 计算薪级工资、工龄津贴

单位每个员工的薪级工资在原来基础上增加 260 元，工龄津贴在原来基础上增加 30 元。

第 1 步：选择工作表“2018 年”中的单元格 E2，输入公式先导符号=。

第 2 步：选择工作表“2017 年”，然后选择其中的单元格 E2，这样可以在公式中添加“='2017 年'!E2”。

第 3 步：在编辑栏中接着输入“+260”，按 Enter 键结束。这样可以计算出第一个人新的薪级工资 1940。

第 4 步：单击工作表“2018 年”中的单元格 E2，用鼠标指向其填充柄，当鼠标变成实心符号+的时候，按住鼠标左键向下拖动至 E21 单元格，这样就可以计算出其他人新的薪级工资。

工龄津贴的计算方法与此类似。

3. 计算住房补贴

增加单位每个员工的住房补贴，住房补贴为2018年的岗位工资和薪级工资之和的35%。

第1步：选择工作表“2018年”中的F2单元格，输入公式先导符号=。

第2步：先输入(，再选择单元格D2。

第3步：在编辑栏中接着输入+，再单击单元格E2，然后输入“)*0.35”，按Enter键结束。这样可以计算出第一个人的住房补贴1557.94。

第4步：单击单元格F2，用鼠标指向其填充柄，当鼠标变成实心符号+的时候，按住鼠标左键向下拖动至F21单元格，这样就可以计算出其他人的住房补贴。

4. 计算岗位津贴

将2017年的基础津贴、住房补贴和车辆津贴合并为2018年的“岗位津贴”。

第1步：选择工作表“2018年”中的单元格G2，输入公式先导符号=。

第2步：选择工作表“2017年”，然后选择其中的单元格F2，这样可以在公式中添加“='2017年'!F2”。

第3步：在编辑栏中依次输入+，分别选择“基础津贴”列的H2单元格和“车辆津贴”列的I2单元格，按Enter键结束。这样可以计算出第一个人的岗位津贴2365。

第4步：单击工作表“2018年”中的单元格G2，用鼠标指向其填充柄，当鼠标变成实心符号+的时候，按住鼠标左键向下拖动至G21单元格，这样就可以计算出其他人的岗位津贴。

5. 计算应发合计

按照以上调整，计算应发合计(应发合计=岗位工资+薪级工资+住房补贴+岗位津贴+工龄补贴)。

第1步：选择工作表“2018年”中的单元格I2，输入公式先导符号=。

第2步：接着输入D2+E2+F2+G2+H2，按Enter键结束，这样可以计算出第一个人的应发合计8704.19。

第3步：单击单元格I2，用鼠标指向其填充柄，当鼠标变成实心符号+的时候，按住鼠标左键向下拖动至I21单元格，这样就可以计算出其他人的应发合计。

6. 计算养老保险和职业年金

养老保险为应发工资的8%，职业年金为应发工资的4%。

第1步：选择工作表“2018年”中的单元格J2，输入公式先导符号=。

第2步：接着输入“I2*0.08”，按Enter键结束，这样可以计算出第一个人的养老保险696.34。

第3步：单击单元格J2，用鼠标指向其填充柄，当鼠标变成实心符号+的时候，按住鼠标左键向下拖动至J21单元格，这样就可以计算出其他人的养老保险。

职业年金的计算方法与此类似。

7. 扣公积金

按照应发工资的15%缴纳。

第 1 步：选择工作表“2018 年”中的单元格 L2，输入公式先导符号=。

第 2 步：接着输入 I2*0.15，按 Enter 键结束，这样可以计算出第一个人的应扣公积金 1305.63。

第 3 步：单击单元格 L2，用鼠标指向其填充柄，当鼠标变成实心符号+的时候，按住鼠标左键向下拖动至 L21 单元格，这样就可以计算出其他人的应扣公积金。

8. 扣税

将应发合计减去扣的养老保险、职业年金和公积金，超过 3500 元的部分按照 5%纳税。

第 1 步：选择工作表“2018 年”中的单元格 M2，输入公式先导符号=。

第 2 步：接着输入(I3-J3-K3-L3-3500)*0.05，按 Enter 键结束，这样可以计算出第一个人的扣税额 142.70。

第 3 步：单击单元格 M2，用鼠标指向其填充柄，当鼠标变成实心符号+的时候，按住鼠标左键向下拖动至 M21 单元格，这样就可以计算出其他人的扣税额。

9. 计算实发工资

实发工资等于应发工资减去扣税、公积金、养老保险和职业年金。

第 1 步：选择工作表“2018 年”中的单元格 N2，输入公式先导符号=。

第 2 步：接着输入 I3-J3-K3-L3-M2，按 Enter 键结束，这样可以计算出第一个人的实发工资 6211.35。

第 3 步：单击单元格 N2，用鼠标指向其填充柄，当鼠标变成实心符号+的时候，按住鼠标左键向下拖动至 N21 单元格，这样就可以计算出其他人的实发工资。

三、案例拓展一

打开“素材\案例13\采购清单.xlsx”工作簿，完成以下操作并保存操作结果。完成后的效果如图13-3所示。

- 将表格标题文字设置成黑体，字号为24磅，并且将单元格区域A1:J1合并后相对于表格居中，字体颜色为紫色，行高为31磅。
- 在工作表Sheet1中，用公式计算每个采购项目的金额。
- 在工作表Sheet1中，为“单价”和“金额”列设置“会计专用”单元格格式，并添加¥符号，保留两位小数。
- 为采购用品的金额超过800元的单元格设置蓝色填充色。
- 在单元格区域D20:D23中，利用公式分别计算生产类、办公类、宣传类、招待类采购金额的总和，并在单元格D24中计算总计金额。
- 为单元格区域A2:J17以及C19:D24设置边框线，外侧框线为蓝色双线，内侧框线为蓝色单线。

采购清单

序号	所属部门	费用类别	需求时间	申请人	数量	单位	单价	金额	备注
0001	行政部	办公类	2012-12-1	郭涛	2	个	¥ 58.00	¥ 116.00	打印机墨盒
0002	技术部	办公类	2012-12-5	邓雅文	10	盒	¥ 80.00	¥ 800.00	打印纸
0003	秘书处	办公类	2012-12-8	张娟娟	3	个	¥ 58.00	¥ 174.00	打印机墨盒
0004	生产部	生产类	2012-12-10	吴海东	100	包	¥ 3.60	¥ 360.00	鞋套
0005	生产部	生产类	2012-12-12	罗晓明	50	箱	¥ 35.00	¥ 1,750.00	20Ω电阻
0006	生产部	生产类	2012-12-13	陈亚丽	200	个	¥ 1.00	¥ 200.00	防静电手腕
0007	生产部	生产类	2012-12-15	胡雅雯	100	双	¥ 5.00	¥ 500.00	36码布鞋
0008	行政部	招待类	2012-12-18	张国俊	2	包	¥ 100.00	¥ 200.00	高级花茶
0009	企划部	招待类	2012-12-20	李彤	10	个	¥ 20.00	¥ 200.00	茶杯
0010	企划部	宣传类	2012-12-21	赵柯	100	张	¥ 1.50	¥ 150.00	宣纸
0011	销售部	办公类	2012-12-25	吴军	80	支	¥ 0.80	¥ 64.00	办公用笔
0012	企划部	宣传类	2012-12-27	许小江	5	盒	¥ 29.00	¥ 145.00	彩笔
0013	生产部	生产类	2012-12-28	张鸣	20	把	¥ 36.00	¥ 720.00	胶枪
0014	行政部	办公类	2012-12-29	陈东	12	盒	¥ 80.00	¥ 960.00	打印纸
0015	秘书处	办公类	2012-12-30	李艾	50	支	¥ 0.80	¥ 40.00	办公用笔

费用类别	费用金额
生产类	¥3,530.00
办公类	¥2,154.00
宣传类	¥295.00
招待类	¥400.00
总计金额	¥6,379.00

图13-3　“采购清单.xlsx”效果图

四、案例拓展二

打开“素材\案例13\股票价格表.xlsx”工作簿，完成以下操作并保存操作结果。完成后的效果如图13-4所示。

- 在第一行的上面插入一行，输入表格标题“本周股票价格表”，将单元格区域A1:I1合并且相对于表格居中，设置字体为“华文中宋”、字号为20磅、字体颜色为“深蓝，文字2，淡色40%”、填充色为黄色。
- 在单元格G2中输入“市值”，计算每只股票的市值(=股价*股数)。
- 在单元格F11中计算总股数。在单元格H2中输入“所占比例”，计算每只股票所占比例(=股数/总股数)，并添加“百分比”数字格式(保留两位小数)。
- 在单元格I2中输入“差价”，计算每只股票的差价(=股价-成本价)。
- 将单元格区域A2:I10的所有数据设置对齐方式为水平居中，字号为14磅，字体为“华文宋体”，列宽设置为“自动调整列宽”，边框线设置为所有框线。

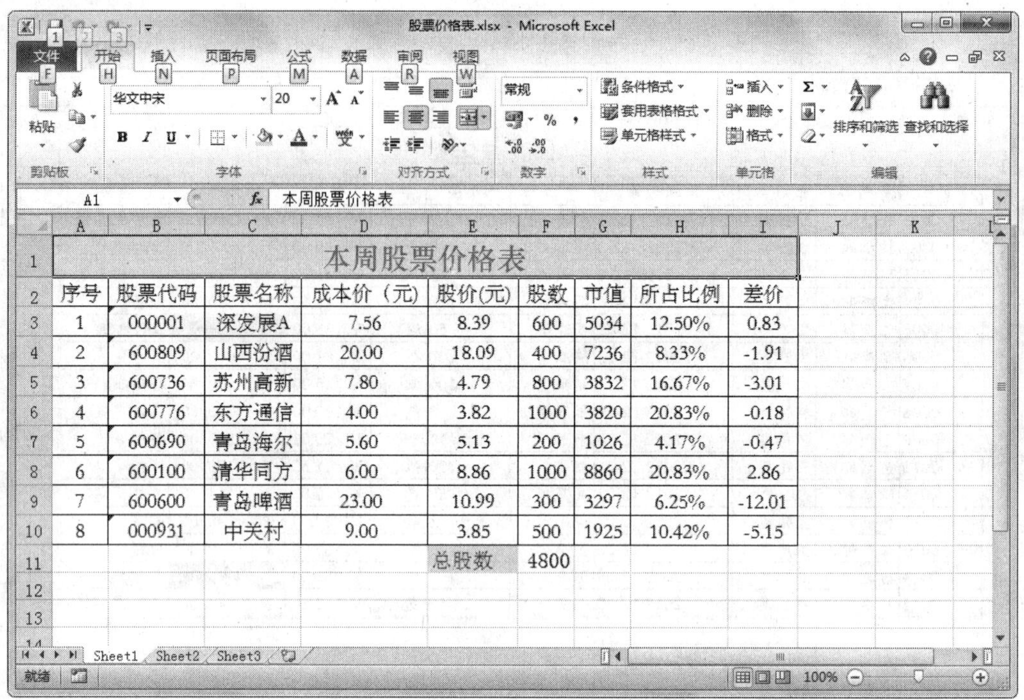

本周股票价格表								
序号	股票代码	股票名称	成本价（元）	股价(元)	股数	市值	所占比例	差价
1	000001	深发展A	7.56	8.39	600	5034	12.50%	0.83
2	600809	山西汾酒	20.00	18.09	400	7236	8.33%	-1.91
3	600736	苏州高新	7.80	4.79	800	3832	16.67%	-3.01
4	600776	东方通信	4.00	3.82	1000	3820	20.83%	-0.18
5	600690	青岛海尔	5.60	5.13	200	1026	4.17%	-0.47
6	600100	清华同方	6.00	8.86	1000	8860	20.83%	2.86
7	600600	青岛啤酒	23.00	10.99	300	3297	6.25%	-12.01
8	000931	中关村	9.00	3.85	500	1925	10.42%	-5.15
				总股数	4800			

图13-4　“股票价格表.xlsx”效果图

案例十四

制作成绩分析表

制药班辅导员李老师在期末考试结束后，需要对班级所有同学的成绩进行分析，需要计算每个同学的总分，然后按照总分排名次，按照总分评定奖学金的级别。

本案例主要利用 Excel 2010 函数的强大计算功能，通过最大值、最小值、求和、统计、条件、查询等函数对工作簿的数据进行分析处理，达到基本数据分析目的。通过本案例，可以掌握常见函数的基本功能和使用方法，并掌握对数据进行计算的流程。案例完成效果如图 14-1 所示。

制药班级成绩表

姓名	性别	方剂	炮制	物化	免病	经济法	有机	体育	总分	名次	奖学金
李建侠	女	74.0	80.0	78.0	83.0	74.0	63.0	80.0	532.0	15	0
崔珍	女	80.0	89.0	90.0	80.0	87.0	79.0	75.0	580.0	7	300
杜艳艳	女	76.0	81.0	83.0	80.0	64.0	82.0	75.0	541.0	13	0
樊霞	女	96.0	94.0	93.0	90.0	94.0	94.0	85.0	646.0	1	500
王晓梅	女	83.0	75.0	67.0	76.0	73.0	60.0	95.0	529.0	16	0
郭亮	男	68.0	85.0	97.0	78.0	86.0	81.0	85.0	580.0	7	300
王玉洁	男	71.0	89.0	94.0	82.0	96.0	83.0	95.0	610.0	5	500
李伟	男	62.0	64.0	71.0	66.0	74.0	66.0	95.0	498.0	18	0
李和利	男	61.0	73.0	89.0	68.0	90.0	77.0	85.0	543.0	12	0
李敏	女	76.0	71.0	85.0	68.0	76.0	70.0	75.0	521.0	17	0
李瑞霞	女	73.0	83.0	90.0	78.0	94.0	78.0	80.0	576.0	9	300
李宁	男	65.0	74.0	88.0	70.0	81.0	83.0	90.0	551.0	10	300
刘春华	男	88.0	81.0	92.0	90.0	98.0	96.0	75.0	620.0	3	500
刘继蓝	男	75.0	67.0	90.0	73.0	79.0	82.0	80.0	546.0	11	0
刘红	女	76.0	70.0	84.0	66.0	82.0	86.0	75.0	539.0	14	0
刘丽丽	女	92.0	98.0	88.0	90.0	97.0	93.0	85.0	643.0	2	500
李虎	男	79.0	90.0	93.0	84.0	91.0	87.0	80.0	604.0	6	500
刘霞	女	80.0	90.0	91.0	86.0	92.0	95.0	80.0	614.0	4	500
	平均分	76.4	80.8	86.8	78.2	84.9	80.8	82.8			

总分最高分	646.0
总分最低分	498.0
获得500元人数	6
获得300元人数	4
女生奖学金总和	2100
男生奖学金总和	2100
所有奖学金总和	4200

图 14-1 “成绩分析表.xlsx”效果图

一、案例设计

打开“素材\案例 14\成绩分析表.xlsx”工作簿，完成以下操作。

1. 计算所有同学的总分和每个科目的平均分

利用 SUM 函数，在 J 列中计算班级所有同学的总分。
利用 AVERAGE 函数，在单元格区域 C21:I21 计算班级每个科目的平均分。

2. 计算所有同学的名次

利用 RANK 函数，在 K 列中计算班级所有同学的名次。

3. 计算所有同学获得的奖学金

利用 IF 函数在 L 列中计算每个同学获得的奖学金金额。
奖学金标准：

- 总分大于或等于600分的奖学金为500元。
- 总分550分~600分的奖学金为300元。
- 其余的没有奖学金。

4. 计算班级总分的最高分和最低分

利用 MAX 和 MIN 函数分别在单元格 O3 和 O4 中计算总分的最高分和最低分。

5. 计算获得300元和500元奖学金的人数

利用 COUNTIF 函数在单元格 O7、O8 计算班级获得 500 元和 300 元奖学金的人数。

6. 计算班级的奖学金

利用 SUMIF 函数计算女生获得的奖学金总和、男生获得的奖学金总和以及所有奖学金总和。

二、案例分析

打开“素材\案例 14\成绩分析表.xlsx”工作簿。

1. 计算所有同学的总分和每个科目的平均分

利用 SUM 函数，在 J 列中计算班级所有同学的总分；利用 AVERAGE 函数，在单元格区域 C21:I21 计算班级每个科目的平均分。

第 1 步：单击选择单元格 J3。

第 2 步：单击“开始”选项卡的“编辑组”中的“Σ 自动求和”按钮，J3 单元格中出现 =SUM(C3:I3)，按 Enter 键结束，如图 14-2 所示。

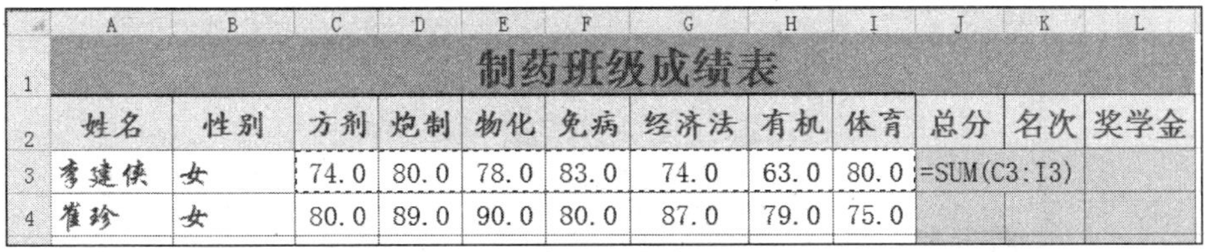

	A	B	C	D	E	F	G	H	I	J	K	L
1	制药班级成绩表											
2	姓名	性别	方剂	炮制	物化	免病	经济法	有机	体育	总分	名次	奖学金
3	李建侠	女	74.0	80.0	78.0	83.0	74.0	63.0	80.0	=SUM(C3:I3)		
4	崔珍	女	80.0	89.0	90.0	80.0	87.0	79.0	75.0			

图 14-2　SUM 函数

第 3 步：单击选择 J3 单元格，用鼠标指向其填充柄，当鼠标变成实心符号+的时候，按住鼠标左键向下拖动至 J20 单元格，这样就可以计算出其他人的总分。

要计算每个科目的平均分，操作与此类似。

2. 计算所有同学的名次

利用 RANK 函数，在 K 列中计算班级所有同学的名次。

第 1 步：单击选择单元格 K3。

第 2 步：在“公式”选项卡的“函数库”组中单击“插入函数”按钮，打开“插入函数”对话框。

第 3 步：从“插入函数”对话框中选择类别为“全部”，从列表框中选择 RANK 函数，单击“确定”按钮，如图 14-3 所示。

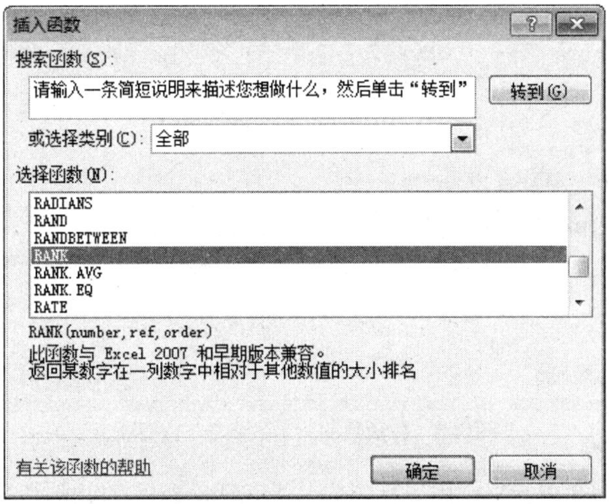

插入函数
搜索函数(S):
请输入一条简短说明来描述您想做什么，然后单击“转到”　转到(G)
或选择类别(C): 全部
选择函数(N):
RADIANS
RAND
RANDBETWEEN
RANK
RANK.AVG
RANK.EQ
RATE
RANK(number,ref,order)
此函数与 Excel 2007 和早期版本兼容。
返回某数字在一列数字中相对于其他数值的大小排名
有关该函数的帮助　确定　取消

图14-3　“插入函数”对话框

第 4 步：在弹出的“函数参数”对话框中单击 Number 参数框，选择计算区域 J3，在 Ref 参数框中选择区域 J3:J20，然后修改为$J$3:$J$20，如图 14-4 所示，最后单击“确定”按钮。

第 5 步：单击选择 J3 单元格，用鼠标指向其填充柄，当鼠标变成实心符号+的时候，按住鼠标左键向下拖动至 J20 单元格，这样就可以计算出其他人的名次。

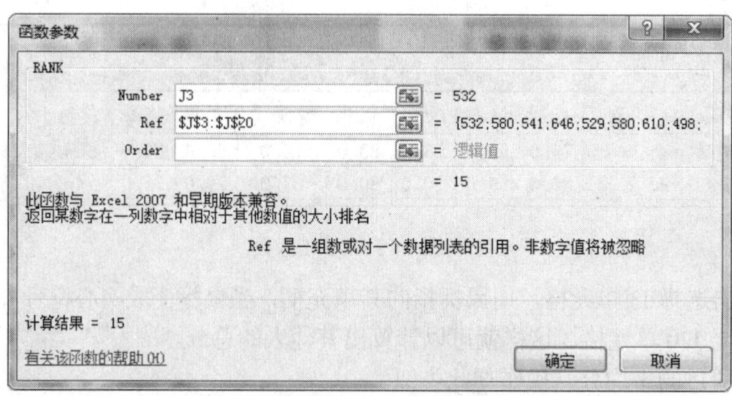
RANK
Number J3 = 532
Ref $J$3:$J$20 = {532;580;541;646;529;580;610;498;
Order = 逻辑值
= 15
此函数与 Excel 2007 和早期版本兼容。
返回某数字在一列数字中相对于其他数值的大小排名
Ref 是一组数或对一个数据列表的引用。非数字值将被忽略
计算结果 = 15
有关该函数的帮助(H)
确定
取消

图14-4 RANK函数的“函数参数”对话框

3. 计算所有同学获得的奖学金

利用 If 函数在 L 列中计算每个同学获得的奖学金金额。

第 1 步：单击选择单元格 L3。

第 2 步：在“公式”选项卡的“函数库”组中单击“逻辑”类别下拉列表中的 IF 函数。

第 3 步：在“函数参数”对话框的 Logical_test 参数框中输入 J3>=600，在 Value_if_true 参数框中输入 500，在 Value_if_false 参数框中输入 IF(J3>=550,300,0)，如图 14-5 所示，最后单击“确定”按钮；

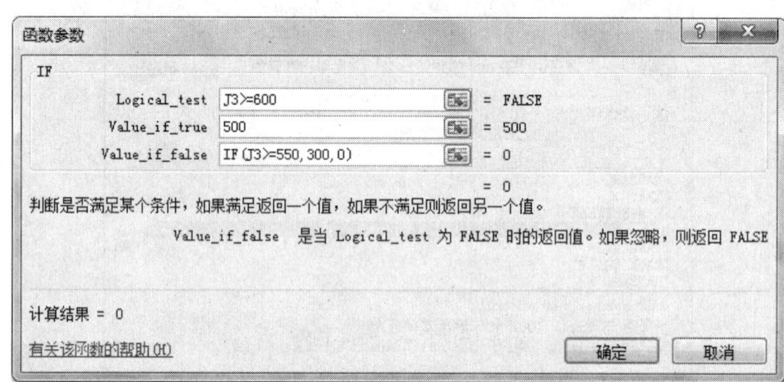
IF
Logical_test J3>=600 = FALSE
Value_if_true 500 = 500
Value_if_false IF(J3>=550,300,0) = 0
= 0
判断是否满足某个条件，如果满足返回一个值，如果不满足则返回另一个值。
Value_if_false 是当 Logical_test 为 FALSE 时的返回值。如果忽略，则返回 FALSE
计算结果 = 0
有关该函数的帮助(H)
确定
取消

图14-5 IF函数的“函数参数”对话框

第 4 步：单击选择 L3 单元格，用鼠标指向其填充柄，当鼠标变成实心符号+的时候，按住鼠标左键向下拖动至 L20 单元格，这样就可以计算出其他人的奖学金。

4. 计算班级总分的最高分和最低分

利用 MAX 和 MIN 函数分别在单元格 O3 和 O4 中计算总分的最高分和最低分。

第 1 步：在单元格 O3 中计算总分的最高分。

① 单击选择单元格 O3。

② 在“开始”选项卡的“编辑”组中单击“自动求和”按钮，选择下拉列表中的“最大值”命令，这时可以看到单元格中自动添加了 MAX 函数，并给出了计算区域，用鼠标重新选择计算区域 J3:J20，再按 Enter 键可以得到最高分 646。

第 2 步：在单元格 O4 中计算总分的最低分。

① 单击选择单元格 O4。

② 在“开始”选项卡的“编辑”组中单击“自动求和”按钮，选择下拉列表中的“最小值”命令，这时可以看到单元格中自动添加了 MIN 函数，并给出了计算区域，用鼠标重新选择计算区域 J3:J20，按 Enter 键可以得到最低分 498。

5. 计算获得300元和500元奖学金的人数

利用 COUNTIF 函数在单元格 O7 和 O8 中计算班级获得 500 元和 300 元奖学金的人数。

第 1 步：单击选择单元格 O7。

第 2 步：在“公式”选项卡的“函数库”组中单击“其他函数”类别下拉列表中的“统计”类别，选择其中的 COUNTIF 函数，打开“函数参数“对话框，如图 14-6 所示。

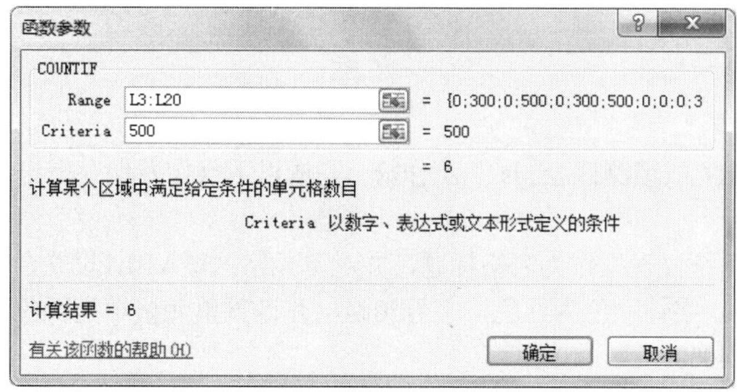

图14-6　COUNTIF函数的“函数参数”对话框

第 3 步：在“函数参数”对话框的 Range 参数框中，选择计算区域为 L3:L20；在 Criteria 参数框中输入 500，最后单击“确定”按钮，可以得到班级获得 500 元奖学金的人数为 6。

获得 300 元奖学金的人数计算方法类似。

6. 计算班级的奖学金

第 1 步：计算女生获得的奖学金总和。

① 单击选择单元格 N9。

② 在“公式”选项卡的“函数库”组中单击“数学和三角函数”类别下拉列表中的 SUMIF 函数，打开“函数参数“对话框，如图 14-7 所示。

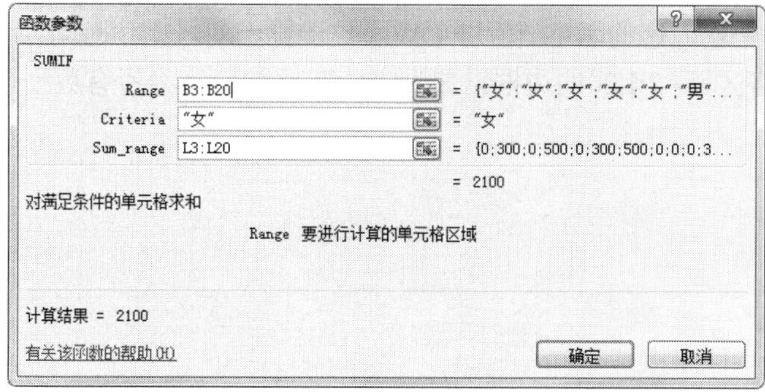

图14-7　SUMIF函数的“函数参数”对话框

③ 在“函数参数”对话框的 Range 参数框中，选择计算区域为 B3:B20；在 Criteria 参数框中输入“女”，在 Sum_range 参数框中输入 L3:L20，最后单击“确定”按钮，可以得到女生获得的奖学金总和为 2100。

第 2 步：计算男生获得的奖学金总和。方法同上，不再赘述。

第 3 步：计算所有奖学金的总和。

① 单击选择单元格 O11。

② 单击“开始”选项卡的“编辑组”中的“Σ 自动求和”按钮，O11 单元格中出现 =SUM(O7:O10)，重新选择计算区域为 L3:L20，按 Enter 键结束。

说明：

也可以在单元格内直接输入函数来实现计算。

三、案例拓展一

打开“素材\案例14\成绩测评表.xlsx”工作簿，完成以下操作并保存操作结果。完成后的效果如图14-8所示。

- 将“班级成绩统计表”作为表格标题，并对单元格区域A1:L1设置合并居中。标题字体为“华文中宋”，字体颜色为红色，字号20磅，并设置单元格填充颜色为“橙色，强调文字颜色6，淡色40%”。
- 在 I 列中使用 SUM 函数计算出每个人的总分。在单元格 J2 中输入“平均成绩”，利用 AVERAGE 函数计算每个人的平均成绩，保留三位小数。
- 在单元格区域D13:H13分别计算各门课程的平均分，在单元格区域D14:H14分别计算不及格率(=不及格人数/总人数。用COUNTIF函数统计不及格人数，用COUNT函数统计总人数)，并设置数字格式为“百分比样式”，保留两位小数。
- 在单元格K2中输入“名次”，使用RANK函数计算每个人在班级中的名次。
- 在单元格L2中输入“奖学金”。使用IF函数计算每个同学的奖学金(其中总分高于370分的奖学金为300元，总分高于350且小于或等于370分的奖学金为200元，其他的没有奖学金)，并且设置货币符号为¥，保留两位小数。
- 使用AVERAGEIF函数计算所有女生的语文成绩平均分，将结果放在单元格D15中。
- 将获得300元奖学金的同学姓名修改为红色，并插入批注，内容为“加油！继续努力”。
- 在单元格F19中输入您的名字。使用NOW函数计算当期日期和时间，将结果放在单元格G19中。将单元格区域A2:L20的边框设置为“所有框线”，将所有数据设置为水平居中。

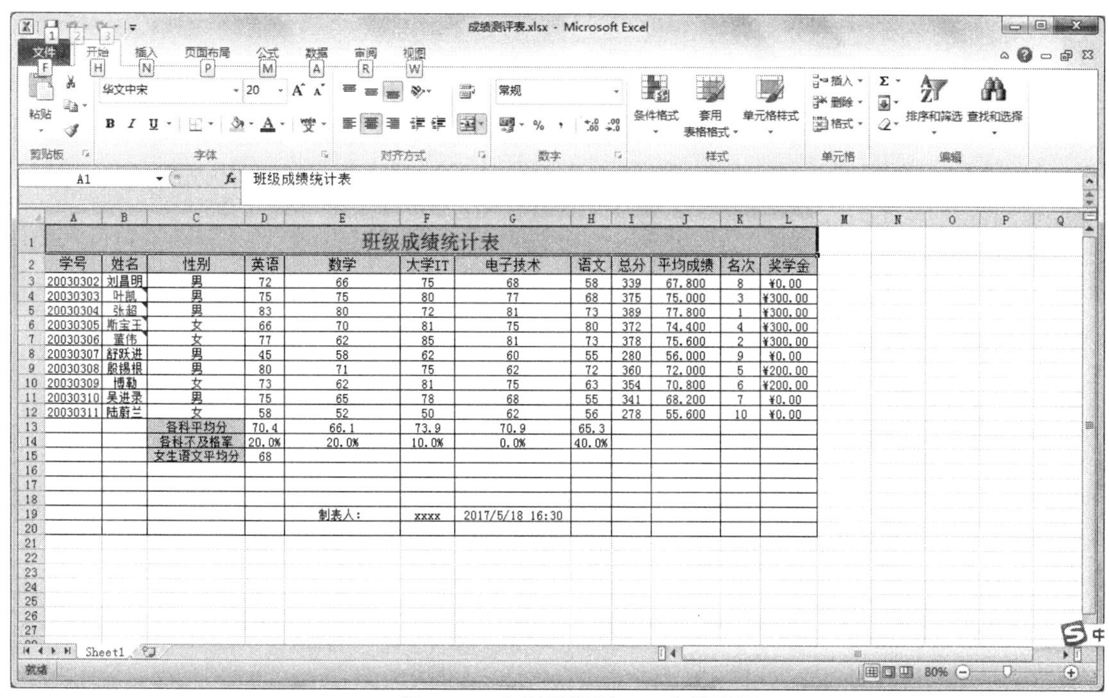

学号	姓名	性别	英语	数学	大学IT	电子技术	语文	总分	平均成绩	名次	奖学金
班级成绩统计表											
20030302	刘昌明	男	72	66	75	68	58	339	67.800	8	¥0.00
20030303	叶凯	男	75	75	80	77	68	375	75.000	3	¥300.00
20030304	张超	男	83	80	72	81	73	389	77.800	1	¥300.00
20030305	斯宝玉	女	66	70	81	75	80	372	74.400	4	¥300.00
20030306	董伟	女	77	62	85	81	73	378	75.600	2	¥300.00
20030307	舒跃进	男	45	58	62	60	55	280	56.000	9	¥0.00
20030308	殷锡根	男	80	71	75	62	72	360	72.000	5	¥200.00
20030309	博勤	女	73	62	81	75	63	354	70.800	6	¥200.00
20030310	吴进录	男	75	65	78	68	55	341	68.200	7	¥0.00
20030311	陆蔚兰	女	58	52	50	62	56	278	55.600	10	¥0.00
		各科平均分	70.4	66.1	73.9	70.9	65.3				
		各科不及格率	20.0%	20.0%	10.0%	0.0%	40.0%				
		女生语文平均分	68								
				制表人：	xxxx	2017/5/18 16:30					

图 14-8　“成绩测评表.xlsx”效果图

四、案例拓展二

打开“素材\案例14\图书销售表.xlsx”工作簿，完成以下操作并保存操作结果。完成后的效果如图14-9和图14-10所示。

- 在“订单明细”工作表中，删除订单编号重复的记录(保留第一次出现的那条记录)。
- 在“订单明细”工作表的“单价”列中，利用VLOOKUP函数计算并填写对应图书的单价金额。图书名称与图书单价的对应关系可参考工作表“图书定价”。
- 如果单个订单的图书销量超过40本(含40本)，则按照图书单价的9.3折进行销售；否则按照图书的原价进行销售。按照此规则，计算并填写“订单明细”工作表中每笔订单的“销售额小计”，保留两位小数。
- 根据“订单明细”工作表中的“发货地址”列信息，并参考“城市对照”工作表中省市与销售区域的对应关系，利用VLOOKUP函数计算并填写“订单明细”工作表中每笔订单的“所属区域”。
- 根据“订单明细”工作表中的数据，利用SUMIFS、SUMIF完成“统计报告”工作表中的四项数据统计。

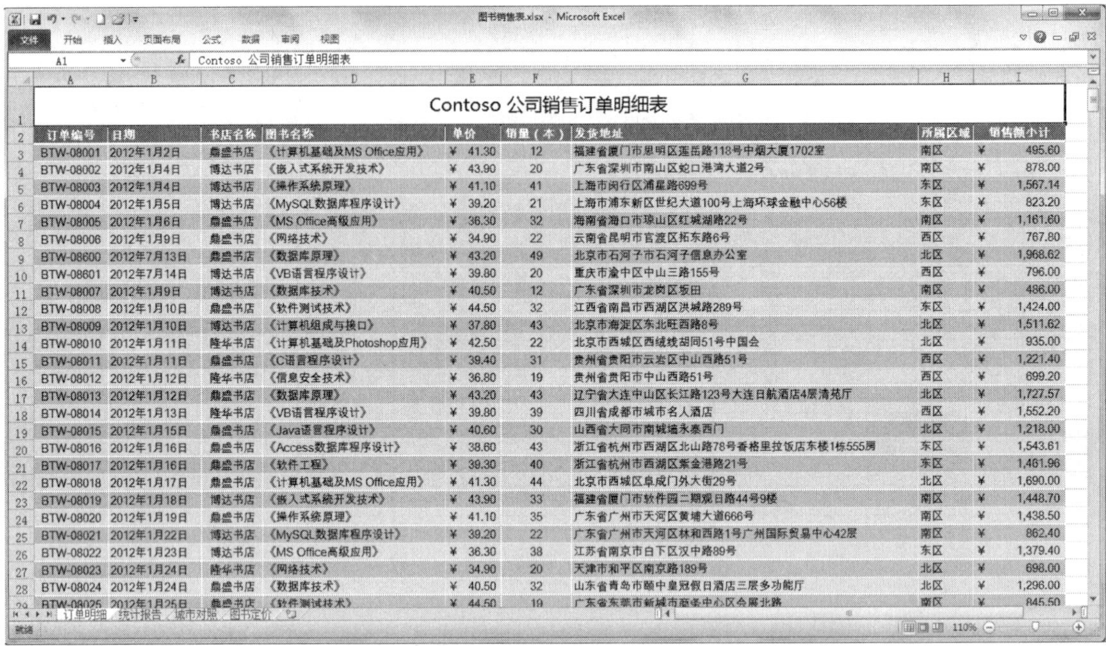

Contoso 公司销售订单明细表

订单编号	日期	书店名称	图书名称	单价	销量(本)	发货地址	所属区域	销售额小计
BTW-08001	2012年1月2日	鼎盛书店	《计算机基础及MS Office应用》	¥ 41.30	12	福建省厦门市思明区莲岳路118号中烟大厦1702室	南区	¥ 495.60
BTW-08002	2012年1月4日	博达书店	《嵌入式系统开发技术》	¥ 43.90	20	广东省深圳市南山区蛇口港湾大道2号	南区	¥ 878.00
BTW-08003	2012年1月4日	博达书店	《操作系统原理》	¥ 41.10	41	上海市闵行区浦星路699号	东区	¥ 1,567.14
BTW-08004	2012年1月5日	博达书店	《MySQL数据库程序设计》	¥ 39.20	21	上海市浦东新区世纪大道100号上海环球金融中心56楼	东区	¥ 823.20
BTW-08005	2012年1月6日	鼎盛书店	《MS Office高级应用》	¥ 36.30	32	海南省海口市琼山区红城湖路22号	南区	¥ 1,161.60
BTW-08006	2012年1月9日	鼎盛书店	《网络技术》	¥ 34.90	22	云南省昆明市官渡区拓东路6号	西区	¥ 767.80
BTW-08600	2012年7月13日	鼎盛书店	《数据库原理》	¥ 43.20	49	北京市石河子市石河子信息办公室	北区	¥ 1,968.62
BTW-08601	2012年7月14日	博达书店	《VB语言程序设计》	¥ 39.80	20	重庆市渝中区中山三路155号	西区	¥ 796.00
BTW-08007	2012年1月9日	博达书店	《数据库技术》	¥ 40.50	12	广东省深圳市龙岗区坂田	南区	¥ 486.00
BTW-08008	2012年1月10日	鼎盛书店	《软件测试技术》	¥ 44.50	32	江西省南昌市西湖区洪城路289号	东区	¥ 1,424.00
BTW-08009	2012年1月10日	博达书店	《计算机组成与接口》	¥ 37.80	43	北京市海淀区东北旺西路8号	北区	¥ 1,511.62
BTW-08010	2012年1月11日	隆华书店	《计算机基础及Photoshop应用》	¥ 42.50	22	北京市西城区西绒线胡同51号中国会	北区	¥ 935.00
BTW-08011	2012年1月11日	鼎盛书店	《C语言程序设计》	¥ 39.40	31	贵州省贵阳市云岩区中山西路51号	西区	¥ 1,221.40
BTW-08012	2012年1月12日	隆华书店	《信息安全技术》	¥ 36.80	19	贵州省贵阳市中山西路51号	西区	¥ 699.20
BTW-08013	2012年1月12日	鼎盛书店	《数据库原理》	¥ 43.20	43	辽宁省大连中山区长江路123号大连日航酒店4层清苑厅	北区	¥ 1,727.57
BTW-08014	2012年1月13日	隆华书店	《VB语言程序设计》	¥ 39.80	39	四川省成都市城市名人酒店	西区	¥ 1,552.20
BTW-08015	2012年1月15日	鼎盛书店	《Java语言程序设计》	¥ 40.60	30	山西省大同市南城墙永泰西门	北区	¥ 1,218.00
BTW-08016	2012年1月16日	鼎盛书店	《Access数据库程序设计》	¥ 38.60	43	浙江省杭州市西湖区北山路78号香格里拉饭店东楼1栋555房	东区	¥ 1,543.61
BTW-08017	2012年1月16日	鼎盛书店	《软件工程》	¥ 39.30	40	浙江省杭州市西湖区紫金港路21号	东区	¥ 1,461.96
BTW-08018	2012年1月17日	鼎盛书店	《计算机基础及MS Office应用》	¥ 41.30	44	北京市西城区阜成门外大街29号	北区	¥ 1,690.00
BTW-08019	2012年1月18日	博达书店	《嵌入式系统开发技术》	¥ 43.90	33	福建省厦门市软件园二期观日路44号9楼	南区	¥ 1,448.70
BTW-08020	2012年1月19日	鼎盛书店	《操作系统原理》	¥ 41.10	35	广东省广州市天河区黄埔大道666号	南区	¥ 1,438.50
BTW-08021	2012年1月22日	博达书店	《MySQL数据库程序设计》	¥ 39.20	22	广东省广州市天河区林和西路1号广州国际贸易中心42层	南区	¥ 862.40
BTW-08022	2012年1月23日	博达书店	《MS Office高级应用》	¥ 36.30	38	江苏省南京市白下区汉中路89号	东区	¥ 1,379.40
BTW-08023	2012年1月24日	隆华书店	《网络技术》	¥ 34.90	20	天津市和平区南京路189号	北区	¥ 698.00
BTW-08024	2012年1月24日	鼎盛书店	《数据库技术》	¥ 40.50	32	山东省青岛市颐中皇冠假日酒店三层多功能厅	北区	¥ 1,296.00
BTW-08025	2012年1月25日	鼎盛书店	《软件测试技术》	¥ 44.50	19	广东省东莞市新城市政务中心区会展北路	南区	¥ 845.50

图14-9 “图书销售表.xlsx”效果图(一)

Contoso 公司销售统计报告

统计项目	销售额
2013年所有图书订单的销售额	¥ 286,279.91
《MS Office高级应用》图书在2012年的总销售额	¥ 17,536.53
所有南区销售额	¥ 137,433.82
所有东区销售额	¥ 203,490.08

图14-10 “图书销售表.xlsx”效果图(二)

案例十五

制作中药资源普查表

山东省某高校承担对某地区的中药资源普查，得到大量的中药资源信息，现在需要对普查的信息进行汇总统计，需要按照不同的科、属、名称等进行分析，将得出的数据作为普查报告的分析来源。

Excel 2010 提供了快捷的数据处理功能，具有类似数据库的功能，可以实现数据的排序、筛选、分类汇总等操作，具有强大的数据组织、管理和统计分析能力，通过本案例，可以掌握 Excel 2010 的排序、筛选、分类汇总功能及其使用方法。

案例效果如图 15-1 所示。

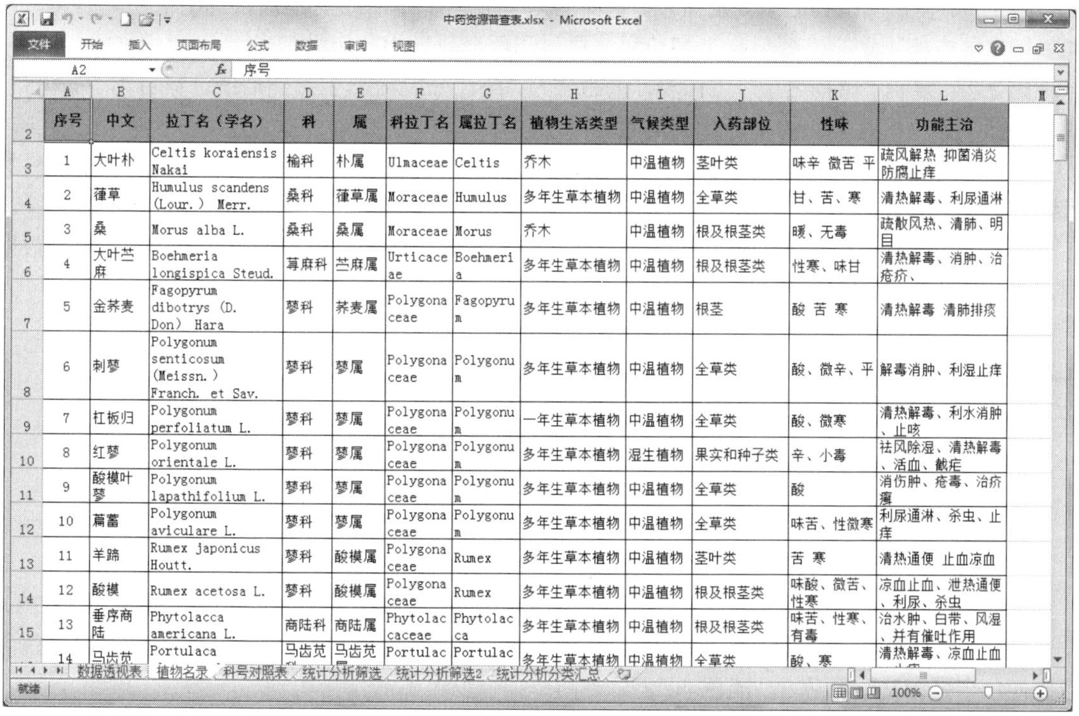

序号	中文	拉丁名（学名）	科	属	科拉丁名	属拉丁名	植物生活类型	气候类型	入药部位	性味	功能主治
1	大叶朴	Celtis koraiensis Nakai	榆科	朴属	Ulmaceae	Celtis	乔木	中温植物	茎叶类	味辛 微苦 平	疏风解热 抑菌消炎防腐止痒
2	葎草	Humulus scandens (Lour.) Merr.	桑科	葎草属	Moraceae	Humulus	多年生草本植物	中温植物	全草类	甘、苦、寒	清热解毒、利尿通淋
3	桑	Morus alba L.	桑科	桑属	Moraceae	Morus	乔木	中温植物	根及根茎类	暖、无毒	疏散风热、清肺、明目
4	大叶苎麻	Boehmeria longispica Steud.	荨麻科	苎麻属	Urticaceae	Boehmeria	多年生草本植物	中温植物	根及根茎类	性寒、味甘	清热解毒、消肿、治疮疥、
5	金荞麦	Fagopyrum dibotrys (D. Don) Hara	蓼科	荞麦属	Polygonaceae	Fagopyrum	多年生草本植物	中温植物	根茎	酸 苦 寒	清热解毒 清肺排痰
6	刺蓼	Polygonum senticosum (Meissn.) Franch. et Sav.	蓼科	蓼属	Polygonaceae	Polygonum	多年生草本植物	中温植物	全草类	酸、微辛、平	解毒消肿、利湿止痒
7	杠板归	Polygonum perfoliatum L.	蓼科	蓼属	Polygonaceae	Polygonum	一年生草本植物	中温植物	全草类	酸、微寒	清热解毒、利水消肿、止咳
8	红蓼	Polygonum orientale L.	蓼科	蓼属	Polygonaceae	Polygonum	多年生草本植物	湿生植物	果实和种子类	辛、小毒	祛风除湿、清热解毒、活血、截疟
9	酸模叶蓼	Polygonum lapathifolium L.	蓼科	蓼属	Polygonaceae	Polygonum	多年生草本植物	中温植物	全草类	酸	消伤肿、疮毒、治疥癣
10	萹蓄	Polygonum aviculare L.	蓼科	蓼属	Polygonaceae	Polygonum	多年生草本植物	中温植物	全草类	味苦、性微寒	利尿通淋、杀虫、止痒
11	羊蹄	Rumex japonicus Houtt.	蓼科	酸模属	Polygonaceae	Rumex	多年生草本植物	中温植物	茎叶类	苦 寒	清热通便 止血凉血
12	酸模	Rumex acetosa L.	蓼科	酸模属	Polygonaceae	Rumex	多年生草本植物	中温植物	根及根茎类	味酸、微苦、性寒	凉血止血、泄热通便、利尿、杀虫
13	垂序商陆	Phytolacca americana L.	商陆科	商陆属	Phytolaccaceae	Phytolacca	多年生草本植物	中温植物	根及根茎类	味苦、性寒、有毒	治水肿、白带、风湿、并有催吐作用
14	马齿苋	Portulaca	马齿苋	马齿苋	Portulac	Portulac	多年生草本植物	中温植物	全草类	酸、寒	清热解毒、凉血止血

图15-1 “中药资源普查表.xlsx”效果图

一、案例设计

打开“素材\案例 15\中药资源普查表.xlsx”工作簿，完成以下操作。

1. 任务一

第 1 步：添加“中药资源普查表”作为“植物名录”工作表中的标题，并对单元格区域 A1:L1 设置合并居中。标题字体为“华文中宋”，字体颜色为红色，字号 20 磅，并设置单元格填充色为“橄榄色，强调文字颜色 3，淡色 40%”。

第 2 步：建立“科号对照表”工作表，导入数据：从“科目对照表.txt”文本文件导入植物科号、科目及科拉丁名对照信息。

第 3 步：将单元格区域 A2:L2 的填充色设置为“紫色，强调文字颜色 4，淡色 40%”。

第 4 步：在“植物名录”工作表中，在“科”列右侧插入“科号”列，然后利用 VLOOKUP 函数在“科号对照表”工作表中查出各科对应的科号。

第 5 步：按照“科号”升序进行排序，“科号”相同的按照“属拉丁名”升序排序，“属拉丁名”相同的按照“拉丁名(学名)”降序排序。

第 6 步：删除“科号”列，在“序号”列中重新输入序号(1~160)。

2. 任务二

第 1 步：复制“植物名录”工作表，重命名为“统计分析筛选”，然后筛选出植物生活类型为“多年生草本植物”的“菊科、十字花科、豆科和百合科”中药资源信息。

第 2 步：复制“植物名录”工作表，重命名为“统计分析筛选 2”，然后统计科目为“椴树科”或入药部位为“根茎类”的中药资源信息。

第 3 步：复制“植物名录”工作表，重命名为“统计分析分类汇总”，然后统计显示出各科的植物种类数量。

第 4 步：新建“数据透视表”工作表，插入一张数据透视表，以“植物名录”工作表为数据源，显示各科植物种类数量。按照种类数排序，并为种类数前 6 的数据制作二维簇状柱形图。

二、案例分析

打开“素材\案例 15\中药资源普查表.xlsx”工作簿。

1. 任务一

第 1 步：添加“中药资源普查表”作为“植物名录”工作表中的标题，并对单元格区域 A1:L1 设置合并居中。标题字体为“华文中宋”，字体颜色为红色，字号 20 磅，并设置单元格填充色为“橄榄色，强调文字颜色 3，淡色 40%”。

① 选择 A1:L1 单元格区域，单击“开始”选项卡的“对齐方式”组中的“合并后居中”按钮，将其合并。

② 在“开始”选项卡的“字体”组中，选择字体为“华文中宋”，字号为 20，字体颜色为

“红色”。

③ 在“开始”选项卡的“字体”组中，选择填充色为“橄榄色，强调文字颜色 3，淡色 40%”。

第 2 步：建立“科号对照表”工作表，导入数据：从“科目对照表.txt”文本文件导入植物科号、科目及科拉丁名对照信息。

① 用鼠标单击“插入工作表”按钮，建立新工作表，重命名为“科号对照表”。

② 在“科号对照表”工作表中，单击“数据”选项卡的“获取外部数据”组中的“自文本”，选择“科目对照表.txt”，然后导入数据，如图 15-2 所示。

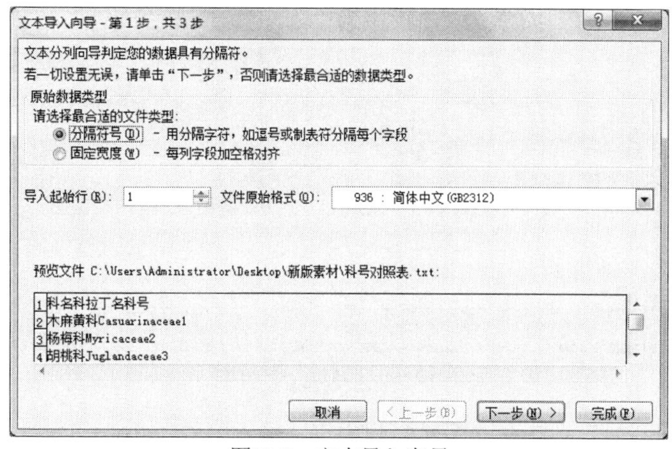

图15-2　文本导入向导

第 3 步：将单元格区域 A2:L2 的填充色设置为“紫色，强调文字颜色 4，淡色 40%”。操作方法如下：选择 A2:L2 单元格区域，在“开始”选项卡的“字体”组中选择填充色为“紫色，强调文字颜色 4，淡色 40%”。

第 4 步：在“植物名录”工作表中，在“科”列右侧插入“科号”列，然后利用 VLOOKUP 函数在“科号对照表”工作表中查出各科对应的科号。

① 右击 E 列，选择快捷菜单中的“插入”命令，在单元格 E2 中输入“科号”。

② 单击单元格 E3，输入=VLOOKUP(，单击“插入函数”按钮，进入“函数参数”对话框。

③ 在 Lookup_value 参数框中选择单元格 D3；在 Table_array 参数框中选择“科号对照表”工作表中的 A2:C258，然后修改为“科号对照表!$A$2:$C$258”；在 Col_index_num 参数框中输入 3；在 Range_lookup 参数框中输入 FALSE；最后单击“确定”按钮，如图 15-3 所示。

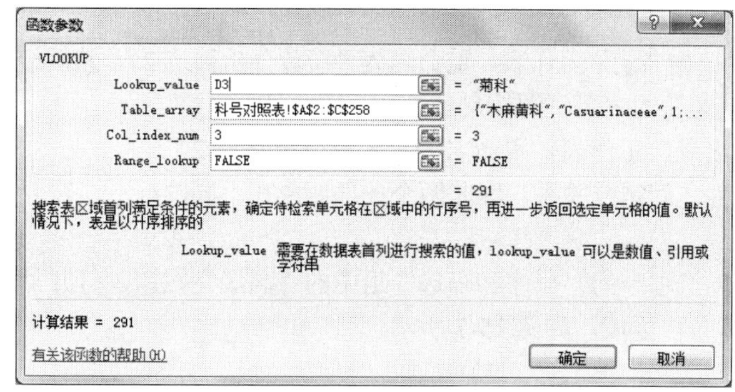

图15-3　VLOOKUP函数的“函数参数”对话框

④ 这样可以查到“菊”科的科号为 291，双击单元格 E3 的填充柄向下填充数据。

第 5 步：按照“科号”升序排列，“科号”相同的按照“属拉丁名”升序排列，“属拉丁名”相同的按照“拉丁名(学名)”降序排列。

① 选择单元格区域 A2:M16 中的任意一个单元格。

② 单击“数据”选项卡的“排序和筛选”组中的“排序”按钮，打开“排序”对话框。

③ 在“排序”对话框中，设置主要关键字为“科号”，次序为“升序”；单击“添加条件”按钮，添加次要关键字，设置次要关键字为“属拉丁名”，次序为“升序”；再单击“添加条件”按钮，添加次要关键字为“拉丁名(学名)”，次序为“降序”；单击“确定”按钮，如图 15-4 所示。

图15-4　“排序”对话框

第 6 步：删除“科号”列，在“序号”列中重新输入序号(1~160)。

① 右击“科号”列，选择快捷菜单中的“删除”命令。

② 在“序号”列的单元格 A3 中输入 1，然后按住 Ctrl 键，拖动鼠标向下填充至单元格 A162。

2. 任务二

第 1 步：复制“植物名录”工作表，重命名为“统计分析筛选”，然后筛选出植物生活类型为“多年生草本植物”的“菊科、十字花科、豆科和百合科”中药资源信息。

① 按住 Ctrl 键，用鼠标指向“植物名录”工作表，将其拖至工作表最后，重命名为“统计分析筛选”。

② 单击“数据”选项卡的“排序和筛选”组中的“筛选”按钮，打开筛选功能。

③ 单击“植物生活类型”列下拉按钮，只选择“多年生草本植物”。

④ 再单击“科”列下拉按钮，只选择其中的“菊科、十字花科、豆科和百合科”，结果如图 15-5 所示。

第 2 步：复制“植物名录”工作表，重命名为“统计分析筛选 2”，然后统计科目为“椴树科”或入药部位为“根茎类”的中药资源信息。

① 复制“植物名录”工作表，重命名为“统计分析筛选 2”。

② 由于两个条件之间是或关系，因此两个条件要放在不同的行上，需要使用高级筛选功能，如图 15-6 所示。

③ 单击“数据”选项卡的“排序和筛选”组中的“高级”按钮，打开“高级筛选”对话框，分别选择列表区域和条件区域，如图 15-7 所示。

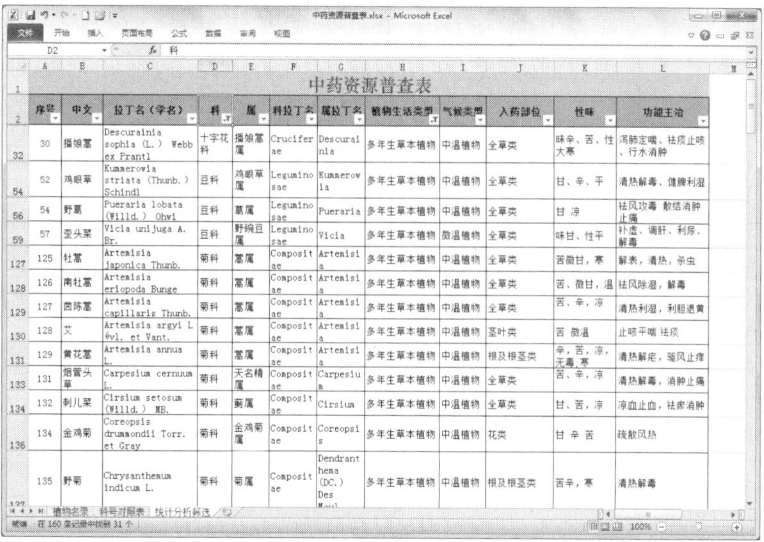

图15-5　自动筛选结果

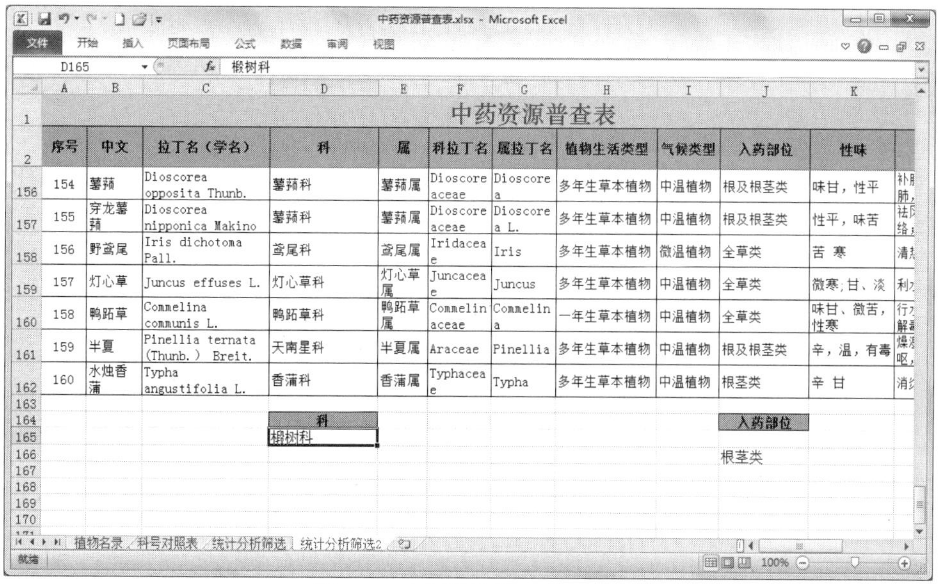

图15-6　高级筛选的“或”条件

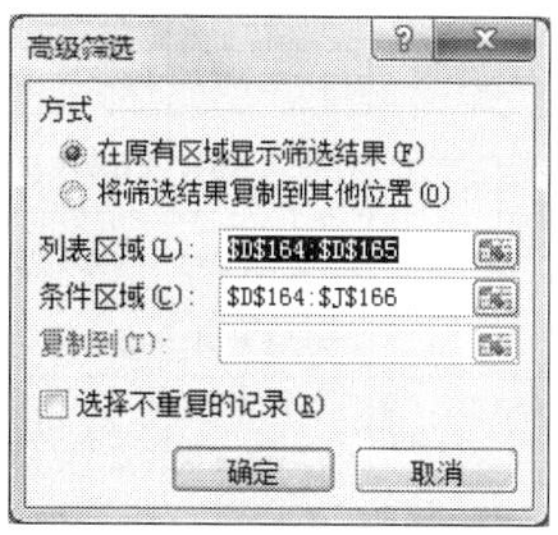

图15-7　“高级筛选”对话框

④ 单击“确定”按钮，效果如图15-8所示。

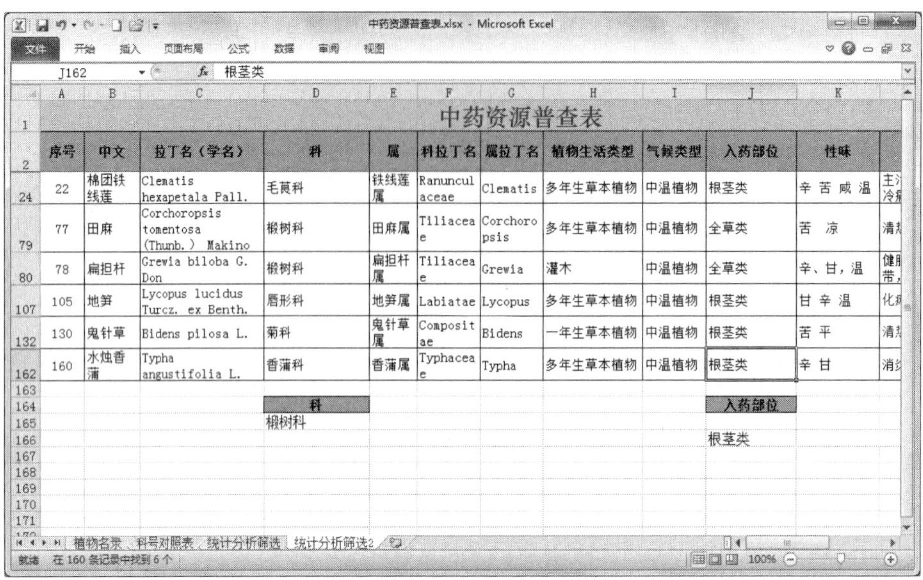

序号	中文	拉丁名（学名）	科	属	科拉丁名	属拉丁名	植物生活类型	气候类型	入药部位	性味	
22	棉团铁线莲	Clematis hexapetala Pall.	毛茛科	铁线莲属	Ranunculaceae	Clematis	多年生草本植物	中温植物	根茎类	辛 苦 咸 温	主治冷痹
77	田麻	Corchoropsis tomentosa (Thunb.) Makino	椴树科	田麻属	Tiliaceae	Corchoropsis	多年生草本植物	中温植物	全草类	苦 凉	清热
78	扁担杆	Grewia biloba G. Don	椴树科	扁担杆属	Tiliaceae	Grewia	灌木	中温植物	全草类	辛、甘，温	健脾带，
105	地笋	Lycopus lucidus Turcz. ex Benth.	唇形科	地笋属	Labiatae	Lycopus	多年生草本植物	中温植物	根茎类	甘 辛 温	化瘀
130	鬼针草	Bidens pilosa L.	菊科	鬼针草属	Compositae	Bidens	一年生草本植物	中温植物	根茎类	苦 平	清热
160	水烛香蒲	Typha angustifolia L.	香蒲科	香蒲属	Typhaceae	Typha	多年生草本植物	中温植物	根茎类	辛 甘	消炎

科	入药部位
椴树科	根茎类

图15-8　高级筛选结果

第 3 步：复制“植物名录”工作表，重命名为“统计分析分类汇总”，然后统计显示出各科的植物种类数量。

① 复制“植物名录”工作表，重命名为“统计分析分类汇总”。

② 选择数据清单中“科”列的任意一个单元格。单击“数据”选项卡的“排序和筛选”组中的“升序”按钮 A↓Z。将所有中药资源信息按照“科”列升序排列，如图 15-9 所示。

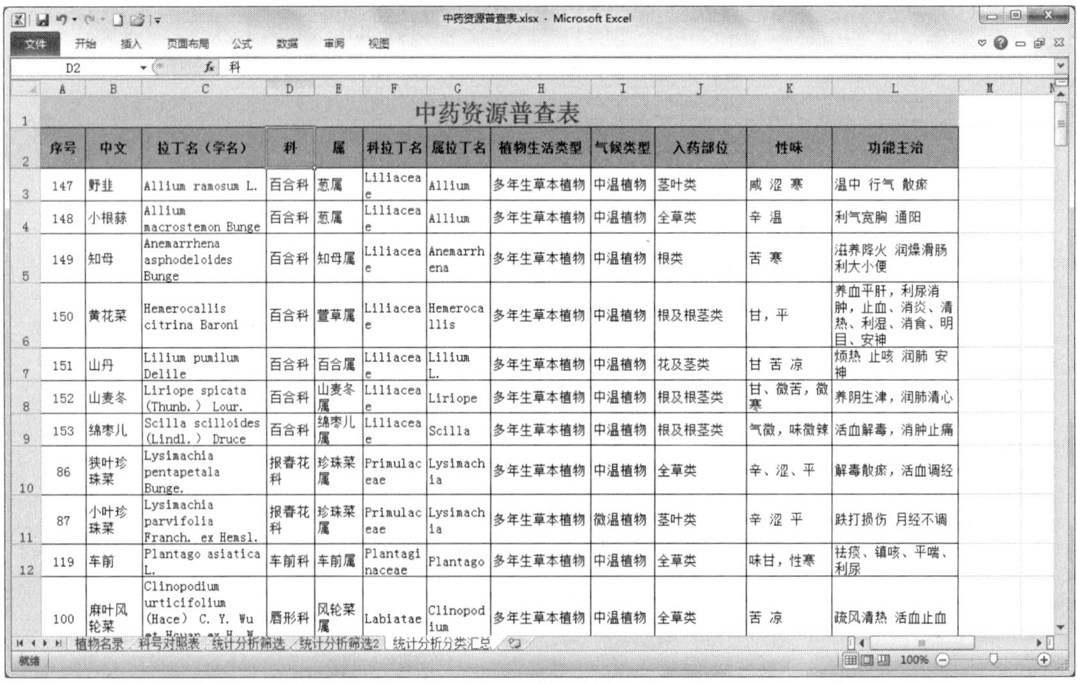

序号	中文	拉丁名（学名）	科	属	科拉丁名	属拉丁名	植物生活类型	气候类型	入药部位	性味	功能主治
147	野韭	Allium ramosum L.	百合科	葱属	Liliaceae	Allium	多年生草本植物	中温植物	茎叶类	咸 涩 寒	温中 行气 散瘀
148	小根蒜	Allium macrostemon Bunge	百合科	葱属	Liliaceae	Allium	多年生草本植物	中温植物	全草类	辛 温	利气宽胸 通阳
149	知母	Anemarrhena asphodeloides Bunge	百合科	知母属	Liliaceae	Anemarrhena	多年生草本植物	中温植物	根类	苦 寒	滋养降火 润燥滑肠 利大小便
150	黄花菜	Hemerocallis citrina Baroni	百合科	萱草属	Liliaceae	Hemerocallis	多年生草本植物	中温植物	根及根茎类	甘，平	养血平肝，利尿消肿，止血、消炎、清热、利湿、消食、明目、安神
151	山丹	Lilium pumilum Delile	百合科	百合属	Liliaceae	Lilium L.	多年生草本植物	中温植物	花及茎类	甘 苦 凉	烦热 止咳 润肺 安神
152	山麦冬	Liriope spicata (Thunb.) Lour.	百合科	山麦冬属	Liliaceae	Liriope	多年生草本植物	中温植物	根及根茎类	甘、微苦，微寒	养阴生津，润肺清心
153	绵枣儿	Scilla scilloides (Lindl.) Druce	百合科	绵枣儿属	Liliaceae	Scilla	多年生草本植物	中温植物	根及根茎类	气微，味微辣	活血解毒，消肿止痛
86	狭叶珍珠菜	Lysimachia pentapetala Bunge.	报春花科	珍珠菜属	Primulaceae	Lysimachia	多年生草本植物	中温植物	全草类	辛、涩、平	解毒散瘀，活血调经
87	小叶珍珠菜	Lysimachia parvifolia Franch. ex Hemsl.	报春花科	珍珠菜属	Primulaceae	Lysimachia	多年生草本植物	微温植物	茎叶类	辛 涩 平	跌打损伤 月经不调
119	车前	Plantago asiatica L.	车前科	车前属	Plantaginaceae	Plantago	多年生草本植物	中温植物	全草类	味甘，性寒	祛痰、镇咳、平喘、利尿
100	麻叶风轮菜	Clinopodium urticifolium (Hace) C. Y. Wu	唇形科	风轮菜属	Labiatae	Clinopodium	多年生草本植物	中温植物	全草类	苦 凉	疏风清热 活血止血

图15-9　排序效果

③ 单击“数据”选项卡的“分级显示”组中的“分类汇总”按钮，打开“分类汇总”对话框。

④ 选择“分类字段”为“科”，选择“汇总方式”为“计数”，“选定汇总项”为“科”，如图 15-10 所示。

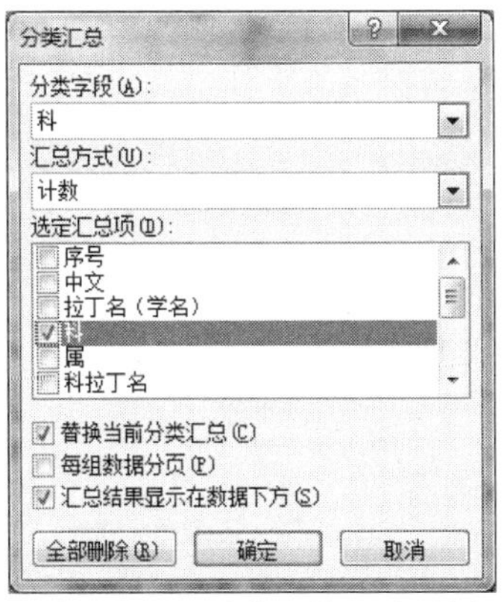

图15-10　“分类汇总”对话框

⑤ 单击“确定”按钮。这样会统计出各“科”的中药资源种类数量，如图 15-11 所示。

中药资源普查表

序号	中文	拉丁名（学名）	科	属	科拉丁名	属拉丁名	植物生活类型	气候类型	入药部位	性味	功能主治
147	野韭	Allium ramosum L.	百合科	葱属	Liliaceae	Allium	多年生草本植物	中温植物	茎叶类	咸 涩 寒	温中 行气 散瘀
148	小根蒜	Allium macrostemon Bunge	百合科	葱属	Liliaceae	Allium	多年生草本植物	中温植物	全草类	辛 温	利气宽胸 通阳
149	知母	Anemarrhena asphodeloides Bunge	百合科	知母属	Liliaceae	Anemarrhena	多年生草本植物	中温植物	根类	苦 寒	滋养降火 润燥滑肠 利大小便
150	黄花菜	Hemerocallis citrina Baroni	百合科	萱草属	Liliaceae	Hemerocallis	多年生草本植物	中温植物	根及根茎类	甘，平	养血平肝，利尿消肿，止血、消炎、清热、利湿、消食、明目、安神
151	山丹	Lilium pumilum Delile	百合科	百合属	Liliaceae	Lilium L.	多年生草本植物	中温植物	花及茎类	甘 苦 凉	烦热 止咳 润肺 安神
152	山麦冬	Liriope spicata (Thunb.) Lour.	百合科	山麦冬属	Liliaceae	Liriope	多年生草本植物	中温植物	根及根茎类	甘、微苦，微寒	养阴生津，润肺清心
153	绵枣儿	Scilla scilloides (Lindl.) Druce	百合科	绵枣儿属	Liliaceae	Scilla	多年生草本植物	中温植物	根及根茎类	气微，味微辣	活血解毒，消肿止痛
		百合科 计数	7								
86	狭叶珍珠菜	Lysimachia pentapetala Bunge.	报春花科	珍珠菜属	Primulaceae	Lysimachia	多年生草本植物	中温植物	全草类	辛、涩、平	解毒散瘀，活血调经
87	小叶珍珠菜	Lysimachia parvifolia Franch. ex Hemsl.	报春花科	珍珠菜属	Primulaceae	Lysimachia	多年生草本植物	微温植物	茎叶类	辛 涩 平	跌打损伤 月经不调
		报春花科 计数	2								
119	车前	Plantago asiatica L.	车前科	车前属	Plantaginaceae	Plantago	多年生草本植物	中温植物	全草类	味甘，性寒	祛痰、镇咳、平喘、利尿
		车前科 计数	1								
		Clinopodium									

图15-11　分类汇总结果

第 4 步：新建“数据透视表”工作表，插入一张数据透视表，以“植物名录”工作表为数据源，显示各科植物种类数量。按照种类数排序，并为种类数前 6 的数据制作二维簇状柱形图。

① 单击“插入”选项卡的“表格”组中的“数据透视表”按钮，在打开的对话框中选择“新工作表”，单击“确定”按钮，如图 15-12 所示。

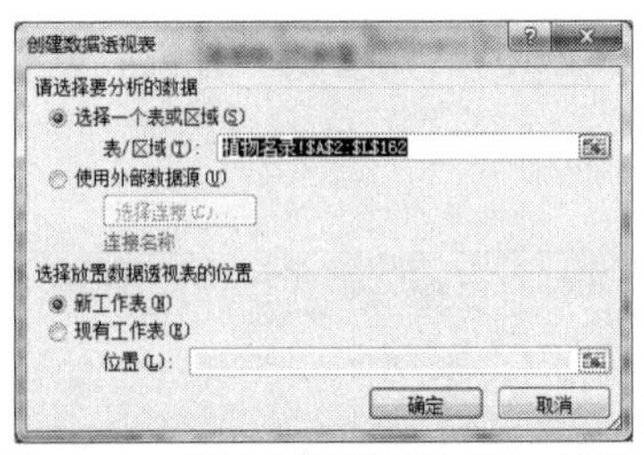

图15-12 “创建数据透视表”对话框

② 在新工作表中，选择“行标签”为“科”，汇总数值为“科”，然后单击选择“计数项：科”，单击“降序”按钮，效果如图 15-13 所示。

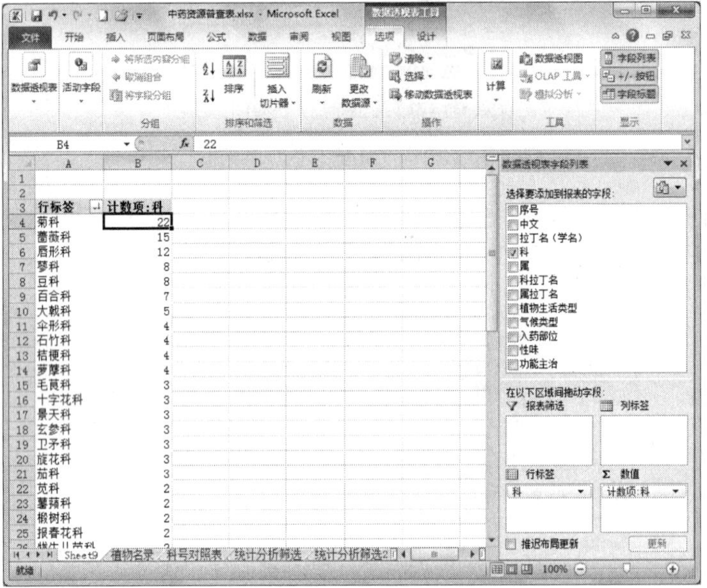

图15-13 排序效果

③ 单击“行标签”右侧按钮，在打开的下拉框中选择“值筛选”中的“10 个最大的值”，将其修改为 6，单击“确定”按钮，如图 15-14 和图 15-15 所示。

图15-14 设置筛选选项

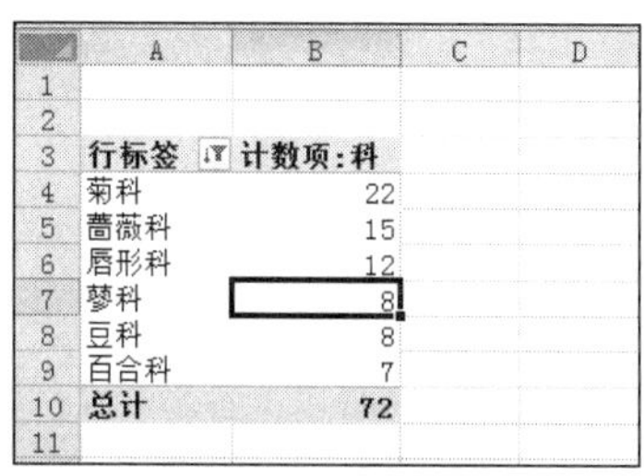

行标签	计数项:科
菊科	22
蔷薇科	15
唇形科	12
蓼科	8
豆科	8
百合科	7
总计	72

图15-15　筛选效果

④ 选择单元格区域 A3:B9，单击“插入”选项卡的“图表”组中的“柱形图”，建立二维簇状柱形图，如图 15-16 所示。

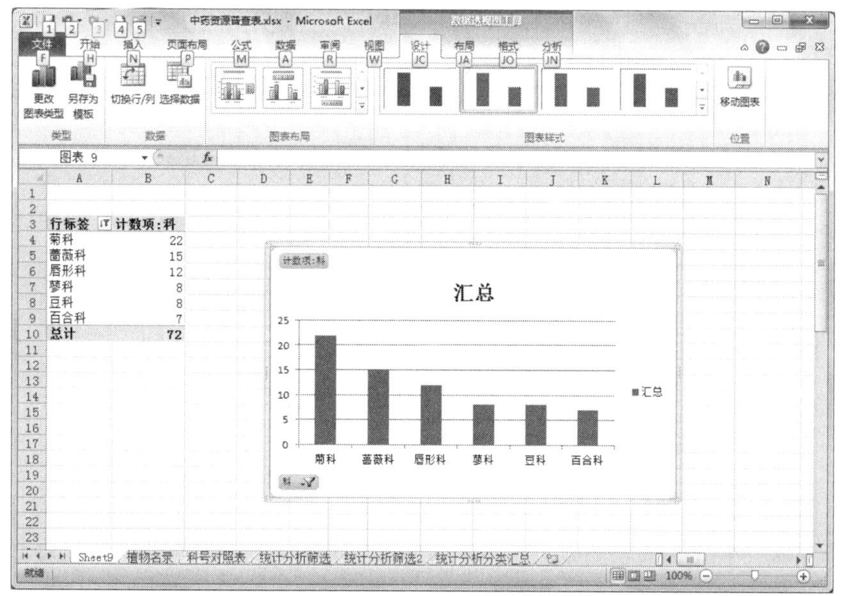

图15-16　柱形图效果

⑤ 修改新工作表的名称为“数据透视表”。

三、案例拓展一

打开“素材\案例15\差旅费用统计表.xlsx”工作簿，完成以下操作并保存操作结果，完成效果如图15-17~图15-20所示。

- 按照消费金额降序排列，将结果保存到工作表Sheet2中。
- 按季度降序排列，季度相同时再按部门降序排列，将结果保存到工作表Sheet3中，如图15-17所示。
- 建立自动筛选，筛选出第一季度销售部的差旅费用记录，将结果保存到工作表Sheet4中，如图15-18所示。
- 建立高级筛选，筛选出消费金额大于1000或车票面额小于200的记录，将结果保存到工作表Sheet5中，如图15-19所示。

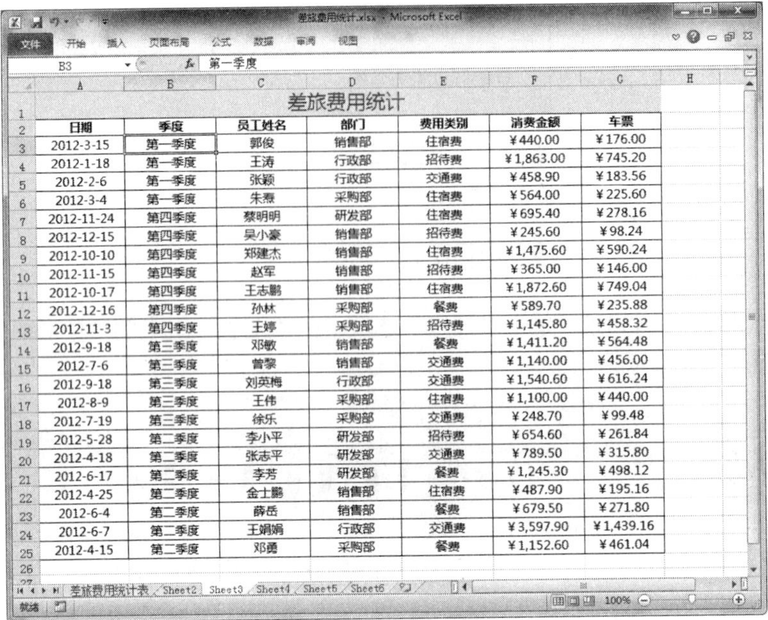

	日期	季度	员工姓名	部门	费用类别	消费金额	车票
3	2012-3-15	第一季度	郭俊	销售部	住宿费	¥440.00	¥176.00
4	2012-1-18	第一季度	王涛	行政部	招待费	¥1,863.00	¥745.20
5	2012-2-6	第一季度	张颖	行政部	交通费	¥458.90	¥183.56
6	2012-3-4	第一季度	朱泰	采购部	住宿费	¥564.00	¥225.60
7	2012-11-24	第四季度	蔡明明	研发部	住宿费	¥695.40	¥278.16
8	2012-12-15	第四季度	吴小豪	销售部	招待费	¥245.60	¥98.24
9	2012-10-10	第四季度	郑建杰	销售部	住宿费	¥1,475.60	¥590.24
10	2012-11-15	第四季度	赵军	销售部	招待费	¥365.00	¥146.00
11	2012-10-17	第四季度	王志鹏	销售部	住宿费	¥1,872.60	¥749.04
12	2012-12-16	第四季度	孙林	采购部	餐费	¥589.70	¥235.88
13	2012-11-3	第四季度	王婷	采购部	招待费	¥1,145.80	¥458.32
14	2012-9-18	第三季度	邓敏	销售部	餐费	¥1,411.20	¥564.48
15	2012-7-6	第三季度	曾黎	销售部	交通费	¥1,140.00	¥456.00
16	2012-9-18	第三季度	刘英梅	行政部	交通费	¥1,540.60	¥616.24
17	2012-8-9	第三季度	王伟	采购部	住宿费	¥1,100.00	¥440.00
18	2012-7-19	第三季度	徐乐	采购部	交通费	¥248.70	¥99.48
19	2012-5-28	第二季度	李小平	研发部	招待费	¥654.60	¥261.84
20	2012-4-18	第二季度	张志平	研发部	交通费	¥789.50	¥315.80
21	2012-6-17	第二季度	李芳	研发部	餐费	¥1,245.30	¥498.12
22	2012-4-25	第二季度	金士鹏	销售部	住宿费	¥487.90	¥195.16
23	2012-6-4	第二季度	薛岳	销售部	餐费	¥679.50	¥271.80
24	2012-6-7	第二季度	王娟娟	行政部	交通费	¥3,597.90	¥1,439.16
25	2012-4-15	第二季度	邓勇	采购部	餐费	¥1,152.60	¥461.04

图15-17　排序效果

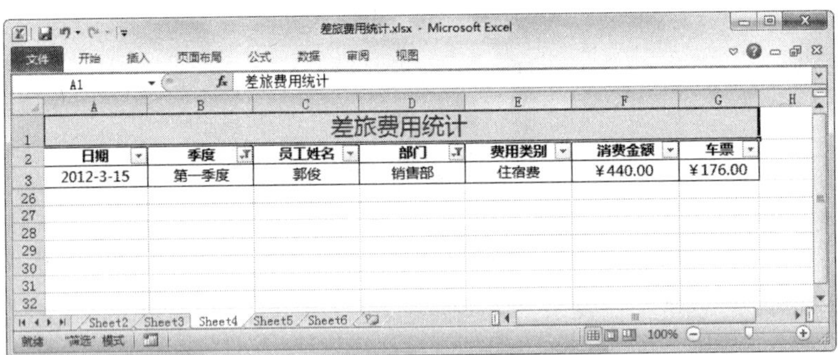

	日期	季度	员工姓名	部门	费用类别	消费金额	车票
3	2012-3-15	第一季度	郭俊	销售部	住宿费	¥440.00	¥176.00

图15-18　自动筛选效果

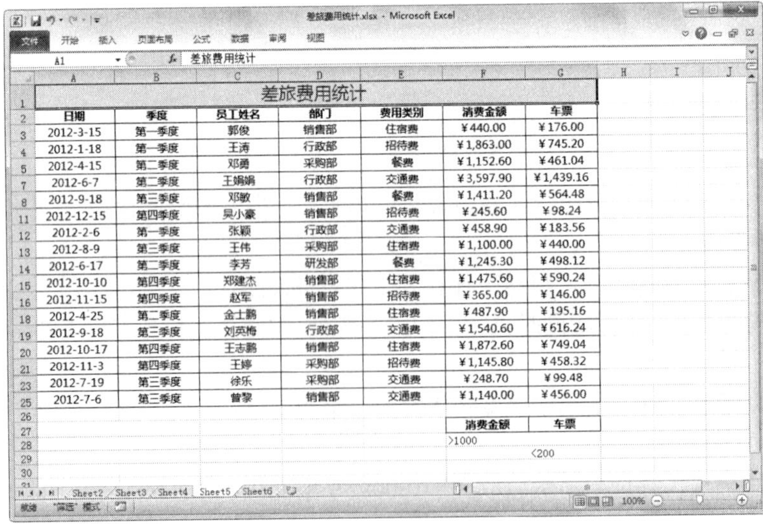

	日期	季度	员工姓名	部门	费用类别	消费金额	车票
3	2012-3-15	第一季度	郭俊	销售部	住宿费	¥440.00	¥176.00
4	2012-1-18	第一季度	王涛	行政部	招待费	¥1,863.00	¥745.20
5	2012-4-15	第二季度	邓勇	采购部	餐费	¥1,152.60	¥461.04
7	2012-6-7	第二季度	王娟娟	行政部	交通费	¥3,597.90	¥1,439.16
8	2012-9-18	第三季度	邓敏	销售部	餐费	¥1,411.20	¥564.48
11	2012-12-15	第四季度	吴小豪	销售部	招待费	¥245.60	¥98.24
12	2012-2-6	第一季度	张颖	行政部	交通费	¥458.90	¥183.56
13	2012-8-9	第三季度	王伟	采购部	住宿费	¥1,100.00	¥440.00
14	2012-6-17	第二季度	李芳	研发部	餐费	¥1,245.30	¥498.12
15	2012-10-10	第四季度	郑建杰	销售部	住宿费	¥1,475.60	¥590.24
16	2012-11-15	第四季度	赵军	销售部	招待费	¥365.00	¥146.00
18	2012-4-25	第二季度	金士鹏	销售部	住宿费	¥487.90	¥195.16
19	2012-9-18	第三季度	刘英梅	行政部	交通费	¥1,540.60	¥616.24
20	2012-10-17	第四季度	王志鹏	销售部	住宿费	¥1,872.60	¥749.04
21	2012-11-3	第四季度	王婷	采购部	招待费	¥1,145.80	¥458.32
23	2012-7-19	第三季度	徐乐	采购部	交通费	¥248.70	¥99.48
25	2012-7-6	第三季度	曾黎	销售部	交通费	¥1,140.00	¥456.00

消费金额	车票
>1000	
	<200

图15-19　高级筛选效果

- 按照季度统计消费金额、车票面额的总和(保留两位小数)以及每个季度差旅费用单据数量。将单元格区域A2:G13的列宽设置为“自动调整列宽”，将结果保存到工作表Sheet6中，如图15-20所示。

差旅费用统计						
日期	季度	员工姓名	部门	费用类别	消费金额	车票
2012-4-15	第二季度	邓勇	采购部	餐费	¥1,152.60	¥461.04
2012-5-28	第二季度	李小平	研发部	招待费	¥654.60	¥261.84
2012-6-7	第二季度	王娟娟	行政部	交通费	¥3,597.90	¥1,439.16
2012-4-18	第二季度	张志平	研发部	交通费	¥789.50	¥315.80
2012-6-17	第二季度	李芳	研发部	餐费	¥1,245.30	¥498.12
2012-4-25	第二季度	金士鹏	销售部	住宿费	¥487.90	¥195.16
2012-6-4	第二季度	薛岳	销售部	餐费	¥679.50	¥271.80
	第二季度 计数				7	
	第二季度 汇总				¥8,607.30	¥3,442.92
2012-9-18	第三季度	邓敏	销售部	餐费	¥1,411.20	¥564.48
2012-8-9	第三季度	王伟	采购部	住宿费	¥1,100.00	¥440.00
2012-9-18	第三季度	刘英梅	行政部	交通费	¥1,540.60	¥616.24
2012-7-19	第三季度	徐乐	采购部	交通费	¥248.70	¥99.48
2012-7-6	第三季度	曾黎	销售部	交通费	¥1,140.00	¥456.00
	第三季度 计数				5	
	第三季度 汇总				¥5,440.50	¥2,176.20
2012-12-15	第四季度	吴小豪	销售部	招待费	¥245.60	¥98.24
2012-10-10	第四季度	郑建杰	销售部	住宿费	¥1,475.60	¥590.24
2012-11-15	第四季度	赵军	销售部	招待费	¥365.00	¥146.00
2012-12-16	第四季度	孙林	采购部	餐费	¥589.70	¥235.88
2012-10-17	第四季度	王志鹏	销售部	住宿费	¥1,872.60	¥749.04
2012-11-3	第四季度	王婷	采购部	招待费	¥1,145.80	¥458.32
2012-11-24	第四季度	蔡明明	研发部	住宿费	¥695.40	¥278.16
	第四季度 计数				7	
	第四季度 汇总				¥6,389.70	¥2,555.88
2012-3-15	第一季度	郭俊	销售部	住宿费	¥440.00	¥176.00
2012-1-18	第一季度	王涛	行政部	招待费	¥1,863.00	¥745.20
2012-3-4	第一季度	朱春	采购部	住宿费	¥564.00	¥225.60
2012-2-6	第一季度	张颖	行政部	交通费	¥458.90	¥183.56
	第一季度 计数				4	

图15-20　分类汇总效果图

四、案例拓展二

打开“素材\案例 15\2016 年度 SUV 质量排行.xlsx”工作簿，完成以下操作。

1. 计算各项数据

- 在H列中用公式计算每个品牌车辆的投诉销量比(=投诉量/2016销量)，设置为百分比样式，保留两位小数。
- 在I列中根据2016销售量用RANK函数计算销售量排名(Order用降序)。
- 在J列中根据投诉销售比用RANK函数计算车质排名(Order用升序)。

2. 按照投诉量排序

对所有 SUV 按照投诉量升序排列。

3. 按照投诉量和2016销量排序

将数据清单复制到工作表 Sheet2 中，对所有 SUV 按照投诉量升序排列，再按照 2016 年销量降序排列，如图 15-21 所示。

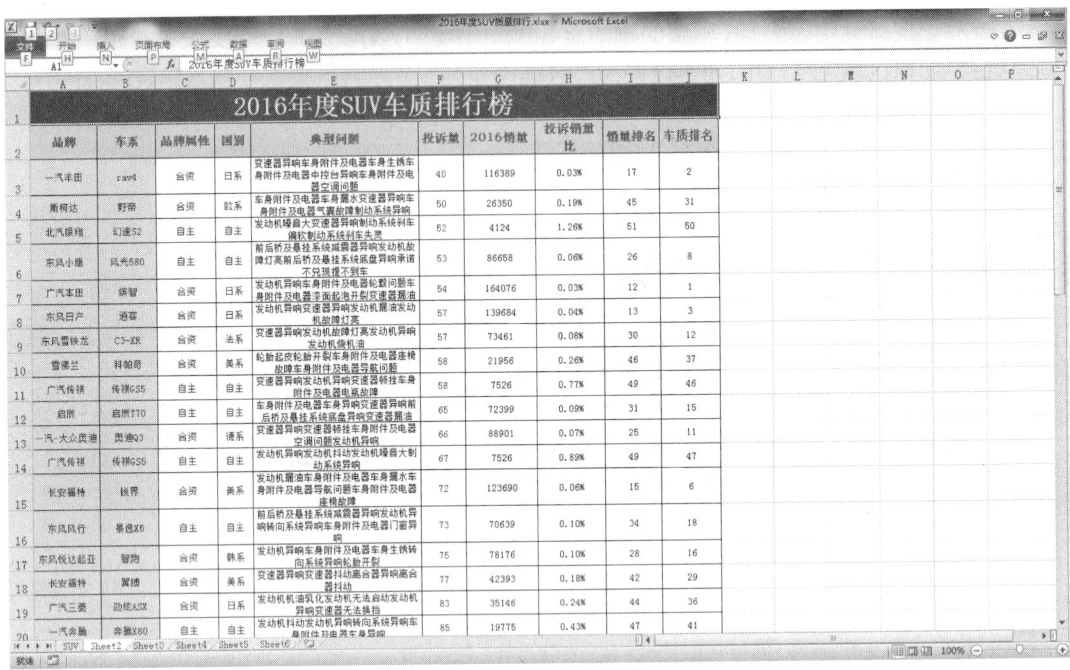

2016年度SUV车质排行榜									
品牌	车系	品牌属性	国别	典型问题	投诉量	2016销量	投诉销量比	销量排名	车质排名
一汽丰田	rav4	合资	日系	变速器异响车身附件及电器车身生锈车身附件及电器中控台异响车身附件及电器空调问题	40	116389	0.03%	17	2
斯柯达	野帝	合资	欧系	车身附件及电器车身漏水变速器异响车身附件及电器气囊故障制动系统异响	50	26350	0.19%	45	31
北汽银翔	幻速S2	自主	自主	发动机噪音大变速器异响制动系统刹车偏软制动系统刹车失灵	52	4124	1.26%	51	50
东风小康	风光580	自主	自主	前后桥及悬挂系统减震器异响发动机故障灯亮前后桥及悬挂系统底盘异响承诺不兑现提不到车	53	86658	0.06%	26	8
广汽本田	缤智	合资	日系	发动机异响车身附件及电器轮毂问题车身附件及电器漆面起泡开裂变速器漏油	54	164076	0.03%	12	1
东风日产	逍客	合资	日系	发动机异响变速器异响发动机漏油发动机故障灯亮	57	139684	0.04%	13	3
东风雪铁龙	C3-XR	合资	法系	变速器异响发动机故障灯亮发动机异响发动机烧机油	57	73461	0.08%	30	12
雪佛兰	科帕奇	合资	美系	轮胎起皮轮胎开裂车身附件及电器座椅故障车身附件及电器导航问题	58	21956	0.26%	46	37
广汽传祺	传祺GS5	自主	自主	变速器异响发动机异响变速器顿挫车身附件及电器电瓶故障	58	7526	0.77%	49	46
启辰	启辰T70	自主	自主	车身附件及电器车身异响变速器异响前后桥及悬挂系统底盘异响变速器漏油	65	72399	0.09%	31	15
一汽-大众奥迪	奥迪Q3	合资	德系	变速器异响变速器顿挫车身附件及电器空调问题发动机异响	66	88901	0.07%	25	11
广汽传祺	传祺GS5	自主	自主	发动机异响发动机抖动发动机噪音大制动系统异响	67	7526	0.89%	49	47
长安福特	锐界	合资	美系	发动机漏油车身附件及电器车身漏水车身附件及电器导航问题车身附件及电器座椅故障	72	123690	0.06%	15	6
东风风行	景逸X5	自主	自主	前后桥及悬挂系统减震器异响发动机异响转向系统异响车身附件及电器门窗异响	73	70639	0.10%	34	18
东风悦达起亚	智跑	合资	韩系	发动机异响车身附件及电器车身生锈转向系统异响轮胎开裂	75	78176	0.10%	28	16
长安福特	翼搏	合资	美系	变速器异响变速器抖动离合器异响离合器抖动	77	42393	0.18%	42	29
广汽三菱	劲炫ASX	合资	日系	发动机机油乳化发动机无法启动发动机异响变速器无法换挡	83	35146	0.24%	44	36
一汽奔腾	奔腾X80	自主	自主	发动机抖动发动机异响转向系统异响车身附件及电器车身异响	85	19775	0.43%	47	41

图15-21　排序效果图

4. 筛选2016年销售量高于100 000的SUV

将数据清单复制到工作表 Sheet3 中，利用自动筛选功能筛选 2016 年销售量高于 100 000 的 SUV，如图 15-22 所示。

2016年度SUV车质排行榜						
国别	典型问题	投诉量	2016销量	投诉销量比	销量排名	车质排名
美系	变速器异响变速器顿挫前后桥及悬挂系统下摆臂故障发动机异响	430	275383	0.16%	4	22
日系	变速器异响发动机异响发动机抖动车身附件及电器车身共振	100	180319	0.06%	9	5
日系	发动机异响变速器异响发动机漏油发动机故障灯亮	57	139684	0.04%	13	3
日系	转向系统异响变速器异响车身附件及电器车身异响车身附件及电器天窗异响	148	180202	0.08%	10	14
日系	发动机异响车身附件及电器轮毂问题车身附件及电器漆面起泡开裂变速器漏油	54	164076	0.03%	12	1
德系	发动机漏油发动机烧机油发动机异响变速器顿挫	188	240510	0.08%	5	13
德系	变速器顿挫车身附件及电器车内异味变速器滑阀箱故障变速器故障灯亮	281	129453	0.22%	14	34
日系	变速器异响车身附件及电器车身生锈车身附件及电器中控台异响车身附件及电器空调问题	40	116389	0.03%	17	2
美系	发动机漏油车身附件及电器车身漏水车身附件及电器导航问题车身附件及电器座椅故障	72	123690	0.06%	15	6
美系	轮胎起皮制动系统异响前后桥及悬挂系统吃胎偏磨轮胎开裂	647	115083	0.56%	18	44
自主	前后桥及悬挂系统减震器异响发动机异响车身附件及电器门窗异响前后桥及悬挂系统底盘异响	320	321555	0.10%	3	17
自主	离合器异响车身附件及电器汽油箱异响变速器异响车身附件及电器仪表故障	225	100042	0.22%	23	35
自主	变速器异响变速器顿挫车身附件及电器电瓶故障制动系统异响	218	326906	0.07%	2	9
自主	发动机抖动转向系统抖动转向系统异响车身附件及电器空调问题	116	196926	0.06%	8	7
自主	变速器无法换挡变速器异响发动机异响车身附件及电器车身生锈	257	580683	0.04%	1	4
自主	发动机异响转向系统异响制动系统异响发动机噪音大	176	102607	0.17%	22	26
自主	承诺不兑现提不到车承诺不兑现销售承诺不兑现销售欺诈变更价格服务态度态度蛮横	204	109209	0.19%	20	30

在 51 条记录中找到 23 个

图15-22　筛选效果图

5. 筛选投诉量小于200且2016年销售量大于200 000的SUV

将数据清单复制到工作表 Sheet4 中，利用高级筛选功能筛选投诉量小于 200 且 2016 年销售量大于 200 000 的 SUV，如图 15-23 所示。

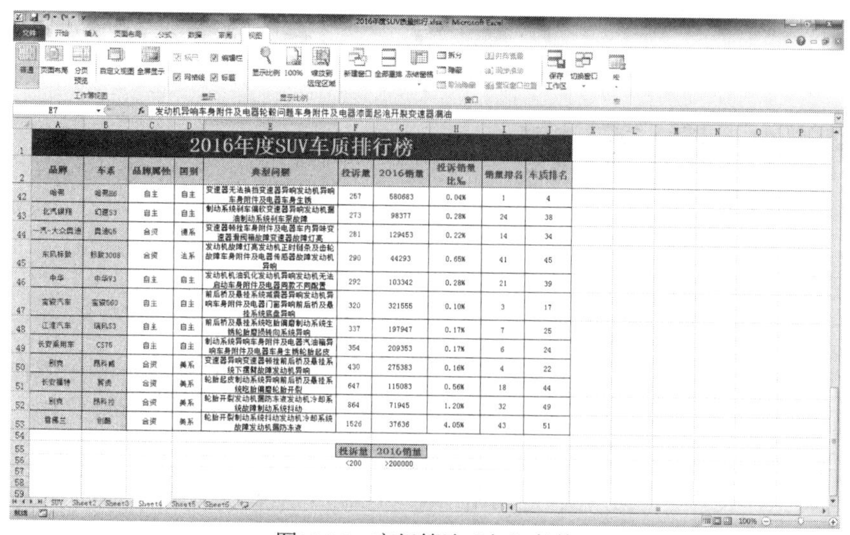

图15-23　高级筛选"与"条件

6. 筛选投诉销售比小于0.5%或2016年销售量大于200 000的SUV

将数据清单复制到工作表 Sheet5 中，利用高级筛选功能筛选销售比小于 0.5%或 2016 年销售量大于 200 000 的 SUV。

7. 计算各品牌SUV的2016年平均销量和投诉量总和

将数据清单复制到工作表 Sheet6 中，利用分类汇总功能，对所有 SUV 按照国别，分别计算各品牌的 2016 年的平均销量和投诉量总和，如图 15-24 所示。

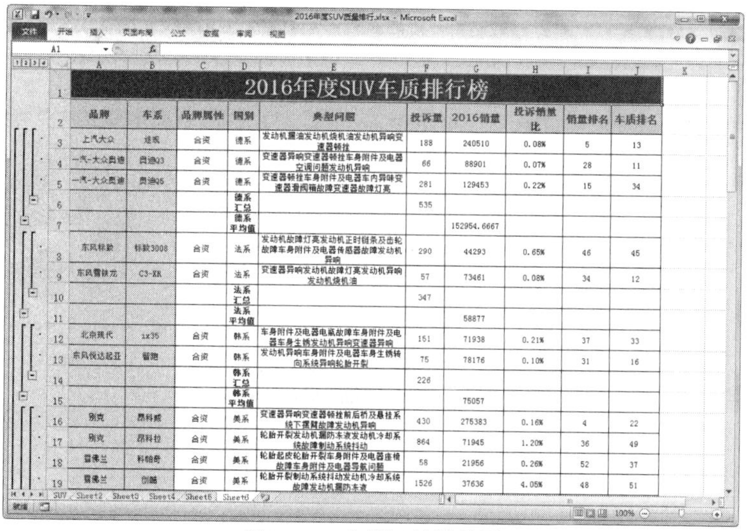

图15-24　分类汇总效果图

案例十六

制作课时费图表

小林是北京某大学计算机系的教学秘书，近期需要向系主任汇报该系 2016 年所有老师的课时费情况，她需要将工作表中的数据制作成图表，显示不同老师和不同职称的课时费分布情况，更直观地呈现 2016 年的课程授课以及教师课时费情况。

图表通过将工作表中的数据用图形表示出来，可以直观地表示出数据之间的关系。通过本案例的学习，可以掌握 Excel 2010 图表制作的基本流程，掌握图表的标题、图表格式设置、图表大小、图表位置、数据标签等基本操作。案例完成效果如图 16-1 所示。

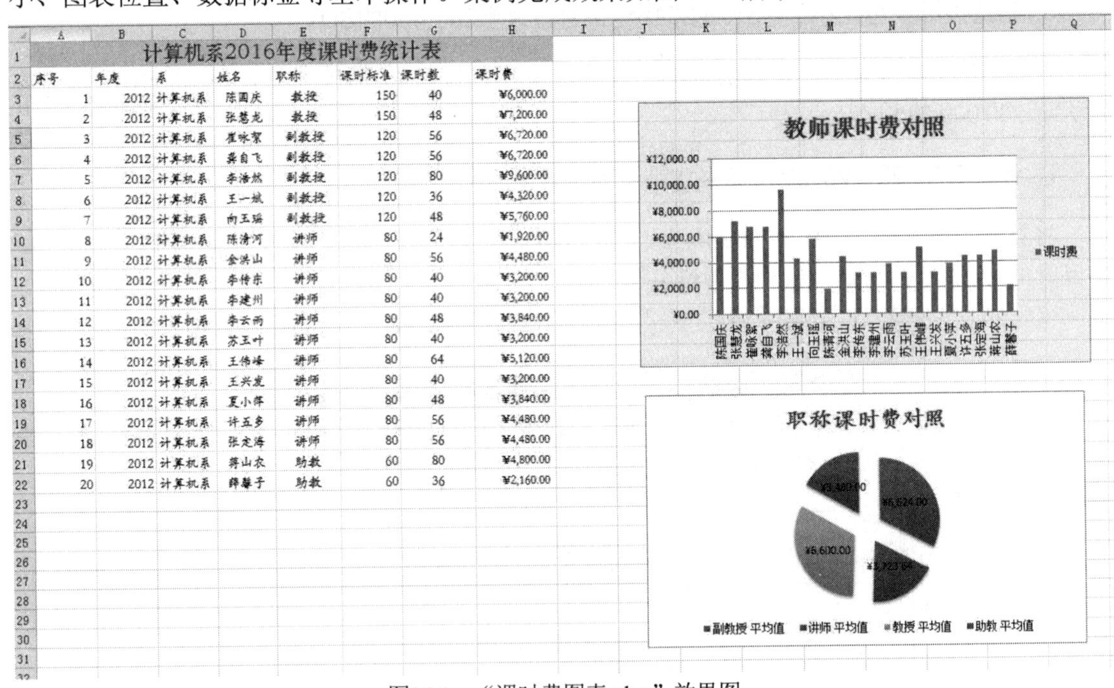

计算机系2016年度课时费统计表

序号	年度	系	姓名	职称	课时标准	课时数	课时费
1	2012	计算机系	陈国庆	教授	150	40	¥6,000.00
2	2012	计算机系	张慧龙	教授	150	48	¥7,200.00
3	2012	计算机系	崔咏絮	副教授	120	56	¥6,720.00
4	2012	计算机系	龚自飞	副教授	120	56	¥6,720.00
5	2012	计算机系	李浩然	副教授	120	80	¥9,600.00
6	2012	计算机系	王一斌	副教授	120	36	¥4,320.00
7	2012	计算机系	向玉瑶	副教授	120	48	¥5,760.00
8	2012	计算机系	陈清河	讲师	80	24	¥1,920.00
9	2012	计算机系	金洪山	讲师	80	56	¥4,480.00
10	2012	计算机系	李传东	讲师	80	40	¥3,200.00
11	2012	计算机系	李建州	讲师	80	40	¥3,200.00
12	2012	计算机系	李云雨	讲师	80	48	¥3,840.00
13	2012	计算机系	苏玉叶	讲师	80	40	¥3,200.00
14	2012	计算机系	王伟峰	讲师	80	64	¥5,120.00
15	2012	计算机系	王兴发	讲师	80	40	¥3,200.00
16	2012	计算机系	夏小萍	讲师	80	48	¥3,840.00
17	2012	计算机系	许五多	讲师	80	56	¥4,480.00
18	2012	计算机系	张定海	讲师	80	56	¥4,480.00
19	2012	计算机系	蒋山农	助教	60	80	¥4,800.00
20	2012	计算机系	薛馨子	助教	60	36	¥2,160.00

图16-1 “课时费图表.xlsx”效果图

一、案例设计

打开“素材\案例 16\课时费图表.xlsx”工作簿，完成以下操作。

1. 设置标题

设置标题文字格式为红色、华文中宋、18 磅，并将单元格区域 A1:H1 合并居中，行高设置为 22 磅，单元格区域的填充色设置为“蓝色，强调文字颜色 1，淡色 60%”。

2. 计算每个教师的课时费

计算每个教师的课时费(=课时标准*课时数)，并为“课时费”列设置人民币货币符号，显示两位小数。

3. 建立二维簇状柱形图

- 按照“姓名”和“课时费”两列，建立二维簇状柱形图。
- 设置图表标题为“教师课时费对照”，字体格式为华文中宋、20磅、加粗、红色。设置图表区：填充色为“黄色”，透明度为40%。
- 改变图表大小：设置图表的高度为8厘米、宽度为14厘米。将图表放置到工作表的J3:Q17单元格区域中。

4. 建立分离型饼图

- 将工作表“课时费统计表”复制到“职称课时费对照表”中，利用分类汇总功能计算每个职称的课时费平均值，按照“职称”和课时费平均值建立分离型三维饼图。
- 图表布局设置为“布局3”；图表样式设置为“样式18”；图表标题为“职称课时费对照”，字体格式为20磅、红色、华文楷体；在图表的系列中添加数据标签，选项设置为“居中”。

5. 复制图表

将图表复制到工作表“课时费统计表”中，适当调整大小，放在 J18:Q31 单元格区域中。

二、案例分析

打开“素材\案例 16\课时费图表.xlsx”工作簿。

1. 设置标题

设置标题文字为红色、华文中宋、18 磅，并将单元格区域 A1:H1 合并居中，行高设置为 22 磅，单元格区域的填充色设置为“蓝色，强调文字颜色 1，淡色 60%”。

第 1 步：选择 A1:H1 单元格区域，单击“开始”选项卡的“对齐方式”组中的“合并后居中”按钮，将其合并。

第 2 步：单击“开始”选项卡的“字体”组中的“字体”“字号”“填充颜色”“字体颜色”按钮右侧的下拉箭头，选择字体为“华文中宋”，字号为 18，字体颜色为“红色”，填充颜色为“蓝色，强调文字颜色 1，淡色 60%”。

2. 计算每个教师的课时费

计算每个教师的课时费(=课时标准*课时数)，并为“课时费”列设置人民币货币符号，显示两位小数。

第 1 步：单击 H3 单元格，输入公式“=F3*G3”，按 Enter 键。

第 2 步：单击 H3 单元格，用鼠标指向其填充柄，当鼠标变成实心符号+的时候，按住鼠标左键向下拖动至 H22 单元格。

第 3 步：选择单元格区域 H3: H22。

第 4 步：单击鼠标右键，选择“设置单元格格式”，打开“设置单元格格式”对话框，选择“数字”选项卡，选择“货币”分类，设置小数位数为 2 位，货币符号为人民币符号，如图 16-2 所示。

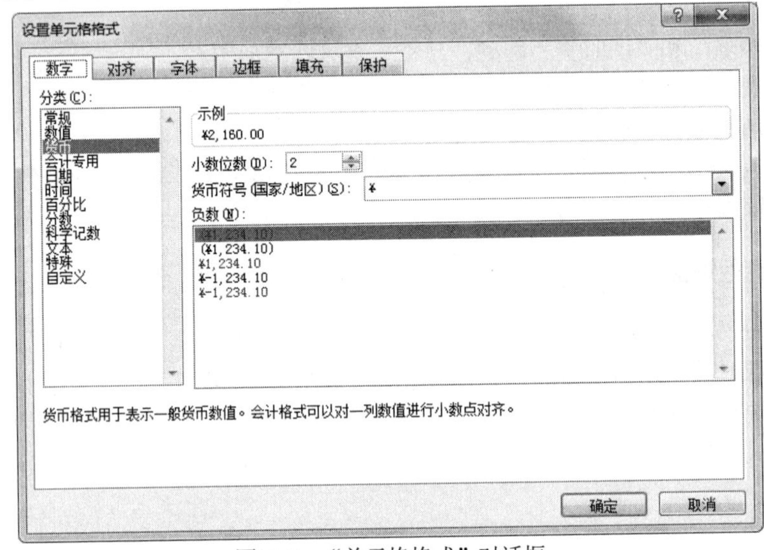

图16-2 “单元格格式”对话框

3. 建立二维簇状柱形图

第 1 步：按照“姓名”和“课时费”两列，建立二维簇状柱形图。

① 选择用于建立图表的“姓名”和“课时费”两列。

② 在“插入”选项卡的“图表”组中单击“柱形图”下拉列表中的“二维柱形图”图表类型，选择第一个示例，如图 16-3 所示。

③ 单击“确定”按钮。

第 2 步：设置图表标题为“教师课时费对照”，字体格式为华文中宋、20 磅、加粗、红色。设置图表区：填充颜色为“黄色”，透明度为 40%。

① 选择图表，按住鼠标左键选择图表标题，输入“教师课时费对照”，重新选择标题，设置字体、字号、字形和字体颜色。

② 单击选择图表，在图表区单击右键，选择快捷菜单中的“设置图表区格式”，打开“设置图表区格式”对话框。

③ 选择“填充”类别中的“纯色填充”，设置填充色为“黄色”，透明度设置为40%，如图16-4所示，最后单击“关闭”按钮。

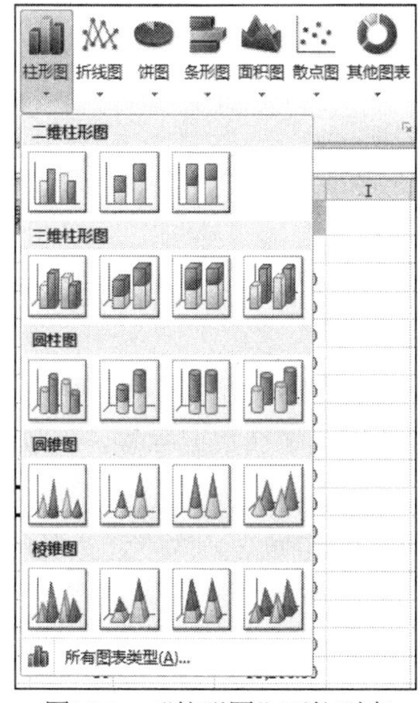

图16-3　“柱形图”下拉列表

图16-4　“设置图表区格式”对话框

第3步：改变图表大小，设置图表的高度为8厘米、宽度为14厘米。将图表放置到工作表的J3:Q17单元格区域中。

① 选择图表，在“图表工具”|“格式”分选项卡中，单击“大小”组中的高度和宽度选项，重新设置高度为8厘米、宽度为14厘米。

② 将鼠标指向图表内，按住鼠标左键将图表左上角放置到J3单元格中，同时观察图表右下角是否放置到Q17单元格中，当图表右下角放置到Q17单元格后，松开鼠标。

4. 建立分离型饼图

第1步：将工作表“课时费统计表”复制到“职称课时费对照表”中，利用分类汇总功能计算每个职称的课时费平均值，按照“职称”和课时费平均值建立分离型三维饼图。

① 将鼠标指向工作表“课时费统计表”，选择单元格区域A1:H22，复制并粘贴到工作表“职称课时费对照表”中。

② 选择“职称”列的任意一个单元格，单击“数据”选项卡的“排序和筛选”组中的“升序”按钮，这样就可以实现按照职称升序排列。

③ 单击“数据”选项卡的“分级显示”组中的“分类汇总”按钮，打开“分类汇总”对话框，如图16-5所示。

④ 选择“分类字段”为“职称”，选择“汇总方式”为“平均值”，“选定汇总项”为“课时费”，单击“确定”按钮。

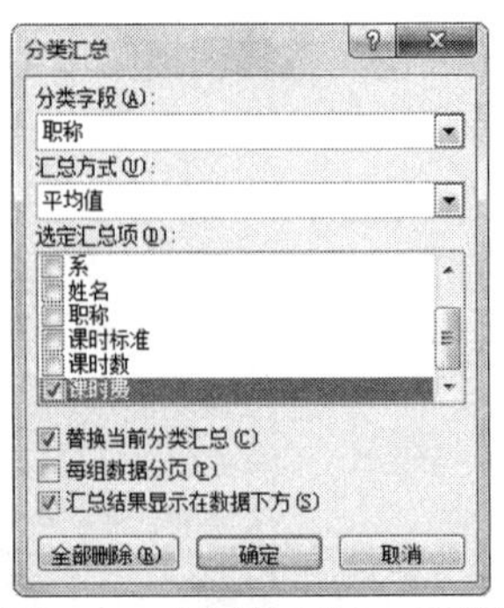

图16-5　“分类汇总”对话框

⑤ 单击工作表左上角的2按钮屏蔽细节数据，选择“职称”和“课时费”列的数据，建立分离型三维饼图。

第 2 步：将图表布局设置为“布局 3”，图表样式设置为“样式 18”，图表标题为“职称课时费对照”，字体格式为 20 磅、红色、华文楷体；在图表的系列中添加数据标签，选项设置为“居中”。

① 选择“图表工具”|“设计”分选项卡，将图表布局设置为“布局 3”，图表样式设置为“样式 18”。

② 选择“布局”分选项卡，设置“图表标题”为“图表上方”，输入标题“职称课时费对照”。

③ 在“开始”选项卡的“字体”组中选择字体为“华文楷体”，字体颜色为“红色”，字号为 20 磅。单击数据标签选项，设置数据标签为“居中”，如图 16-6 所示。

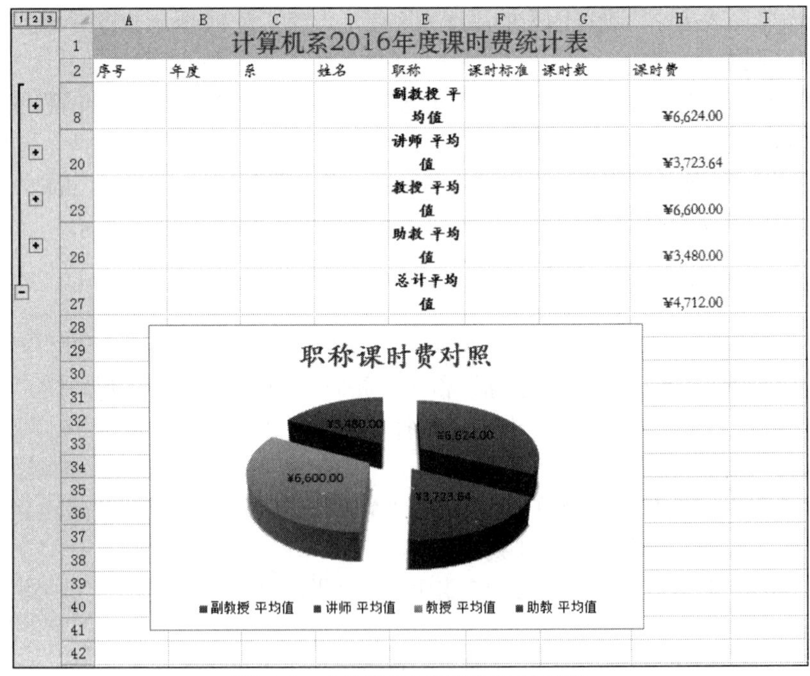

图16-6　“分离型三维饼图”效果图

5. 复制图表

将工作表“职称课时费对照表”中的图表复制到工作表“课时费统计表”中，适当调整大小，放在 J18:Q31 单元格区域中。

第 1 步：用鼠标单击选择工作表“职称课时费对照表”，选择其中的图表，单击鼠标右键，选择“复制”命令，然后粘贴到“课时费统计表”中。

第 2 步：用鼠标指向图表，按住左键拖动，使图表左上角顶点放置在 J18 单元格中，然后用鼠标指向图表右下角顶点，按住并拖动鼠标，放置到 Q31 单元格中。

三、案例拓展一

打开“素材\案例 16\股票图表制作.xlsx”工作簿，完成以下操作并保存，完成效果如图 16-7 所示。

- 按照“股票名称”“成本价”和“股价(元)”三列，在图表下方生成三维簇状柱形图，图表设计布局为“布局10”，图表样式为“样式6”。
- 设置图表标题为“股票分析表”，字体格式为华文行楷、24磅、红色。
- 设置图表区的图案颜色为“黄色”，透明度为60%；图表边框为实线，复合类型为实线，颜色为红色，宽度为4磅。
- 设置图表的高度为8厘米、宽度为12厘米。
- 将图表放置到单元格区域A12:F28中。
- 将“股价”数据系列从图表中删除。
- 将图表复制到工作表Sheet2中，将图表类型修改为“带数据标记”的折线图。

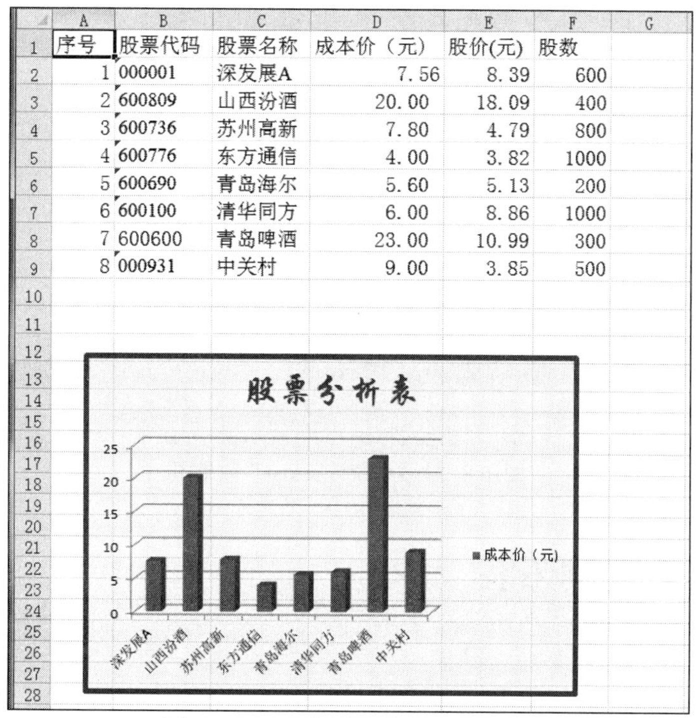

序号	股票代码	股票名称	成本价（元）	股价(元)	股数
1	000001	深发展A	7.56	8.39	600
2	600809	山西汾酒	20.00	18.09	400
3	600736	苏州高新	7.80	4.79	800
4	600776	东方通信	4.00	3.82	1000
5	600690	青岛海尔	5.60	5.13	200
6	600100	清华同方	6.00	8.86	1000
7	600600	青岛啤酒	23.00	10.99	300
8	000931	中关村	9.00	3.85	500

图16-7　“股票图表制作.xlsx”效果图

四、案例拓展二

打开“素材\案例 16\收费统计表.xlsx”工作簿，完成以下操作并保存，完成效果如图 16-8 所示。

- 在“门牌号”列的前面插入一列“序号”，使用函数LEFT截取门牌号的第一位作为序号。
- 设置标题文字为黑体、16 磅，并在A1:G1 单元格区域中合并居中，将标题行的行高设置为 22 磅。
- 使用公式计算“金额”列，金额=水费+电费+煤气费；在A7单元格中输入“总计”，使用SUM函数计算水费、电费、煤气费、金额的总金额，结果写入下方相应的单元格中，使用COUNTIF函数统计未交人数和已交人数；并使用条件格式新建规则，将缴费情况为“未交”的用红色字体显示。
- 以“门牌号”和“金额”两列为数据源，在下方生成二维簇状柱形图，图表设计布局为“布局5”，样式为“样式5”，图表标题为“使用情况图”，并加上蓝色实线边框。
- 将图表区颜色设置为“水绿色，强调文字颜色5，淡色40%”。

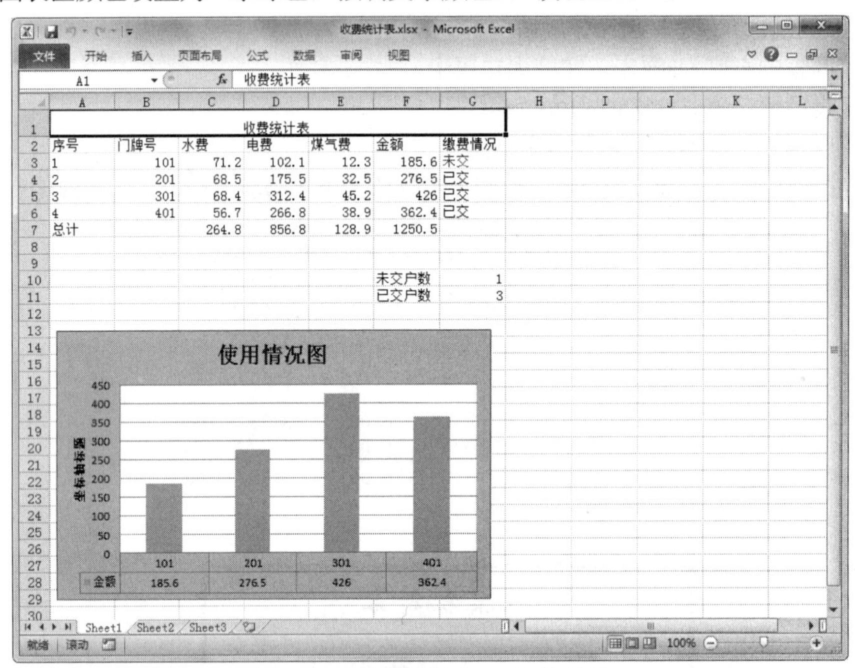

收费统计表						
序号	门牌号	水费	电费	煤气费	金额	缴费情况
1	101	71.2	102.1	12.3	185.6	未交
2	201	68.5	175.5	32.5	276.5	已交
3	301	68.4	312.4	45.2	426	已交
4	401	56.7	266.8	38.9	362.4	已交
总计		264.8	856.8	128.9	1250.5	
					未交户数	1
					已交户数	3

图16-8 “收费统计表.xlsx”效果图

五、Excel综合案例拓展

综合案例一

打开“素材\Excel 综合案例拓展\Excel 综合案例拓展一.xlsx”工作簿，对数据表“学生基本信息”中的数据按以下要求操作并保存操作结果。完成后的效果如图 16-9 所示。

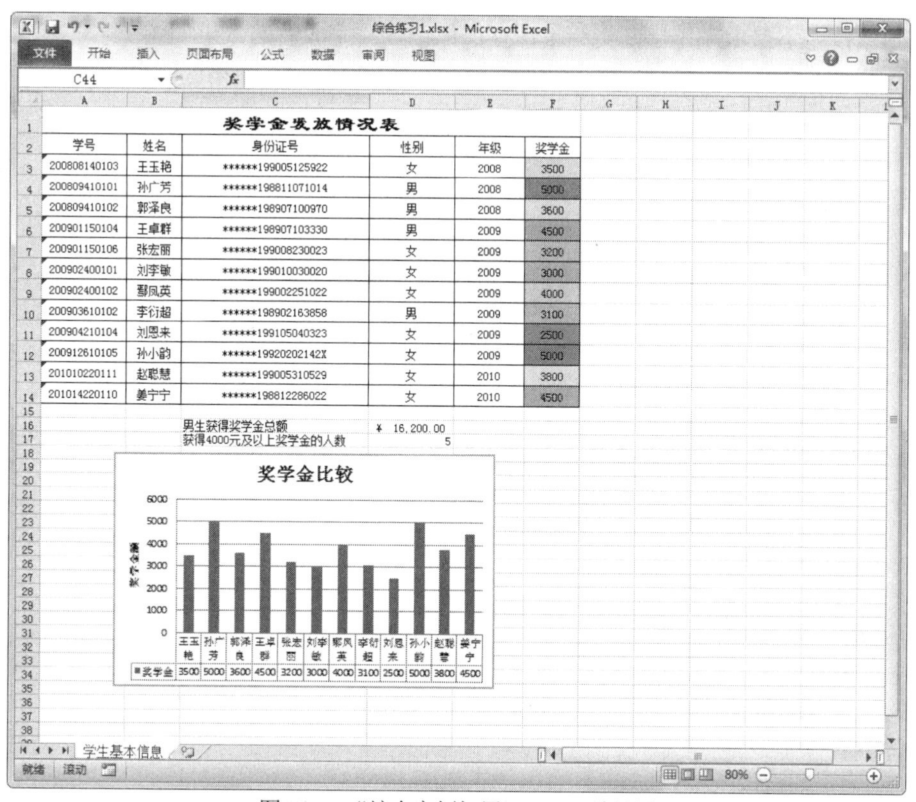

图16-9　“综合案例拓展一.xlsx”效果图

说明：

学号的前四位表示年级，例如201601130007中的2006表示年级；身份证号的第17位表示性别，奇数表示男性，偶数表示女性，第7~10位表示出身日期。

- 在A1单元格中输入表格标题“奖学金发放情况表”，设置标题文字为隶书、20磅、加粗，并在A1:F1单元格区域中合并居中。
- 使用IF函数计算每个同学的“性别”，使用LEFT函数为“年级”列填充数据。在D16单元格中，使用SUMIF函数计算男生获得的奖学金总额；在D17单元格中，使用COUNTIF函数计算获得大于或等于4000元奖学金的人数。
- 将A2:F14单元格区域的行高设置为20，并在该区域内，将所有数据在垂直方向和水平方向上居中，将边框设置为所有框线。
- 用条件格式为“奖学金”列设置色阶，色阶规则为“红-黄-绿色阶”，并将D16单元格中的数据设置为“会计专用”，其中货币符号为¥。
- 以“姓名”“奖学金”列中的数据为数据源，在数据表的下方生成二维簇状柱形图，图表设计布局为“布局5”，图表标题为“奖学金比较”，纵向轴标题为“奖学金额”，图表高度为8厘米、宽度为13厘米，图表格式设置为“彩色轮廓-橙色，强调颜色6”。

综合案例二

打开 “素材\Excel 综合案例拓展\Excel 综合案例拓展二.xlsx”工作簿，对工作表“销售记录表”中的数据按以下要求操作，并将结果保存在原位置。完成后的效果如图 16-10 所示。

- 设置表1的标题，文字为隶书、20磅、蓝色，并在A2:E2单元格区域中合并居中。

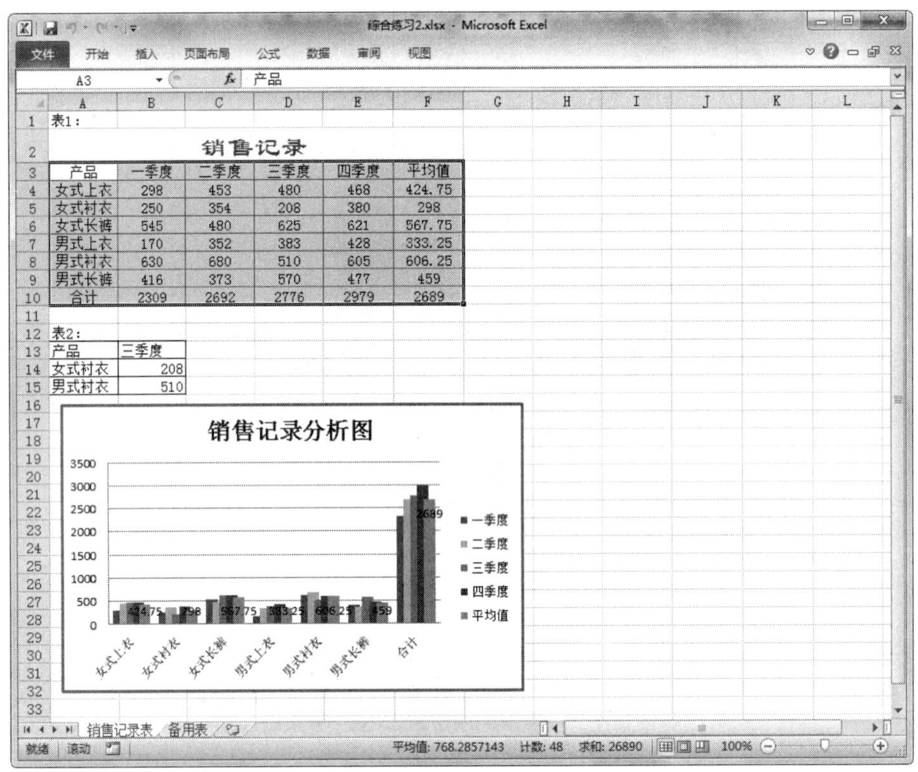

表1:

销售记录

产品	一季度	二季度	三季度	四季度	平均值
女式上衣	298	453	480	468	424.75
女式衬衣	250	354	208	380	298
女式长裤	545	480	625	621	567.75
男式上衣	170	352	383	428	333.25
男式衬衣	630	680	510	605	606.25
男式长裤	416	373	570	477	459
合计	2309	2692	2776	2979	2689

表2:

产品	三季度
女式衬衣	208
男式衬衣	510

图16-10　“综合案例拓展二.xlsx”效果图

- 在表1中，在“二季度”与“四季度”两列之间插入新列，内容为“三季度，480，208，625，383，510，570”，为A3:F10单元格区域加上所有框线，颜色为蓝色，并将该区域中的所有数据在单元格内水平居中。
- 使用SUM函数计算表1中每一季度的合计，使用AVERAGE函数计算表1中每一产品四个季度的销售均值，使用VLOOKUP函数查找表2中的产品所对应的三季度销售记录，并填充到相应的单元格中。
- 以表1中的数据为数据源，在表2的下方生成二维簇状柱形图，图表设计布局为“布局10”，样式为“样式1”，图表标题为“销售记录分析图”，图表格式设置为“彩色轮廓-蓝色，强调颜色1”。
- 将工作表Sheet2重命名为“备用表”，删除工作表Sheet3。

综合案例三

打开“素材\Excel 综合案例拓展\Excel 综合案例拓展 3.xlsx”工作簿，对数据表中的数据按以下要求操作，并将结果保存在原位置。完成后的效果如图 16-11~图 16-13 所示。

- 将“素材2.xlsx”保存为“综合练习3.xlsx”。
- 在左侧插入一个空白工作表，重命名为“员工基础档案”，并将工作表标签颜色设置为红色。

- 将以分隔符分隔的文本文件“Excel综合案例拓展3-员工档案.csv”自A1单元格开始导入工作表“员工基础档案”中，将第1列数据从左向右依次分成“工号”和“姓名”两列显示；将工资的数字格式设置为不带货币符号的“会计专用”，适当调整行高和列宽；最后创建一个名为“档案”、包含单元格区域A1:N102和标题的工作表，同时删除外部链接。

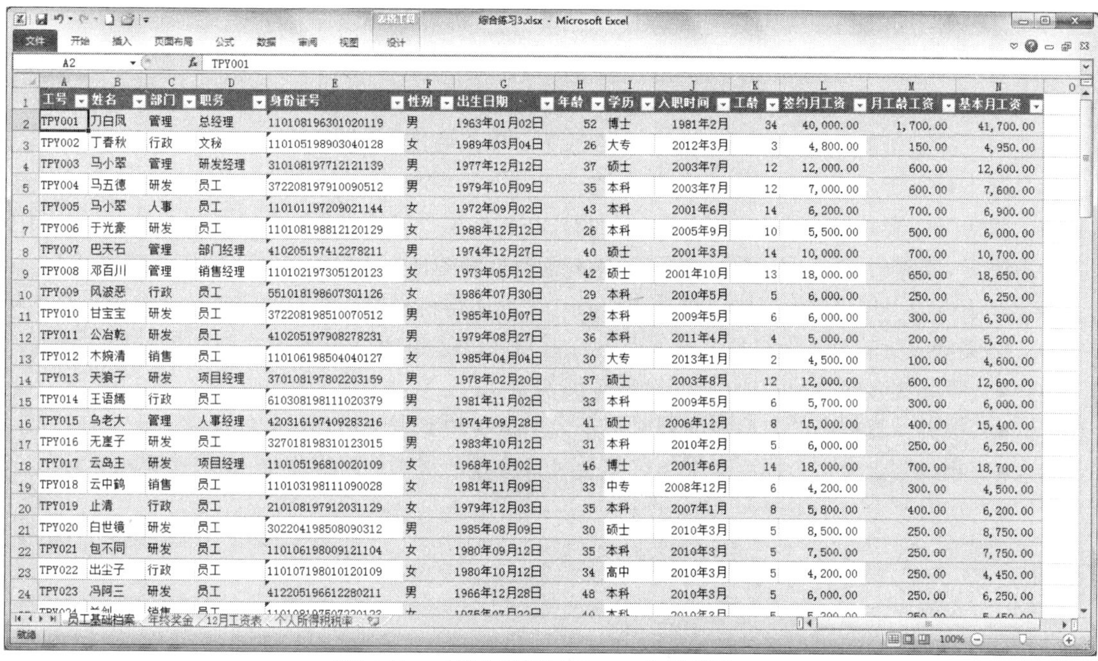

工号	姓名	部门	职务	身份证号	性别	出生日期	年龄	学历	入职时间	工龄	签约月工资	月工龄工资	基本月工资
TPY001	刀白凤	管理	总经理	110108196301020119	男	1963年01月02日	52	博士	1981年2月	34	40,000.00	1,700.00	41,700.00
TPY002	丁春秋	行政	文秘	110105198903040128	女	1989年03月04日	26	大专	2012年3月	3	4,800.00	150.00	4,950.00
TPY003	马小翠	管理	研发经理	310108197712121139	男	1977年12月12日	37	硕士	2003年7月	12	12,000.00	600.00	12,600.00
TPY004	马五德	研发	员工	372208197910090512	男	1979年10月09日	35	本科	2003年7月	12	7,000.00	600.00	7,600.00
TPY005	马小翠	人事	员工	110101197209021144	女	1972年09月02日	43	本科	2001年6月	14	6,200.00	700.00	6,900.00
TPY006	于光豪	研发	员工	110108198812120129	女	1988年12月12日	26	本科	2005年9月	10	5,500.00	500.00	6,000.00
TPY007	巴天石	管理	部门经理	410205197412278211	男	1974年12月27日	40	硕士	2001年3月	14	10,000.00	700.00	10,700.00
TPY008	邓百川	管理	销售经理	110102197305120123	女	1973年05月12日	42	硕士	2001年10月	13	18,000.00	650.00	18,650.00
TPY009	风波恶	行政	员工	551018198607301126	女	1986年07月30日	29	本科	2010年5月	5	6,000.00	250.00	6,250.00
TPY010	甘宝宝	研发	员工	372208198510070512	男	1985年10月07日	29	本科	2009年5月	6	6,000.00	300.00	6,300.00
TPY011	公冶乾	研发	员工	410205197908278231	男	1979年08月27日	36	本科	2011年4月	4	5,000.00	200.00	5,200.00
TPY012	木婉清	销售	员工	110106198504040127	女	1985年04月04日	30	大专	2013年1月	2	4,500.00	100.00	4,600.00
TPY013	天狼子	研发	项目经理	370108197802203159	男	1978年02月20日	37	硕士	2003年8月	12	12,000.00	600.00	12,600.00
TPY014	王语嫣	行政	员工	610308198111020379	男	1981年11月02日	33	本科	2009年5月	6	5,700.00	300.00	6,000.00
TPY015	乌老大	管理	人事经理	420316197409283216	男	1974年09月28日	41	硕士	2006年12月	8	15,000.00	400.00	15,400.00
TPY016	无崖子	研发	员工	327018198310123015	男	1983年10月12日	31	本科	2010年2月	5	6,000.00	250.00	6,250.00
TPY017	云岛主	研发	项目经理	110105196810020109	女	1968年10月02日	46	博士	2001年6月	14	18,000.00	700.00	18,700.00
TPY018	云中鹤	销售	员工	110103198111090028	女	1981年11月09日	33	中专	2008年12月	6	4,200.00	300.00	4,500.00
TPY019	止清	行政	员工	210108197912031129	女	1979年12月03日	35	本科	2007年1月	8	5,800.00	400.00	6,200.00
TPY020	白世镜	研发	员工	302204198508090312	男	1985年08月09日	30	硕士	2010年3月	5	8,500.00	250.00	8,750.00
TPY021	包不同	研发	员工	110106198009121104	女	1980年09月12日	35	本科	2010年3月	5	7,500.00	250.00	7,750.00
TPY022	出尘子	行政	员工	110107198010120109	女	1980年10月12日	34	高中	2010年3月	5	4,200.00	250.00	4,450.00
TPY023	冯阿三	研发	员工	412205196612280211	男	1966年12月28日	48	本科	2010年3月	5	6,000.00	250.00	6,250.00

图16-11　“综合案例拓展3.xlsx”效果图(一)

太平洋公司2014年度年终奖金计算表

员工编号	姓名	部门	月基本工资	应发奖金	月应税所得额	应交个税	实发奖金
TPY001	刀白凤	管理	41,700.00	75,060.00	6,255.00	14,457.00	60,603.00
TPY002	丁春秋	行政	4,950.00	8,910.00	742.50	267.30	8,642.70
TPY003	马小翠	管理	12,600.00	22,680.00	1,890.00	2,163.00	20,517.00
TPY005	马小翠	人事	6,900.00	12,420.00	1,035.00	372.60	12,047.40
TPY006	于光豪	研发	6,000.00	10,800.00	900.00	324.00	10,476.00
TPY008	邓百川	管理	18,650.00	33,570.00	2,797.50	3,252.00	30,318.00
TPY010	甘宝宝	研发	6,300.00	11,340.00	945.00	340.20	10,999.80
TPY011	公冶乾	研发	5,200.00	9,360.00	780.00	280.80	9,079.20
TPY012	木婉清	销售	4,600.00	8,280.00	690.00	248.40	8,031.60
TPY014	王语嫣	行政	6,000.00	10,800.00	900.00	324.00	10,476.00
TPY015	乌老大	管理	15,400.00	27,720.00	2,310.00	2,667.00	25,053.00
TPY017	云岛主	研发	18,700.00	33,660.00	2,805.00	3,261.00	30,399.00
TPY019	止清	行政	6,200.00	11,160.00	930.00	334.80	10,825.20
TPY020	白世镜	研发	8,750.00	15,750.00	1,312.50	472.50	15,277.50
TPY021	包不同	研发	7,750.00	13,950.00	1,162.50	418.50	13,531.50
TPY022	出尘子	行政	4,450.00	8,010.00	667.50	240.30	7,769.70
TPY024	兰剑	销售	5,450.00	9,810.00	817.50	294.30	9,515.70
TPY025	古笃诚	研发	5,700.00	10,260.00	855.00	307.80	9,952.20
TPY026	过彦之	研发	6,700.00	12,060.00	1,005.00	361.80	11,698.20
TPY028	石清露	人事	6,100.00	10,980.00	915.00	329.40	10,650.60

图16-12　“综合案例拓展3.xlsx”效果图(二)

- 在工作表“员工基础档案”中，利用公式及函数(VLOOKUP、IF、MID、DAYS360、INT等)依次输入每个员工的性别“男”或“女”、出生日期(格式为“××××年××月××日”)，以及每位员工截至2018年9月30日的年龄、月工龄工资、基本月工资。

其中：

- 计算每个员工性别。
- 身份证号的第7~14位代表出生年月。
- 年龄需要按周岁计算，满1年计1岁，每月按30天，一年按360天计算。
- 月工龄工资的计算方法：本公司工龄每满一年，每月增加50元。
- 基本月工资=签约月工资+月工龄工资。
- 参照工作表“员工基础档案”中的信息，在工作表“年终奖金”中输入与工号对应的员工姓名、部门、基本月工资；按照年基本工资总额的15%计算每个员工的年终应发奖金。
- 在工作表“年终奖金”中，根据工作表“个人所得税税率”中的对应关系计算每个员工年终奖金应交的个人所得税、实发奖金，并填入G列和H列。年终奖金目前的计税方法是：
  - 年终奖金的月应税所得额=全部年终奖金/12。
  - 根据计算得出的月应税所得额在个人所得税税率表中找到对应的税率。
  - 年终奖金应交个税＝全部年终奖金×月应税所得额的对应税率-对应速算扣除数。
  - 实发奖金＝应发奖金-应交个税。

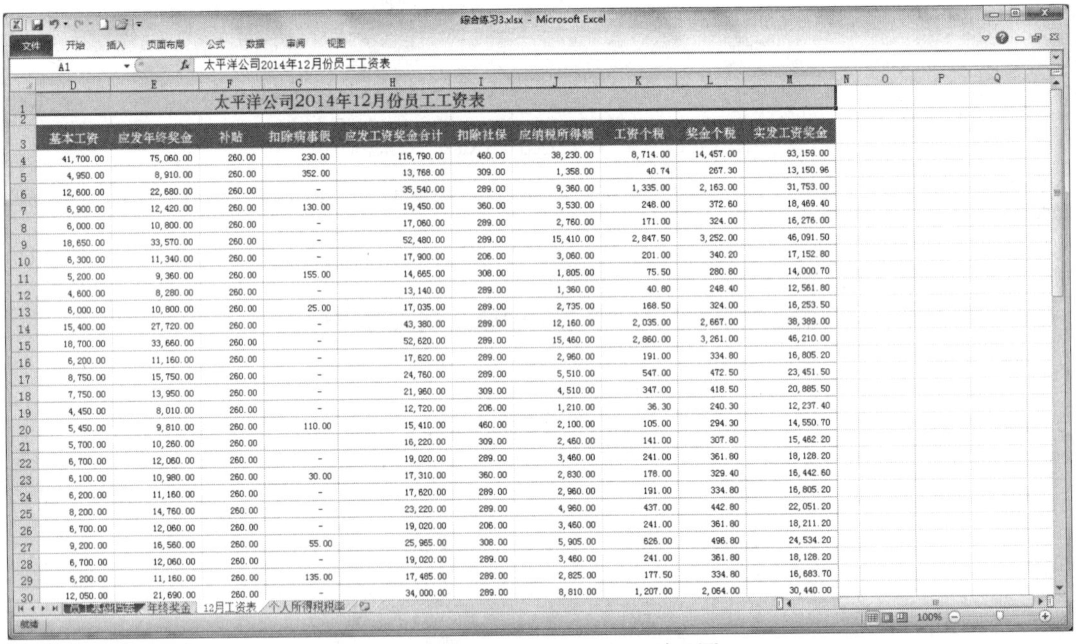

太平洋公司2014年12月份员工工资表

基本工资	应发年终奖金	补贴	扣除病事假	应发工资奖金合计	扣除社保	应纳税所得额	工资个税	奖金个税	实发工资奖金
41,700.00	75,060.00	260.00	230.00	116,790.00	460.00	38,230.00	8,714.00	14,457.00	93,159.00
4,950.00	8,910.00	260.00	352.00	13,768.00	309.00	1,358.00	40.74	267.30	13,150.96
12,600.00	22,680.00	260.00	-	35,540.00	289.00	9,360.00	1,335.00	2,163.00	31,753.00
6,900.00	12,420.00	260.00	130.00	19,450.00	360.00	3,530.00	248.00	372.60	18,469.40
6,000.00	10,800.00	260.00	-	17,060.00	289.00	2,760.00	171.00	324.00	16,276.00
18,650.00	33,570.00	260.00	-	52,480.00	289.00	15,410.00	2,847.50	3,252.00	46,091.50
6,300.00	11,340.00	260.00	-	17,900.00	206.00	3,060.00	201.00	340.20	17,152.80
5,200.00	9,360.00	260.00	155.00	14,665.00	308.00	1,805.00	75.50	280.80	14,000.70
4,600.00	8,280.00	260.00	-	13,140.00	289.00	1,360.00	40.80	248.40	12,561.80
6,000.00	10,800.00	260.00	25.00	17,035.00	289.00	2,735.00	168.50	324.00	16,253.50
15,400.00	27,720.00	260.00	-	43,380.00	289.00	12,160.00	2,035.00	2,667.00	38,389.00
18,700.00	33,660.00	260.00	-	52,620.00	289.00	15,460.00	2,860.00	3,261.00	46,210.00
6,200.00	11,160.00	260.00	-	17,620.00	289.00	2,960.00	191.00	334.80	16,805.20
8,750.00	15,750.00	260.00	-	24,760.00	289.00	5,510.00	547.00	472.50	23,451.50
7,750.00	13,950.00	260.00	-	21,960.00	309.00	4,510.00	347.00	418.50	20,885.50
4,450.00	8,010.00	260.00	-	12,720.00	206.00	1,210.00	36.30	240.30	12,237.40
5,450.00	9,810.00	260.00	110.00	15,410.00	460.00	2,100.00	105.00	294.30	14,550.70
5,700.00	10,260.00	260.00		16,220.00	309.00	2,460.00	141.00	307.80	15,462.20
6,700.00	12,060.00	260.00	-	19,020.00	289.00	3,460.00	241.00	361.80	18,128.20
6,100.00	10,980.00	260.00	30.00	17,310.00	360.00	2,830.00	178.00	329.40	16,442.60
6,200.00	11,160.00	260.00	-	17,620.00	289.00	2,960.00	191.00	334.80	16,805.20
8,200.00	14,760.00	260.00	-	23,220.00	289.00	4,960.00	437.00	442.80	22,051.20
6,700.00	12,060.00	260.00	-	19,020.00	206.00	3,460.00	241.00	361.80	18,211.20
9,200.00	16,560.00	260.00	55.00	25,965.00	308.00	5,905.00	626.00	496.80	24,534.20
6,700.00	12,060.00	260.00	-	19,020.00	289.00	3,460.00	241.00	361.80	18,128.20
6,200.00	11,160.00	260.00	135.00	17,485.00	289.00	2,825.00	177.50	334.80	16,683.70
12,050.00	21,690.00	260.00	-	34,000.00	289.00	8,810.00	1,207.00	2,064.00	30,440.00

图16-13 “综合案例拓展3.xlsx”效果图(三)

- 根据工作表“年终奖金”中的数据，在“12月工资表”工作表中依次输入每个员工的“应发年终奖金”“奖金个税”，并计算员工的“实发工资奖金”(实发工资奖金＝应发工资奖金合计-扣除社保-工资个税-奖金个税)。

案例十七

创建演示文稿

我校针康系的王伟同学本周日参加学校组织的科普志愿者活动，到实验小学给三年级的小学生讲解计算机的发展简史。现在已经准备好了文字内容，请根据文字内容及相关要求制作一份讲座用的演示文稿。

本案例主要练习新建演示文稿、插入新幻灯片、版式设计、插入对象、设置格式等操作。通过本案例的制作，可以掌握创建演示文稿的基本操作。本案例的完成效果如图 17-1 所示。

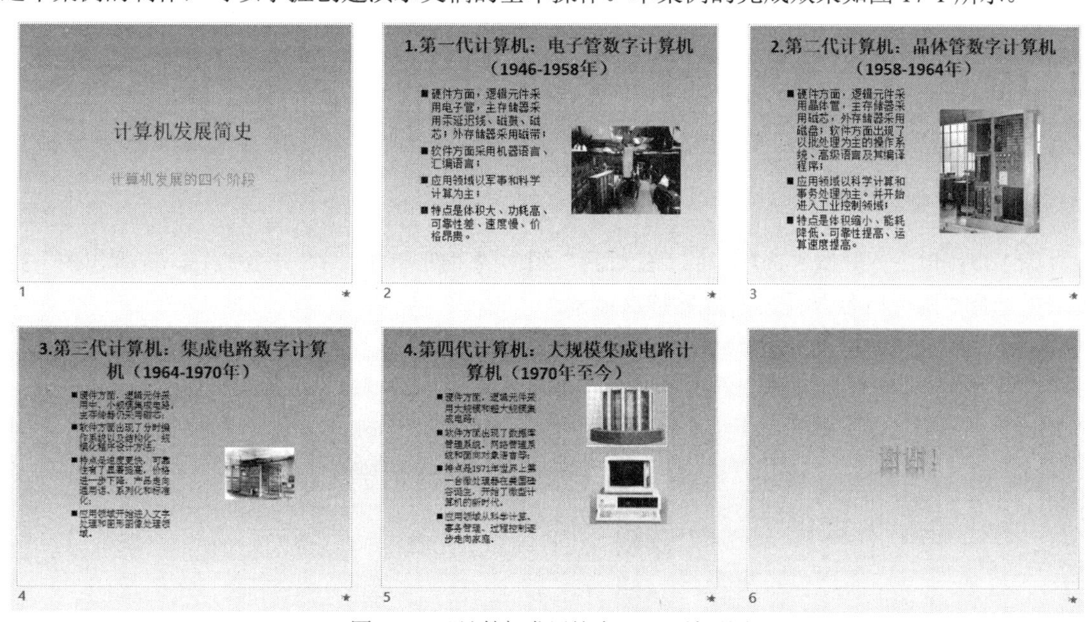

图17-1 “计算机发展简史.pptx”效果图

一、案例设计

打开“素材\案例 17\计算机发展简史\计算机发展简史.docx”文档，按照下列要求制作“计算机发展简史.pptx”并保存。

- 新建演示文稿，使其包含六张幻灯片，第一张设计为“标题幻灯片”版式，第二到第五张设计为“两栏内容”版式，第六张设计为“空白”版式。

- 在第一张幻灯片的标题位置输入“计算机发展简史”，在副标题位置输入“计算机发展的四个阶段”。
- 对于第二张至第五张幻灯片，将标题内容分别设置为素材“计算机发展简史.docx”中各段的标题；左侧文本内容为各段的文字介绍，并添加一种项目符号，右侧为“素材”文件夹下存放的相对应的图片，其中对于第五张幻灯片需要插入两张图片(“第四代计算机1.jpg”在上，“第四代计算机2.jpg”在下)。
- 在第六张幻灯片中插入艺术字，内容为“谢谢！”，适当调整字号及位置。
- 以“计算机发展简史.pptx”为名保存文件。

二、案例分析

打开“素材\案例 17\计算机发展简史\计算机发展简史.docx”文档。

1. 新建幻灯片文件

打开 Microsoft PowerPoint 2010，新建一个空白演示文稿。

2. 制作标题幻灯片

打开该演示文稿，在第一张幻灯片的“单击此处添加标题”处单击鼠标，输入文字“计算机发展简史”，将副标题设置为“计算机发展的四个阶段”。

3. 制作正文幻灯片

第 1 步：单击“开始”选项卡的“幻灯片”组中的“新建幻灯片”下拉按钮，在弹出的下拉列表中选择“两栏内容”版式，如图 17-2 所示。

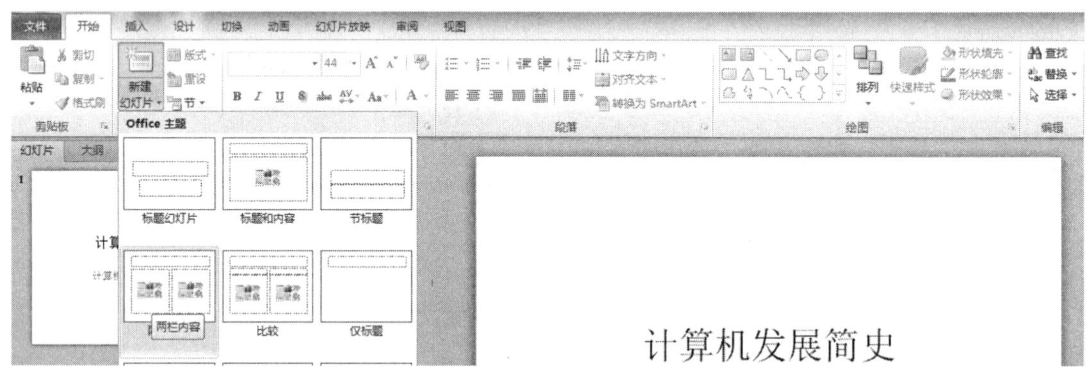

图17-2　新建幻灯片

第 2 步：按同样方法插入第三张到第五张幻灯片。

第 3 步：从“计算机发展简史.docx”中复制第一个标题内容“第一代计算机：电子管数字计算机(1946—1958 年)”，选中第二张幻灯片，在标题占位符中粘贴该内容；将素材中第一段的文字内容复制并粘贴到该幻灯片左侧的内容区。

第 4 步：选中左侧内容区文字，单击“开始”选项卡的“段落”组中的“项目符号”下拉按钮，在弹出的下拉列表中选择一种项目符号，如图 17-3 所示。

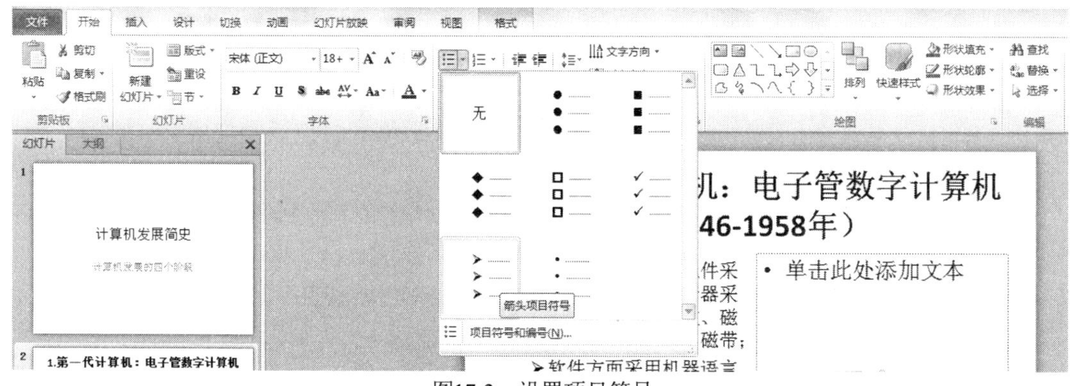

图17-3　设置项目符号

第 5 步：在右侧的文本区域中，单击“插入来自文件的图片”按钮，弹出“插入图片”对话框，从“素材”文件夹中选择“第一代计算机.jpg”，单击“插入”按钮即可插入图片，适当调整图片大小。

第 6 步：按照上述方法，制作第三张至第五张幻灯片。

4. 制作结尾幻灯片

单击“开始”选项卡的“幻灯片”组中的“新建幻灯片”下拉按钮，在弹出的下拉列表中选择“空白”版式，单击“插入”选项卡的“文本”组中的“艺术字”下拉按钮，从弹出的下拉列表中选择一种样式，如图 17-4 所示，输入文字“谢谢!”，并适当调整大小、位置。

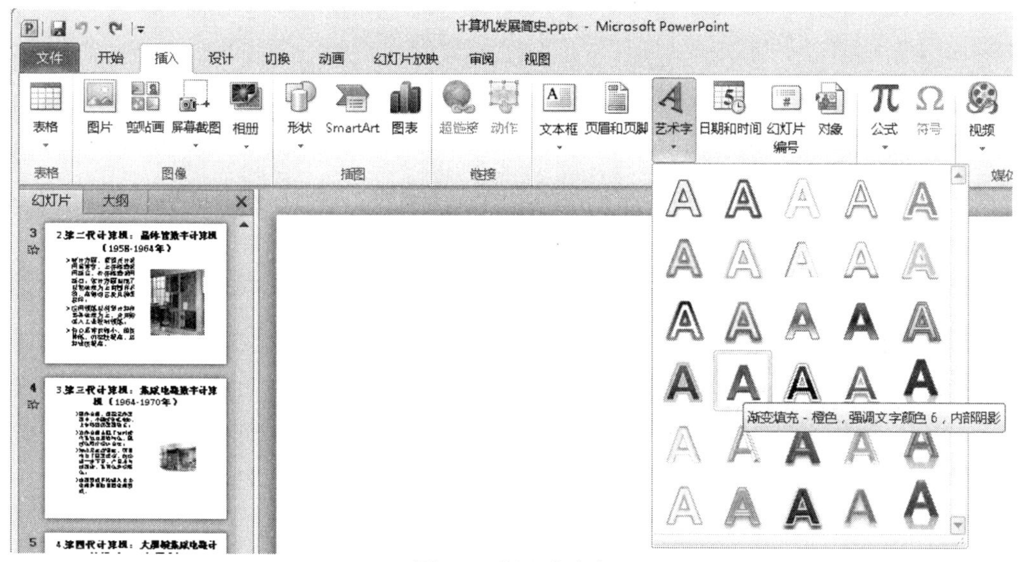

图17-4　插入艺术字

5. 保存文件

单击“文件”选项卡中的“保存”按钮，保存演示文稿为“计算机发展简史.pptx”。

三、案例拓展

为进一步提升北京旅游行业整体素质，打造高水平、懂业务的旅游景区管理队伍，北京旅游局将为工作人员围绕“北京主要景点介绍”进行一次业务培训，主要以PPT为手段，请打开“素材\案例17\北京主要景点介绍\北京主要景点介绍文字.docx”，帮助主管人员完成PPT制作，参照图17-5所示效果，具体要求如下：

- 第一张标题幻灯片中的标题为“北京主要旅游景点介绍”，副标题为“历史与现代的完美融合”。
- 第二张幻灯片为“标题和内容”版式，标题为“北京主要景点”，在文本区域中以项目符号列表方式依次添加下列内容：天安门、故宫博物院、八达岭长城、颐和园、鸟巢。
- 自第三张幻灯片开始，按照天安门、故宫博物院、八达岭长城、颐和园、鸟巢的顺序依次介绍北京各主要景点，相应的文字素材“北京主要景点介绍文字.docx”以及图片文件均存放于“素材\案例17\北京主要景点介绍”文件夹下，要求每个景点介绍占用一张幻灯片。
- 将最后一张幻灯片的版式设置为“空白”，并插入艺术字“谢谢”。
- 以“北京主要旅游景点介绍.pptx”为名保存文件。

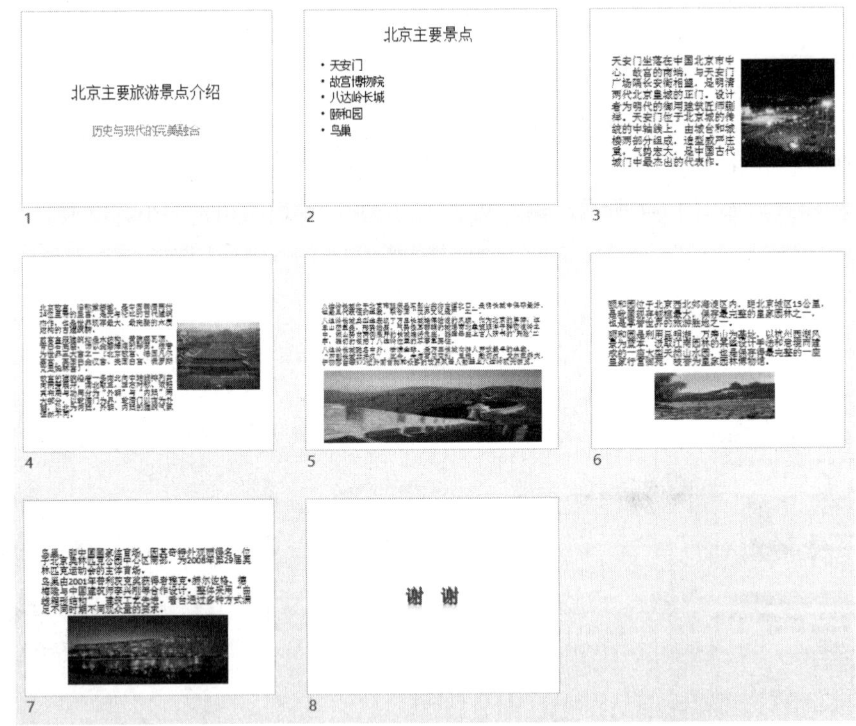

图17-5　“北京主要旅游景点介绍.pptx”效果图

案例十八

美化幻灯片外观

某学校初中二年级的物理老师要求学生两人一组制作一份物理课件。小王和小张共同完成了课件的初稿，现在小张想对完成的课件进行外观上的美化。

本案例主要练习对幻灯片进行主题、背景等外观设置，练习更改幻灯片母版的设置。通过本案例的制作，可以掌握对幻灯片进行外观美化设置、风格结构统一设置的方法。本案例的完成效果如图 18-1 所示。

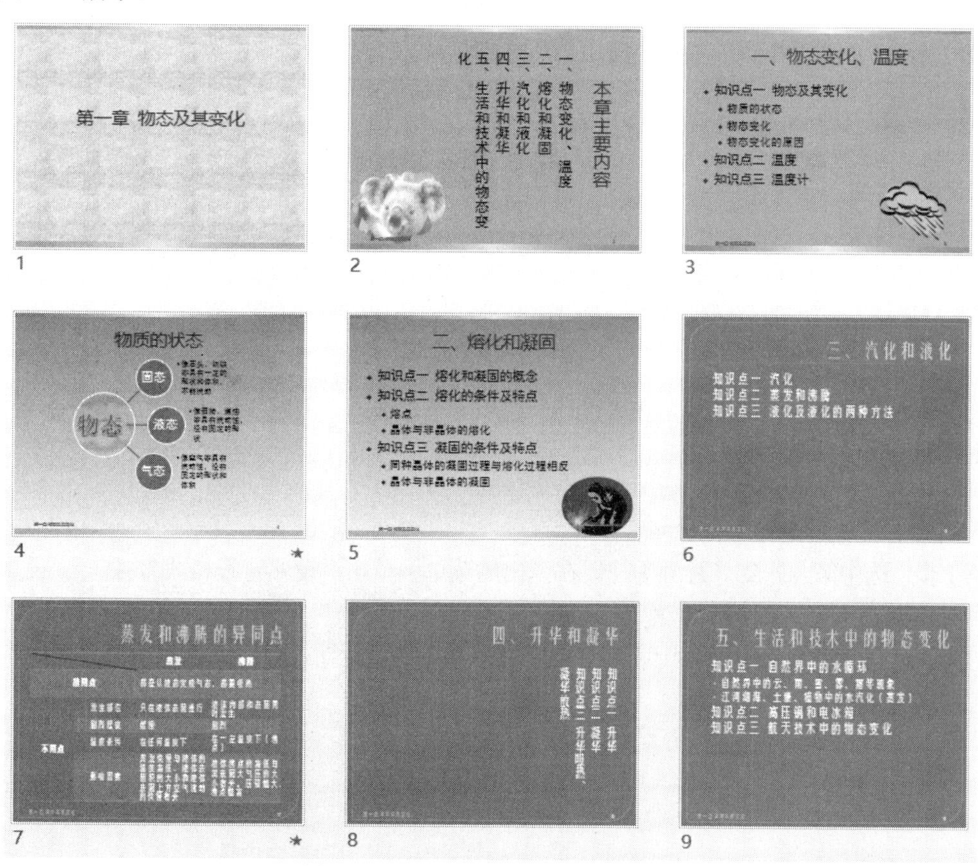

图18-1 “物态及其变化.pptx”效果图

一、案例设计

打开“素材\案例 18\物态及其变化.pptx”，按照以下要求进行美化。

- 为演示文稿的第一张至第五张设置“暗香扑面”主题，为演示文稿的第六张至第九张设置“沉稳”主题。
- 将第一张幻灯片的背景设置为“信纸”纹理，将第二、第三张幻灯片的背景设置为“浅绿”颜色，将第四、第五张幻灯片的背景设置为“雨后初晴”颜色。
- 为标题幻灯片以外的其他幻灯片添加页脚及编号，最左侧页脚内容为“第一章 物态及其变化”，最右侧为当前幻灯片编号。

二、案例分析

打开“素材\案例 18\物态及其变化.pptx”。

1. 设置主题

选中第一张至第五张幻灯片，在“设计”选项卡下，选择“主题”组中的“暗香扑面”主题，如图 18-2 所示，“暗香扑面”主题便应用于所选幻灯片。

图18-2　设置主题

选中第六张至第九张幻灯片，在“设计”选项卡下，选择“主题”组中的“沉稳”主题，“沉稳”主题便应用于所选幻灯片。

2. 设置背景

第 1 步：选中第一张幻灯片并右击，在弹出的菜单中单击“设置背景格式”，打开“设置背景格式”对话框。

第 2 步：在“填充”组中选中“图片或纹理填充”单选按钮，在“纹理”中选择“信纸”纹理，如图 18-3 所示。

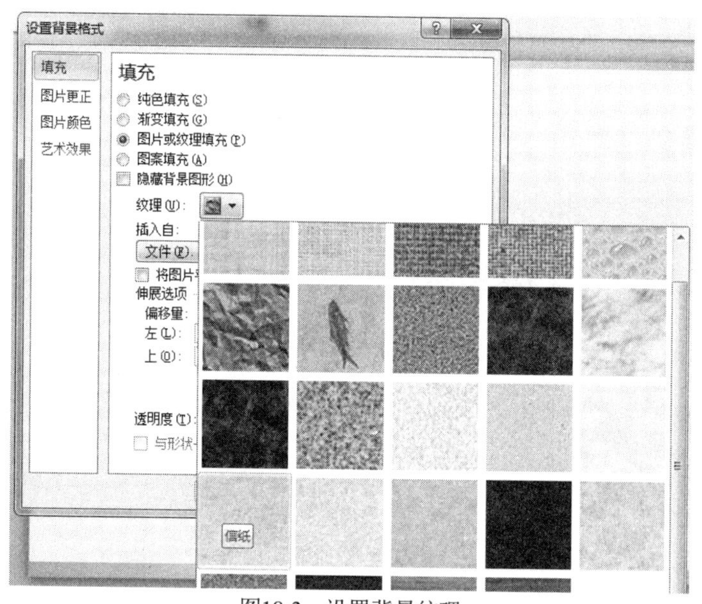

图18-3　设置背景纹理

第 3 步：按住 Ctrl 键，依次选择第二、第三张幻灯片并右击，在弹出的菜单中单击“设置背景格式”，打开“设置背景格式”对话框，在“填充”组中选中“纯色填充”单选按钮，在“颜色”中选择“浅绿”颜色，如图 18-4 所示。

第 4 步：按住 Ctrl 键，依次选择第四、第五张幻灯片并右击，在弹出的菜单中单击“设置背景格式”，打开“设置背景格式”对话框，在“填充”组中选中“渐变填充”单选按钮，在“预设颜色”中选择“雨后初晴”颜色，如图 18-5 所示。

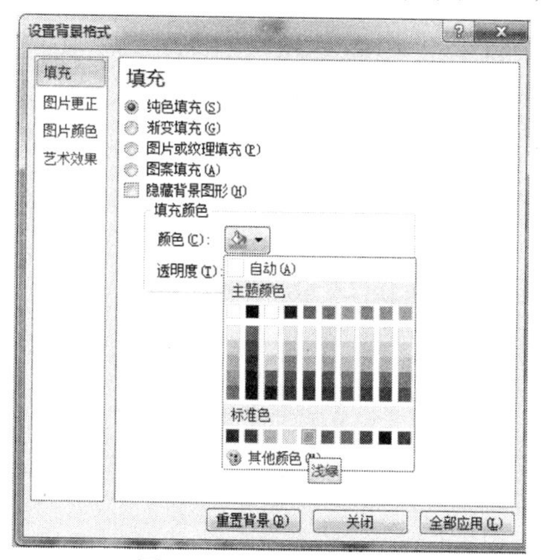

图18-4　设置背景颜色

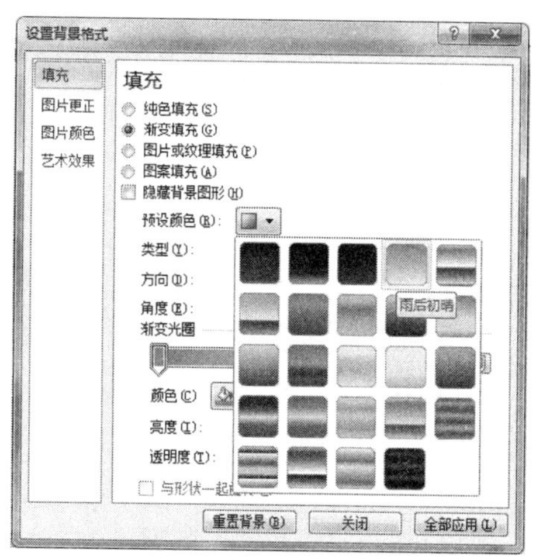

图18-5　设置背景预设颜色

3. 设置编号及页脚

第 1 步：在“插入”选项卡的“文本”组中单击“页眉和页脚”按钮，弹出“页眉和页脚”对话框，选中“幻灯片编号”“页脚”和“标题幻灯片中不显示”复选框，在“页脚”下方的内容文本框中输入“第一章　物态及其变化”，单击“全部应用”按钮，如图 18-6 所示。

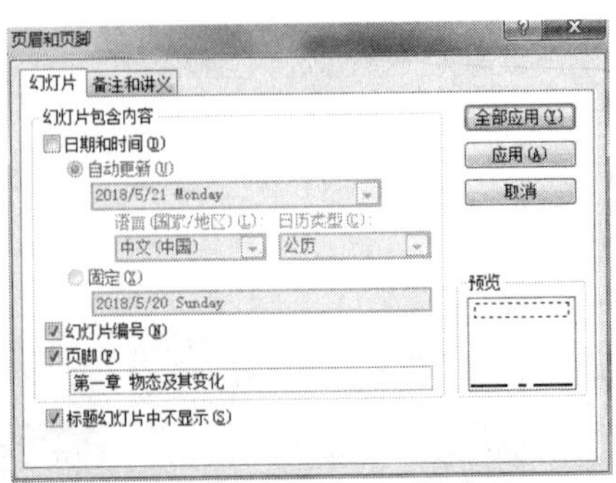

图18-6 设置编号及页脚

第2步：在“视图”选项卡的“母版视图”组中单击“幻灯片母版”按钮，如图18-7所示，进入幻灯片母版编辑界面。

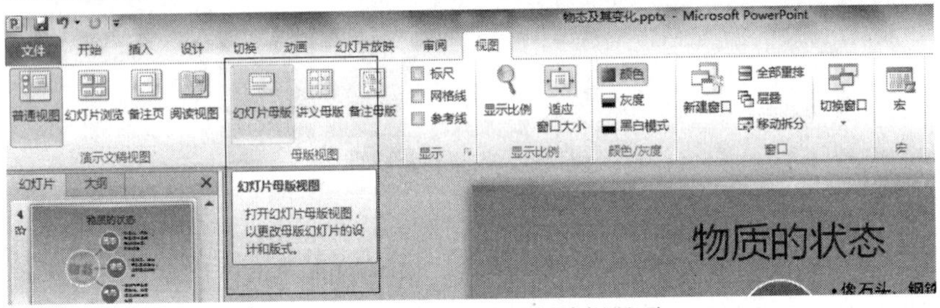

图18-7 进入幻灯片母版编辑界面

第3步：在幻灯片母版视图下，选定左侧的“暗香扑面 幻灯片母版”，在右侧编辑窗口中将页脚占位符拖动调整至页面左下角，将代表页码的#占位符拖动调整至页面右下角，如图18-8所示。

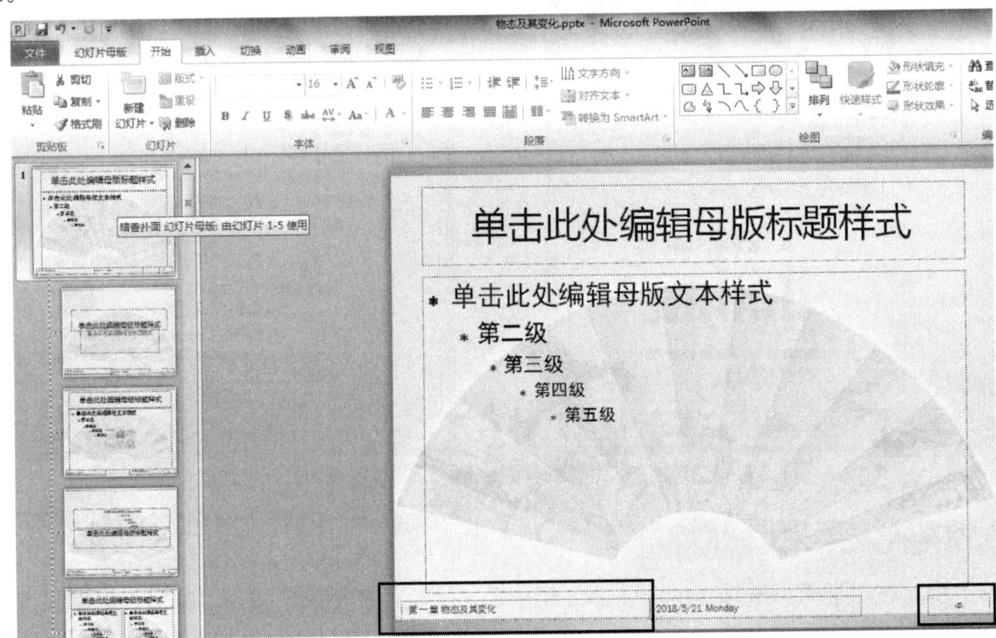

图18-8 设置页脚、页码位置

第 4 步：使用同样的方法设置“沉稳 幻灯片母版”中的页脚及页码位置。

第 5 步：在“幻灯片母版”选项卡下，单击“关闭母版视图”按钮，退出幻灯片母版编辑状态，如图 18-9 所示。

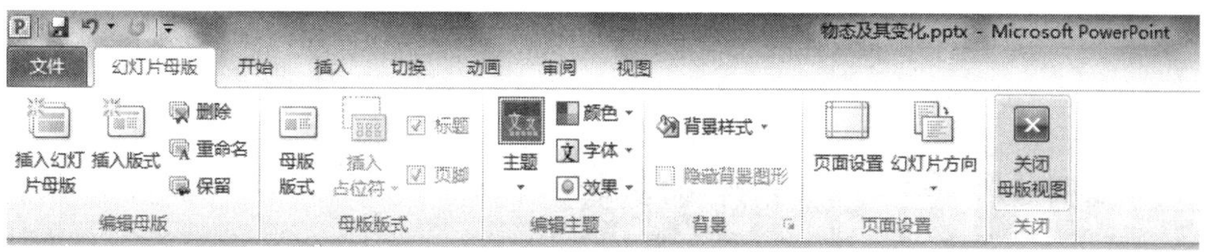

图18-9　关闭母版视图

三、案例拓展

张颖是新世界数码技术有限公司的人事专员，公司需要对一批新员工进行入职培训。人事助理已经制作了一份“素材\案例 18\新员工入职培训.pptx”，请将该文档参照图 18-10 所示效果，按如下要求进行美化：

- 为整个演示文稿设置“暗香扑面”主题。
- 将第二张幻灯片的背景设置为“信纸”纹理，将第三张至第五张幻灯片的背景设置为“白色大理石”纹理。
- 将第三张幻灯片设置为“标题和竖排文字”版式，将第四张幻灯片设置为“比较”版式。
- 除标题幻灯片外，设置其他幻灯片页脚的最右侧为当前幻灯片编号，最左侧为“新员工入职培训”字样。

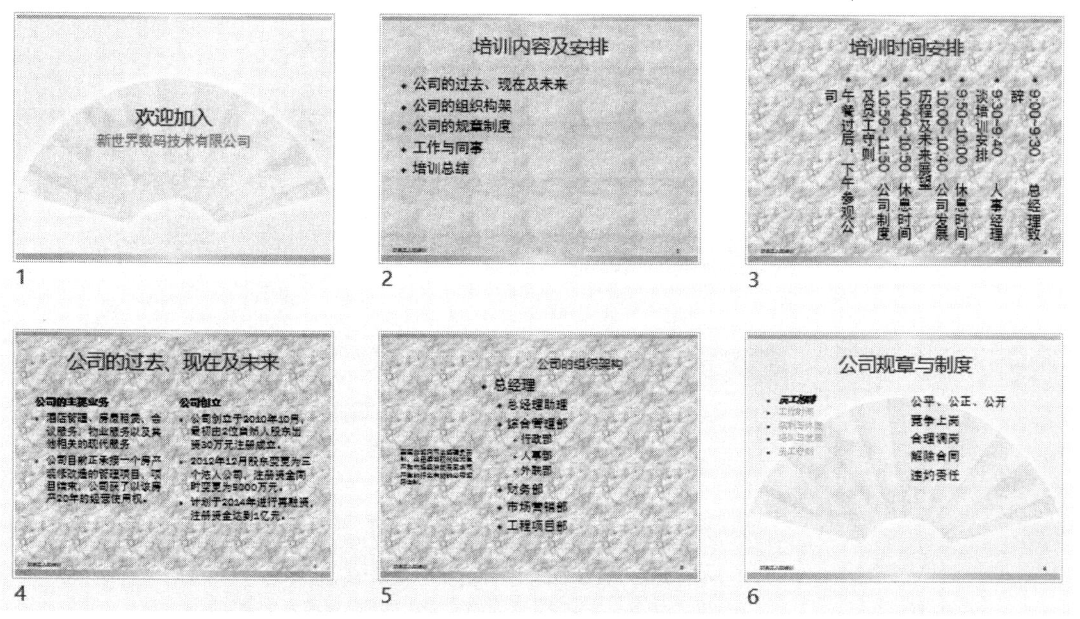

图18-10　“新员工入职培训.pptx”效果图

案例十九

编辑幻灯片中的对象

培训部会计师张女士正在准备有关高新技术企业科技政策的培训课件，现已完成初稿“科技政策介绍.pptx”，为了给听讲人更好的感官效果，需要在课件中插入背景音乐、图片、SmartArt图形、超链接等对象。

本案例主要练习在幻灯片中插入音乐、图片、SmartArt 图形等对象，以及设置对象动画效果、为文字设置超链接等操作。通过本案例的制作，可以掌握丰富幻灯片内容、设置对象的超链接等操作。本案例的完成效果如图 19-1 所示。

图19-1　“科技政策介绍.pptx”效果图

一、案例设计

打开“素材\案例19\科技政策介绍.pptx”，按照下列要求帮助张女士完成PPT课件的对象插入及编辑。

- 在第一张幻灯片的右下角插入一幅“科技”类剪贴画。
- 将第二张幻灯片中的左右两栏文字依次转换为名为“垂直框列表”和“射线维恩图”的SmartArt图形。
- 为第三张幻灯片中的“北京市科委：http://www.bjkw.gov.cn”添加指向网址http://www.bjkw.gov.cn的超链接。
- 在第十一张幻灯片下方的内容区中，制作类似“素材”文件夹下的图片Pic1.jpg所示的表格。
- 将“素材”文件夹中的声音文件“案例19\BackMusic.mid”设置为演示文稿的背景音乐，并要求在幻灯片放映时开始播放，在演示结束后停止。

二、案例分析

打开“素材\案例 19\科技政策介绍.pptx”。

1. 插入剪贴画

选中第一张幻灯片，单击“插入”选项卡的“图像”组中的“剪贴画”按钮，在窗口右侧的“剪贴画”窗格的“搜索文字”文本框中输入关键字“科技”，单击右侧的“搜索”按钮，从搜索结果中选择一张图片，单击将其添加到幻灯片中，如图 19-2 所示。适当调整图片大小，并移动到页面的右下角，最后关闭“剪贴画”窗格。

图19-2　插入剪贴画

2. 设置SmartArt图形

第 1 步：在第二张幻灯片中选中左侧文本框，单击“开始”选项卡的“段落”组中的“转换为 SmartArt 图形”下拉按钮，在下拉列表中选择“其他 SmartArt 图形”，如图 19-3 所示。

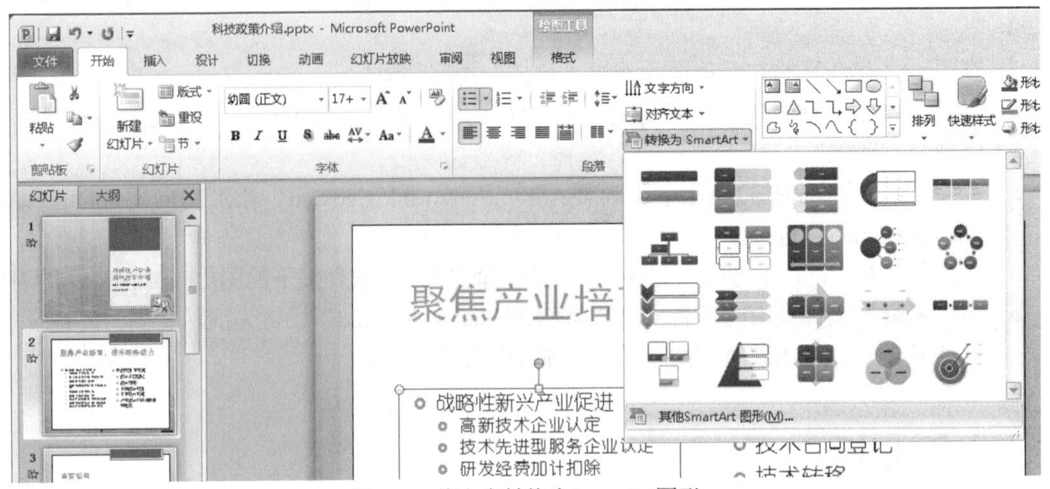

图19-3　将文字转换为SmartArt图形

第 2 步：在弹出的“选择 SmartArt 图形”对话框中，单击左侧列表框中的“列表”，在右侧选择“垂直框列表”，单击“确定”按钮，如图 19-4 所示。

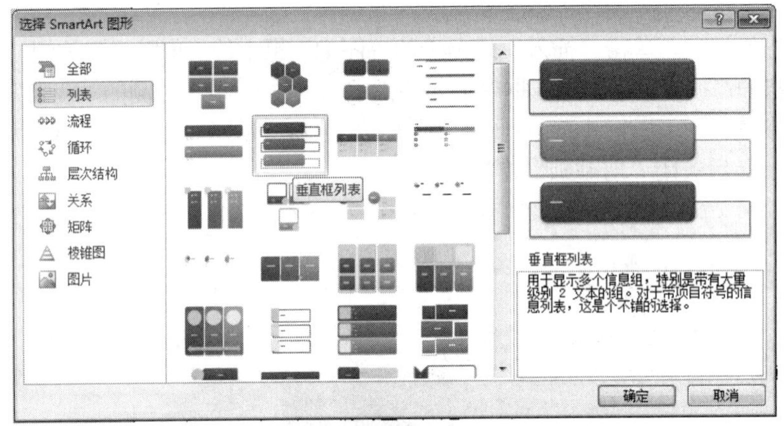

图19-4　设置“垂直框列表”式SmartArt图形

第 3 步：选中右侧文本框，按照上述方法，在“选择 SmartArt 图形”对话框中单击左侧列表框中的“关系”，在右侧选择“射线维恩图”，单击“确定”按钮，如图 19-5 所示。

3. 插入超链接

在第三张幻灯片中，选定“北京市科委：http://www.bjkw.gov.cn”，右击鼠标，在弹出的快捷菜单中选择“超链接”命令，弹出“插入超链接”对话框，选择“现有文件或网页”选项，在“地址”后的输入栏中输入 http://www.bjkw.gov.cn，如图 19-6 所示，单击“确定”按钮。

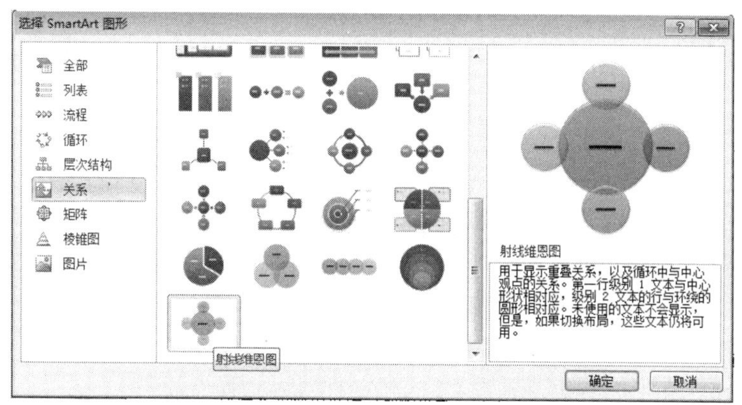

图19-5　设置“射线维恩图”式SmartArt图形

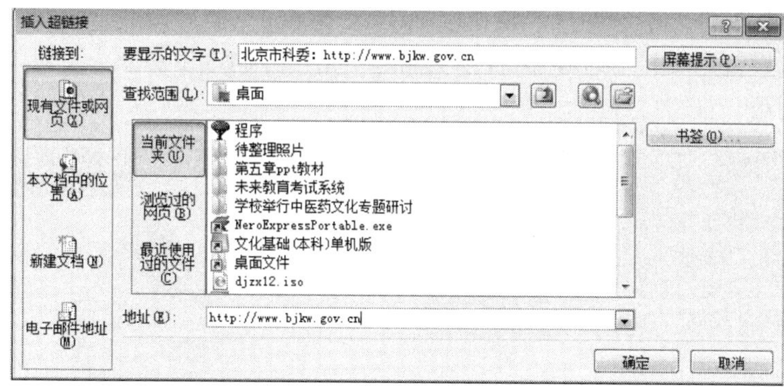

图19-6　插入超链接

4. 插入并编辑表格

在第十一张幻灯片下方的内容区中，单击“插入”选项卡的“表格”组中的“表格”下拉按钮，在下拉列表中单击“插入表格”图标，在弹出的“插入表格”对话框中，设置“8 列 4 行”表格，在“表格样式”中选定“无样式，网格型”，然后通过单元格合并、设置对齐方式等操作完成表格的制作。

5. 音频播放设置

第 1 步：选择第一张幻灯片，单击“插入”选项卡的“媒体”组中的“音频”下拉按钮，在下拉列表中选择“文件中的音频”，选择“素材”文件夹下的“素材\案例 19\BackMusic.mid”音频文件。

第 2 步：单击幻灯片中的音频图标，在“音频工具”|“播放”分选项卡中的“音频选项”组中，将开始方式设置为“跨幻灯片播放”，选中“循环播放，直到停止”“播完返回开头”和“放映时隐藏”复选框，如图 19-7 所示。

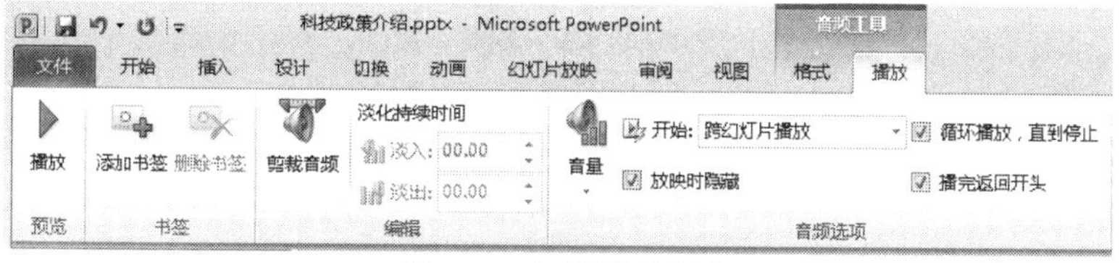

图19-7　音频播放设置

三、案例拓展

公司计划在展会上宣传最新产品，因此需要市场部小张完善“素材\案例19\产品宣传文稿.pptx”。请参照图19-8所示效果，按照如下要求帮助其完善该演示文稿：

- 将演示文稿中的所有中文字体由“宋体”改为“微软雅黑”。
- 将“素材”文件夹中的声音文件“素材\案例19\BackMusic.mid”设置为该演示文稿的背景音乐，并要求在幻灯片放映时开始播放，至演示结束后停止。
- 为了布局美观，将第二张幻灯片中的文字内容转换为名为“基本维恩图”的SmartArt图形，更改SmartArt图形的颜色，并设置SmartArt样式为“强烈效果”。
- 为最后一张幻灯片右下角的箭头图形添加指向网址www.microsoft.com的超链接。
- 将“素材”文件夹中的图片“素材\案例19\图标.png”插入最后一张幻灯片中，将高度、宽度分别设置为4cm、4cm，放置于页面左下角，并通过设置动作按钮，实现单击该图标时返回到第一张幻灯片。

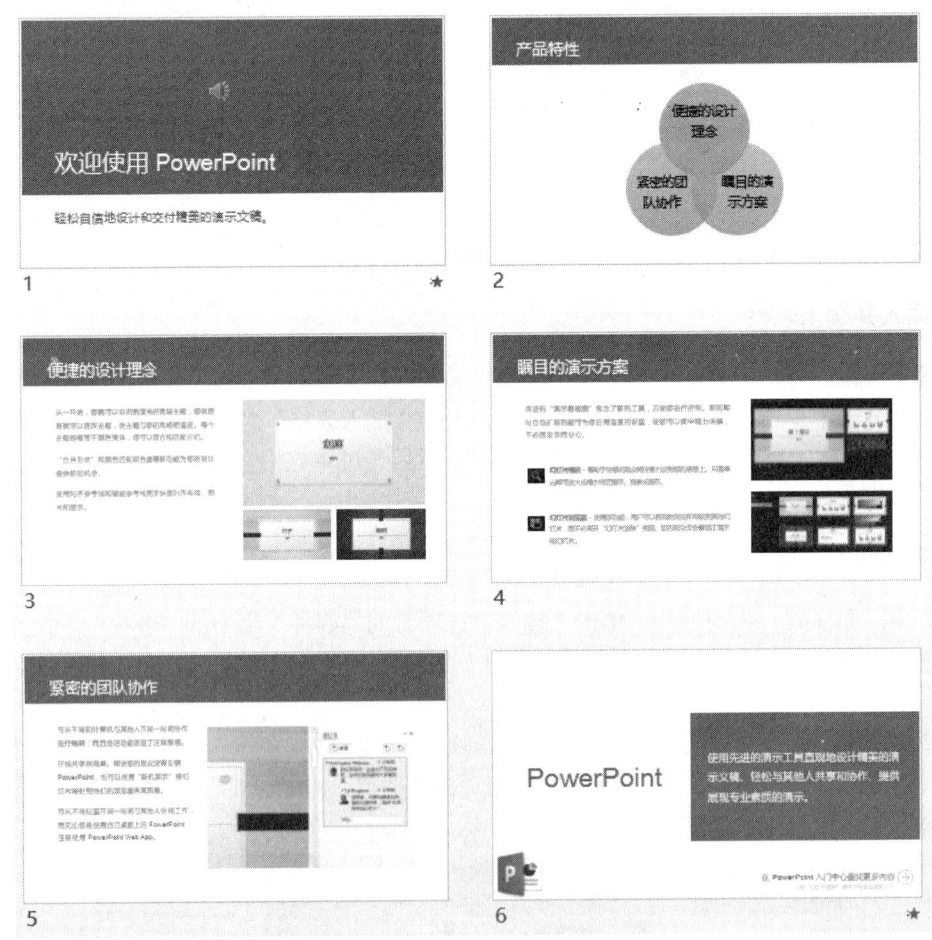

图19-8 “产品宣传文稿.pptx”效果图

案例二十

设置交互效果及放映

公司计划在“创新产品展示及说明会”茶歇期间，在大屏幕投影上向来宾自动播放会议的日程和主题，因此需要市场部助理小刘完善“创新产品展示及说明会.pptx”中的演示内容。

本案例主要练习幻灯片中动画的设置、幻灯片整体的切换设置、幻灯片放映方式的设置等。通过本案例的制作，可以掌握幻灯片动画效果及切换效果的设置，能根据实际需求对演示文稿的放映方式进行合理设置。本案例的完成效果如图 20-1 所示。

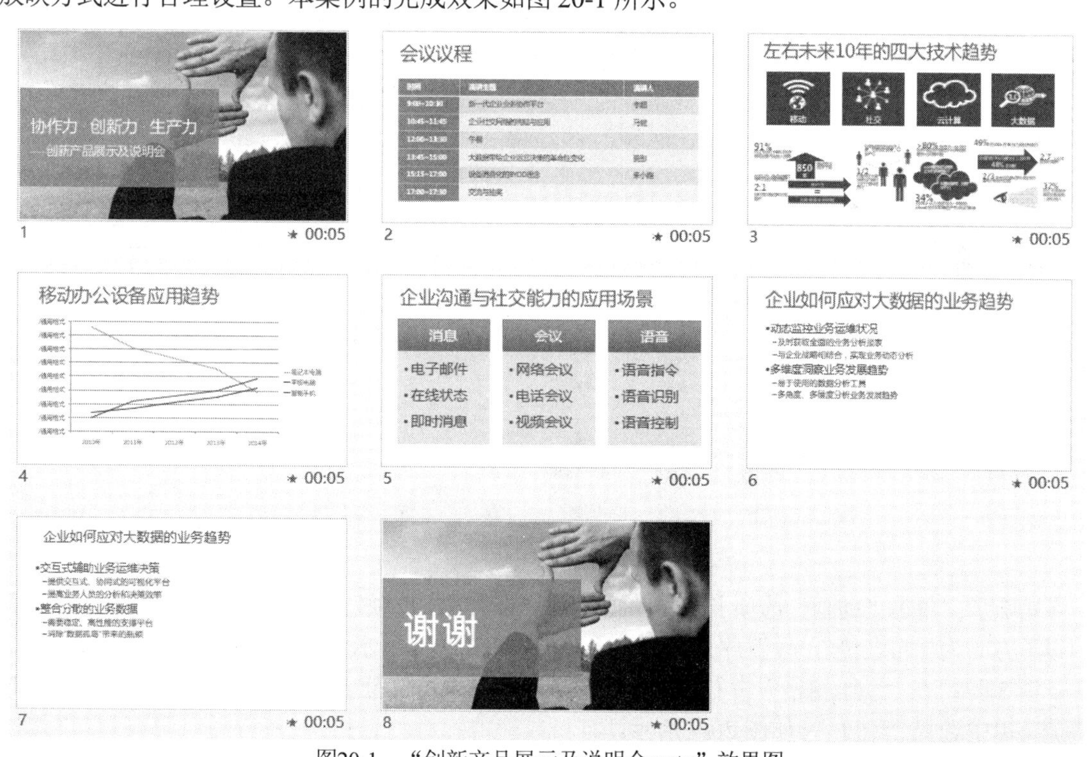

图20-1 “创新产品展示及说明会.pptx”效果图

一、案例设计

打开“素材\案例 20\创新产品展示及说明会.pptx”，按照以下要求进行设置。

- 为第四张幻灯片中的折线图设置“擦除”进入动画效果，“效果选项”为“自左侧”，按照“系列”逐次单击显示“笔记本电脑”“平板电脑”“智能手机”的使用趋势。
- 为演示文稿中的所有幻灯片设置不同的切换效果。
- 在演示文稿中创建一个演示方案，该演示方案包含除了第二张幻灯片以外的所有幻灯片，并将该演示方案命名为“放映方案1”。
- 为了实现幻灯片可以自动放映，设置每张幻灯片的自动放映时间为5秒。

二、案例分析

打开“素材\案例 20\创新产品展示及说明会.pptx”。

1. 设置动画

第 1 步：选中第四张幻灯片中的折线图，单击“动画”选项卡的“动画”组中的“其他”下拉按钮，在“进入”组中选择“擦除”效果，如图 20-2 所示。

图20-2　设置动画效果

第 2 步：单击“动画”选项卡的“动画”组中的“效果选项”下拉按钮，在弹出的下拉列表中设置方向为“自左侧”，设置序列为“按系列”，如图 20-3 所示。

第 3 步：在“动画窗格”中右击“单击时擦除：图表占位符 1：背景”动画效果，在弹出的快捷菜单中选择“删除”，如图 20-4 所示。

2. 设置切换效果

分别选中不同幻灯片，在“切换”选项卡的“切换到此幻灯片”组中单击“其他”下拉按钮，在弹出的下拉列表中选择不同的切换效果，如图 20-5 所示。

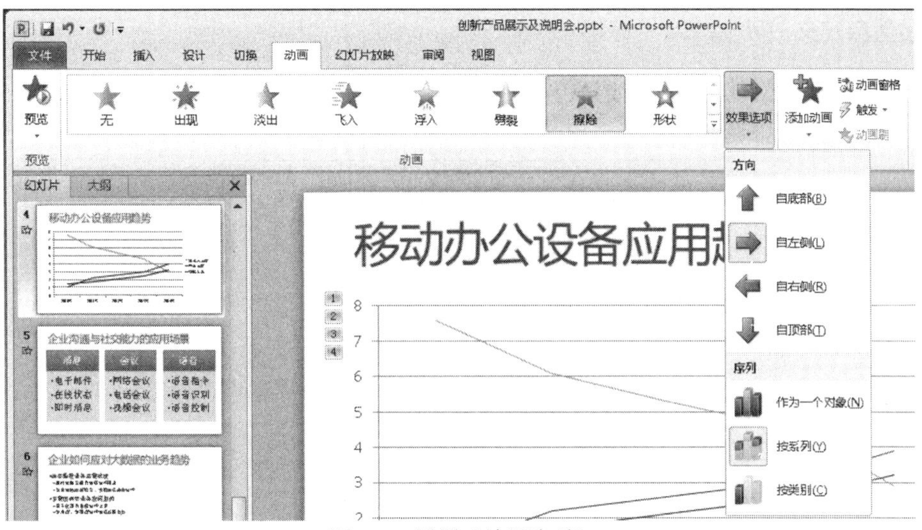

图20-3　设置“效果选项”

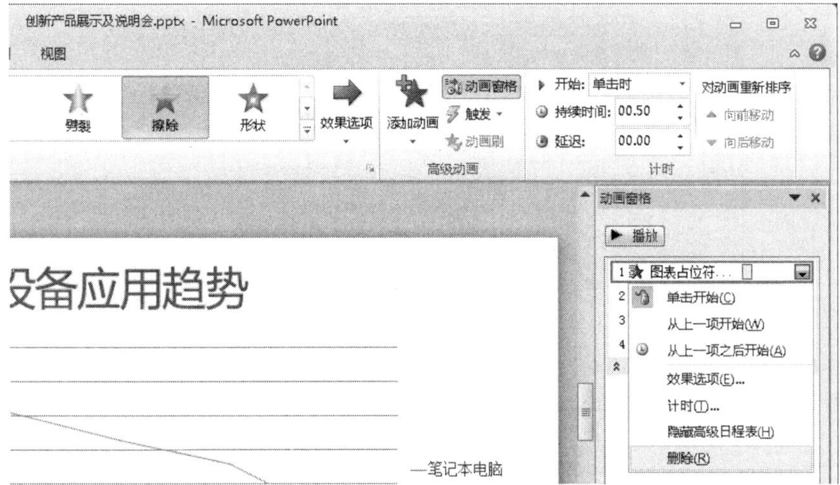

图20-4　删除多余动画效果

图20-5　设置切换效果

3. 设置自定义放映

第 1 步：单击“幻灯片放映”选项卡的“开始放映幻灯片”组中的“自定义幻灯片放映”下拉按钮，在下拉列表中选择“自定义放映”，如图 20-6 所示，弹出“自定义放映”对话框。

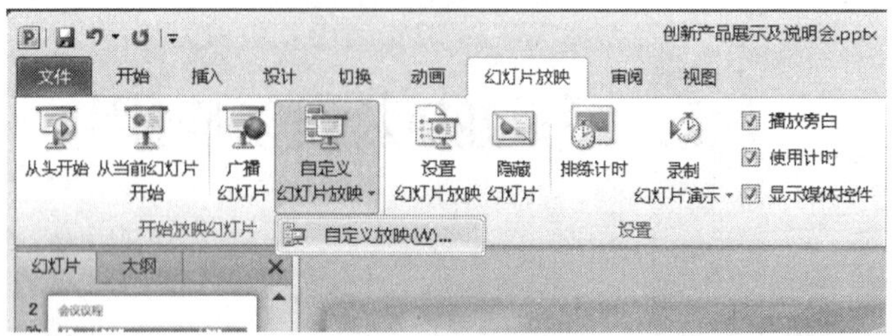

图20-6　设置自定义放映

第 2 步：单击“新建”按钮，弹出“定义自定义放映”对话框，在“幻灯片放映名称”文本框中输入“放映方案 1”，从左侧的“在演示文稿中的幻灯片”列表框中选择幻灯片 1、3、4、5、6、7、8，添加到“在自定义放映中的幻灯片”列表框中，如图 20-7 所示。

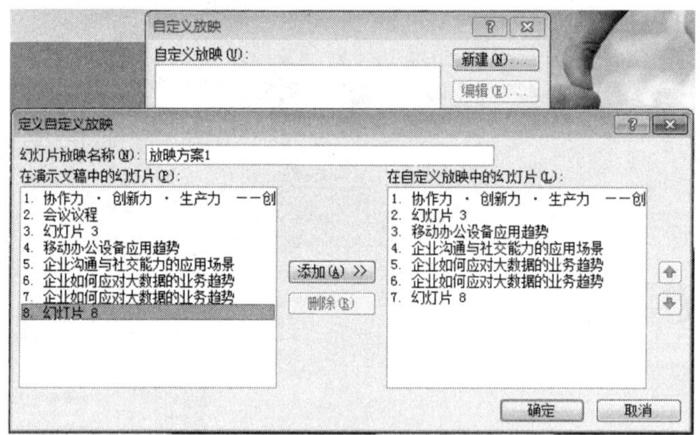

图20-7　“定义自定义放映”对话框

第 3 步：单击“确定”按钮返回到“自定义放映”对话框，单击“放映”按钮即可放映“放映方案 1”。

4. 设置自动放映

选中全部幻灯片，在“切换”选项卡的“计时”组中选中“设置自动换片时间”复选框，并在右侧的文本框中输入 00:05.00，如图 20-8 所示。

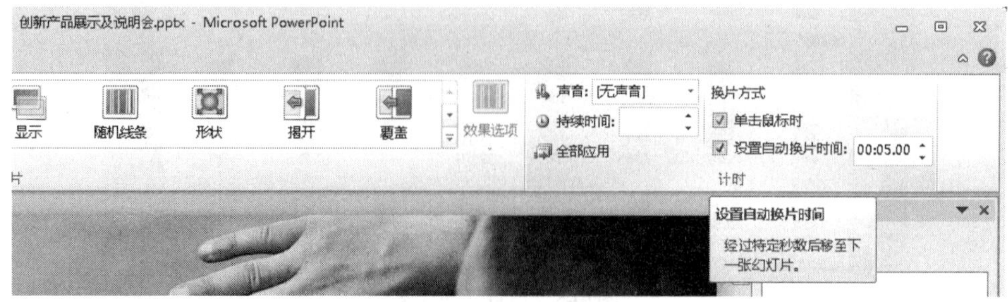

图 20-8　设置自动换片时间

三、案例拓展

为了更好地规范教材的内容、质量和编写流程，小李负责起草了图书策划方案，并制作了“素材\案例 20\图书策划方案.pptx”演示文稿，从而可以向教材编委会进行展示。请根据图 20-9 所示效果，按照下面的要求对已制作好的演示文稿“素材\案例 20\图书策划方案.pptx”进行美化：

- 将演示文稿的主题设置为“凤舞九天”。
- 为演示文稿设置不少于三种的幻灯片切换方式。
- 为第五张幻灯片里的内容设置“浮入”动画效果，要求单击“新版图书读者定位”会触发动作，其余内容随后逐条“浮入”出现。
- 在演示文稿中创建一个演示方案，该演示方案包含第1、3、4、6张幻灯片，并将该演示方案命名为“放映方案1”。
- 设置幻灯片为循环放映方式，如果不单击鼠标，幻灯片15秒后自动切换至下一张。

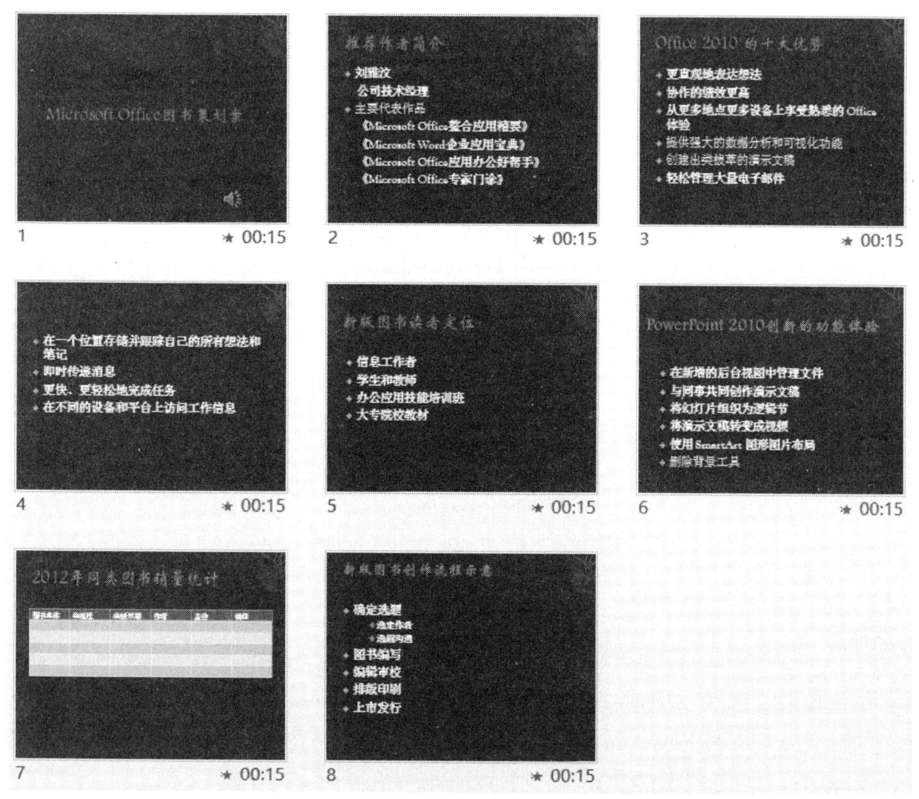

图20-9　“图书策划方案.pptx”效果图

四、PowerPoint综合案例拓展

综合案例一

王老师下节课要给大家讲解“科学技术”，现已制作了相关演示文稿，请你根据已学知识，帮

王老师进行演示文稿的美化。打开“素材\PowerPoint 综合案例拓展\科学技术.pptx”，参照图 20-10 所示效果，按照以下要求进行设置：

- 把第一张幻灯片的标题字体设置为黑体、颜色为红色(RGB(255,0,0))，并将第一张幻灯片的纹理设置为“水滴”效果。
- 将演示文稿的主题设置为“跋涉”。
- 为第二张幻灯片设置切换效果：百叶窗，水平，风铃声音，自动换片时间为3秒，持续时间为3秒。
- 为第四张幻灯片中的“高新科技类”文本建立超链接，链接到第五张幻灯片，并为第六张幻灯片中的文字“返回分类”设置动作，单击返回第四张幻灯片。
- 为第五张幻灯片中的标题文字设置动画效果：飞入，自右侧，持续时间为2秒，单击鼠标开始动画。为幻灯片中的其他文字设置动画效果：弹跳，持续时间为3秒，开始于上一动画之后。

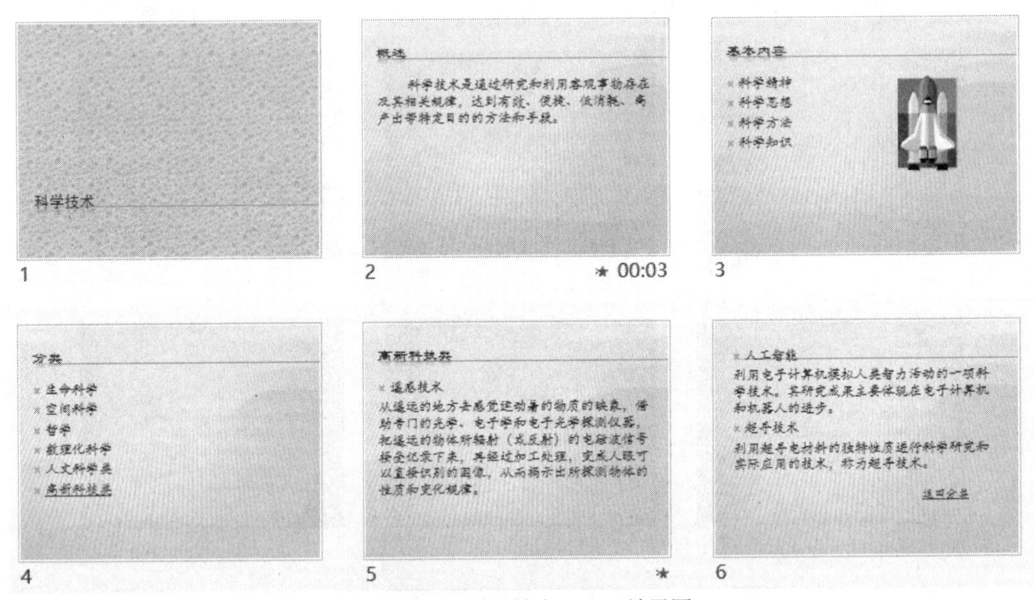

图20-10　“科学技术.pptx”效果图

综合案例二

王雪最近应北京节水展馆邀请，为展馆制作一份宣传水知识及节水工作重要性的演示文稿。文字资料及素材参见“素材\PowerPoint 综合案例拓展\水资源利用与节水(素材).docx”文件，最终效果可参照图 20-11，制作要求如下：

- 标题幻灯片包含演示主题、制作单位(北京节水展馆)和日期(××××年×月×日)。
- 为演示文稿设置主题，幻灯片不少于五张，且版式不少于三种。
- 演示文稿中除文字外要有两张以上的图片，并有两个以上的超链接进行幻灯片之间的跳转。
- 动画效果要丰富，幻灯片切换效果要多样。
- 演示文稿播放的全程需要有背景音乐。
- 除标题幻灯片外，设置其他幻灯片页脚的最左侧为“水资源利用与节水”字样，最右侧为当前幻灯片编号。

● 在演示文稿中创建一个演示方案，该演示方案包含第1、2、4、5张幻灯片，并将该演示方案命名为“放映方案1”。
● 将制作完成的演示文稿以“水资源利用与节水.pptx”为文件名进行保存。

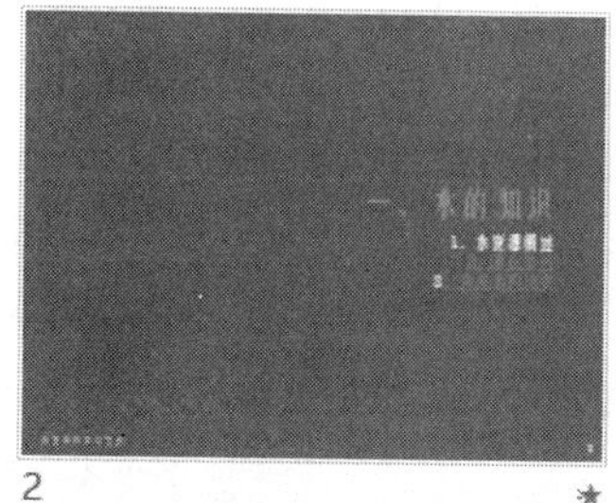

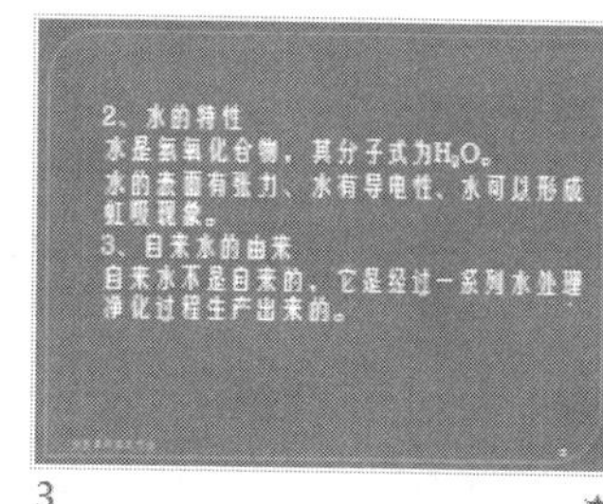

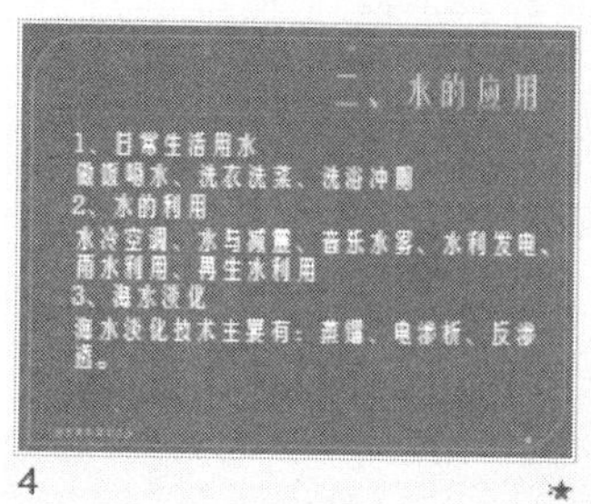

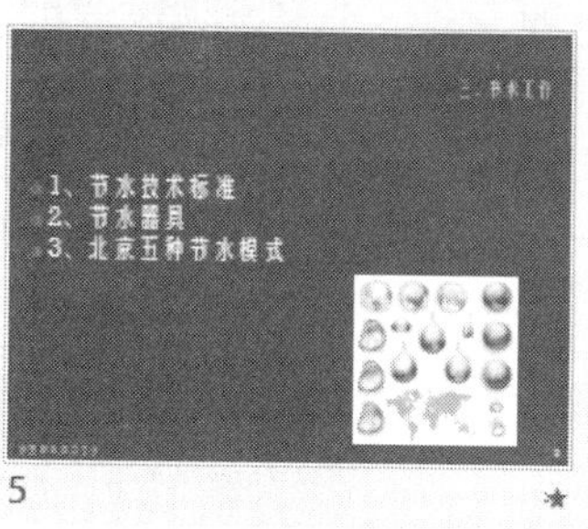

图20-11　“水资源利用与节水.pptx”效果图

综合案例三

作为中国海军博物馆讲解员的小张，受领了制作“辽宁号航空母舰”简介演示幻灯片的任务，需要对演示幻灯片的内容进行精心设计和裁剪。请你根据“素材\PowerPoint 综合案例拓展\辽宁号航空母舰\辽宁号航空母舰素材.docx”文件，帮助小张完成制作任务，效果可参考图 20-12，具体要求如下：

● 制作完成的演示文稿至少包含九张幻灯片，并含有标题幻灯片和致谢幻灯片；为演示文稿选择一种适当的主题，要求字体和配色方案合理；为每张幻灯片设置不同的切换效果。
● 标题幻灯片的标题为“辽宁号航空母舰”，副标题为“——中国海军第一艘航空母舰”，标题幻灯片中还应有“二〇一八年十一月”字样。
● 根据“辽宁号航空母舰素材.docx”文档中对应标题“概况”“简要历史”“性能参数”“舰载武器”“动力系统”“舰载机”“内部舱室”下的内容各制作一张或两张幻灯片，文字内容可根据幻灯片的内容布局进行精简。为这些内容幻灯片选择合理的版式。
● 请将相关的图片(图片文件均存放于“素材\PowerPoint综合案例拓展\辽宁号航空母舰”文件夹中)插入对应的内容幻灯片中，完成合理的图文布局；并设置文字和图片的动画效果。
● 演示文稿的最后一张为致谢幻灯片，需要包含艺术字样式的“谢谢观看”。
● 除标题幻灯片外，最右侧为当前幻灯片编号。
● 设置演示文稿为循环放映方式，在自定义循环放映时不包括最后一张的致谢幻灯片。
● 将演示文稿保存为“辽宁号航空母舰.pptx”。

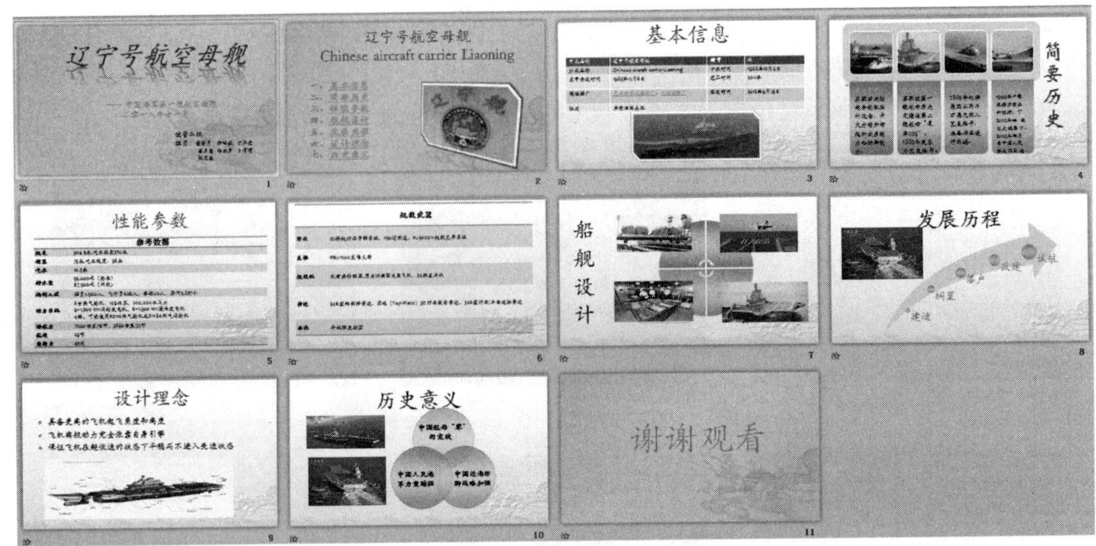

图20-12　“辽宁号航空母舰.pptx”效果图

案例二十一

创建教学管理数据库

赵老师是学校教务处的干事，主要负责学生成绩管理工作。为了提高学校学生成绩管理的效率，赵老师准备把平时的学生成绩管理工作都输入数据库进行管理，请帮助赵老师设计一个Access数据库，以便于以后的查询和管理。

本案例主要练习使用 Access 2010 的基本功能创建一个教学管理数据库，主要练习创建表的方法，熟悉数据表的结构、表的字段类型，掌握主键的定义和记录的输入方法，这些是数据库管理中最常用、最基本的技能。下面以制作教学管理数据库为例进行详细介绍，数据表之间的关系如图 21-1 所示。

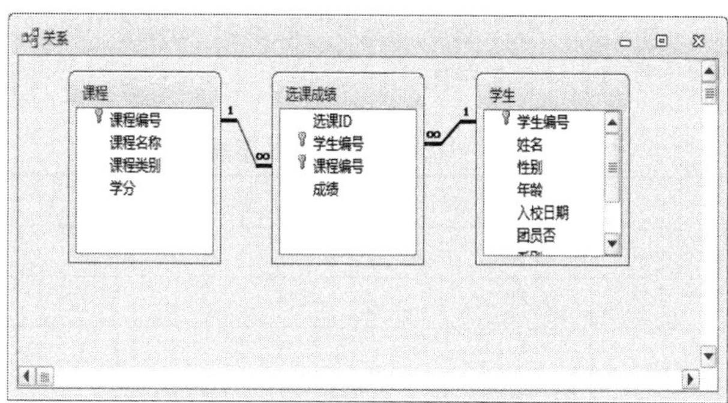

图21-1　数据表之间的关系

一、案例设计

- 创建数据库：创建教学管理空数据库，文件名为“教学管理.accdb”。
- 创建“课程”表：在“教学管理.accdb”数据库中，用数据表视图创建“课程”表，字段结构如表21-1所示，设置“课程编号”为主键。

表21-1　“课程”表的字段结构

字段名	字段类型	长度
课程编号	文本	3
课程名称	文本	12

(续表)

字段名	字段类型	长度
课程类别	文本	3
学分	单精度	

- 创建“学生”表：在“教学管理.accdb”数据库中，用数据表视图创建“学生”表，字段结构如表21-2所示，并设置主键为“学生编号”。

表21-2　“学生”表的字段结构

字段名	字段类型	长度
学生编号	文本	8
姓名	文本	5
性别	文本	1
年龄	数字	
入校日期	日期/时间	
团员否	是/否	
简历	备注	
照片	OLE对象	

- 创建“选课成绩”表：在“教学管理.accdb”数据库中创建“选课成绩”表，字段结构如表21-3所示，并设置主键为“选课ID”。

表21-3　“选课成绩”表的字段结构

字段名	字段类型	长度
选课ID	文本	3
学生编号	文本	12
课程编号	文本	3
成绩	单精度	

- 设置字段类型：将“学生”表中的“年龄”字段设置为长整型，将“学生”表中的“入校日期”的输入掩码属性设置为短日期，将“学生”表中的“性别”字段的默认值设置为“女”。
- 定义表间关系：定义“教学管理.accdb”数据库中的表间关系。
- 输入数据：在“课程”表、“学生”表、“选课成绩”表中输入合适的数据。

二、案例分析

1. 创建数据库

第 1 步：启动 Access 2010 程序，单击“文件”选项卡中的“新建”命令，在中间的模板中选择“空数据库”，在右侧的“文件名”文本框中输入“教学管理.accdb”，如图 21-2 所示。

图21-2　新建空数据库

第 2 步：单击“创建”按钮，完成空数据库的创建。

2. 创建“课程”表

第 1 步：单击“创建”选项卡的“表格”组中的“表设计”按钮。

第 2 步：在表设计视图中，按照表格要求输入字段名称，选择对应的数据类型，并在下方的“常规”选项卡中，设定对应字段的长度等属性，效果如图 21-3 所示。单击“课程编号”字段，单击“表格工具”|“设计”分选项卡中“主键”按钮，为“课程”表设置主键，然后单击“保存”，在弹出的对话框中输入表名称“课程”，最后单击“确定”，完成“课程”表的创建。

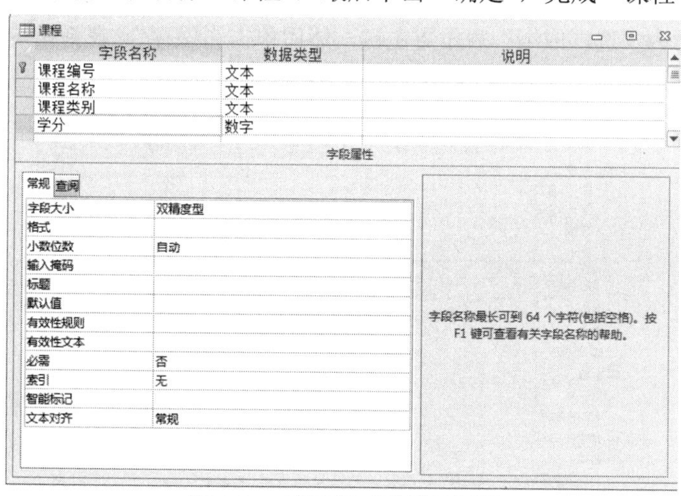

图21-3　“课程”表的设计视图

3. 创建“学生”表

第 1 步：单击“创建”选项卡的“表格”组中的“表设计”按钮。

第 2 步：在表设计视图中，按照表格要求输入字段名称，选择对应的数据类型，并在下方的“常规”选项卡中，设定对应字段的长度等属性，效果如图 21-4 所示。单击“学生编号”字段，

单击“表格工具”|“设计”分选项卡中的“主键”按钮，为“学生”表设置主键，然后单击“保存”，在弹出的对话框中输入表名称“学生”，最后单击“确定”，完成“学生”表的创建。

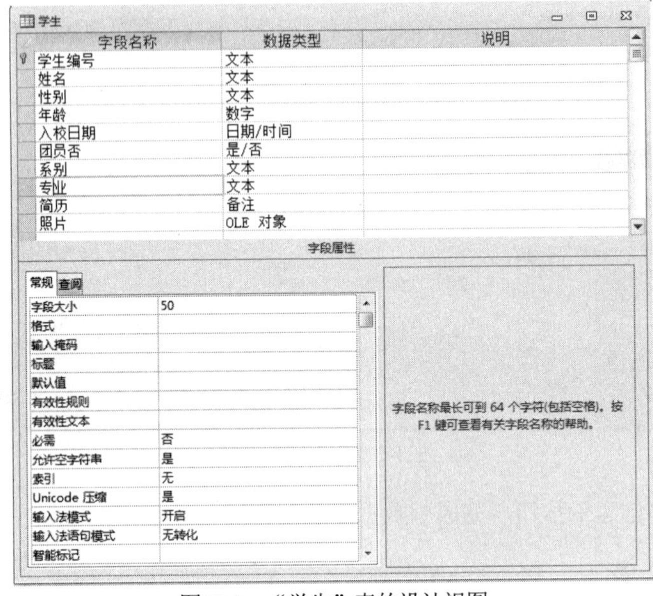

图21-4　“学生”表的设计视图

4. 创建“选课成绩”表

第 1 步：单击“创建”选项卡的“表格”组中的“表设计”按钮。

第 2 步：在表设计视图中，按照表格要求输入字段名称，选择对应的数据类型，并在下方的“常规”选项卡中，设定对应字段的长度等属性，效果如图 21-5 所示。单击“选课 ID”字段，右击选择“主键”，为“选课成绩”表设置主键，然后单击“保存”，在弹出的对话框中输入表名称“选课成绩”，最后单击“确定”，完成“选课成绩”表的创建。

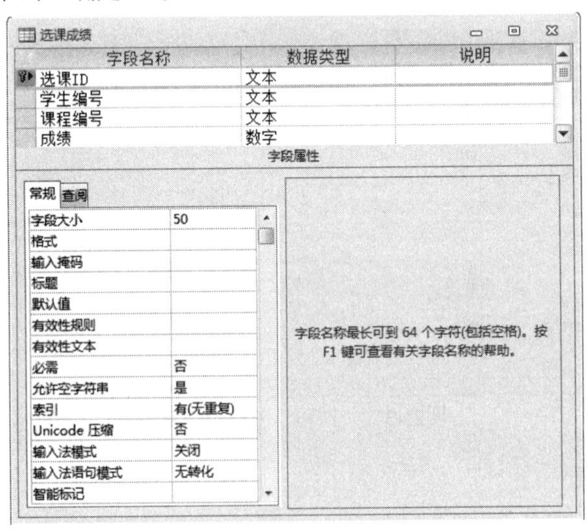

图21-5　“选课成绩”表的设计视图

5. 设置字段类型

第 1 步：选择左侧视图中的“学生”表，右击选择“设计视图”，进入表设计视图。

第 2 步：选择“年龄”字段的“数据类型”单元格，在下方的“常规”选项卡中，在“字段大小”中选择“长整型”，效果如图 21-6 所示。

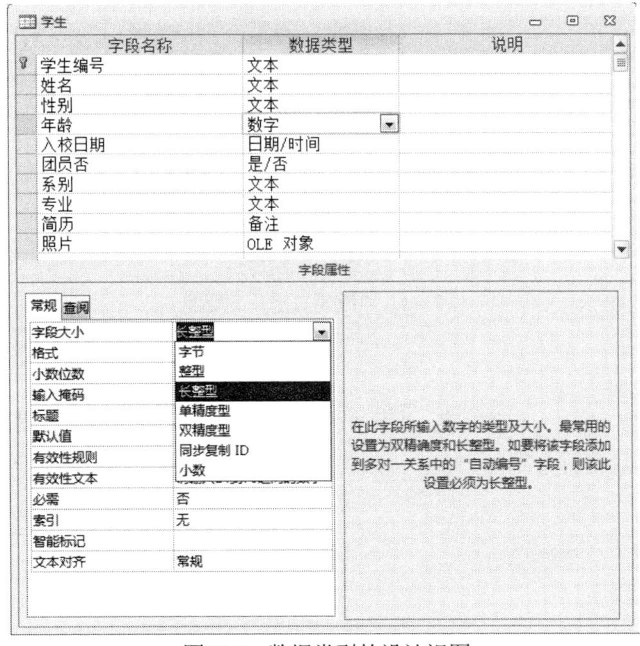

图21-6　数据类型的设计视图

第 3 步：选择“入校日期”字段的“数据类型”单元格，在下方的“常规”选项卡中，单击“输入掩码”右侧的…按钮，在弹出的“输入掩码向导”对话框中选择“短日期”，效果如图 21-7 所示。

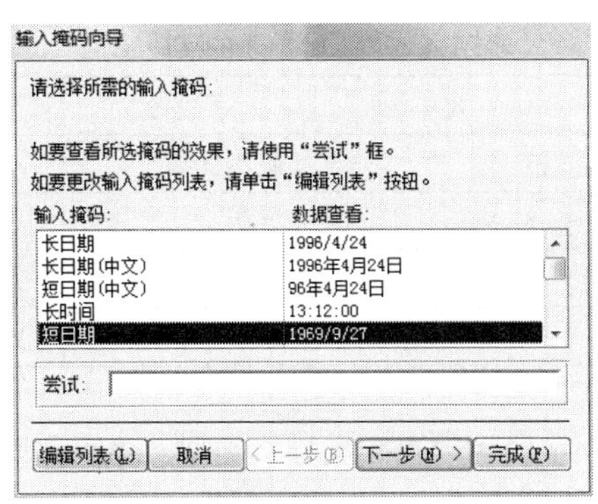

图21-7　“输入掩码向导”对话框

第 4 步：选择“性别”字段的“数据类型”单元格，在下方的“常规”选项卡中，在“默认值”右侧的单元格中输入“女”，然后关闭表设计视图。

6. 定义表间关系

第 1 步：单击“数据库工具”选项卡的“关系”组中的“选择”关系按钮，弹出关系编辑视图。

第 2 步：在“关系工具”选项卡中，单击“显示表”，在弹出的对话框中依次显示了“学生”表、“选课成绩”表和“课程”表。

第 3 步：拖动“课程”表中的“课程编号”字段到“选课成绩”表中的“课程编号”字段，松开鼠标后弹出“编辑关系”对话框，设置如图 21-8 所示效果。然后依照同样的方法建立“学生”表中“学生编号”与“选课成绩”表中“学生编号”的关系。

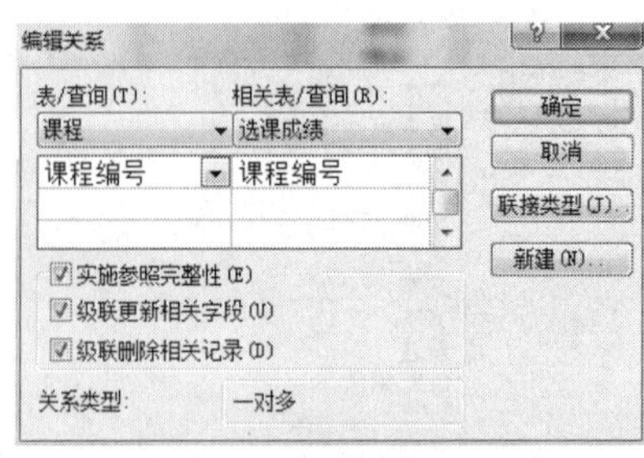

图21-8 “编辑关系”对话框

7. 输入数据

在视图左侧，分别双击“课程”表、“学生”表和“选课成绩”表，打开数据视图，在单元格内输入相应的数据，完成后关闭即可。

三、案例拓展

教学管理数据库中还应该建立“教师”表，赵老师已经对表的结构进行了详细设计，请按照设计要求帮赵老师建立“教师”表。

- 使用数据表视图在“教学管理.accdb”数据库中建立“教师”表，并选择合适的字段作为主键，表的字段结构如表21-4所示。

表21-4 “教师”表的字段结构

字段名	类型	大小	字段名	类型	大小
教师编号	文本	5	政治面貌	文本	2
姓名	文本	5	学历	文本	4
性别	文本	1	职称	文本	3
工作时间	日期/时间		系别	文本	10

- 设置“职称”“系别”字段为“查阅向导”类型、“职称”字段值为“教授”“副教授”“讲师”、“系别”字段值为“中医”“中药”“护理”。
- 将“系别”的默认值设置为“中医”。

案例二十二

创建简单查询

前期的数据库已经基本建立，也输入了相关的学生成绩。现在赵老师可以利用数据库进行数据操作了，请帮助赵老师利用 Access 2010 的查询功能对学生成绩进行检索。

本案例主要利用 Access 2010 的查询功能，将存储于一个或多个表中的数据挑选出来，并对挑选结果按照某种规则进行运算，构成一个新的数据集合，以便于数据的查看和分析。本案例主要考查对设定条件的选择查询的操作方法。案例效果如图 22-1 所示。

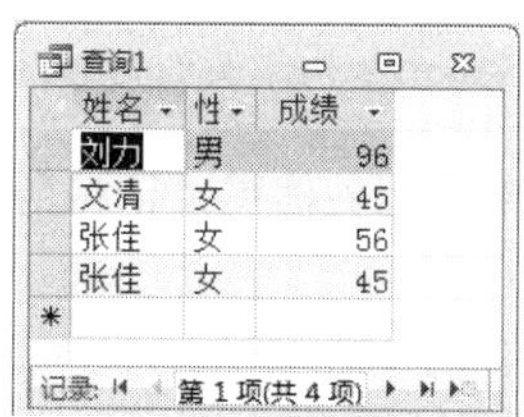

图22-1　案例效果

一、案例设计

查找成绩低于 60 分的女生，以及成绩高于或等于 90 分的男生，显示姓名、性别和成绩。

二、案例分析

第 1 步：单击“创建”选项卡的“查询”组中的“查询设计” 按钮，打开查询设计视图，在弹出的“显示表”对话框中添加“学生”表和“选课成绩”表，然后关闭“显示表”对话框。

第 2 步：依次双击“姓名”“性别” “成绩”字段，使下方的设计网格区域显示对应的三个字段，并处于显示状态。

第 3 步：在设计网格区域的“性别”字段的“条件”行输入“男”，在“或”行输入“女”；在“成绩”字段的“条件”行输入“>=90”，在“或”行输入“<60”，设置效果如图 22-2 所示。

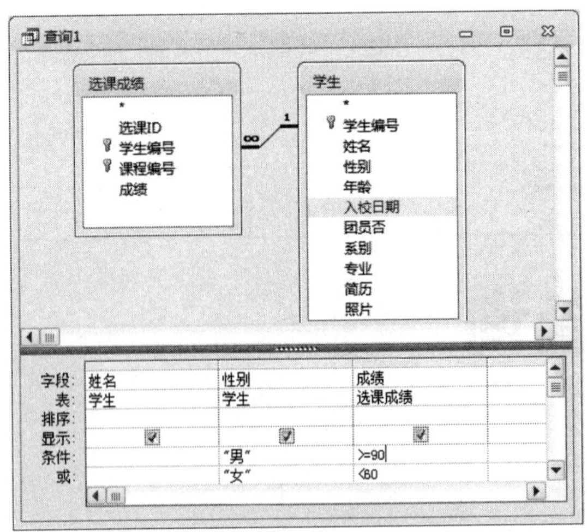

图22-2　查询设计视图

第 4 步：单击“查询工具”选项卡的“结果”组中的“视图”或“运行”按钮，显示查询结果，然后保存查询结果。

三、案例拓展

学工处的老师因工作需要查询学生的相关信息，请按照下列要求帮助学工处的老师找到这些学生信息。

- 查询年龄为18和23岁的学生信息。
- 查询1998年9月1日入校的男生基本信息。

案例二十三

创建交叉表查询

赵老师想要比较每个班级的男生和女生所有成绩的平均分，为方便比较，需要把查询结果显示在一张查询表格中。请你帮助赵老师利用交叉表查询完成这个小任务。

交叉表查询，就是对某个表中的字段进行分组，一组列在数据表的左侧，另一组列在数据表的上部，然后在数据表中行与列的交叉处显示表中某个字段的各种计算值，和 Excel 中的数据透视表类似。交叉表查询一种独特的概括形式，可以返回一个表内的总计数字，这种概括形式是其他查询无法完成的。本案例要求用两种方法创建交叉表查询。

案例效果如图 23-1 所示。

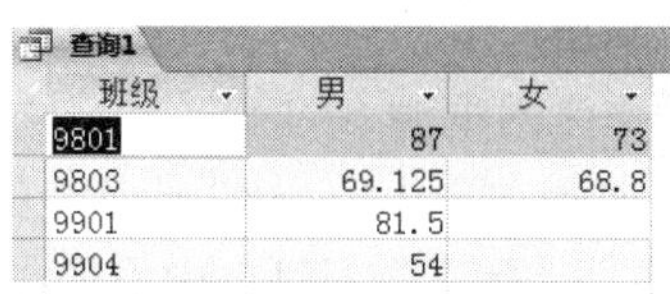
查询1

班级	男	女
9801	87	73
9803	69.125	68.8
9901	81.5	
9904	54	

图23-1　案例效果

一、案例设计

- 使用设计视图创建交叉表查询，统计各班男女生的平均成绩。
- 使用查询向导创建交叉表查询，统计各班男女生的平均成绩。

二、案例分析

1. 使用设计视图创建交叉表查询，统计各班男女生的平均成绩

第 1 步：单击“创建”选项卡的“查询”组中的“查询设计” 按钮，打开查询设计视图，在弹出的“显示表”对话框中添加“学生”表和“选课成绩”表，然后关闭“显示表”对话框。

第 2 步：在“查询工具”选项卡的“查询类型”组中单击“交叉表”按钮。

第 3 步：在下方的设计网格区域的一个单元格内输入“班级:Left([学生]![学生编号],4)”，然后分别双击“性别”和“成绩”字段，使它们显示在下方的设计网格区域。

第 4 步：在设计网格区域的第一列的“交叉表”行选择“行标题”，在“性别”字段的“交叉表”行选择“列标题”，在“成绩”字段的“交叉表”行选择“值”，在“总计”行分别选择“Group By”“Group By”“平均值”，效果如图 23-2 所示。

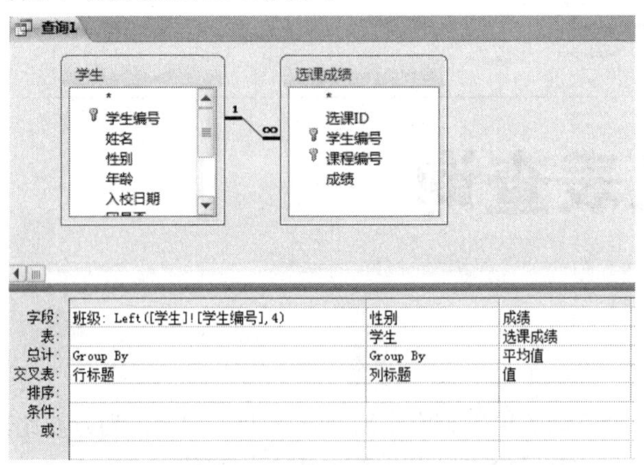

图23-2　使用设计视图创建交叉表查询

第 5 步：单击“查询工具”|“设计”分选项卡的“结果”组中的“视图”或“运行”按钮，显示查询结果，然后保存查询。

2. 使用查询向导创建交叉表查询，统计各班男女生的平均成绩

使用查询向导创建交叉表查询的数据源必须来自一个表或查询，如果数据源来自多个表，可以先建立一个查询，然后以此查询作为数据源。

第 1 步：创建一个查询作为数据源。单击“创建”选项卡的“查询”组中的“查询设计” 按钮 ，打开查询设计视图，在弹出的“显示表”对话框中添加“学生”表、“课程”表和“选课成绩”表，然后关闭“显示表”对话框。依次双击“学生编号”“性别”和“成绩”字段，使下方的设计网格区域显示对应的三个字段，并处于显示状态。在“学生编号”的“字段”行输入“班级: Left([学生]![学生编号],4)”，设置效果如图 23-3 所示。保存查询后关闭。

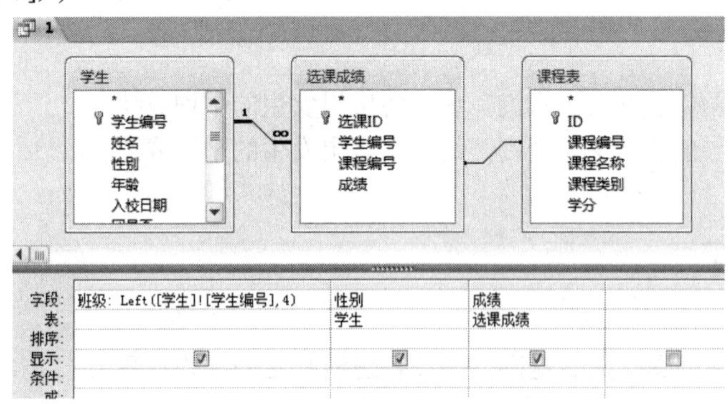

图23-3　查询设计效果

第 2 步：单击“创建”选项卡的“查询”组中的“查询向导”按钮，弹出“新建查询”对话框，选中“交叉表查询向导”，单击“确定”，如图 23-4 所示。

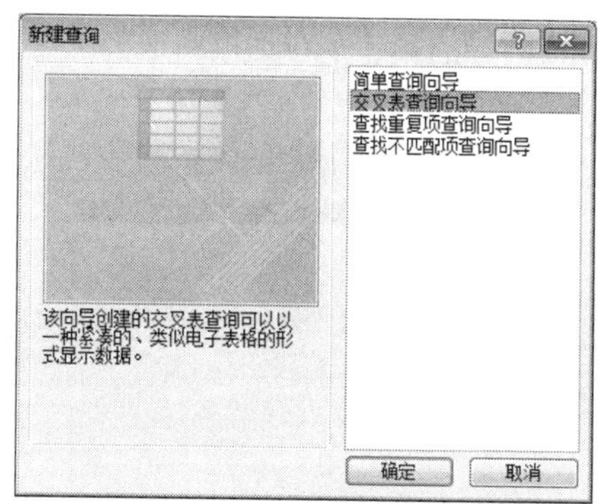

图23-4　“新建查询”对话框

第 3 步：在出现的“交叉表查询向导”对话框中选中“查询 1”，如图 23-5 所示，单击“下一步”按钮。

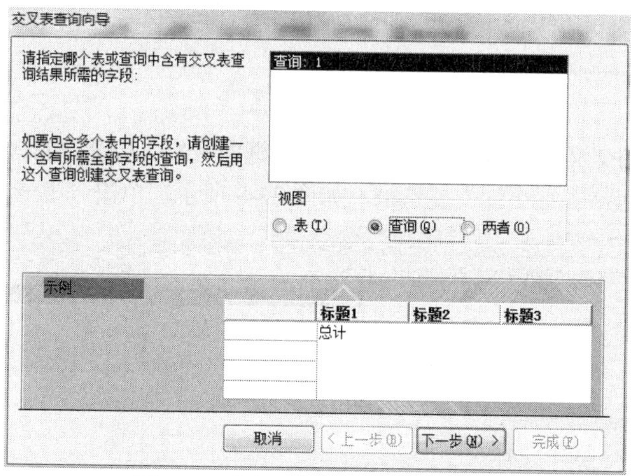

图23-5　“交叉表查询向导”对话框

第 4 步：在出现的交叉表查询向导的第 2 个对话框中选择“班级”作为行标题，如图 23-6 所示，单击“下一步”按钮。

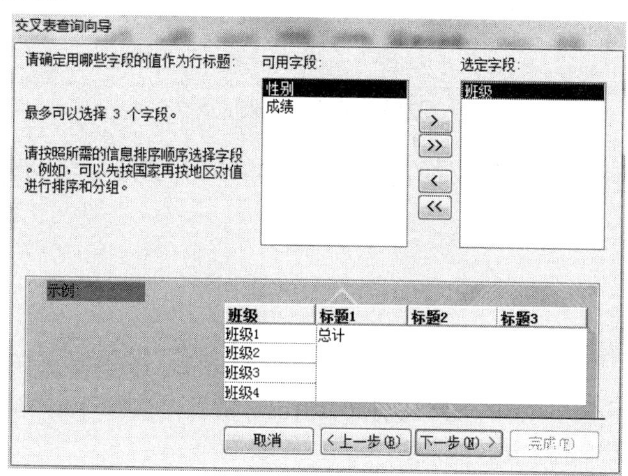

图23-6　确定行标题

第 5 步：在出现的交叉表查询向导的第 3 个对话框中选择“性别”作为列标题，如图 23-7 所示，单击“下一步”按钮。

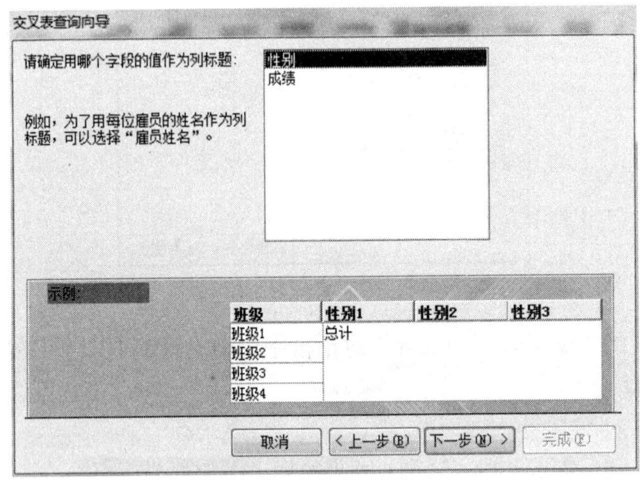

图23-7　确定列标题

第 6 步：在出现的交叉表查询向导的第 4 个对话框中选择“成绩”的 Avg 函数作为交叉表的值，取消选中“是，包括各行小计”复选框，如图 23-8 所示，单击“下一步”按钮。

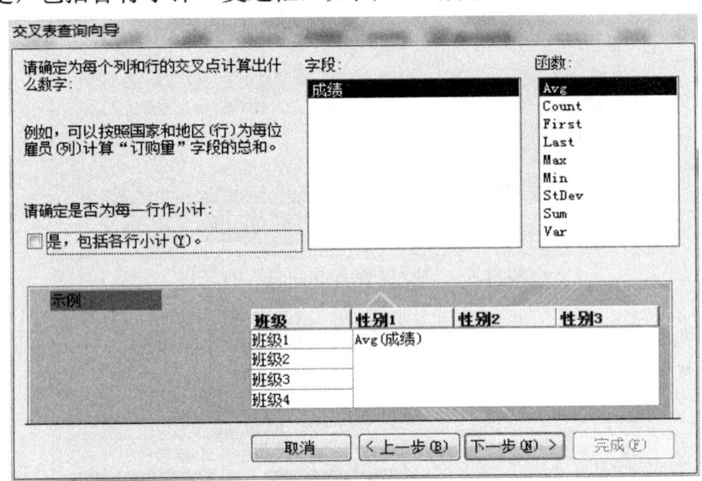

图23-8　确定交叉表的值

第 7 步：在出现的交叉表查询向导的第 5 个对话框中命名查询为“各班男女生平均成绩”，单击“完成”按钮。

三、案例拓展

学校想要统计一下不同职称的教师性别分布情况，请以“教师”表为基础，使用向导创建交叉表查询，统计不同职称的男女教师人数。

案例二十四

创建“输入教师基本信息”窗体

学校各系部每年都有新教师加入，也有一些教师的信息发生变更。这些信息需要各系部的教学秘书完成教师信息的输入，可是很多教学秘书不熟悉数据库操作。为了让教学秘书更直观地输入或更改这些信息，赵老师打算利用 Access 2010 的窗体对象设计一个直观的输入界面，以提高工作效率。请你利用学到的窗体相关知识，依据赵老师的要求完成“输入教师基本信息”窗体的设计。

窗体是应用程序和用户之间的接口，是创建数据库应用系统最基本的对象。窗体本身并不存储数据，但应用窗体可以直观、方便地对数据库中的数据进行输入、修改和查看。创建窗体有两种途径：一种是在窗体的设计视图中通过手工方式创建，另一种是使用 Access 2010 提供的向导快速创建。数据操作类的窗体一般都能由向导创建，但这类窗体的版式是既定的，因此经常需要切换到设计视图进行调整和修改。

本案例主要练习设计视图中绑定型文本框、选项组、绑定型组合框、绑定型列表框以及标签和按钮的创建方法。案例效果如图 24-1 所示。

图24-1　“输入教师基本信息”窗体

一、案例设计

以“教学管理.accdb”数据库为基础，在设计视图中创建图 24-1 所示窗体，窗体名为“输入教师基本信息”。完成以下操作。

- 创建绑定型文本框控件：在窗体中，“教师编号”“姓名”“工作时间”“电话号码”使用绑定型文本框。
- 创建标签控件：在窗体的页眉中使用标签控件，显示“输入教师基本信息”。
- 创建选项组控件：“性别”字段使用选项组控件。
- 创建绑定型组合框控件：“政治面目”“学历”和“系别”字段使用绑定型组合框控件。
- 创建绑定型列表框控件：“职称”字段使用绑定型列表框控件
- 创建按钮控件：在窗体的页脚中放置5个按钮，分别显示“上一条记录”“下一条记录”“添加记录”“保存记录”“退出”，并实现相应的功能。
- 调整各控件的布局并保存。

二、案例分析

1. 创建绑定型文本框控件

第 1 步：单击“创建”选项卡的“窗体”组中的“窗体设计”按钮，打开窗体设计视图。

第 2 步：在“窗体设计工具”|“设计”分选项卡的“工具”组中单击“添加现有字段”按钮，打开“字段列表”对话框，展开并显示“教师”表中的所有字段。

第 3 步：将“教师编号”“姓名”“工作时间”“电话号码”等字段依次拖到窗体内适当的位置，即可在窗体中创建绑定型文本框。

2. 创建标签控件

第 1 步：右击“主体”节的空白区域，在弹出的快捷菜单中选择“窗体页眉 / 页脚”命令，在窗体设计视图中添加“窗体页眉”节。

第 2 步：单击“控件”组中的“标签”按钮，在“窗体页眉”处单击要放置标签的位置，然后在标签内输入文本“输入教师基本信息”。

第 3 步：调整标签字体的大小和颜色，并调整到适当的位置。

3. 创建选项组控件

为“性别”字段设置选项组，需要先将“性别”字段拖至窗体中，使窗体记录源中包含“性别”字段，使用控件向导时，请先确保“使用控件向导”按钮处于按下状态，如图 24-2 所示，然后按如下操作步骤完成设置。

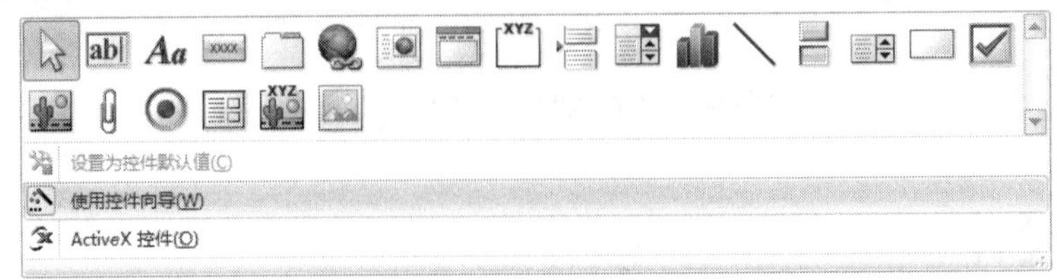

图24-2 “使用控件向导”按钮

第 1 步：单击“控件”组中的“选项组”按钮，在窗体上单击要放置选项组的左上角位置，打开选项组向导的第 1 个对话框。在该对话框的“标签名称”文本框中分别输入“男”和“女”。

第 2 步：单击“下一步”按钮，打开选项组向导的第 2 个对话框。在该对话框中确定是否需要默认选项，选择“是，默认值选项是”，并指定“男”为默认选项。

第 3 步：单击“下一步”按钮，打开选项组向导的第 3 个对话框。此处设置“男”选项的值为 0、“女”选项的值为 1。

第 4 步：单击“下一步”按钮，打开选项组向导的第 4 个对话框。选中“在此字段中保存该值”，并在右侧的下拉列表框中选择“性别”字段。

第 5 步：单击“下一步”按钮，打开选项组向导的第 5 个对话框，选择“选项按钮”及“蚀刻”按钮样式。

第 6 步：单击“下一步”按钮，打开选项组向导的最后一个对话框，为选项组指定标题文本。

第 7 步：删除已放置的“性别”字段文本框，然后对所建选项组进行调整。

4. 创建绑定型组合框控件

创建组合框前，同样需要确保窗体源中包含相应字段，因此需要先将要创建组合框的字段添加到窗体中，待组合框创建完毕后再将它们删除。创建绑定型组合框的操作步骤如下。

第 1 步：在窗体设计视图中，单击“控件”组中的“组合框”按钮。在窗体上单击要放置组合框的位置，打开组合框向导的第 1 个对话框。在该对话框中，选中“自行键入所需的值”单选按钮。

第 2 步：单击“下一步”按钮，打开组合框向导的第 2 个对话框。在“第 1 列”列表中依次输入“党员”“团员”“群众”“其他”等值，每输完一个值，按一下 Tab 键。

第 3 步：单击“下一步”按钮，打开组合框向导的第 3 个对话框，选中“将该数值保存在这个字段中”单选按钮，并单击右侧的下拉按钮，从打开的下拉列表中选择“政治面目”字段。

第 4 步：单击“下一步”按钮，在打开的对话框的“请为组合框指定标签”文本框中输入“政治面目”，作为该组合框的标签。单击“完成”按钮，至此，组合框创建完毕。

第 5 步：删除已放置的“政治面目”文本框，然后对创建的组合框进行调整。

第 6 步：参照上述方法继续创建“学历”“系别”组合框控件，进行适当调整。

5. 创建绑定型列表框控件

第 1 步：在窗体设计视图中，单击“窗体设计工具”|“设计”分选项卡的“控件”组中的“列表框”控件，在窗体上单击要放置列表框的位置，打开列表框向导的第 1 个对话框。如果选中“使列表框在表或查询中查阅数值”单选按钮，则在列表框中显示所选表的相关值；如果选中“自行输入所需的值”单选按钮，则在列表框中显示输入的值，此处选择后者。

第 2 步：单击“下一步”按钮，打开列表框向导的第 2 个对话框，在“第 1 列”列表中依次输入“教授”“副教授”“讲师”“助教”“其他”，每输完一个值，按一下 Tab 键。

第 3 步：单击“下一步”按钮，打开列表框向导的第 3 个对话框，选中“将该数值保存在这个字段中”单选按钮，并单击右侧的下拉按钮，从打开的下拉列表中选择“职称”字段。

第 4 步：单击“下一步”按钮，在“请为列表框指定标签”文本框中输入“职称”，作为该列表框的标签，然后单击“完成”按钮。

6. 创建按钮控件

在窗体中单击某个命令按钮可以使 Access 完成特定操作，例如“添加记录”“保存记录”“退出”等。这些操作可以是过程，也可以是宏，操作步骤如下。

第 1 步：在窗体设计视图中，单击“窗体设计工具”|“设计”分选项卡的“控件”组中的“命令”按钮，在“窗体页脚”节单击要放置命令按钮的位置，打开命令按钮向导的第 1 个对话框。在对话框的“类别”列表框中，列出了可供选择的操作类别，每个类别在“操作”列表框中均对应着多种不同的操作。先在“类别”列表框中选择“记录操作”，再在“操作”列表框中选择“添加新记录”。

第 2 步：单击“下一步”按钮，打开命令按钮向导的第 2 个对话框。为了在按钮上显示文本，选中“文本”单选按钮，并在其后的文本框中输入“添加记录”。

第 3 步：单击“下一步”按钮，在打开的对话框中为创建的命令按钮命名，以便以后引用。单击“完成”按钮。

第 4 步：用同样的方法创建“上一条记录”“下一条记录”“保存记录”“退出”按钮。

第 5 步：把几个命令按钮同时选中，使用“调整大小和排序”组中的“对齐”工具，使它们统一对齐，然后使用“矩形框”工具画在按钮的周围，使之更美观。

7. 调整各控件的布局并保存

第 1 步：调整各控件的大小和位置。

第 2 步：对齐方式的设置方法是，先选中要对齐的控件，然后使用“窗体设计工具”|“排列”分选项卡的“调整大小和排序”组中的“对齐”工具，进行对齐调整。调整后的效果如图 24-3 所示。

图24-3　调整各控件的布局

第 3 步：单击“视图”组中的“视图”，切换到窗体设计视图。如果满意，可保存窗体的设计。

三、案例拓展

学工处王老师看到各系部的“输入教师基本信息”窗体非常实用，也想让你帮助他设计一个学生信息的输入和修改窗体。请你利用已经掌握的窗体方面的知识和技巧，以“教学管理.accdb”数据库为基础，创建“学生统计信息”窗体。具体要求如下：

- 创建的窗体包含两部分，一部分是“学生信息统计”，另一部分是“学生成绩统计”。
- 使用选项卡控件分别显示两页内容。
- 学生成绩统计使用列表框实现显示。
- 适当调整控件的位置、大小、背景色等。

案例二十五

创建学生成绩统计报表

在每个学期的期末，赵老师要将每个院系的学生考试成绩打印出来存档，各专业教师已经完成成绩的输入，请你按照学校成绩存档的要求利用报表对象帮助赵老师快速打印出这些同学的成绩。

报表可以格式化形式输出数据，可以对数据分组、汇总，可以包含子报表及图表数据，可以输出标签、发票、订单和信封等多种样式的报表，可以进行计数、求平均值、求和等统计计算。本案例以输出学生成绩报表为例，介绍报表的结构、控件的添加以及数据的分组与统计等功能，案例效果如图 25-1 所示。

学生成绩统计报表

学生编号	姓名	年龄	课程名称	成绩
980309	张也	18	中医学	90
990401	吴东	19	中医学	50
980310	马骑	19	中医学	82
980312	文清	20	中医学	64
980307	王鹏	21	中医学	85
			总平均分是：	74.2

总1页，第1页。

图25-1　案例效果

一、案例设计

- 创建“学生成绩统计报表”：以“教学管理.accdb”数据库为基础，使用报表设计视图来创建“学生成绩统计报表”。
- 在报表中设置控件：制作选修中医学的学生成绩报表，统计“学生编号”“姓名”“年龄”“课程名称”“成绩”。在每一页的右下角显示当前页码和总页码，显示格式为“总××页，第××页”。
- 设置报表的页眉和页脚：在报表页眉处设置报表表头“学生成绩统计报表”，在报表的结尾处统计成绩的平均分。

- 设置分组和排序，报表输出结果要求按照年龄排序。
- 调整控件的位置和大小。

二、案例分析

1. 创建“学生成绩统计报表”

第 1 步：在“创建”选项卡的“报表”组中单击“报表设计”按钮，进入报表设计视图。

第 2 步：在报表的设计网格右侧的空白区域单击右键，在出现的菜单中选择“属性”，弹出“属性表”窗格。

第 3 步：在“属性表”窗格中选择“数据”选项卡，单击“数据源”属性右侧的省略号按钮，打开查询生成器。

第 4 步：在打开的“显示表”对话框中依次双击“课程”表、“学生”表和“选课成绩”表，将它们放在查询生成器的上半部分，关闭对话框。然后依次选择需要输出的字段，将“学生编号”“姓名”“年龄”“课程名称”“成绩”添加到设计网格中，并在“课程名称”字段对应的“条件”行输入“中医学”，设置效果如图 25-2 所示。

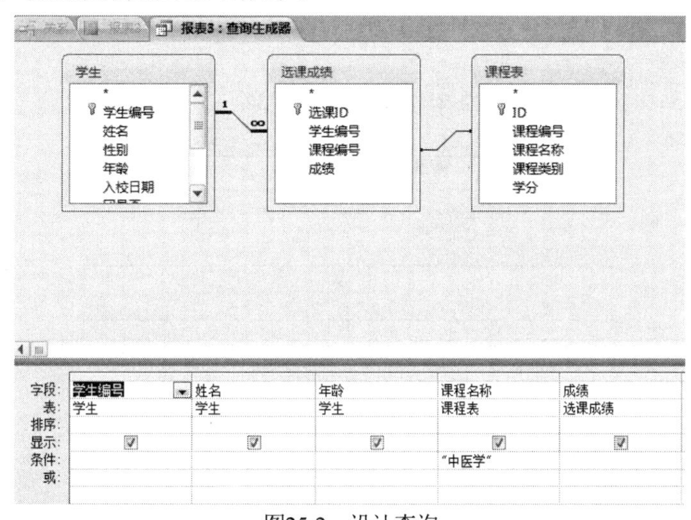

图25-2　设计查询

第 5 步：将报表保存为“学生成绩统计报表”，关闭查询生成器。

2. 在报表中设置控件

第 1 步：单击“添加现有字段”按钮，打开“字段列表”对话框，展开并显示出所有字段。

第 2 步：依次拖动“学生编号”“姓名”“年龄”“课程名称”和“成绩”字段到报表“主体”节的适当位置，删除相应的标签控件，最后把文本框控件对齐。

第 3 步：在页面页眉处，设置 5 个标签控件，分别输入“学生编号”“姓名”“年龄”“课程名称”“成绩”，分别与“主体”节的绑定型文本框对应。

第 4 步：在页面页脚处添加文本框控件，单击“属性表”按钮，打开文本框属性，在其中的“控件来源”处输入="总" & [Pages] & "页，第" & [Page] & "页"。

3. 设置报表的页眉和页脚

第 1 步：在报表空白处单击鼠标右键，选择“报表页眉/页脚”，在报表页眉处添加标签控件，输入“学生成绩统计报表”，并设置合适的字体和颜色。

第 2 步：在报表页脚处添加标签控件，输入“总平均分是:”，然后添加文本框控件，单击“属性表”按钮，打开文本框属性，在控件来源处输入“=Avg([成绩])”。

4. 设置分组和排序

第 1 步：单击“分组与汇总”组的“分组和排序”命令，在下方出现“分组、排序和汇总”窗格。

第 2 步：单击下方的“添加排序”按钮，在弹出的菜单中选择“年龄”字段。

5. 调整控件的位置和大小

第 1 步：使用“报表设计工具” | “设计”分选项卡中的工具，对报表中控件的位置、字体等属性进行适当的调整。

第 2 步：选择要修改的控件，单击“属性表”按钮，对文本框控件的属性进行适当设置，如去掉边框线条和背景色等。最终效果可参考图 25-3，切换到报表视图，可看到如图 25-1 所示的效果。

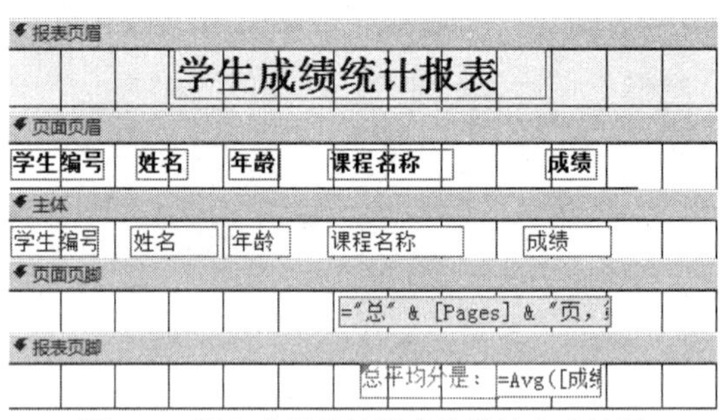

图25-3　学生成绩统计报表的设计参考效果

三、案例拓展

学校人事处于老师因工作需要统计汇总一下全校教师基本情况和职称结构等，请以“教学管理.accdb”数据库为基础，帮助设计“教师信息”报表，用于打印和存档，具体要求如下：

- 输出“教师编号”“教师姓名”“职称”“学历”“工作时间”信息。
- 报表按照“职称”进行分组，并统计出不同职称教师的人数。
- 在每一页底部显示页码信息，显示格式为“第×页/共×页”。
- 在报表的最后显示报表输出的日期信息。

四、Access综合案例拓展

以“教学管理.accdb”数据库为基础，进行如下设置和操作：

- 删除“学生”表中的“简历”字段，将“年龄”字段的有效性规则设置为14岁到70岁之间，有效性文本设置为“请输入14岁到70岁之间的年龄！”。
- 将“学生”表中的“性别”字段创建为“查阅向导”类型，列表显示“男”和“女”两个值。
- 将“教师”表中的“电话号码”字段的输入掩码属性设置为0535-×××××××，其中×为数字位，且只能是0~9的数字。
- 查询年龄为18岁和23岁的学生信息，并将查询保存为Qt1。
- 查询职称为副教授的女教师信息，要求显示“教师编号”“姓名”“性别”“职称”“教龄”，并将查询保存为Qt2。
- 查询选修“中药学”并及格的学生成绩信息，显示“学生编号”“姓名”“考试成绩”，成绩升序排列，并将查询保存为Qt3。
- 使用窗体向导创建窗体，显示所有学生的“学生编号”“姓名”“课程名称”和各类成绩，窗体名为“学生选课成绩”，并对窗体控件的属性进行修改，使布局合理美观。
- 使用报表工具创建“教师”报表，要求以“职称”进行分组，并进行人数统计，在“主体”节注明分组类别，并在合适的位置设置页码。

案例二十六

畅游互联网

互联网是人类 20 世纪最伟大的发明之一，互联网是由成千上万个计算机网络组成的，覆盖范围从大学校园、商业公司的局域网到大型的在线服务提供商，几乎覆盖了社会的各个领域。随着互联网的发展，它在不断地改变人们的生活方式、思维方式、工作方式。在互联网上我们可以聊天、玩游戏、查阅资料等，更为重要的是，在互联网上还可以进行工作和学习。

小张是某高校大一学生，为了准备国家计算机等级考试，新买了一台计算机，Windows 7 操作系统已经安装好，因为考试要求安装 Office 2010，所以需要登录互联网下载 Office 2010 安装程序，并进行安装。相关的学习材料，教师已通过邮箱下发到每位同学的电子邮箱。小张需要登录邮箱接收老师发布的学习材料，并给予回复。

一、案例设计

本案例具体要求如下。

- 为计算机设置IP地址：根据实际计算机网络环境从管理员处获取。
- 使用IE浏览器下载程序：打开IE浏览器，搜索“Office 2010软件”关键字，打开相应网站下载链接，下载Office 2010软件安装程序。
- 设置浏览器主页：为方便后期下载软件，将“下载之家”网站设为主页。
- 安装程序：对Office 2010软件安装包进行解压缩，然后双击安装程序setup.exe，进行安装。
- 登录邮箱接收学习材料，并给予回复：登录自己的邮箱地址，找到老师发送的邮件，下载附件中的文件，回复邮件，内容为“已收到，谢谢老师！”。

二、案例分析

1. 为计算机设置IP地址

第 1 步：单击“开始”按钮，在弹出的“开始”菜单中找到“控制面板”命令，如图 26-1 所示。

图26-1 “开始”菜单

第 2 步：单击“控制面板”按钮，打开“控制面板”窗口，如图 26-2 所示。

图26-2 “控制面板”窗口

第 3 步：单击“网络和 Internet”超链接，打开“网络和 Internet”窗口，如图 26-3 所示。

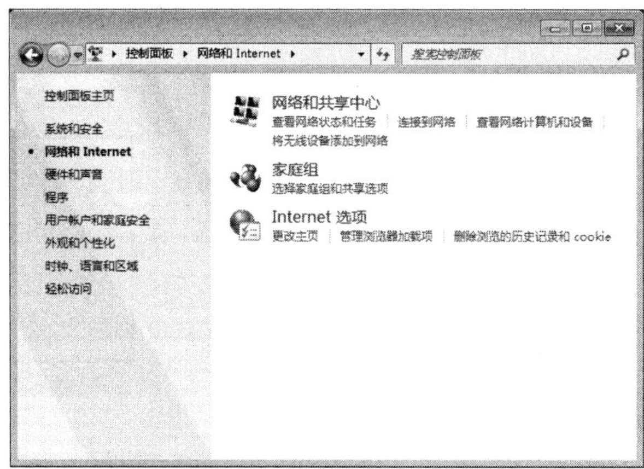

图26-3 “网络和Internet”窗口

第 4 步：单击“网络和共享中心”超链接，打开“网络和共享中心”窗口，如图 26-4 所示。

图26-4 “网络和共享中心”窗口

第 5 步：在“网络和共享中心”窗口中，单击左侧的“更改适配器设置”超链接，打开“网络连接”窗口。双击“本地连接 4”图标，打开“本地连接 4 状态”对话框。在该对话框中单击“属性”按钮，打开“本地连接 4 属性”对话框。在该对话框中选中“Internet 协议版本 4(TCP/IPv4)”复选框，然后单击“属性”按钮，打开“Internet 协议版本 4(TCP/IPv4)属性”对话框。在该对话框中，输入网络管理员分配的 IP 地址、子网掩码、默认网关、DNS 服务器等信息，如图 26-5 所示。填写完以上信息之后，单击底部的“确定”按钮，就完成了 IP 地址的设置，此时就可以畅游互联网了！

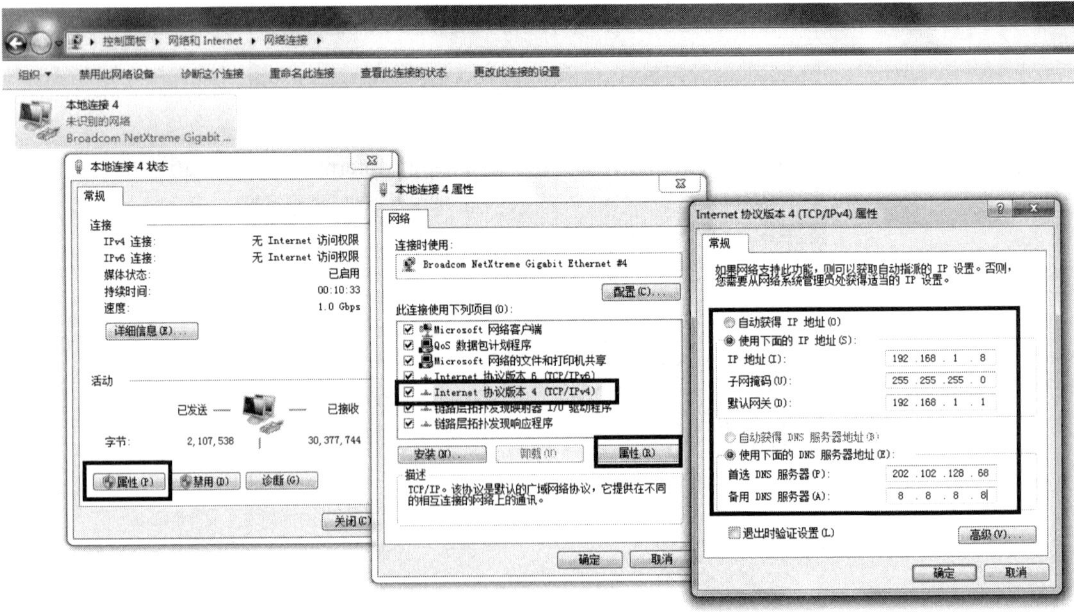

图26-5 设置IP地址

2. 使用IE浏览器下载程序

第 1 步：双击打开桌面上的浏览器，输入关键字“Office 2010 程序”，单击“搜索”按钮，浏览器中会出现搜索到的相关信息下载链接，单击相应的网站超链接，如图 26-6 所示。

图26-6　搜索“Office 2010程序”

此时进入相应网站提供的 Office 2010 软件下载页面，如图 26-7 所示(注意：此网站提供的软件为试用版，仅供个人学习使用，请勿他用，下载正版软件请到微软公司官方网站)。

图26-7　Office 2010软件下载页面

图 26-7 所示页面显示了下载软件的基本信息属性，如文件大小、更新日期、支持操作系统类型等，尤其是文件大小信息要仔细识别。同时该页面显示了很多下载按钮，并不是每个下载按钮都能下载到你所需要的软件，有些超链接是网站推广的一些捆绑软件，甚至有些是垃圾程序或病毒，一定要仔细识别。例如，单击属性信息右侧红色的“立即下载”或“迅雷下载”按钮，底部就会弹

出保存提示框：“要运行或保存来自 11841.url.9xiazaiqi.com 的 Office2010@394_2.exe(524KB)吗？”，如图 26-8 所示。通过左侧的文件信息，可以看到文件大小应为 817.75MB，显然这个 524KB 的文件不是我们所需要的，此时不要保存，关闭提示框，重新寻找下载按钮。

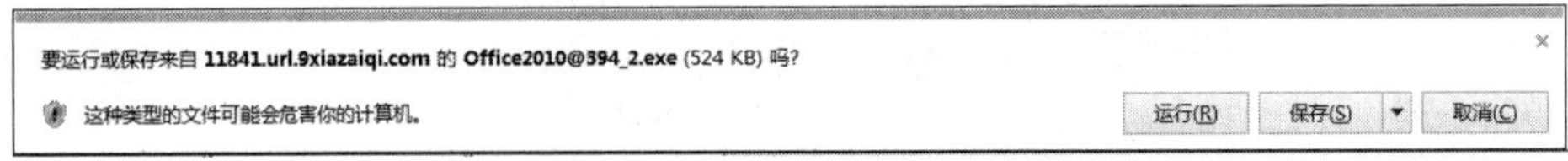

图26-8　弹出非所需文件的保存提示框

第 2 步：单击左侧蓝色的“立即下载”按钮，此时会跳转到网页底部真正的下载地址区域，此时单击相应的超链接，弹出如图 26-9 所示的提示：“要打开或保存来自 soft2.xitongzhijia.net 的 Office2010_2010_XiTongZhiJia.rar(817MB)吗？”，显然这正是我们需要的文件。

图26-9　弹出真正所需下载文件的保存提示框

第 3 步：单击“保存”按钮，保存到系统默认的下载路径(一般情况下是 C:\Users\Administrator\Downloads)。如果单击“打开”按钮，会保存到默认下载路径并自动打开文件；如果单击“保存”按钮右侧的下拉按钮，会弹出“保存”“另存为”“保存并打开”选项，选择“另存为”选项可以将下载的文件另存到自己想要的文件夹。选择“保存”选项后，就会显示文件下载进度，下载完成后，会给出提示，如图 26-10 所示。

图26-10　提示下载完成

第 4 步：单击“打开文件夹”按钮，打开文件下载到的文件夹，就会看到已经下载好的文件，如图 26-11 所示。

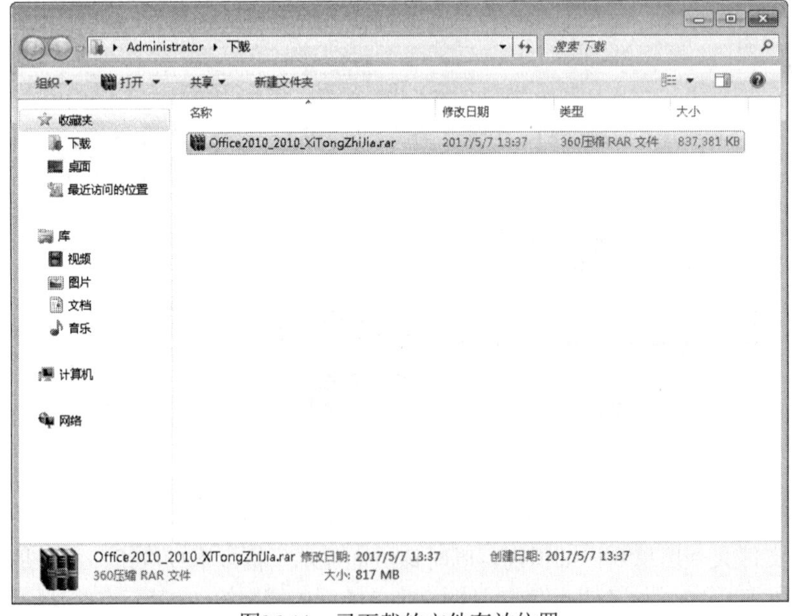

图26-11　已下载的文件存放位置

可以看到，刚才下载的是一个扩展名为.rar 的压缩包文件，在安装前需要对压缩包进行解压缩。如果系统没有安装压缩和解压缩程序，需要从网上下载并安装后才能进行下一步操作。下载压缩解压缩程序的方法和下载 Office 2010 安装软件的方法类似。

3. 设置浏览器主页

为方便后期其他程序的下载安装，将“系统之家”网站设置为 IE 浏览器主页。

第 1 步：单击网站上的“首页”超链接，进入“系统之家”网站首页，单击浏览器右上角的“工具”按钮，选择“Internet 选项”命令，此时打开“Internet 选项”对话框，如图 26-12 所示。

图26-12　选择“Internet选项”命令

第 2 步：在该对话框的“主页”区域，输入“系统之家”网站的首页网址 http://www.xitongzhijia.net/，在“启动”区域选中“从主页开始”单选按钮，如图 26-13 所示。然后单击“确定”按钮，下次再重新打开 IE 浏览器时就会自动加载“系统之家”网站。在“Internet 选项”对话框中，还可以进行“浏览历史记录”“网站安全级别”等设置。

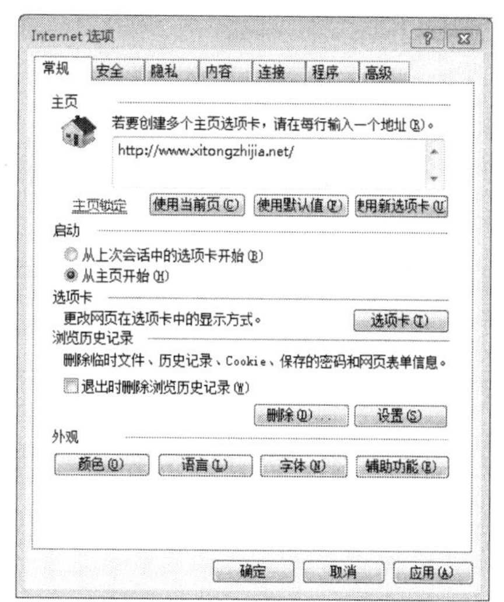

图26-13　“Internet选项”对话框

4. 安装程序

安装 Office 2010 的操作步骤详见案例五，此处不再讲述。

5. 登录邮箱接收学习材料，并给予回复

第 1 步：以 QQ 邮箱为例，打开浏览器，输入网址 http://mail.qq.com，按 Enter 键，打开邮箱登录页面，

如图 26-14 所示。

图26-14　登录邮箱

第 2 步：输入用户名、密码，单击“登录”按钮，进入邮箱，如图 26-15 所示。

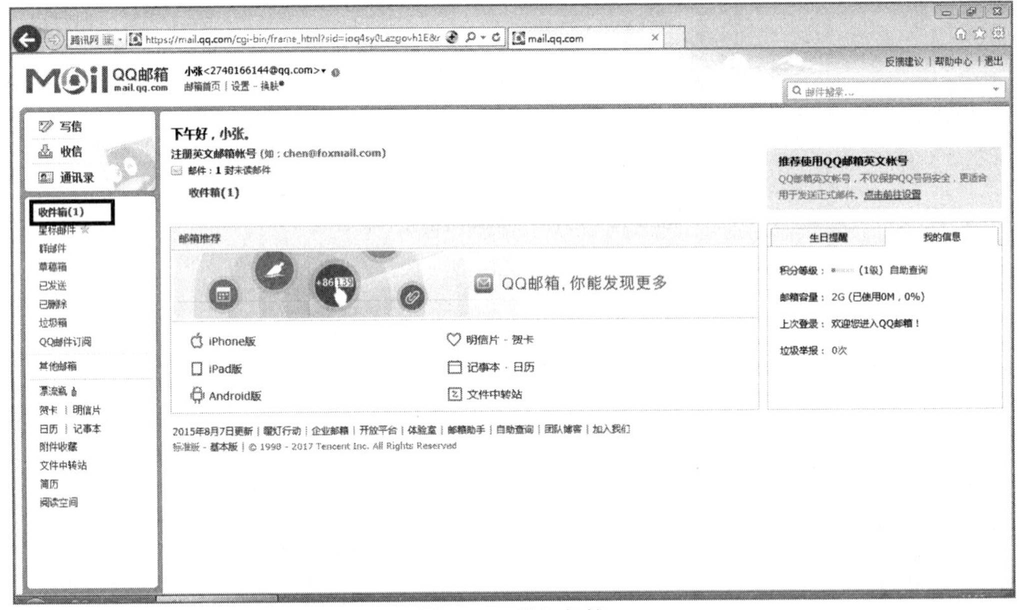

图26-15　进入邮箱

第 3 步：单击“收件箱”超链接，如图 26-16 所示，有一封发件人为“计算机教师”、主题为“国家计算机二级 MS Office 模拟题安装程序及学习材料”的电子邮件。

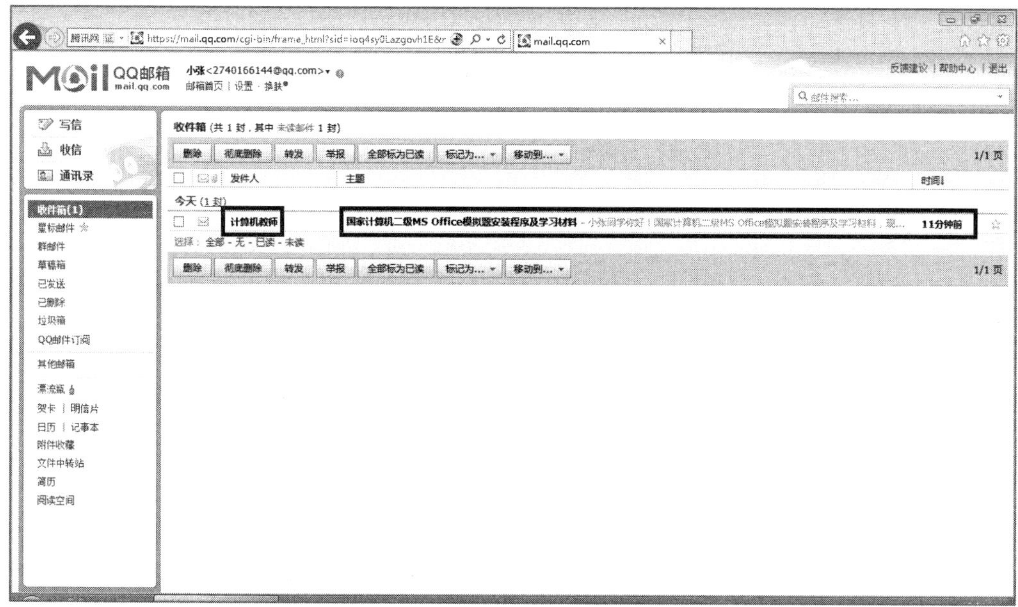

图26-16　进入收件箱

第 4 步：单击“发件人”或“主题”超链接，显示邮件具体内容，如图 26-17 所示。

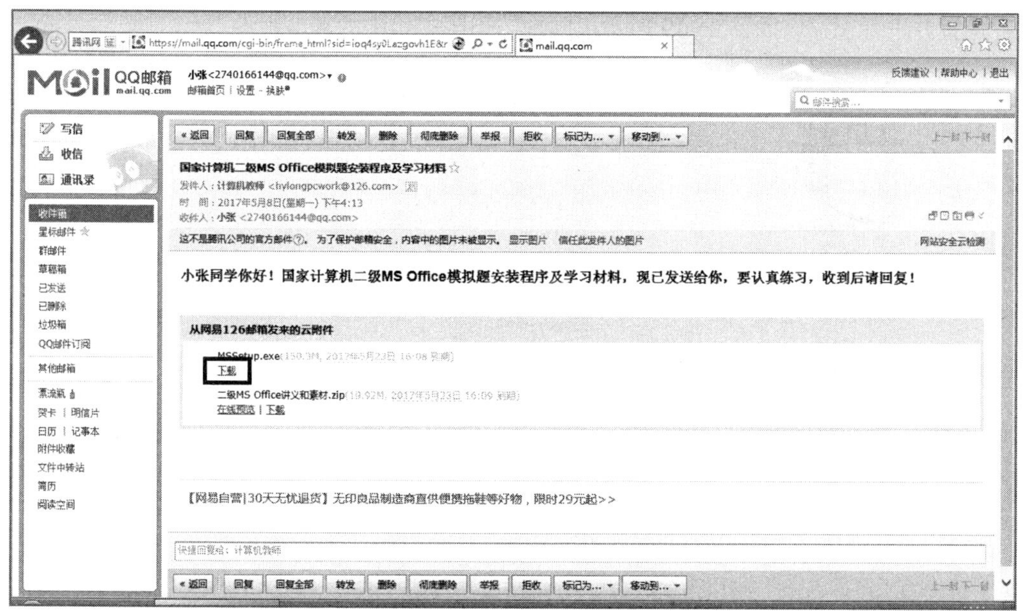

图26-17　显示邮件具体内容

第 5 步：单击文字“从网易 126 邮箱发来的云附件”提示下的“下载”超链接，弹出安全提示界面，选择“继续访问”，此时显示真正下载邮箱附件链接的界面，如图 26-18 所示。

图26-18　显示下载链接页面

第 6 步：单击“开始下载”按钮，在弹出的提示框中单击“保存”命令，或者在“开始下载”按钮上右击，在弹出的快捷菜单中选择“目标另存为”命令，弹出“另存为”对话框，为文件选择保存位置并进行保存，如图 26-19 所示。同理，下载邮箱中的其他附件。

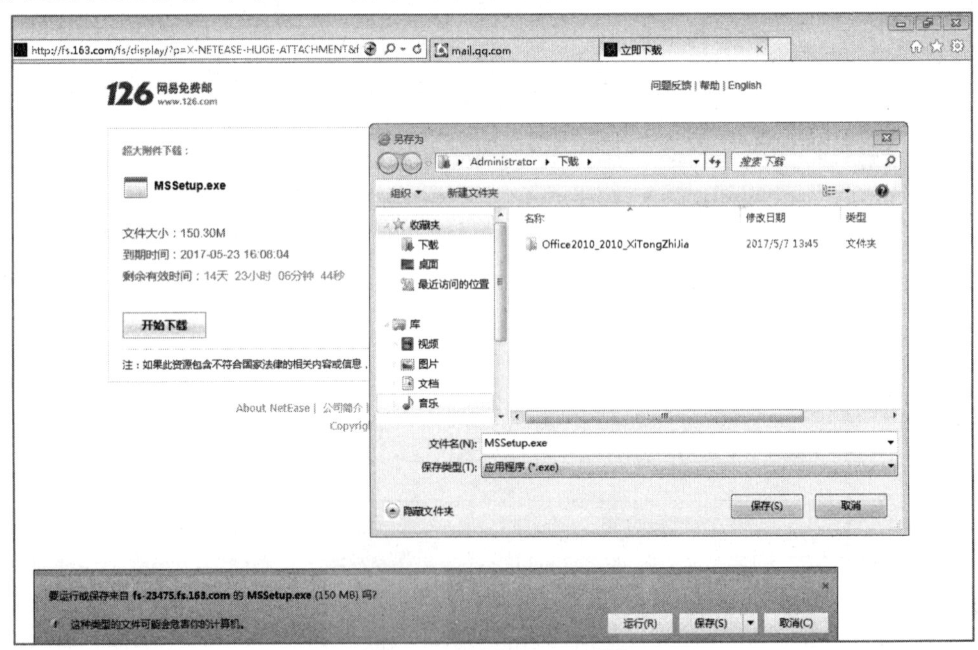

图26-19　“另存为”对话框

第 7 步：返回邮箱界面，单击“回复”按钮，此时收件人列表中自动出现计算机教师的电子邮箱地址，主题默认为：“回复：国家计算机二级 MS Office 模拟题安装程序及学习材料”，在正文中输入“已收到，谢谢老师!”，如图 26-20 所示，后面的内容为引用的原始邮件内容，可以删除，也可以保留。

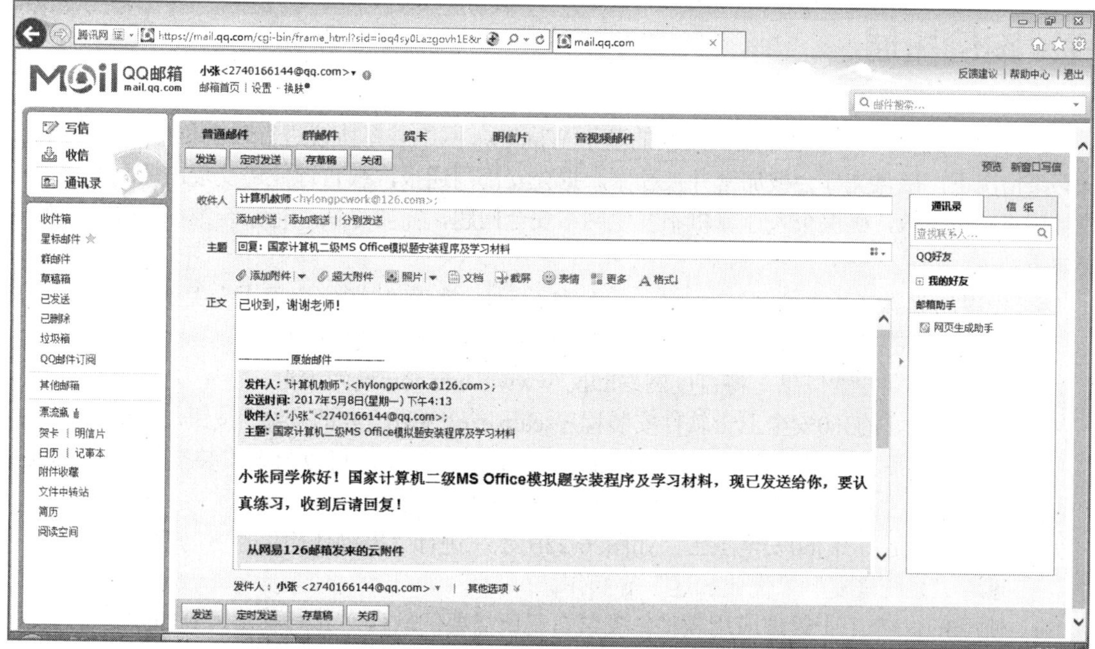

图26-20　回复邮件

第 8 步：单击“发送”按钮，邮件回复成功，显示提示信息“您的邮件已发送”，如图 26-21 所示。

图26-21　邮件回复成功

三、案例拓展

2017 年 5 月 12 日，全球爆发大规模的基于 Windows 网络共享协议进行攻击传播的蠕虫病毒，在感染情况下，磁盘文件会被加密并被勒索。据公安部门通报，教育行业遭受攻击情况严重。为控制病毒感染扩散，确保个人计算机不发生网络安全问题，需要尽快进行系统维护。具体任务要求如下。

- 使用浏览器打开百度网站http://www.baidu.com，搜索“360安全卫士”关键字，打开相应网站下载链接，进入360官方网站，下载360安全卫士“离线安装包”。
- 为方便后期搜索信息，将百度网站http://www.baidu.com设为主页。
- 双击下载好的360安全卫士软件安装程序setup.exe，单击“立即安装”按钮，进行自动安装。安装完成后，在弹出的界面中，单击“一键领取”按钮，可以自动安装推荐的“360安全浏览器”“360搜索”“360杀毒”等其他程序。
- 安装完成后打开360安全卫士，如图26-22所示，进行“电脑体检”“木马查杀”“电脑清理”“系统修复”“优化加速”等操作。
- 使用360安全卫士管理应用软件，安装自己所需要的软件，并对不常用到的软件程序进行卸载。

图26-22 “360安全卫士”程序界面

案例二十七

制作招生简章

网站是企业单位向用户提供产品和服务、宣传和反映企业形象和文化的重要窗口。随着Internet的兴起和以网页为载体的网络信息的广泛传播，网页制作及网站建设成为计算机网络技术中最热门的领域。在万维网中，网页是信息的主要组织和表示形式，其内容丰富、功能强大、便于交互，支持文字、图像、声音、动画、视频等各种多媒体信息。

小唐负责学校的招生宣传工作，需要制作出今年的招生简章宣传页，展示到学校网站上。招生简章是学生了解学校和进行报考的重要依据，里面是较为可信的院校信息，招生简章中一般包含学校简介、专业介绍、招生计划、资助体系、收费标准、联系方式等栏目信息。本案例使用Dreamweaver CS5软件进行制作，案例部分效果如图27-1所示。通过本案例的练习，掌握图片、表格、动画等各种对象的插入，各种对象相应属性以及页面CSS样式的设置等知识。

一、案例设计

素材\案例27\招生简章\

- 建立网页：新建站点，路径设置为“素材\案例27\招生简章\”，并使用文件夹中的相关素材；在站点文件夹下新建index.html页面并保存。
- 插入图片：插入顶部图片banner.jpg，设置图片宽度和高度均为原始大小，并居中对齐。
- 插入表格并添加导航内容及动画素材：插入一个1行2列宽度为1000像素的表格，并设置居中、无边框，用于页面排版定位；在左侧单元格中输入栏目导航内容，在右侧单元格中插入一个Flash动画文件img.swf，并设置动画文件的宽度为650像素、高度为240像素。
- 输入导航标题及内容并插入水平线：插入一个1行1列边框为1的表格，用于修饰页面；将素材“招生简章文字介绍.docx”中的内容复制并粘贴到该表格中；在各导航标题后插入水平线修饰页面，水平线的宽度为96%，高度为3像素，红色(#FF0000)，有阴影。
- 设置导航标题样式及部分文字格式：将各导航标题设置为“标题1”样式，居中对齐；将“专业介绍”部分的各专业名称设置为隶书、红色(#FF0000)、加粗、倾斜；为“招生计划”表格的第一行设置背景颜色为灰白(#CCCCCC)，并将其中的文本设置为水平及垂直居中对齐。

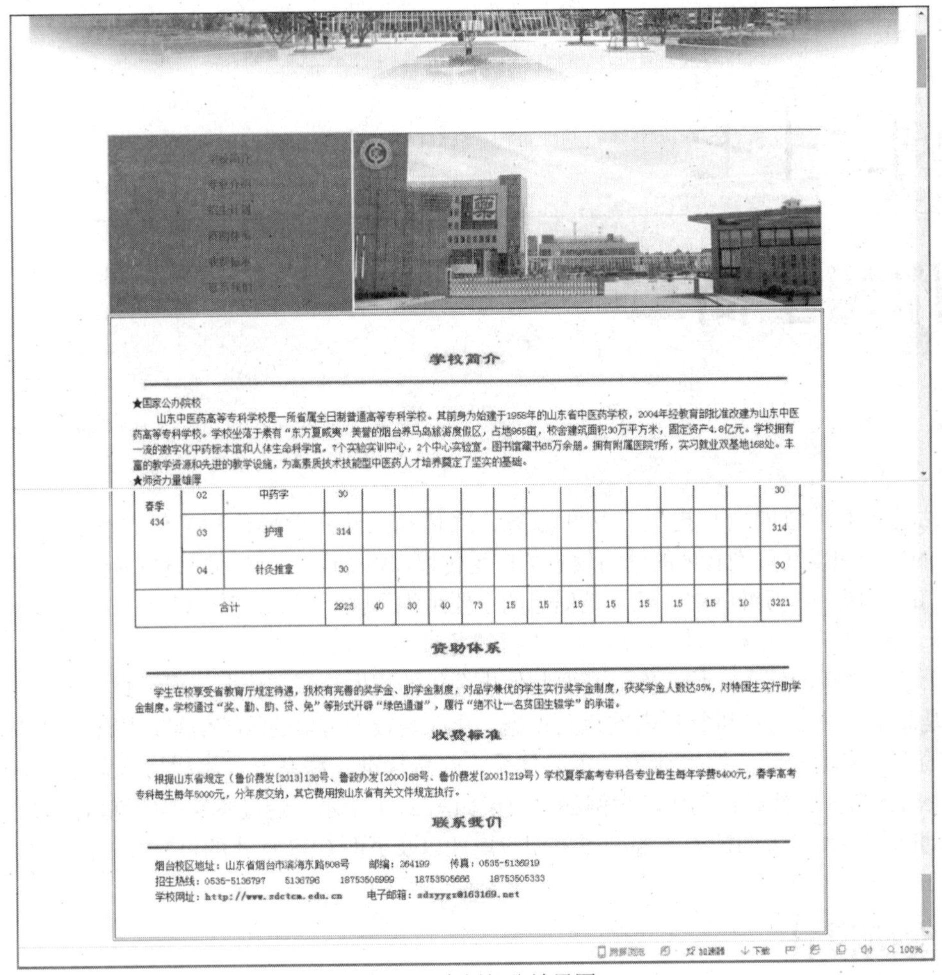

图27-1 案例部分效果图

- 插入超链接：在各导航标题前插入“命名锚记”，并给网页顶部的栏目导航内容设置“锚记超链接”；将“联系我们”部分的学校网址，设置超链接到学校官方网址http://www.sdctcm.edu.cn，并设置在“新窗口”中打开；在邮箱地址处设置电子邮件链接sdzyygz@163169.net。
- 进行整体页面设置：设置网页标题为“山东中医药高等专科学校招生简章”，各导航标题文字颜色为红色、隶书、24px、加粗；所有超链接文字颜色为红色、加粗、无下画线，各段落文字颜色默认，大小为14像素，行间距设置为1.5倍行距。
- 保存并预览网页效果。

二、案例分析

1. 建立网页

第 1 步：单击“开始”按钮，选择“所有程序”中的 Adobe Dreamweaver CS5 菜单命令，或者双击桌面上的 Adobe Dreamweaver CS5 快捷方式，打开 Dreamweaver CS5，界面如图 27-2 所示。

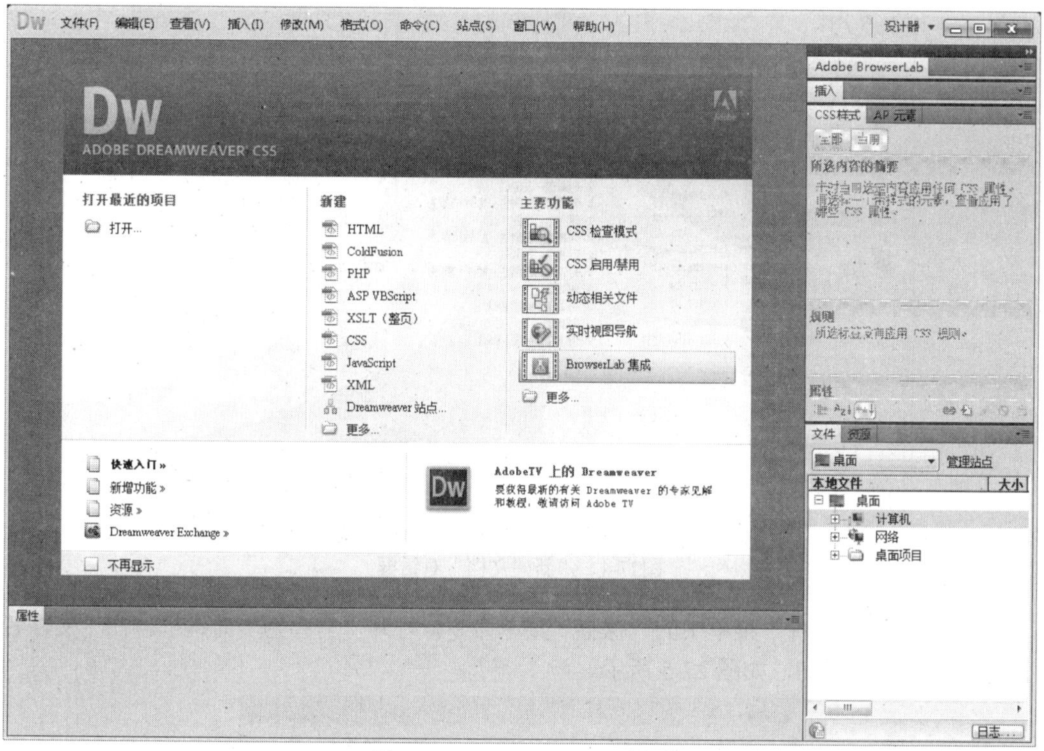

图27-2　Dreamweaver CS5界面

第 2 步：选择“站点”菜单中的“新建站点”菜单命令，打开“站点设置对象”对话框，设置站点名称为“招生简章”、本地站点文件夹为素材文件存放地址，如图 27-3 所示，然后单击“保存”按钮。

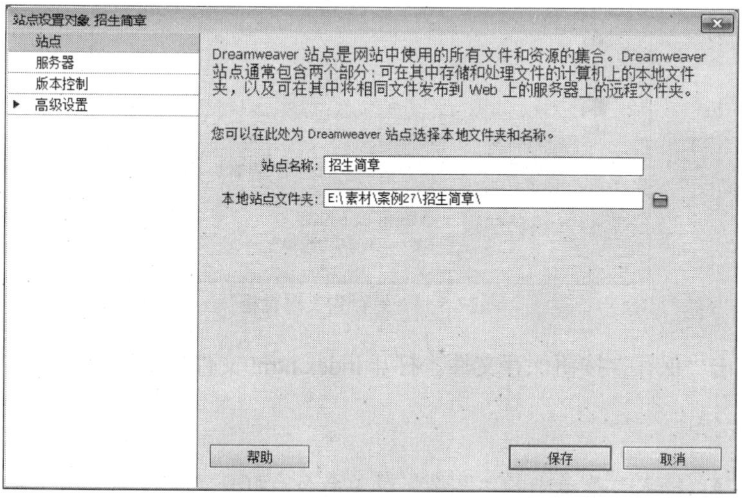

图27-3　“站点设置对象”对话框

第 3 步：单击“文件”菜单中的“新建文件”菜单命令，打开“新建文档”对话框，选择模板类型为“空白页”、页面类型为 HTML、布局为“<无>”，如图 27-4 所示。单击“创建”按钮，即可创建一个名为Untitled-1.html的网页文件。

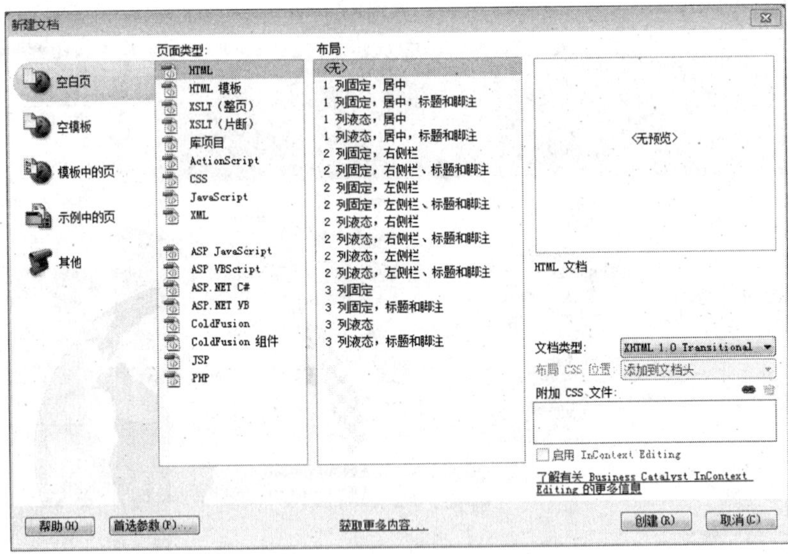

图27-4 “新建文档”对话框

第4步：选择“文件”菜单中的“保存”菜单命令，打开“另存为”对话框，在“文件名”文本框中输入index.html，如图27-5所示。

图27-5 “另存为”对话框

第5步：单击“保存”按钮保存文件。打开index.html文件后的窗口如图27-6所示。

2. 插入图片

第1步：选择“插入”菜单中的“图像”菜单命令，打开“选择图像源文件”对话框，选择站点目录中的images文件夹中的banner.jpg，如图27-7所示。单击“确定”按钮后打开“图像标签辅助属性”对话框，采用默认设置，单击“确定”按钮后，在网页的顶部插入banner.jpg图片。

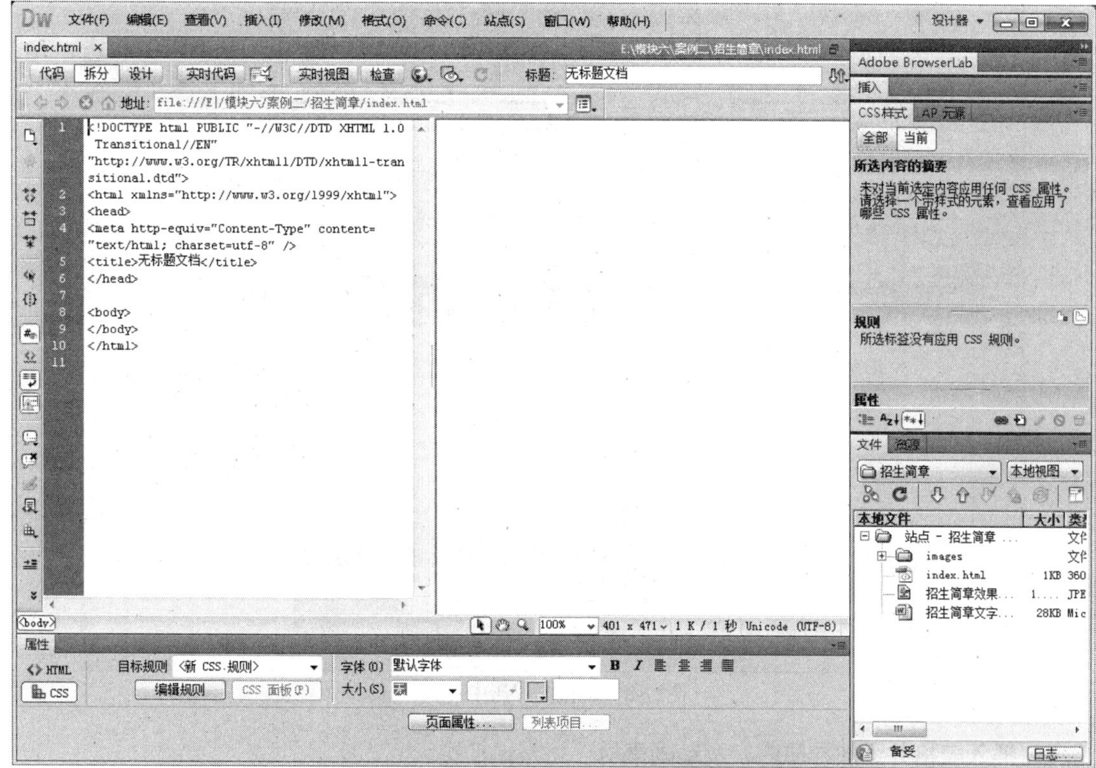

图27-6　打开index.html文件后的窗口

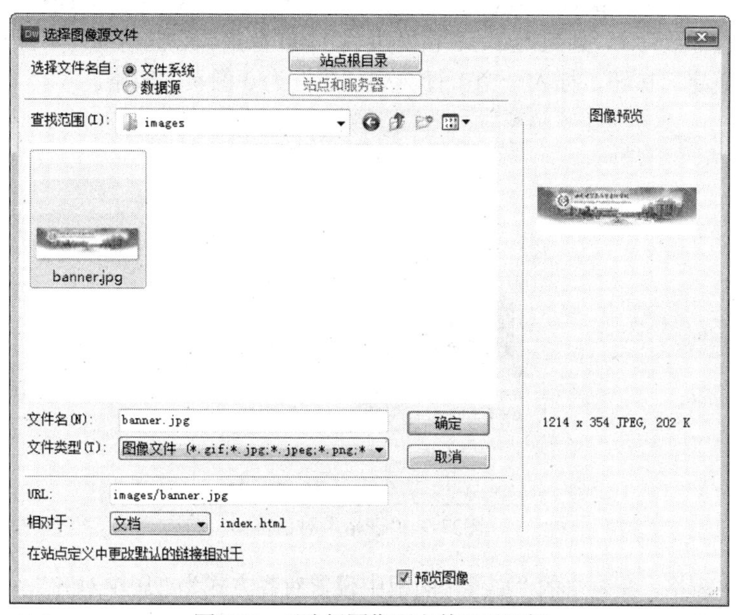

图27-7　“选择图像源文件”对话框

第 2 步：选中图片，在“图像预览”面板中可以看到图片的原始宽度为 1214 像素、高度为 354 像素，然后选择“格式”菜单中的“对齐”子菜单中的“居中对齐”菜单命令，如图 27-8 所示，设置图片居中显示。

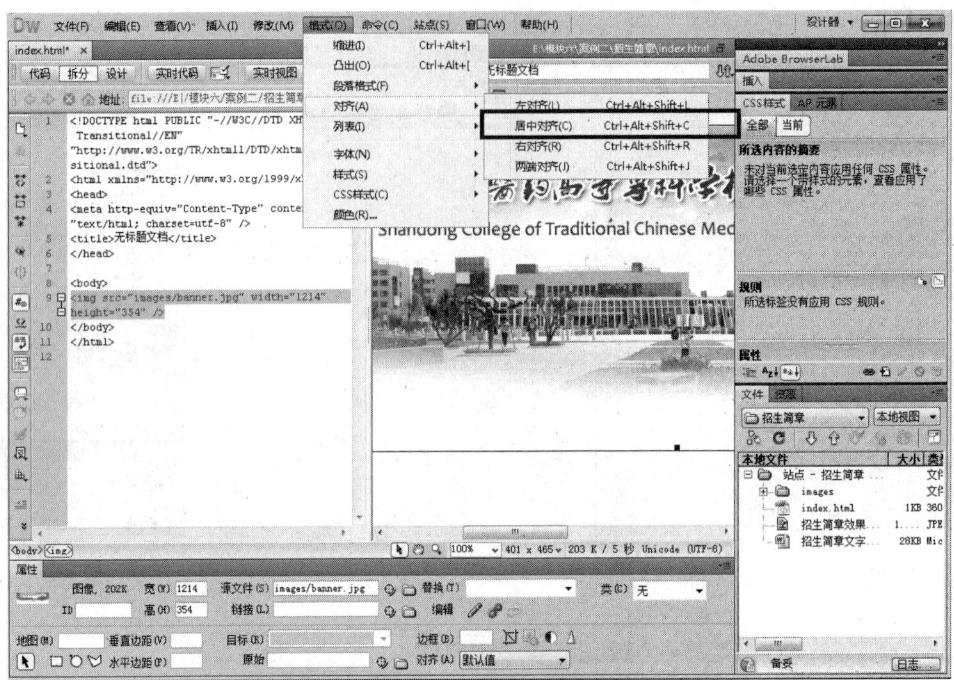

图27-8　设置图片居中对齐

3. 插入表格并添加导航内容及动画素材

第 1 步：将光标定位在图片下方，选择“插入”菜单中的“表格”菜单命令，在打开的“表格”对话框中设置行数为 1、列数为 2、表格宽度为 1000 像素、边框粗细为 0 像素，如图 27-9 所示。然后单击“确定”按钮，插入一个 1 行 2 列、边框为 0 像素的表格。

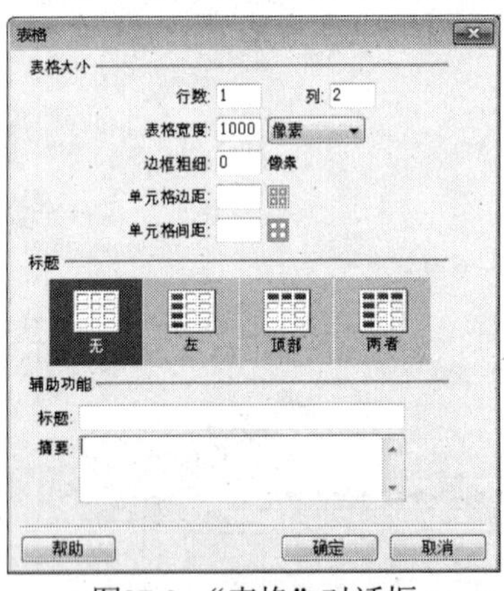

图27-9　“表格”对话框

第 2 步：选中表格，在表格的“属性”面板中设置对齐方式为“居中对齐”，如图 27-10 所示。

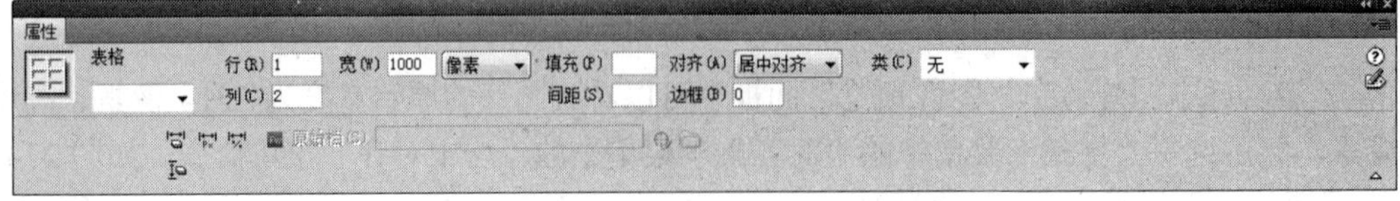

图27-10　表格的“属性”面板

第 3 步：为方便输入文字并查看效果，选择“查看”菜单中的“设计”菜单命令，将编辑界面切换到设计视图，然后将光标定位在表格左侧单元格中，输入栏目导航内容“学校简介”，然后按 Enter 键另起一段，输入“专业介绍”，同样另起一段输入“招生计划”“资助体系”“收费标准”“联系我们”。然后设置单元格属性为水平“居中对齐”、垂直“居中”、宽 350 像素、高 240 像素、背景颜色为“天蓝(#0099FF)”，如图 27-11 所示。

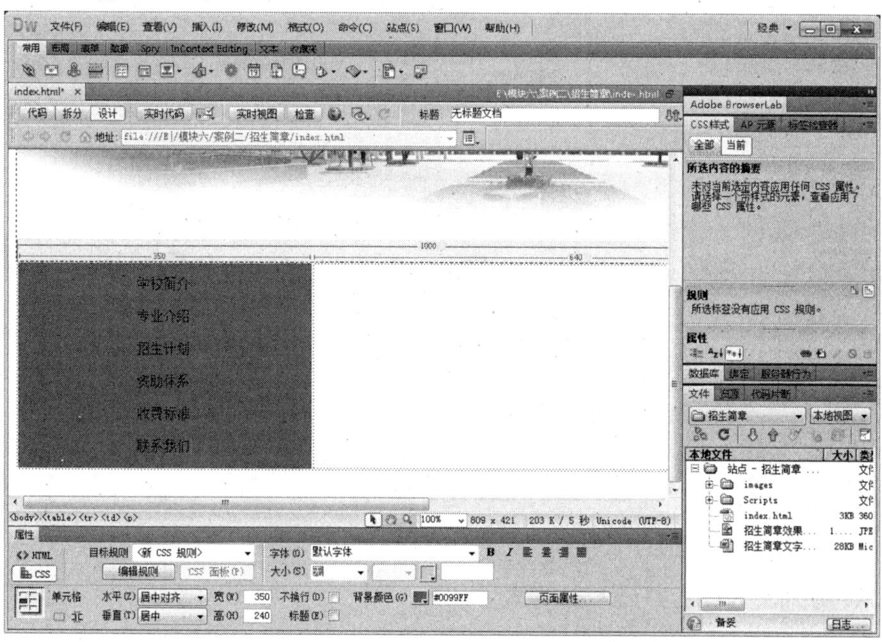

图27-11　设置左侧单元格的属性

第 4 步：将光标定位在右侧单元格中，选择“插入”菜单中的“媒体”子菜单中的 Shockwave 菜单命令，打开“选择 SWF”对话框，选择文件 img.swf，如图 27-12 所示。单击“确定”按钮后，插入一个 Flash 图片变换动画。

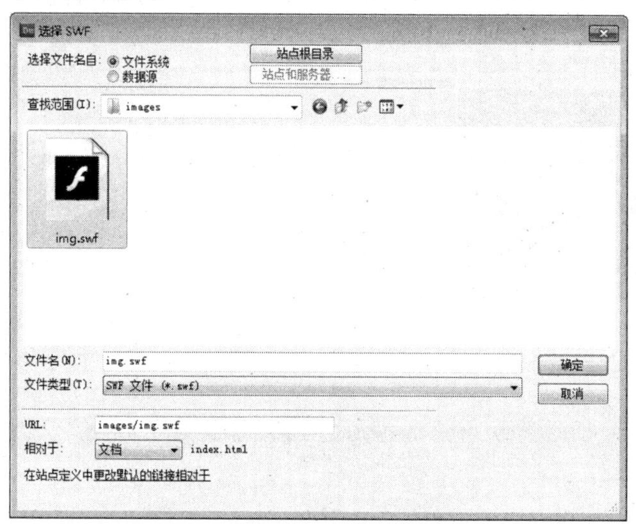

图27-12　“选择SWF”对话框

第 5 步：选中插入的 SWF 动画文件，设置宽度为 650 像素、高度为 240 像素，其他保持默认，如图 27-13 所示。

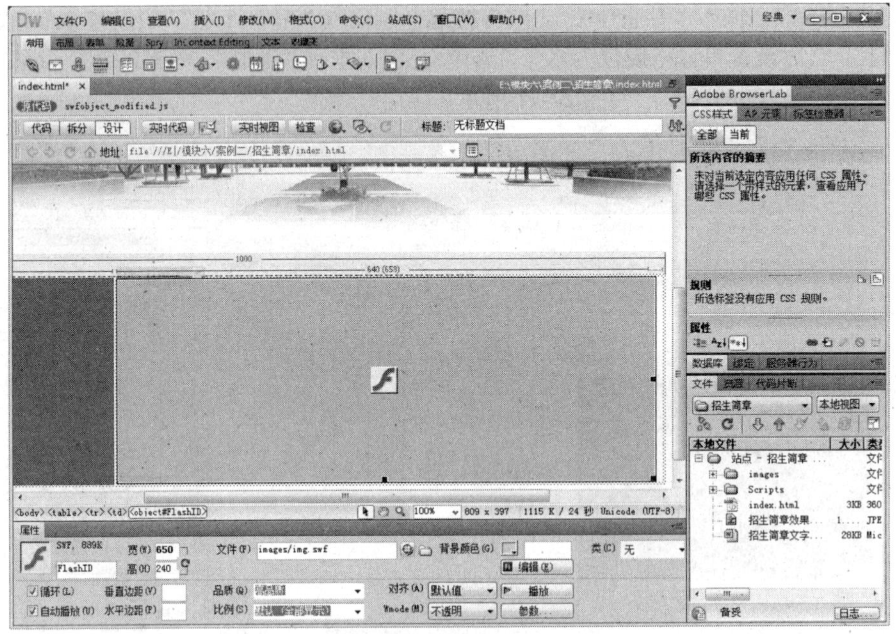

图27-13　设置SWF动画文件的属性

4. 输入导航标题及内容并插入水平线

第 1 步：定位到文档页面的最后，选择“插入”菜单中的“表格”菜单命令，插入一个 1 行 1 列的表格，表格的属性设置如图 27-14 所示。

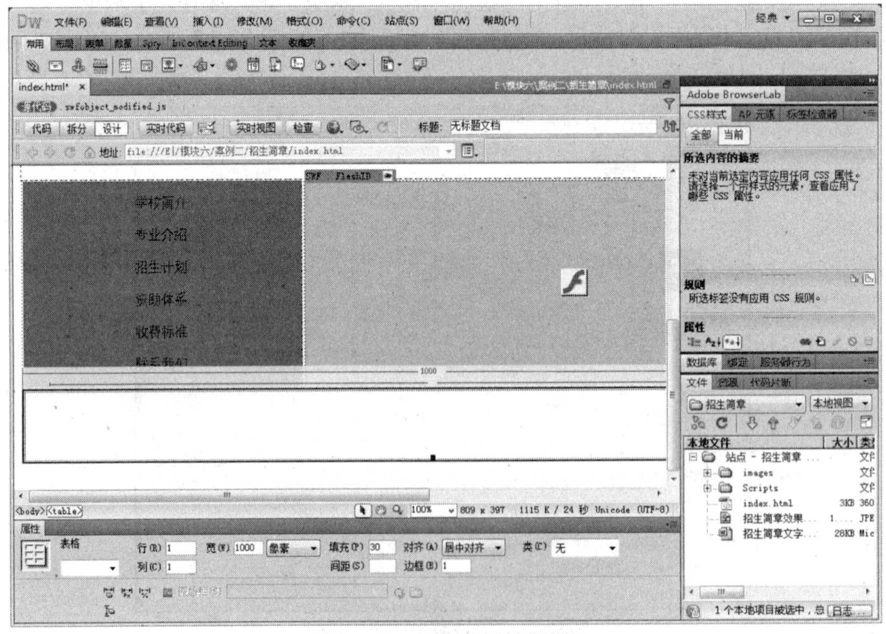

图27-14　表格的属性设置

第 2 步：打开素材，按 Ctrl+A 组合键全选素材内容，按 Ctrl+C 组合键复制所选文字内容，然后在表格中按 Ctrl+V 组合键粘贴，从而将素材中的内容全部粘贴到网页中。

第 3 步：将光标定位在“学校简介”后，单击“插入”菜单中的 HTML 子菜单中的“水平线”命令，插入一条水平线，设置水平线的宽度为 96%，对齐为“居中对齐”，选中“阴影”复选框。然后，选中水平线并右击，在弹出的快捷菜单中选择“编辑标签”命令，如图 27-15 所示。

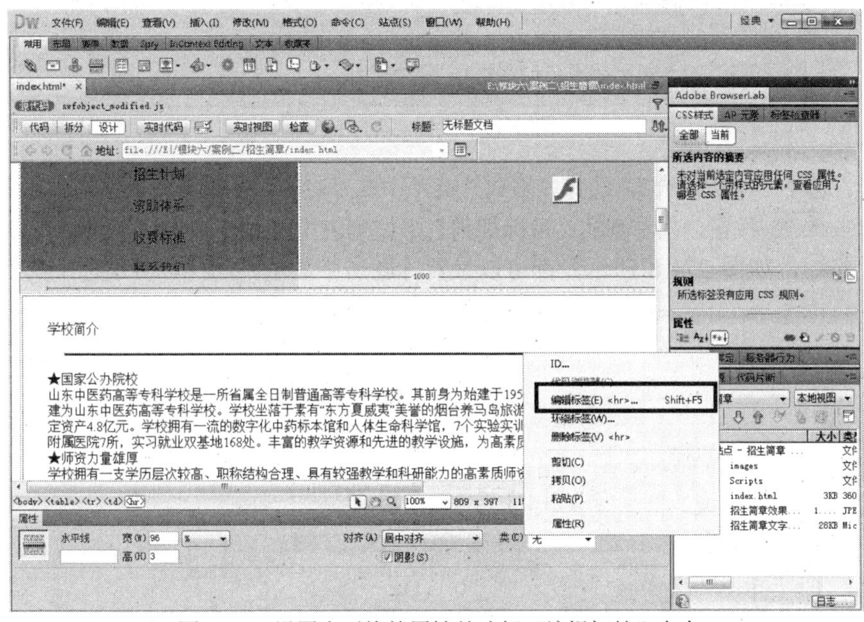

图27-15　设置水平线的属性并选择“编辑标签”命令

此时，打开“标签编辑器”对话框，选择左侧的“浏览器特定的”选项，在右侧的颜色选择器中选择“红色(#FF0000)”，如图 27-16 所示。单击“确定”按钮，即可设置水平线颜色为红色。

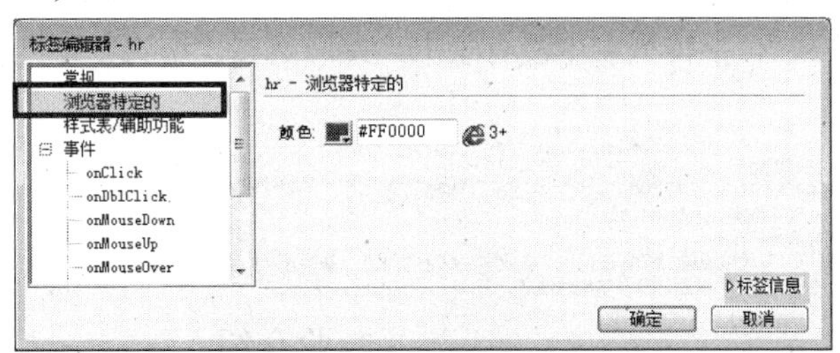

图27-16　“标签编辑器”对话框

第 4 步：使用同样的方法，在“专业介绍”等其他导航标题的后面插入水平线，并设置相应属性。或者直接复制“学校简介”后的水平线，然后在“专业介绍”等导航标题的后面位置粘贴，这样会更快捷一些。

5. 设置导航标题样式及部分文字格式

第 1 步：选中“学校简介”，选择“格式”菜单中的“段落格式”子菜单中的“标题 1”菜单命令，或者在“属性”面板中，单击 [<> HTML] 按钮，然后在右侧的格式列表中选择“标题 1”，如图 27-17 所示，从而将“学校简介”段落格式改为“标题 1”样式。使用同样的方法，分别选中其他标题“专业介绍”“招生计划”“资助体系”“收费标准”“联系我们”进行设置。

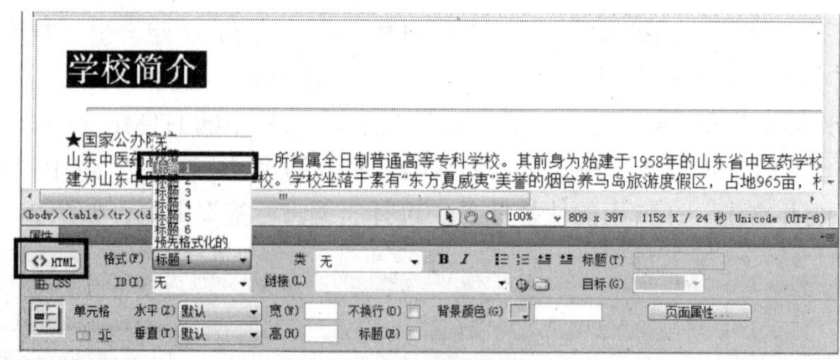

图27-17 设置“标题1”

第 2 步：选中“学校简介”，选择“格式”菜单中的“对齐”子菜单中的“居中对齐”菜单命令，或者单击 CSS 按钮，在右侧的“目标规则”下拉列表中，选择“<内联样式>”，并单击右侧的“居中”按钮，如图 27-18 所示，都可以设置标题居中显示。同样，分别选中其他标题进行设置。

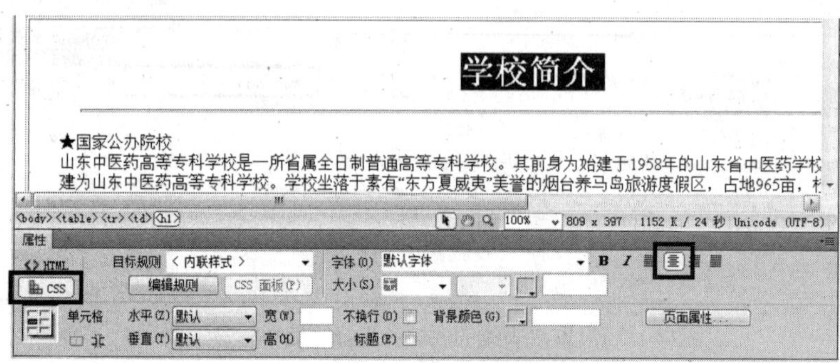

图27-18 设置标题居中

第 3 步：找到“专业介绍”部分，选中文字“中医学专业”，然后在“属性”面板中单击 CSS 按钮，选择“新内联样式”，字体列表中没有隶书，此时选择“编辑字体列表”选项，如图 27-19 所示。

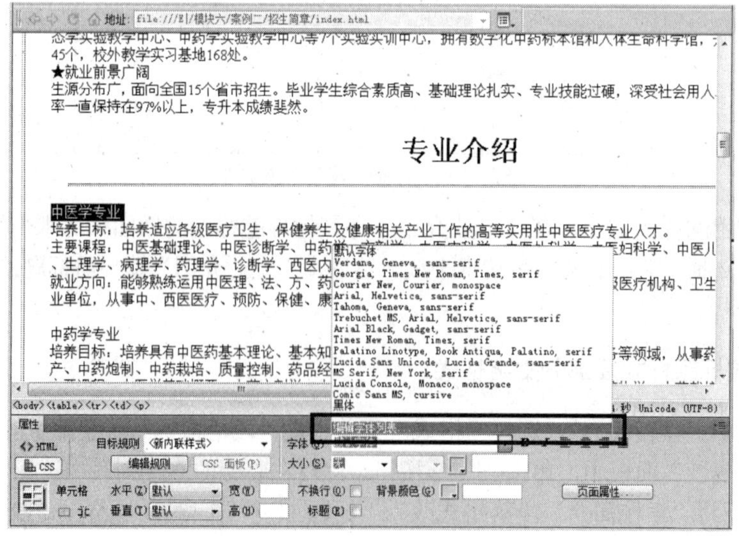

图27-19 选择“编辑字体列表”

第 4 步：此时打开“编辑字体列表”对话框，将右下方的可用字体列表中的“隶书”，移到左侧列表区域，如图 27-20 所示，单击“确定”按钮，此时“属性”面板的字体列表中就有“隶书”了。

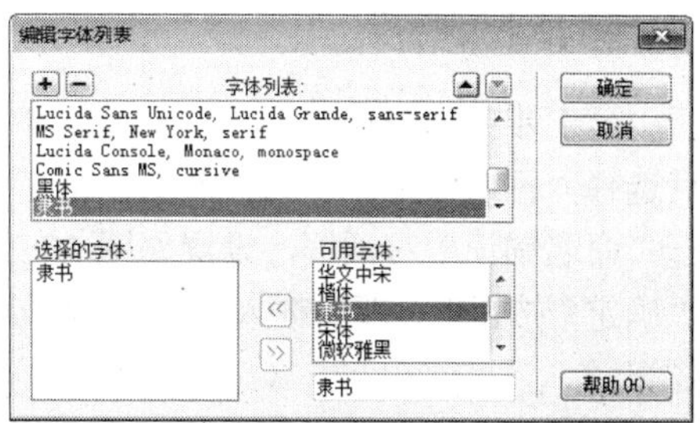
图27-20　“编辑字体列表”对话框

第 5 步：在“属性”面板中，字体选择“隶书”，颜色选择红色(#FF0000)，单击“加粗”“倾斜”按钮，如图 27-21 所示。使用同样的方法，设置其他专业名称的格式。

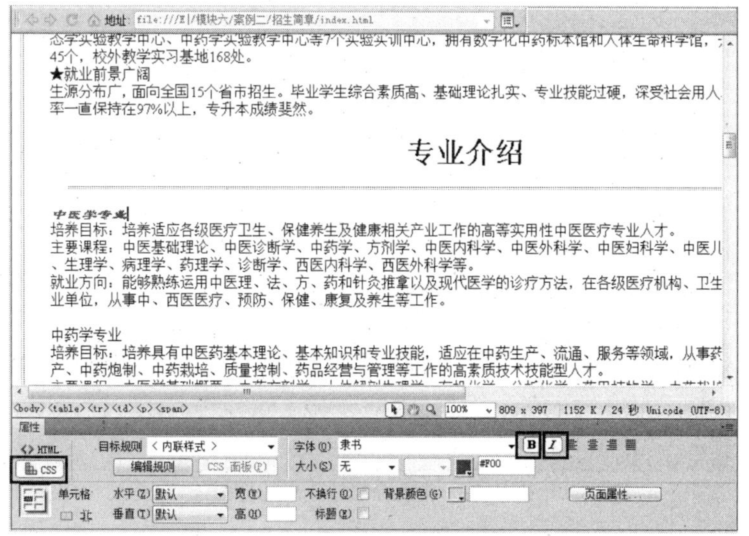
图27-21　设置字体颜色等属性

第 6 步：选中“招生计划”部分的表格的第一行内容，然后在“属性”面板中，设置水平“居中对齐”、垂直“居中”、背景颜色为“灰白(#CCCCCC)”，如图 27-22 所示。

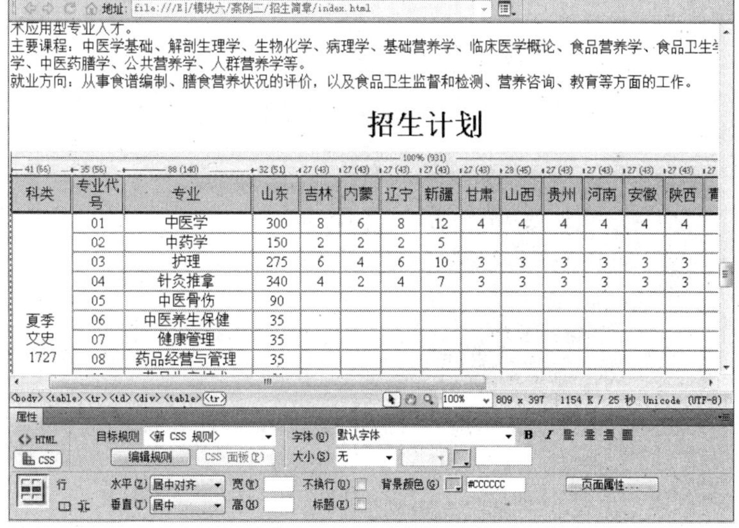
图27-22　设置表格属性

6. 插入超链接

第 1 步：将光标定位在“学校简介”的前面，然后选择“插入”菜单中的“命名锚记”菜单命令，打开“命名锚记”对话框，设置如图 27-23 所示。单击“确定”按钮后，即可插入一个名为“#学校简介”的锚记。

图27-23　“命名锚记”对话框

第 2 步：使用同样的方法，在其他几个标题的前面插入命名锚记，效果如图 27-24 所示。

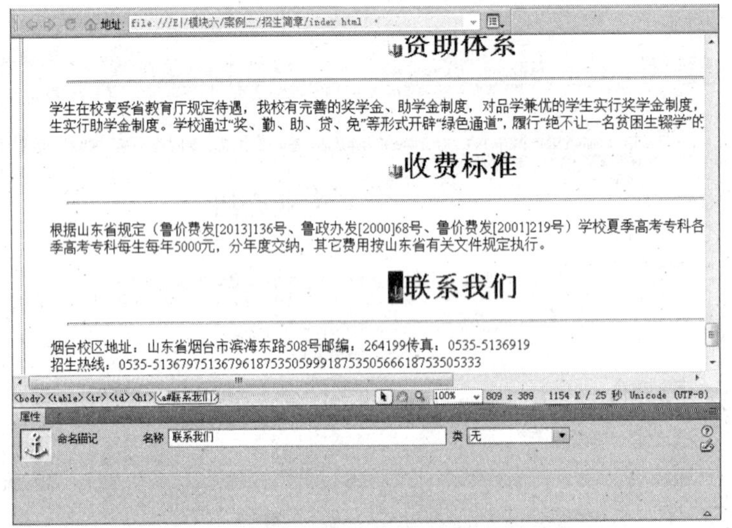

图27-24　插入命名锚记后的界面

第 3 步：选中网页顶部导航栏中的“学校简介”，选择“插入”菜单中的“超级链接”菜单命令，打开“超级链接”对话框，选择“链接”下拉列表中的“#学校简介”，如图 27-25 所示，单击“确定”按钮后，即可插入锚记链接，当单击锚记链接时，会跳转到相应的锚记位置。使用同样的方法，给网页顶部的其他栏目导航设置相应的锚记链接。

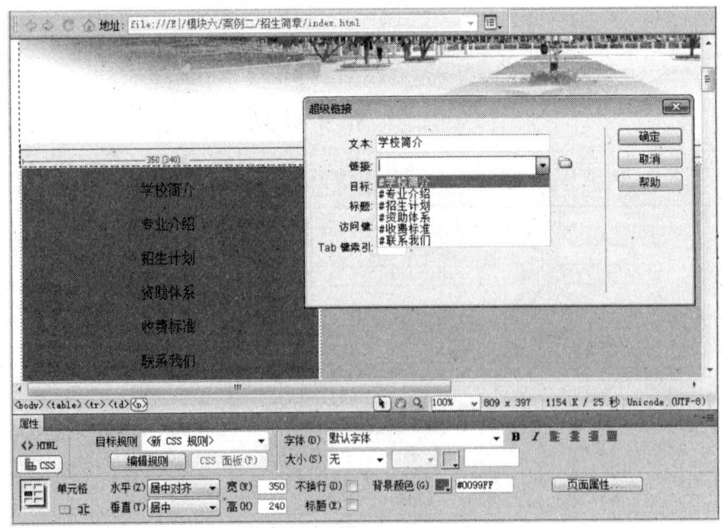

图27-25　插入锚记链接

第 4 步：选中“联系我们”部分的学校网址，然后选择“插入”菜单中的“超级链接”菜单命令，打开“超级链接”对话框，设置链接地址为 http://www.sdctcm.edu.cn，目标选择_blank 选项，从而设置在新窗口中打开链接，如图 27-26 所示。然后单击“确定”按钮，预览时单击网址会新建一个网页窗口并打开学校官方网站。

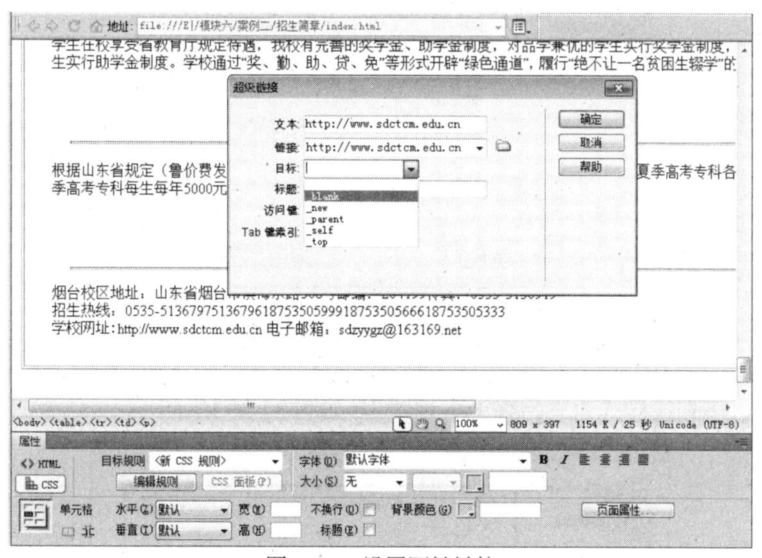

图27-26　设置网址链接

第 5 步：选中电子邮箱地址 sdzyygz@163169.net，然后选择“插入”菜单中的“电子邮件链接”菜单命令，打开“电子邮件链接”对话框，在“电子邮件”文本框中输入 sdzyygz@163169.net，如图 27-27 所示，单击“确定”按钮，预览打开时会自动启动电子邮件程序发送邮件。

图27-27　“电子邮件链接”对话框

7. 进行整体页面设置

第 1 步：选择“修改”菜单中的“页面属性”菜单命令，打开“页面属性”对话框，在该对话框中可以整体调整页面的 CSS 样式等。此处选择“标题/编码”，页面标题设置为“山东中医药高等专科学校招生简章”，如图 27-28 所示。

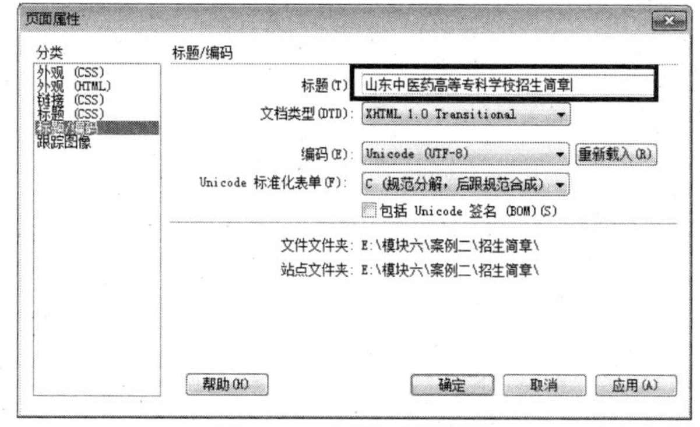

图27-28　标题/编码设置

第 2 步：选择“标题(CSS)”，设置“标题字体”为“隶书”、“标题 1”字号为 24px、颜色为红色(#F00)，如图 27-29 所示。

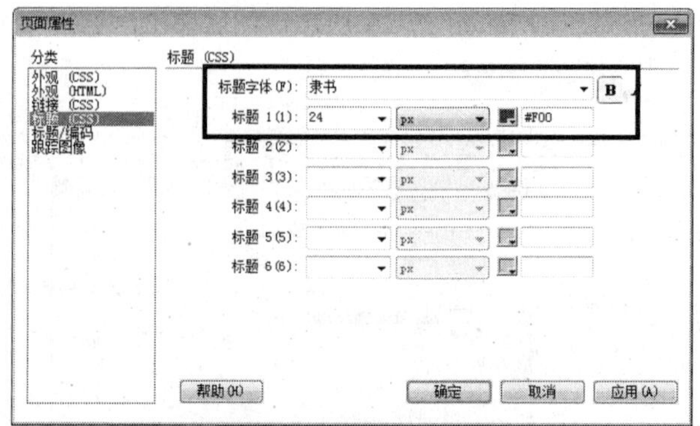

图27-29　标题(CSS)设置

第 3 步：选择“链接(CSS)”，设置“链接字体”为“加粗”、“链接颜色”“已访问链接”颜色均为红色(#F00)，下划线样式为“始终无下划线”，如图 27-30 所示。

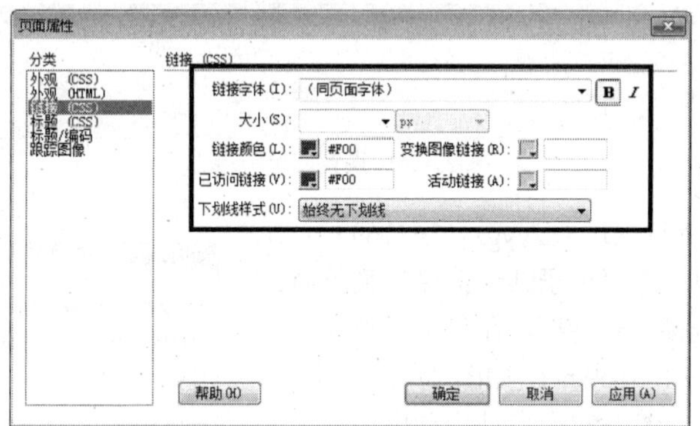

图27-30　链接(CSS)设置

第 4 步：选择“外观(CSS)”，设置“页面字体”大小为 14px，如图 27-31 所示。单击“确定”按钮，即可统一更改页面样式。

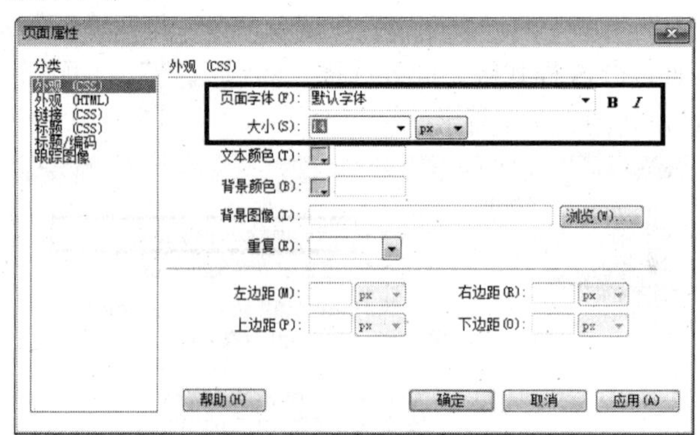

图27-31　外观(CSS)设置

第 5 步：切换至代码视图，在“<style type="text/css">”和“</style>”标记之间，添加代码“p{line-height:150%;}”，设置所有段落文字为 1.5 倍行距，如图 27-32 所示。

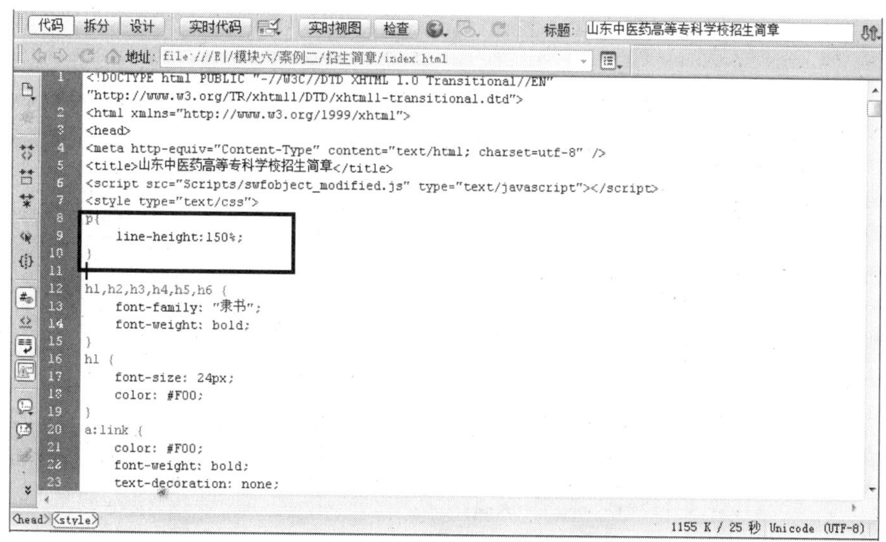

图27-32　为段落添加CSS样式代码

8. 保存并预览网页效果

第 1 步：选择“文件”菜单中的“保存”菜单命令，保存整个 index.html 网页文档。

第 2 步：选择“文件”菜单中的“在浏览器中预览”子菜单中的 360se 菜单命令，如图 27-33 所示；或者按快捷键 F12，调用 360 浏览器预览制作的招生简章网页。

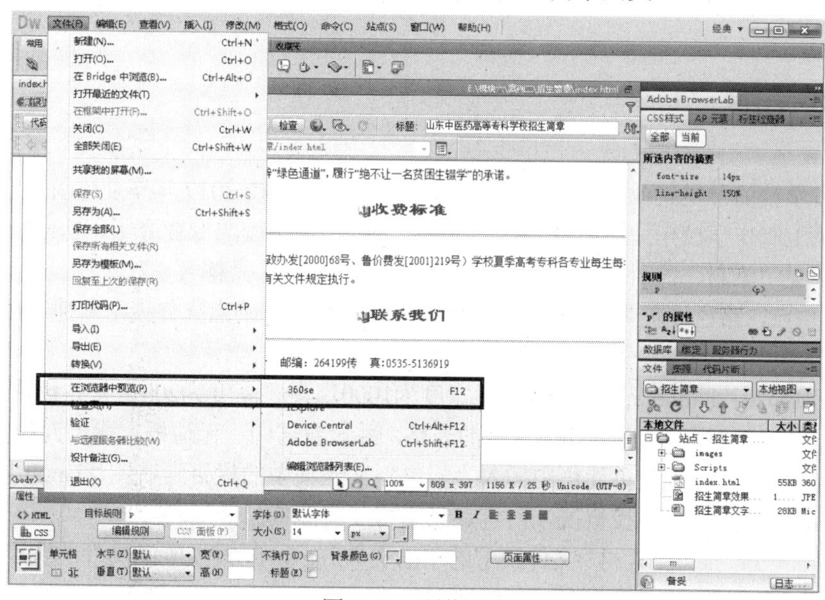

图27-33　预览网页

第 3 步：通过观察，发现部分段落的首行没有空出两个字符，后面的电话号码连在一起了，需要添加空格来加以完善。按 Ctrl+Shift+Space 组合键可以添加一个英文空格，段首如果空两个中文字符，则需要将光标定位到要添加空格的地方并按下 4 次 Ctrl+Shift+Space 组合键，完善后的界面如图 27-34 所示。保存后，最终效果参见“素材”文件夹中的“招生简章效果图.jpg”。

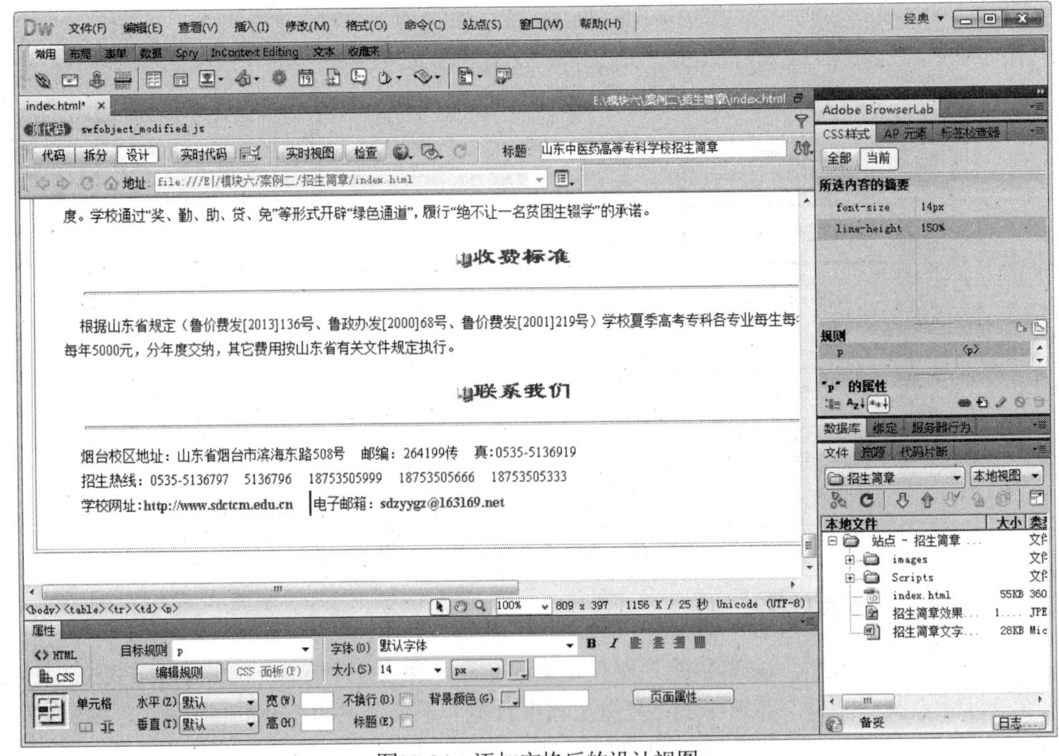

图27-34　添加空格后的设计视图

三、案例拓展

小白负责学校的学生就业工作，为促进学生就业，做好学校2017年毕业生就业创业工作，需要在学校网站上制作学校毕业生就业专题网页，展示本年度学校的专业介绍、毕业生情况等信息。制作完成效果见“素材”文件夹中的“就业信息效果图.jpg”。具体要求如下：

- 新建站点，路径设置为“案例二十七\就业信息\”，在站点文件夹下新建index.html页面并保存。
- 插入顶部图片banner.jpg，设置图片宽度为1000像素、高度为200像素并设置居中对齐。
- 插入一个1行2列、宽度为1000像素的表格，并设置居中、无边框、背景为白色，用于页面排版定位；在左侧的单元格中插入“素材”文件夹中的栏目导航图片lanmu1~4.jpg，在右侧的单元格中输入学校概况，内容参见素材“就业信息.docx”。
- 在表格下面，插入“素材”文件夹中的动画文件img.swf，设置动画文件的宽度为1000像素，高度为150像素。
- 插入一个1行1列、边框粗细为0像素、背景为白色的表格，并在表格中制作“专业介绍”“毕业生情况”“联系我们”栏目的内容，素材及文字内容位于“素材”文件夹中。将“专业介绍”部分的各专业名称字体格式设置为隶书、红色(#FF0000)、加粗；将“毕业生情况”表格的第一行设置背景颜色为灰白(#CCCCCC)，并将表格中所有的文本设置为水平及垂直居中对齐。

- 在各栏目导航内容前插入命名锚记，并给网页顶部的栏目导航图片设置锚记链接；在邮箱地址处设置电子邮件链接jiuye2765097@163.com；为“联系我们”部分的文字“网络招聘入口”设置超链接，链接到“素材”文件夹中的文件“用人单位招聘回执.docx”。
- 设置网页标题为“山东中医药高等专科学校就业信息专题页”，整个页面背景为“素材”文件夹中的图片backgroud.jpg，各段落文字为宋体、14像素、深蓝色(#336699)，行间距为1.5倍行距。
- 保存并在浏览器中预览网页效果。

案例二十八

制作电子版报名照片

Adobe Photoshop 简称 PS，是由 Adobe Systems 公司开发和发行的图像处理软件。Photoshop 主要处理以像素构成的数字图像，使用众多的编修与绘图工具，可以有效地进行图片编辑工作。Photoshop 的应用领域很广泛，在图像、图形、文字、视频、出版等各方面都有涉及。

小刘同学近期要参加职业资格证书考试，进行网上报名时，网站要求提交一寸电子照片。网站对电子照片的要求为：近期正面免冠彩色头像，服装与背景对比显著；电子照片为 JPG 文件格式的压缩图像，规格为 413 像素(高)×295 像素(宽)，分辨率为 300dpi，照片文件大小为 20~200 KB。通过本案例，初步了解 Photoshop 在数字图像处理中的功用；掌握在 Photoshop 中打开、新建、处理、保存图像的基本方法；掌握图像的裁剪、亮度、对比度调整以及定义图案、填充、调整画布大小的方法；掌握几种常用工具、命令、对话框的使用。

一、案例设计

- 拍摄照片并用PS打开：用照相机或手机拍摄自身正面照，然后拷贝到计算机中，启动PS将照片打开进行编辑。
- 裁剪图片至一寸大小：使用裁剪工具，将图片裁剪为一寸大小。
- 调整图片的亮暗、对比度：根据实际拍摄的图像曝光程度，适当调整图片亮暗、对比度等。
- 把图片另存为电子照片：将裁剪后的照片另存到“素材”文件夹，大小不超过200KB。
- 调整画布，定义图案：调整画布大小，为裁剪后的图片添加0.4cm的白边，然后将调整后的图像定义成图案。
- 新建图像并填充图案后保存打印：新建一张宽度为11.6cm、高度为7.8cm、分辨率为300像素/英寸的空白图片，并填充刚才保存的照片图案，将做好的图片保存后打印。

二、案例分析

1. 拍摄照片并用PS打开

第 1 步：使用手机拍摄个人照片，如图 28-1 所示。注意拍摄背景最好为纯色背景，如白墙、蓝幕或红色幕布等，并且周围光线要好，防止曝光不足，否则拍出的照片太暗。

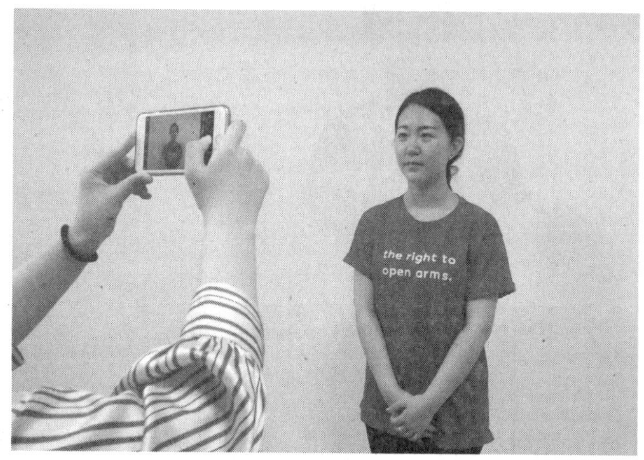

图28-1　拍摄照片

第 2 步：将照片拷贝到计算机中，然后打开 Photoshop，选择“文件”菜单中的“打开”菜单命令，或者使用快捷键 Ctrl+O，在打开的对话框中，选择照片的保存位置，单击“确定”按钮，打开图片文件，如图 28-2 所示。

图28-2　打开图片文件

2. 裁剪图片至一寸大小

第 1 步：单击裁剪工具，在属性框中为宽度输入 295 像素或 2.5 厘米，为高度输入 413 像素或 3.5 厘米，分辨率为“300 像素/英寸”，如图 28-3 所示。

图28-3　“裁剪工具”属性设置

第 2 步：在图片上要保留的区域拖动鼠标左键，松开鼠标后，调整要保留区域的范围，在裁剪处理头像类照片时，一般选区中心处于鼻尖位置比较合适，如图 28-4 所示。

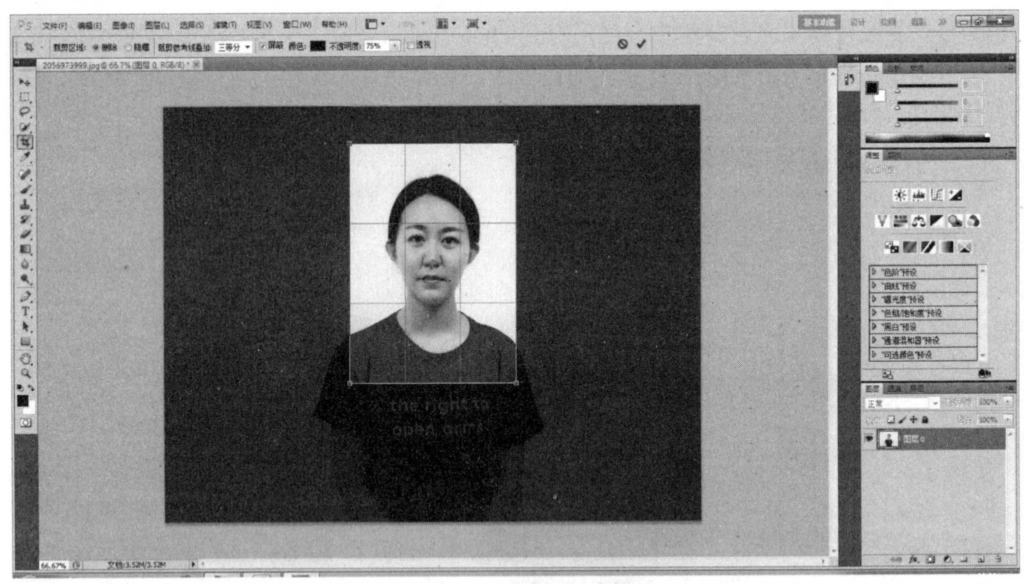

图28-4　裁剪区域示意图

第 3 步：双击鼠标或者按 Enter 键，或者单击右上角的√按钮，提交裁剪操作，把多余的图像裁剪掉。双击缩放工具🔍，将图片放大到 100%，如图 28-5 所示。

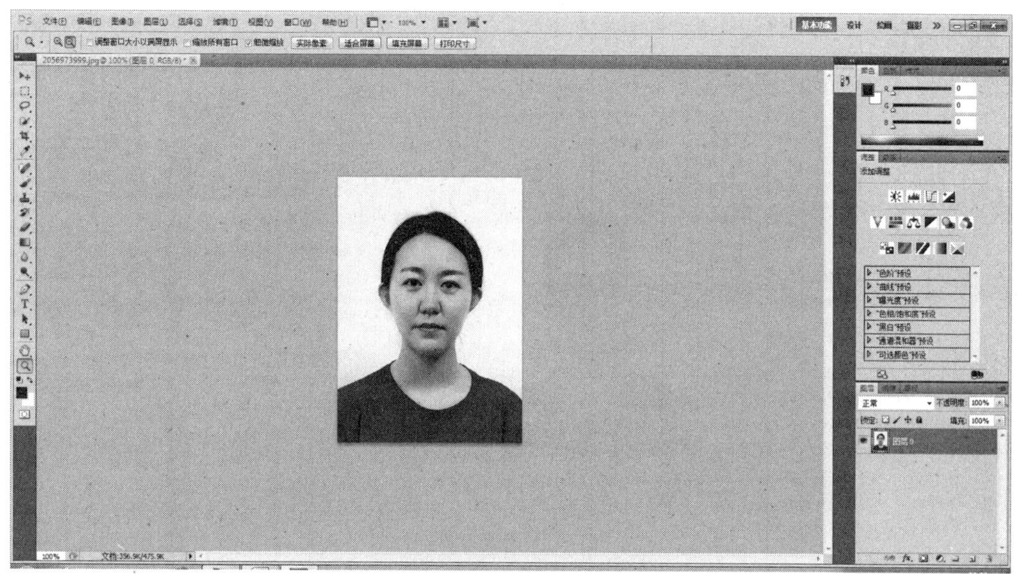
图28-5　裁剪后的图像

第 4 步：通过“图像”菜单中的“图像大小”命令或者使用快捷键 Alt+Ctrl+I，查看图像大小是否为需要设定的值，如图 28-6 所示。

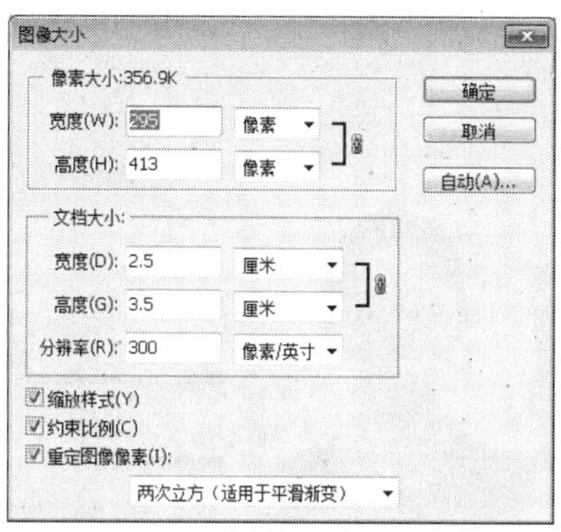

图28-6　“图像大小”对话框

3. 调整图片的亮暗、对比度

第 1 步：选择“图像”菜单中的“调整”子菜单中的“色阶”菜单命令或者使用快捷键 Ctrl+L，如图 28-7 所示。

第 2 步：此时打开图像的“色阶”对话框。使用“色阶”对话框可以调整照片的明暗、对比度等。其中高光游标与中间调游标向左移动照片变亮，暗调游标与中间调游标向右移动照片变暗，暗调游标与高光游标都往中间滑动增加照片对比度。在使用“色阶”命令调整照片的时候，如果感觉调整效果不满意，可以取消让照片恢复原样，直到调整满意为止。本案例的调整参数如图 28-8 所示，然后单击“确定”按钮，此时图像整体变亮。

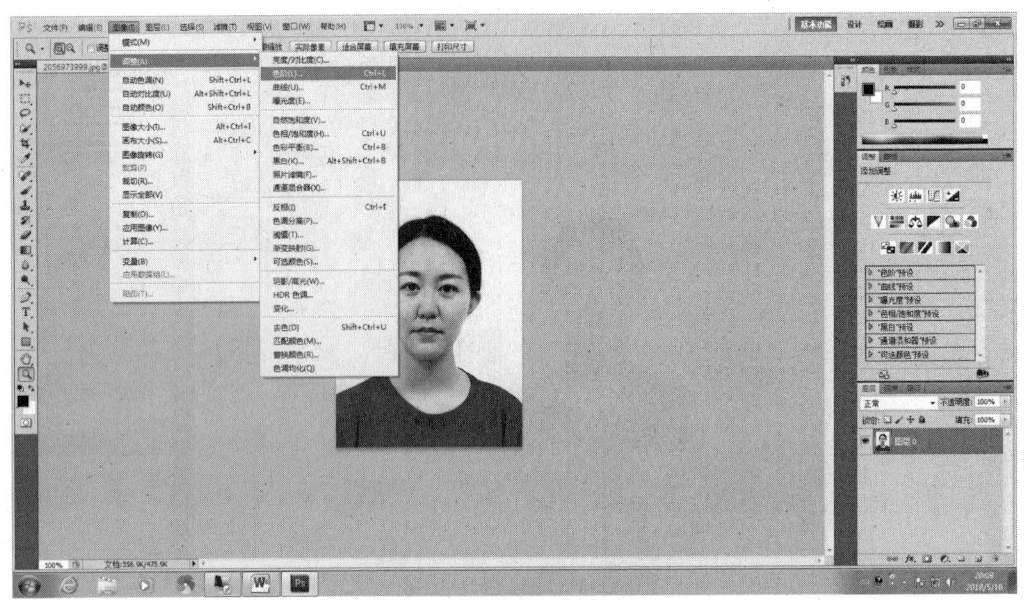

图28-7　使用“色阶”命令

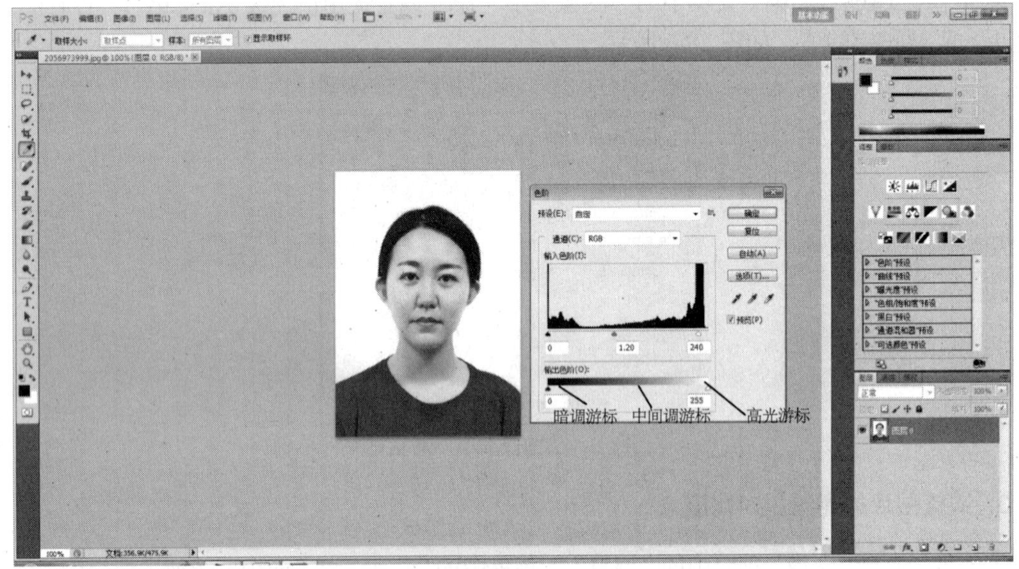

图28-8　“色阶”对话框

4. 将图片另存为电子照片

第 1 步：选择“文件”菜单中的“存储为”菜单命令，打开“存储为”对话框，如图 28-9 所示，在对话框中输入文件名为“1 寸电子照片”，格式类型选择 JPEG。

第 2 步：单击“保存”按钮，此时打开“JPEG 选项”对话框，选择不同的品质，或者拖动滑块，右侧会实时显示图片保存后的预估大小，品质越高、文件越大，生成的图片质量也越好。参数选择如图 28-10 所示，质量选择最佳，图片也不超过 200KB，单击“确定”按钮，符合要求的一寸电子照片就制作好了。

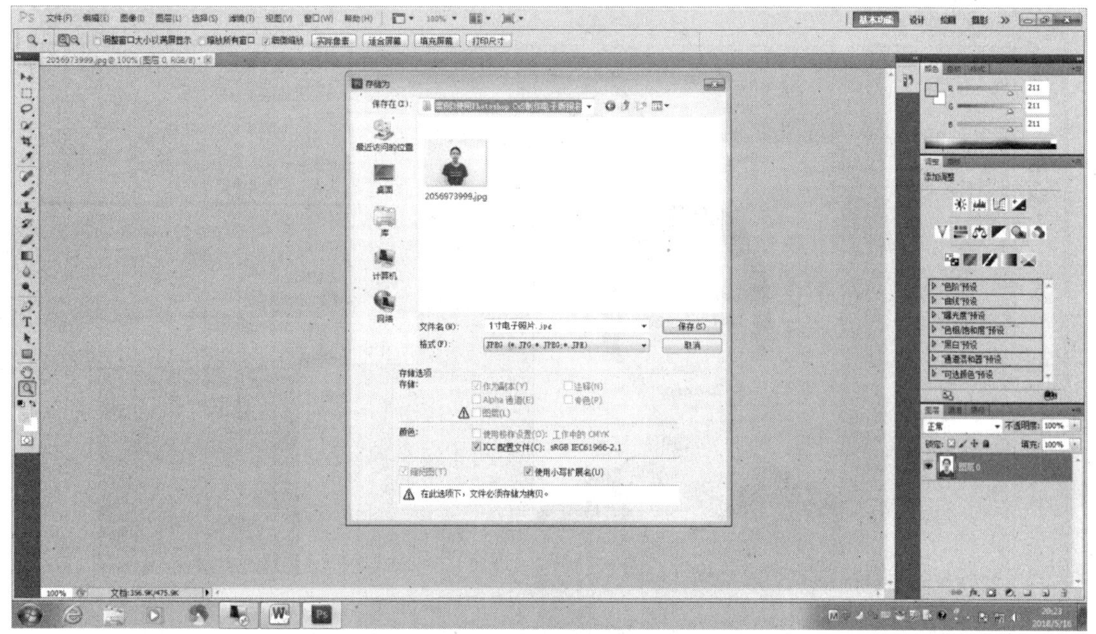

图28-9　“存储为”对话框

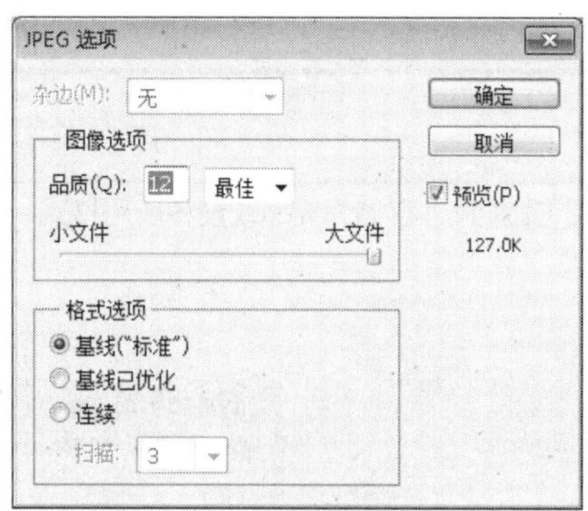

图28-10　“JPEG选项”对话框

另外，如果对电子照片的质量要求不高，可以“存储为 Web 或设备所用格式”，存盘时的图片分辨率为 96dpi，而不是文档原始的 300dpi，从而压缩文件大小，上传到网络时节省网络传输时间。操作步骤为：选择“文件”菜单中的“存储为 Web 或设备所用格式”命令或者按 Alt+Shift+Ctrl+S 组合键，在打开的对话框中调整右上角的品质，可以调整生成的图像品质，同时实时观察左下角显示的文件大小信息，从而根据需要调整到任意大小，如图 28-11 所示。

单击“存储”按钮，在打开的对话框中输入要保存的文件名字“1 寸电子照片 2”，此时一张分辨率为 96dpi 的图像就做好了。两张电子照片的属性对比如图 28-12 所示，虽然照片大小不同，但是看到的照片效果却几乎没有差别。

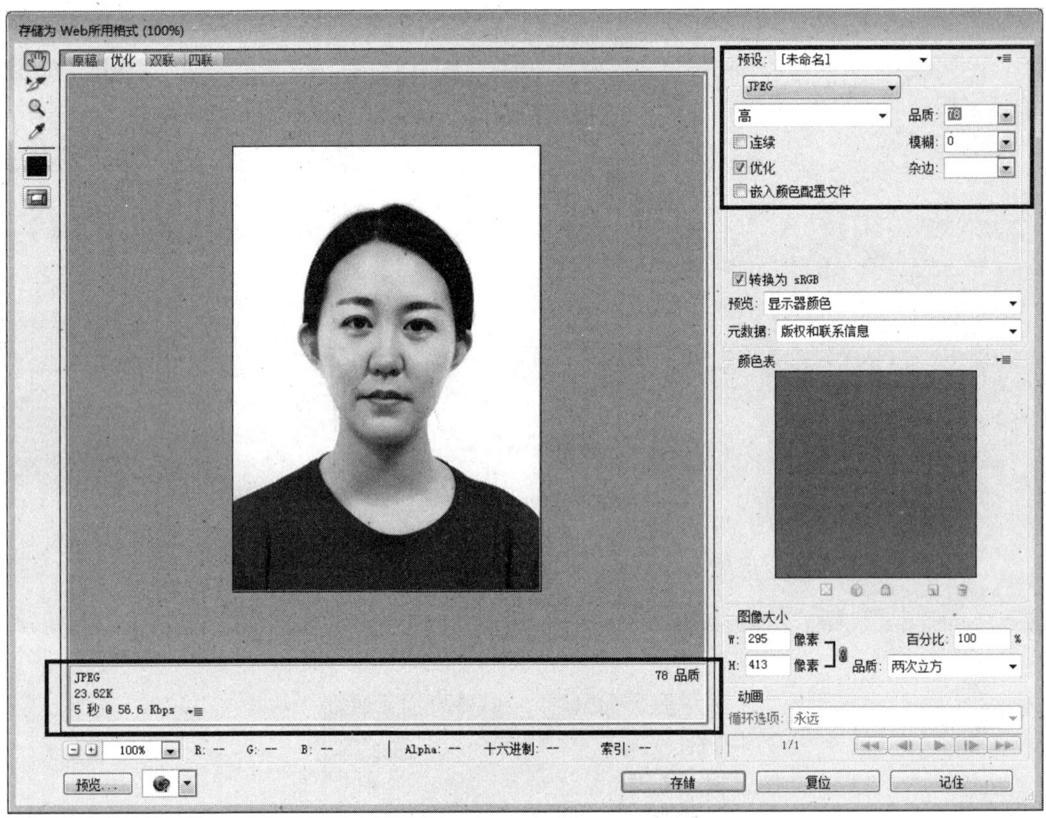

图28-11 存储为Web或设备所用格式

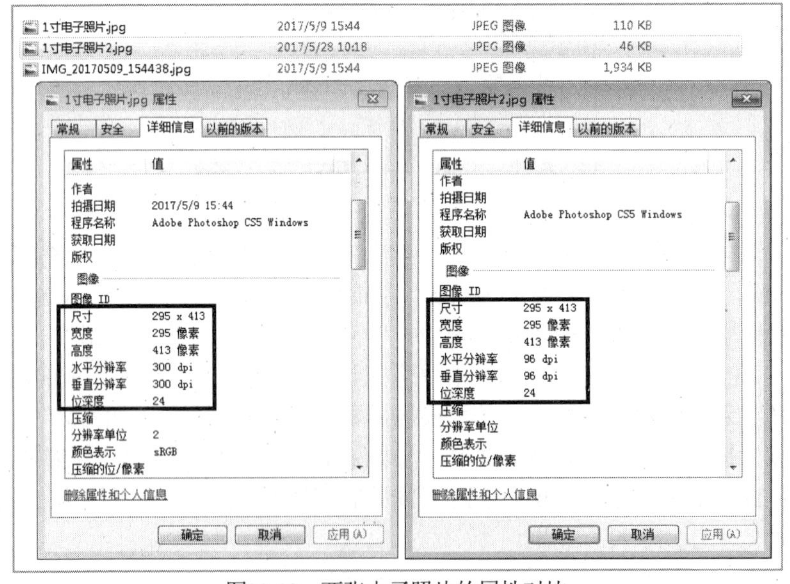

图28-12 两张电子照片的属性对比

5. 调整画布，定义图案

第 1 步：选择“图像”菜单中的“画布大小”菜单命令或者使用快捷键 Ctrl+Alt+C，打开“画布大小”对话框，因为要为画布扩展宽度为 0.4 厘米的白边，所以选中“相对”复选框，在“画布大小”区域分别设置宽度为 0.4 厘米、高度为 0.4 厘米，“定位”选择“正中间”，“画布扩展颜色”为“白色”，参数设置如图 28-13 所示。

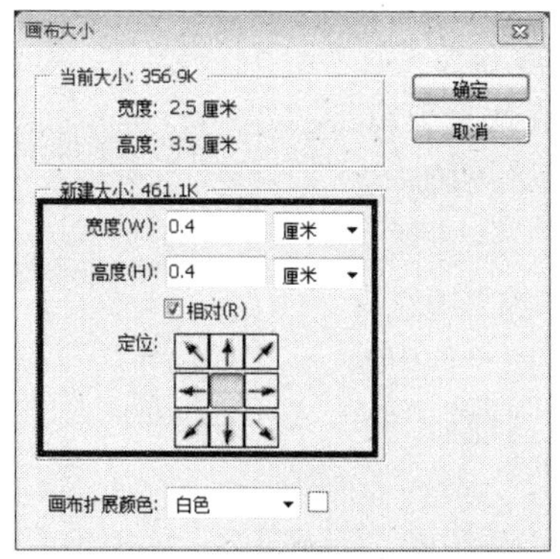

图28-13　“画布大小”对话框

第 2 步：单击“确定”按钮，此时图片效果如图 28-14 所示。

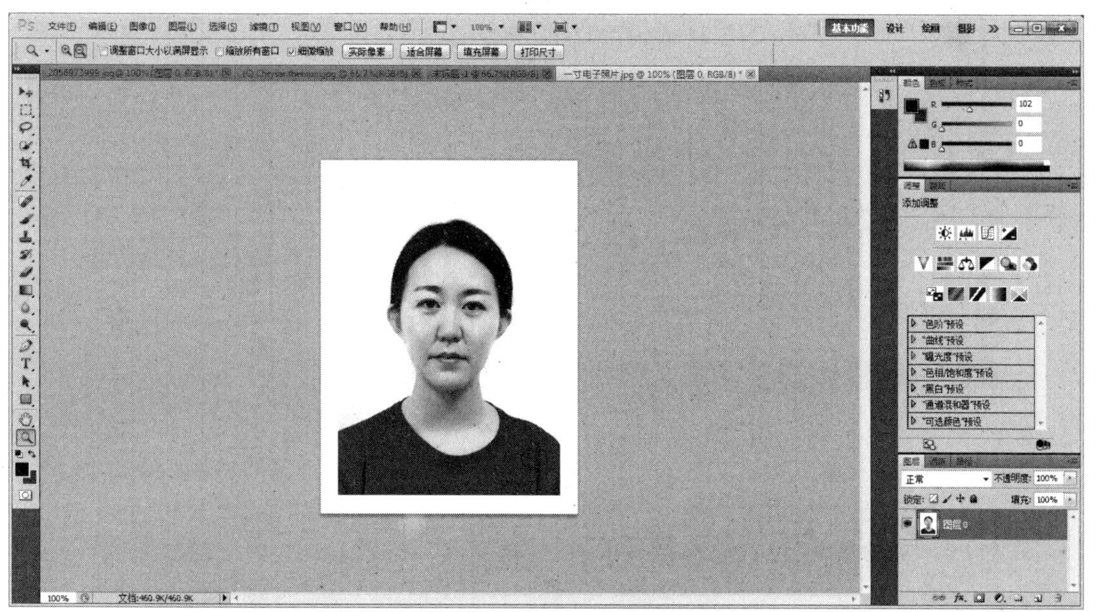

图28-14　修改画布后的图片

第 3 步：选择“编辑”菜单中的“定义图案”菜单命令，此时打开“图案名称”对话框，如图 28-15 所示，输入名称为“1 寸电子照片.jpg”，单击“确定”按钮，此时便可将照片定义为图案，以便下一步填充。

图28-15　“图案名称”对话框

6. 新建图像并填充图案后保存打印

第 1 步：选择“文件”菜单中的“新建”菜单命令，打开“新建”对话框，输入宽度为 11.6 厘米、高度为 7.8 厘米，分辨率为 300 像素/英寸，颜色选择默认的 8 位，背景内容选择“白色”，如图 28-16 所示，单击“确定”按钮，此时新建一幅空白图片。

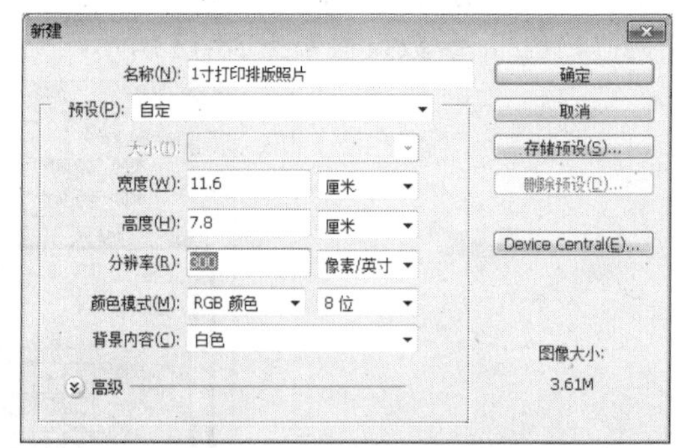

图28-16 “新建”对话框

第 2 步：选择“编辑”菜单中的“填充”菜单命令，此时打开“填充”对话框，“使用”选择“图案”选项，“自定图案”选择刚才保存的照片，如图 28-17 所示。

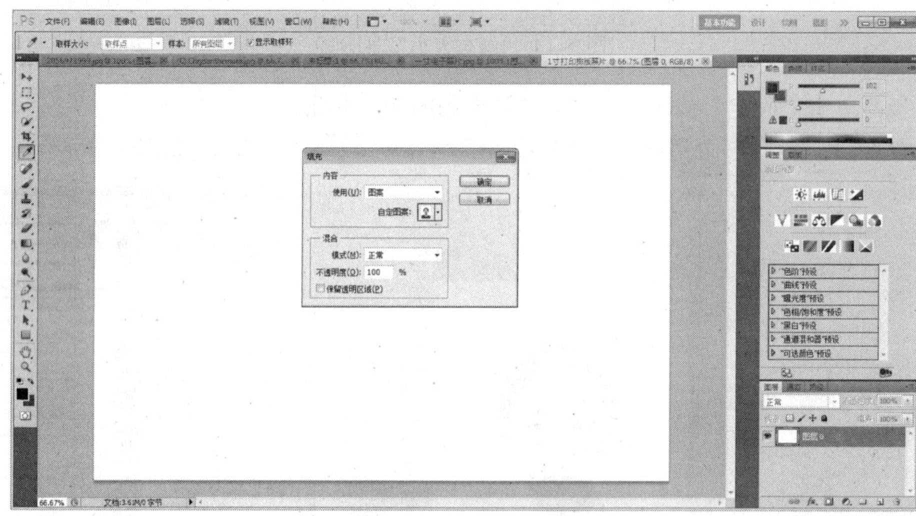

图28-17 “填充”对话框

第 3 步：单击“确定”按钮，定义的图像就被填充到新建的图像上了，效果如图 28-18 所示。

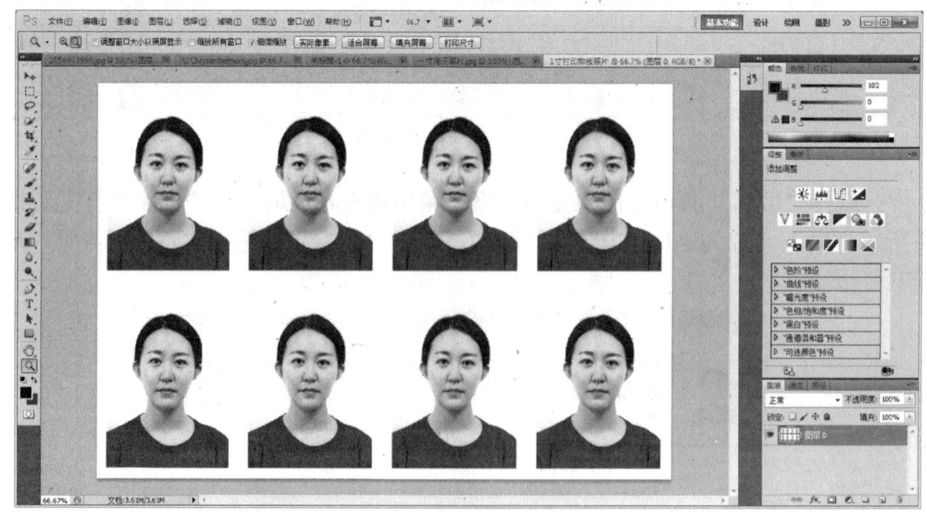

图28-18 填充图案后的效果

第 4 步：选择“文件”菜单中的“存储为”菜单命令，将图片存储为“一寸打印排版照片.jpg”，单击“保存”按钮，打开“JPEG 选项”对话框，如图 28-19 所示。单击“确定”按钮后，排版好的一寸照片就制作好了。

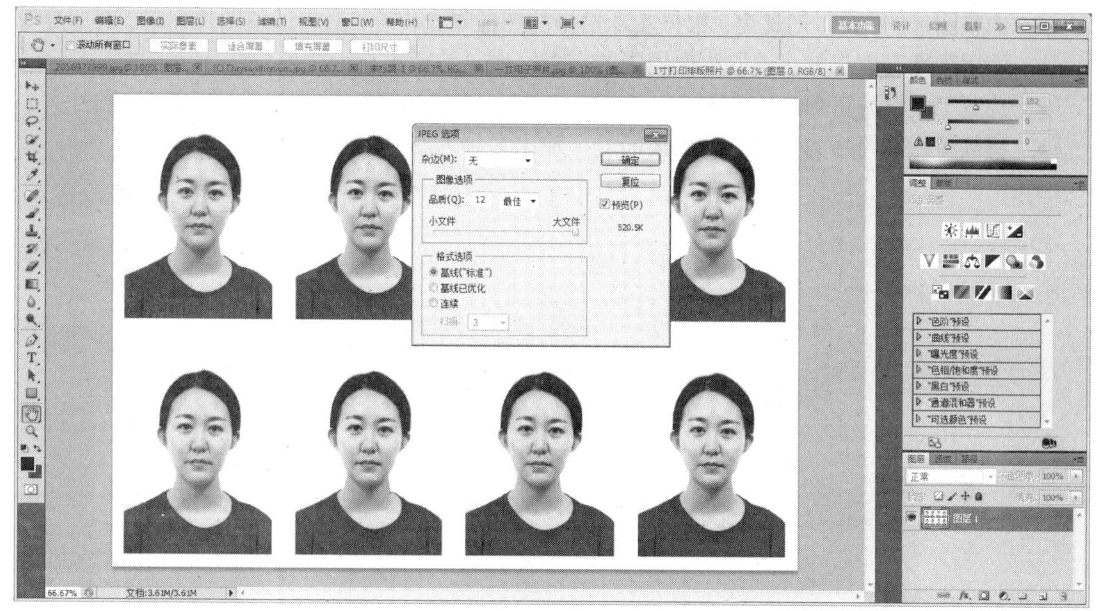

图28-19　排版一寸照片

第 5 步：将照片拷贝到彩色照片打印店，使用相纸打印出来，最终效果如图 28-20 所示。

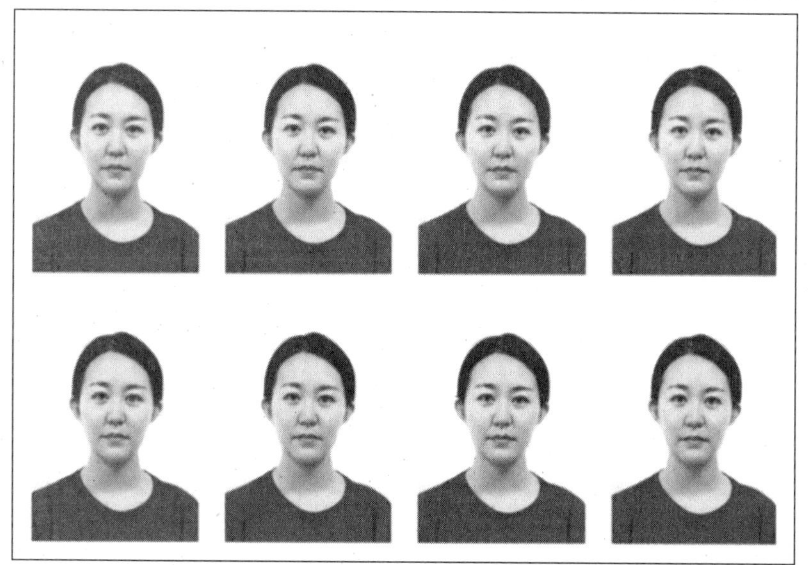

图28-20　打印最终效果

三、案例拓展

执业医师考试报名采用网上报名的方式，需要在网上提交电子照片。照片要求为：符合证件照标准的近期小两寸白底数码照片。照片尺寸：宽 390px、高 567px、分辨率不低于 300 dpi、JPG 格式、24 位 RGB 真彩色、文件大小为 25~40KB。请按如下要求完成电子照片的拍摄和制作：

- 用照相机或手机拍摄自身正面照，然后拷贝到计算机，启动PS将照片打开进行编辑。
- 调整图片的亮暗、对比度：根据实际拍摄的图像曝光程度，适当调整图片亮暗、对比度等。
- 使用磁性套索工具，选取头像周围的空白区域，然后填充为白色。
- 裁剪工具设为宽390px、高567 px、分辨率不低于300dpi/英寸，然后将照片裁剪至2寸大小。
- 将裁剪后的照片另存到计算机桌面上，输出大小为25~40KB。

案例二十九

制作唯美宣传片头

Adobe Premiere 简称 PR，是一款常用的视频编辑软件，由 Adobe System 公司推出，被广泛应用于广告制作和电视节目制作中。Adobe Premiere 有较好的兼容性，且可以与 Adobe System 公司推出的其他软件相互协作。Adobe Premiere 提供了采集、剪辑、调色、音频美化、字幕添加、输出、DVD 刻录等一整套流程，足以应对你在编辑、制作、工作流上遇到所有的挑战，满足创作高品质视频的要求。

恩琪同学的姐姐刚举办完婚礼，姐姐让恩琪帮忙为她的婚礼剪辑一个比较短小的婚礼片花，她想要在朋友圈转发。时长不需要太长，只需要将精彩镜头剪辑就行。姐姐希望镜头之间的衔接不要太过生硬，最好可以出现叠化的效果。在片花的开头可以出现姐姐和姐夫的姓名以及结婚日期。可以为片子整体配上一段舒缓的与主题相符的音乐。

通过本案例，初步了解 PR 在影像处理和编辑方面的功用：掌握利用 PR 进行素材的导入、视频格式的选择、新建工程和序列的基本方法，掌握影像的剪切以及镜头之间转换的特效方法，掌握如何添加字幕以及音乐。

一、案例设计

- 新建工程和序列：根据视频的格式选择合适的预置，新建序列。
- 导入视频素材：在“项目”面板中导入视频素材，将所需要编辑的视频素材放置在时间线上以备剪辑。
- 导入音乐素材：学会分辨时间线的各种轨道，正确将音乐导入音频轨道上。
- 利用“剃刀”工具，完成视频的剪辑，并且对视频进行无缝连接。
- 为两个临近的视频添加视频转场的过渡效果。
- 设置好出点和入点，设置输出格式为H.264，文件名为“胡天＆安琪.mp4”，并保存到合适的位置。

二、案例分析

1. 新建工程和序列

第 1 步：打开 Adobe Premiere Pro CS4，进入“欢迎使用 Adobe Premiere Pro”对话框，界面中同时出现了“新建项目”“打开项目”“帮助”“最近使用项目”，如图 29-1 所示。

图29-1 进入“欢迎使用Adobe Premiere Pro”对话框

第 2 步：单击“新建项目”按钮，打开“新建项目”对话框，如图 29-2 所示。

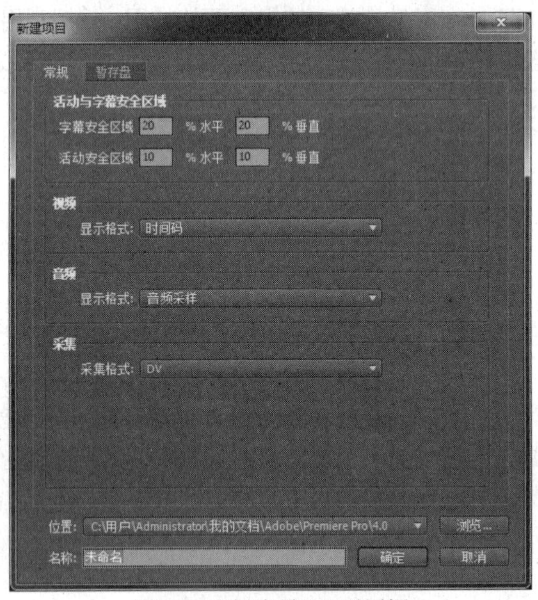

图29-2 “新建项目”对话框

第 3 步：单击“浏览”按钮，出现“浏览文件夹”对话框。在计算机的 D 盘中，新建一个文件夹并命名为 PR，如图 29-3 所示。

图29-3　“浏览文件夹”对话框

第 4 步：单击“确定”按钮，将工程文件重新命名为“PR 课程”，也可以根据自己的需要使用其他的名字，单击“确定”按钮，弹出“新建项目”对话框，如图 29-4 所示。

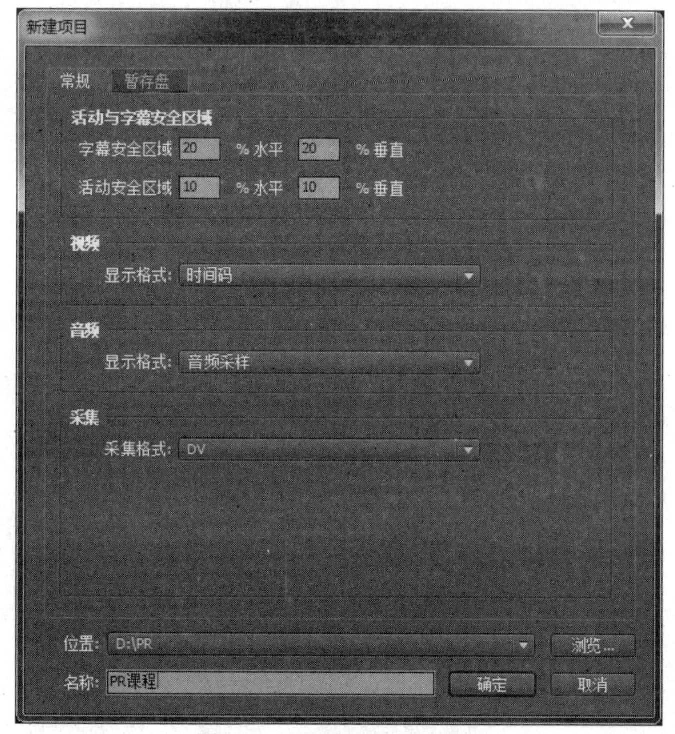

图29-4　“新建项目”对话框

说明：

一般来说，序列的预置选择需要根据视频的格式来确定。现在，无论是家用还是电视台，一般的视频都是高清格式，高清视频的像素比为1920*1080，一般采用为25帧/秒的帧率。

第 5 步：可以通过右边的“预置描述”来查看预置是否与视频格式匹配，如图 29-5 所示。选择合适的格式后，对新序列进行命名，单击“确定”按钮，完成新序列的创建。

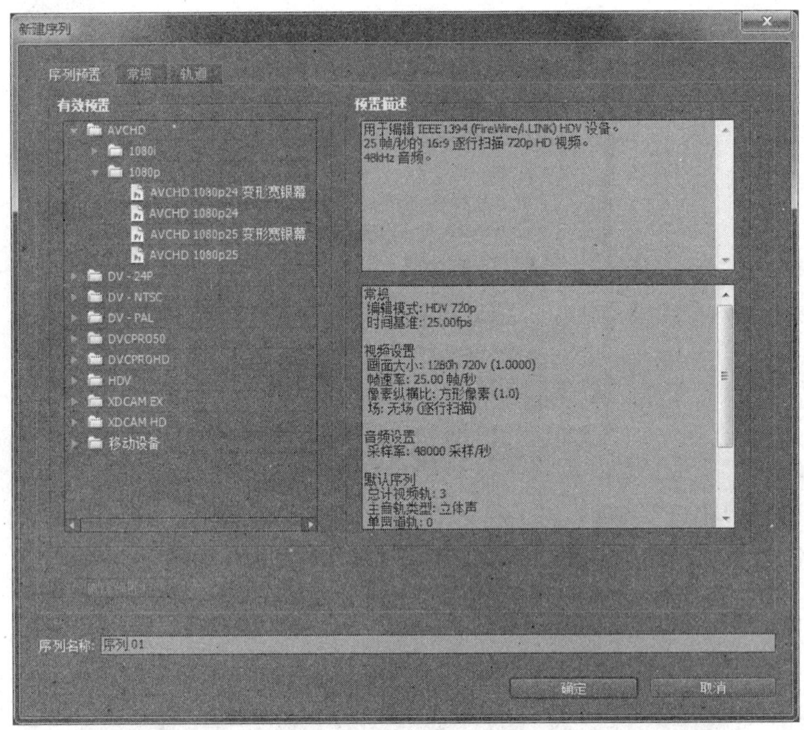

图29-5 “新建序列”对话框

2. 进行视频剪辑和特效转场

第 1 步：进入 PR 的编辑操作界面，如图 29-6 所示。

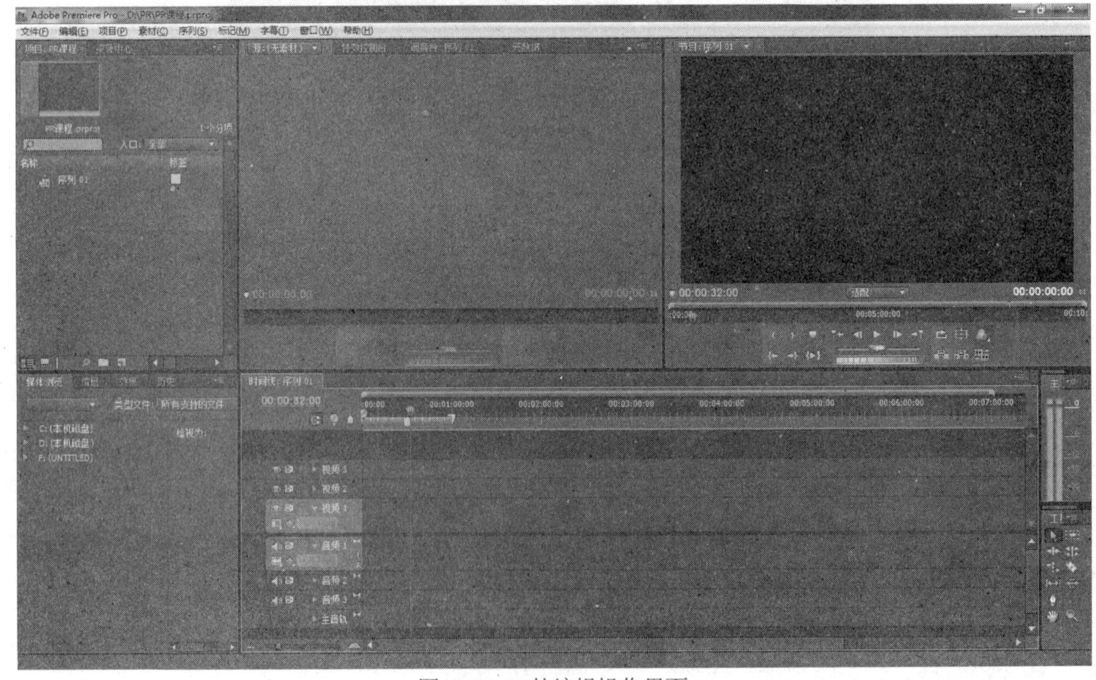

图29-6 PR的编辑操作界面

第 2 步：在“项目”面板的空白区域双击鼠标左键，打开“导入”对话框，如图 29-7 所示。在“浏览文件夹”对话框中找到需要导入的素材。

图29-7　“导入”对话框

第 3 步：先选择第一个视频，按住 Shift 键，再选择最后一个视频，单击“打开”按钮，出现“导入文件”提示框，完成视频的全部导入，如图 29-8 所示。

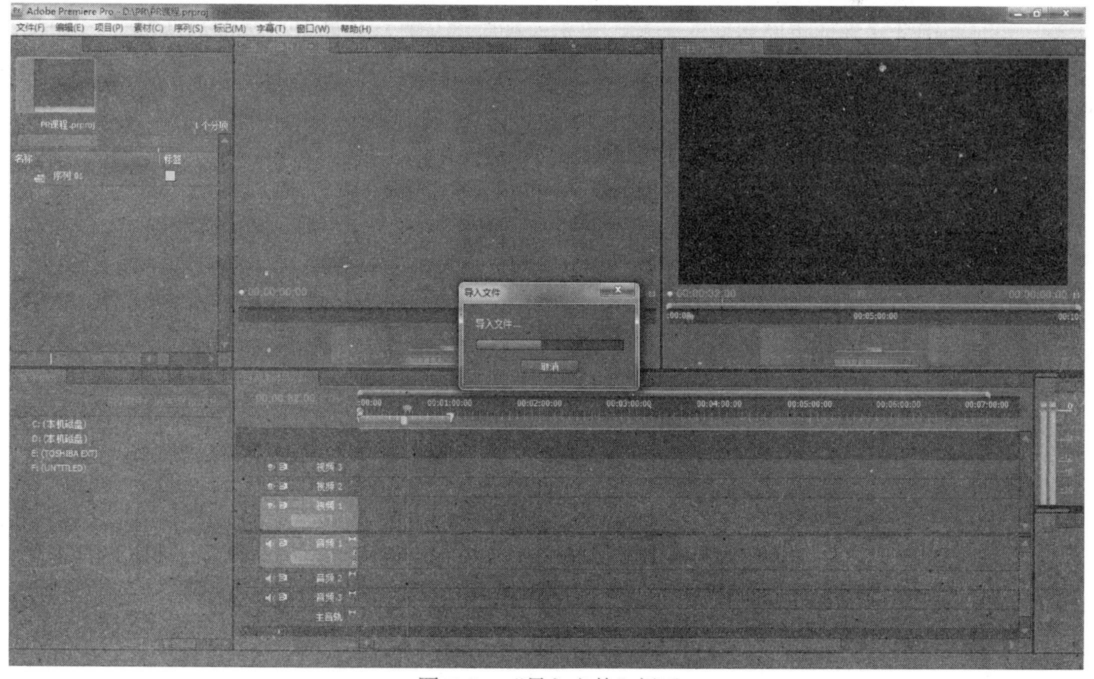

图29-8　“导入文件”提示

第 4 步：选中导入的全部视频，按住鼠标左键不放，拖动到时间线上，如图 29-9 所示。时间线上的红色指针，表示显示与当前帧对应的画面。操作界面的右上角为“预览”窗口，我们可以通过“预览”窗口查看每一帧对应的视频影像画面。

图29-9　将视频拖动到时间线上

第 5 步：单击操作界面右下角“工具”面板中的“剃刀”工具按钮，光标就切换到了剪切状态，将时间指针移到你想要剪切的一帧，单击，视频将从光标处断开分成前后两部分。选中需要删除的部分，按键盘上的 Delete 键，完成视频的删除。剪切前后效果如图 29-10 和图 29-11 所示。

注意：

当选择“剃刀”工具时，光标就一直处于剪切状态，无法完成选择，所以也无法完成删除；进行删除前，可以先单击“选择”工具按钮，再进行删除。

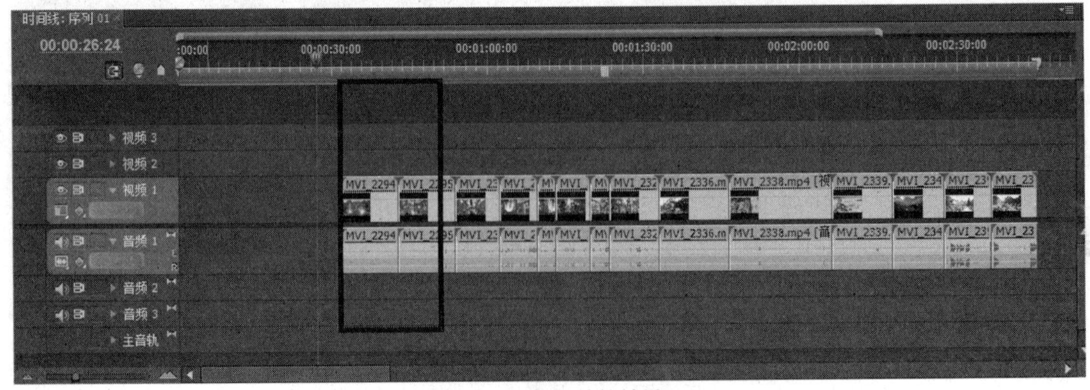

图29-10　剪切前的效果

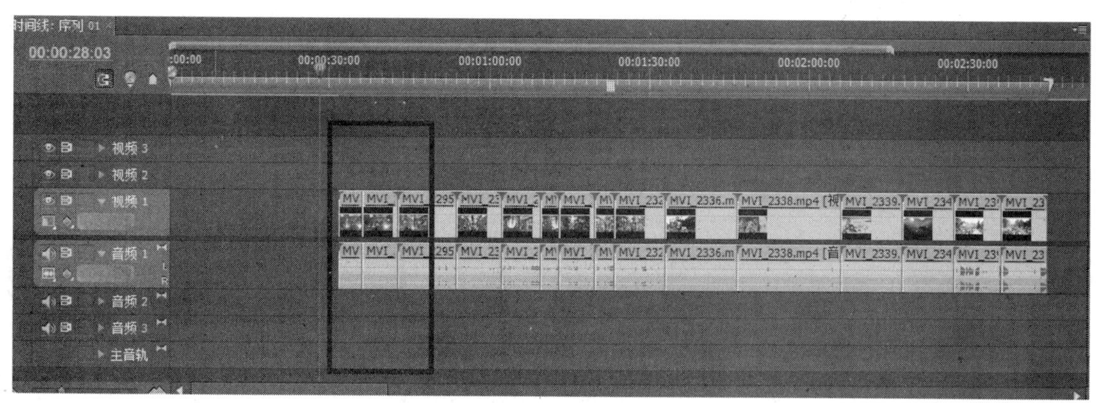

图29-11　剪切后的效果

第 6 步：选择“效果”窗口中的“视频切换”，展开后，出现视频切换的全部效果。选择“叠化”→“交叉叠化(标准)”，如图 29-12 所示。单击鼠标左键，将其直接拖动到两个视频中间的位置，这样视频之间就加上叠化效果了，如图 29-13 所示。

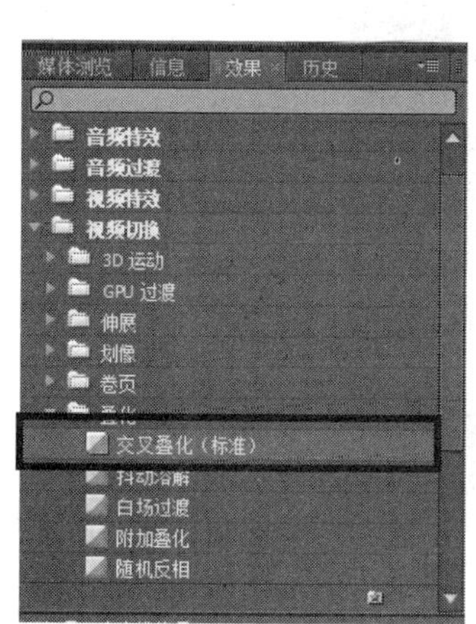

图29-12　视频效果的操作界面

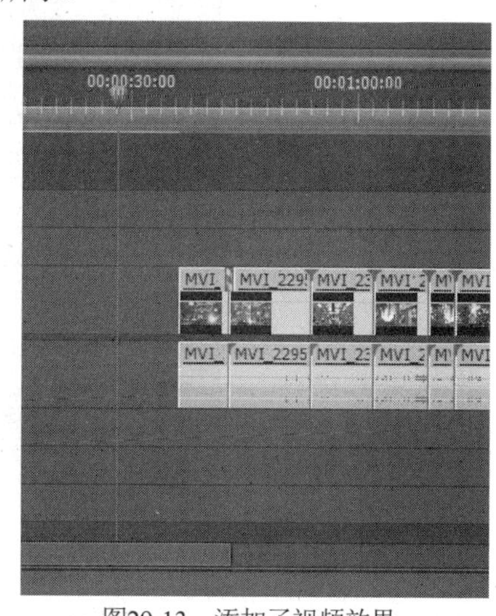

图29-13　添加了视频效果

第 7 步：导入音乐素材。在“项目”面板的空白区域双击鼠标左键，选择要导入的音乐，直接拖动到音频轨道上，如图 29-14 所示。

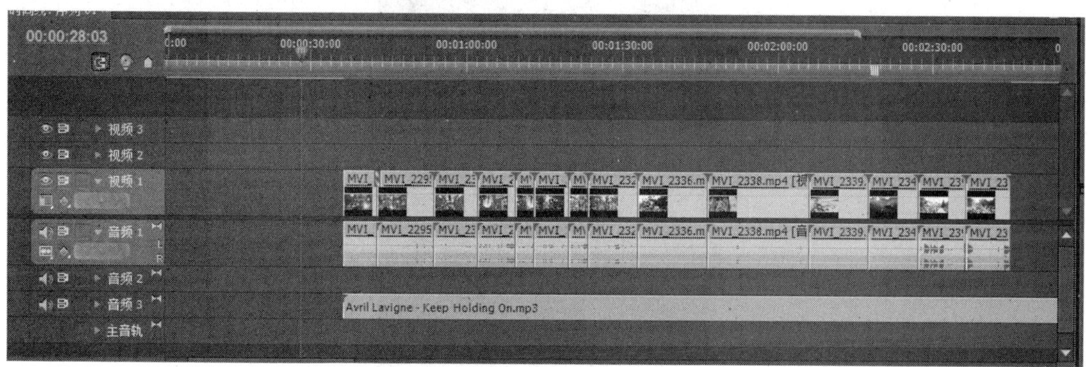

图29-14　添加音乐素材到音频轨道上

第 8 步：选择“剃刀”工具，将时间指针移到需要裁剪的位置，单击鼠标左键，完成前后视频的剪切，如图 29-15 所示。选中多余的视频片段，按 Delete 键删除。

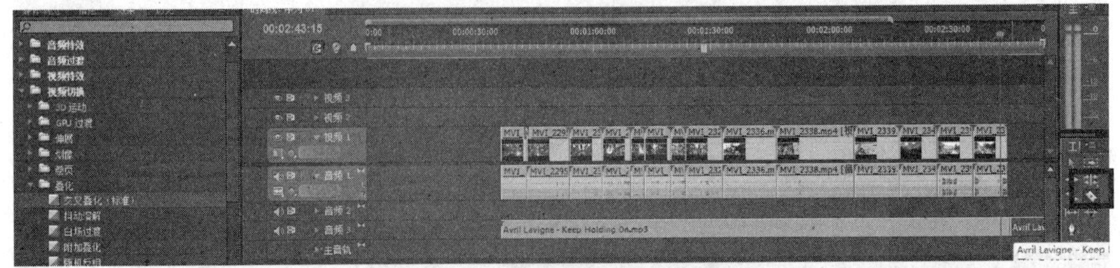

图29-15　剪切视频后的界面

第 9 步：将时间指针移到视频最开始的位置，按快捷键 I，设置入点，如图 29-16 所示。

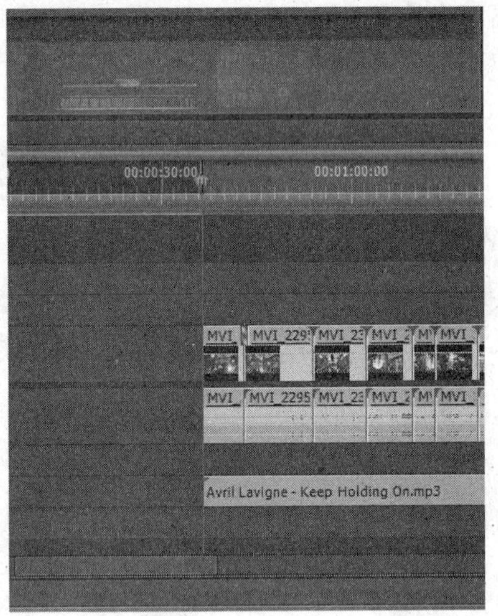

图29-16　设置入点

第 10 步：然后按时间指针移到视频的结束位置按快捷键 O，设置出点，如图 29-17 所示。

图29-17　设置出点

第 11 步：选择“文件”菜单的“导出”子菜单中的“媒体”菜单命令，如图 29-18 所示，打开“导出设置”对话框。

图29-18　选择“媒体”菜单命令

第 12 步：在对话框中选择视频格式为 H.264，如图 29-19 所示。

图29-19　选择视频格式

第 13 步：单击“输出名称”按钮，打开“另存为”对话框，如图 29-20 所示，在该对话框中设置视频文件的输出位置和名称。

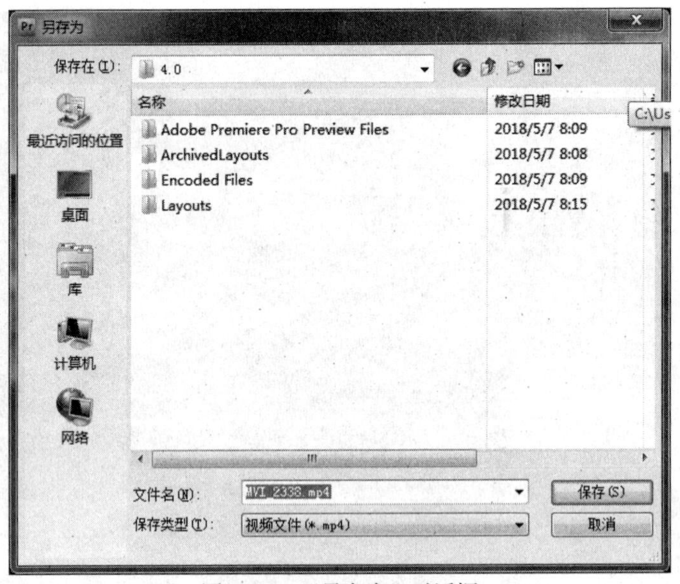

图29-20 “另存为”对话框

第 14 步：单击“保存”按钮，显示视频文件的渲染进度。

第 15 步：渲染结束后，检查输出的视频是否生成在指定的位置，并检查视频是否完整等。如果无误，精美的宣传片头就做好了。

三、案例拓展

恩琪同学为姐姐做了婚礼的花絮后还想准备一个精美的婚礼电子相册，以备朋友圈转发以及放映。请按下列要求完成操作：

- 选择序列的有效预置为“AVCHD 1080P 25”格式，对预置内容进行核对，确认效果为“1920*1080”“25帧”。
- 为视频开头加上字幕，字幕的内容分为两行，分别为“胡天＆安琪”“2018.5.9”。设置字幕为黑场淡入、黑场淡出的效果。
- 将需要展现的照片全部导入时间线中，并在每两张照片的中间添加“交叉叠化”效果。
- 导入音乐素材“最重要的决定.mp3”，并将图片素材后多余的音乐素材用“剃刀”工具裁剪掉，为音乐设置淡出效果。
- 为视频设置出点和入点，设置视频输出格式为H.264，保存文件到桌面上，文件名为“婚礼宣传片.mp4”。

案例三十

制作手机铃声

Adobe Audition 3.0 是一款比较专业的音频制作软件，可以创建音乐、录制和混合项目、制作广播点、整理电影的音频，还可以为视频游戏设计背景音乐等。Adobe Audition 3.0 中灵活的多声道编辑功能、增强的噪音减少和相位纠正工具，以及 VSTi 虚拟仪器支持功能深受音频制作爱好者的喜爱。

小慧同学特别喜欢《天国的阶梯》这段音乐，想要截取其中的一部分，制作一段个人专属的手机铃声。通过本案例可以利用 Adobe Audition 3.0 软件对声音进行剪辑、增加混合效果、降噪、输出等操作，实现基本的音频编辑功能。

一、案例设计

- 打开Adobe Audition 3.0，导入音频素材“天国的阶梯.mp3”。
- 删除不需要的音乐素材片段。
- 为音乐设置效果。
- 输出音频。

二、案例分析

1. 进入Adobe Audition 3.0的操作界面

双击桌面上的 Adobe Audition 3.0 快捷方式，打开 Adobe Audition 3.0 软件，即可进入 Adobe Audition 3.0 的操作界面，如图 30-1 所示。

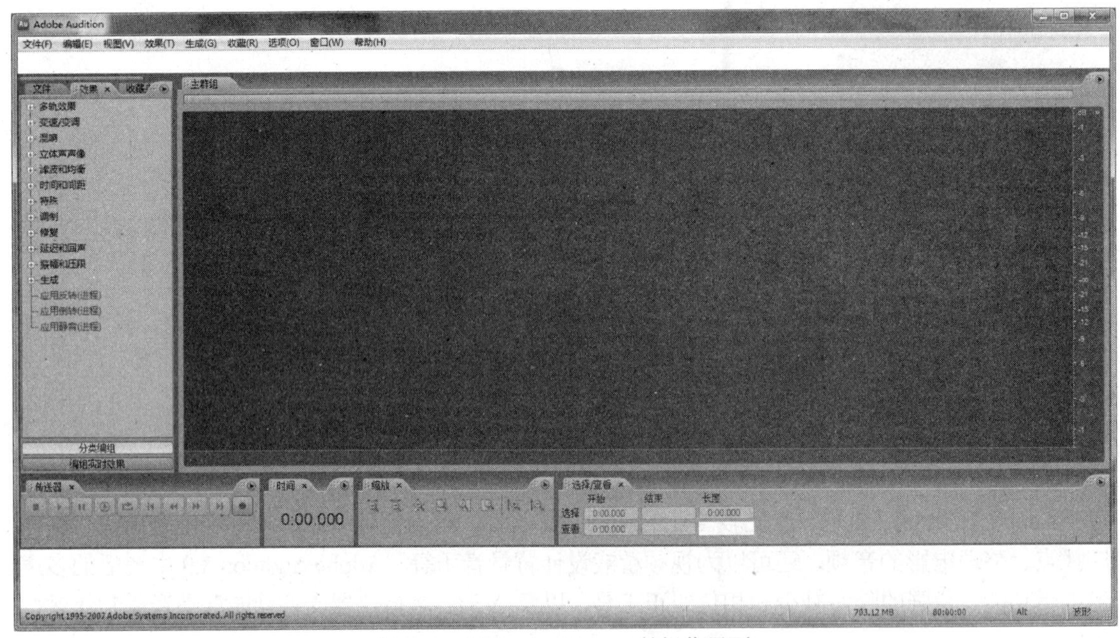

图30-1　Adobe Audition 3.0的操作界面

2. 导入音乐

单击“文件”菜单中的“打开”菜单命令，弹出“打开”对话框，如图30-2所示。在该对话框中找到音频素材“天国的阶梯.mp3”。单击“打开”按钮完成音频的导入。

图30-2　“打开”对话框

双击编辑音频轨道左侧的音乐名称，音乐的波形就出现在音频编辑轨道上，如图30-3所示。

3. 删除不需要的音乐素材片段

第1步：将鼠标指针移到需要编辑的音频关键点，按F8键，就在音频编辑轨道上标记了一个时间点，如图30-4所示。此时标记的第一个区域就会显示“标识01”字样，如图30-5所示，表示该位置已被标记。

图30-3　导入音乐素材到音频编辑轨道上

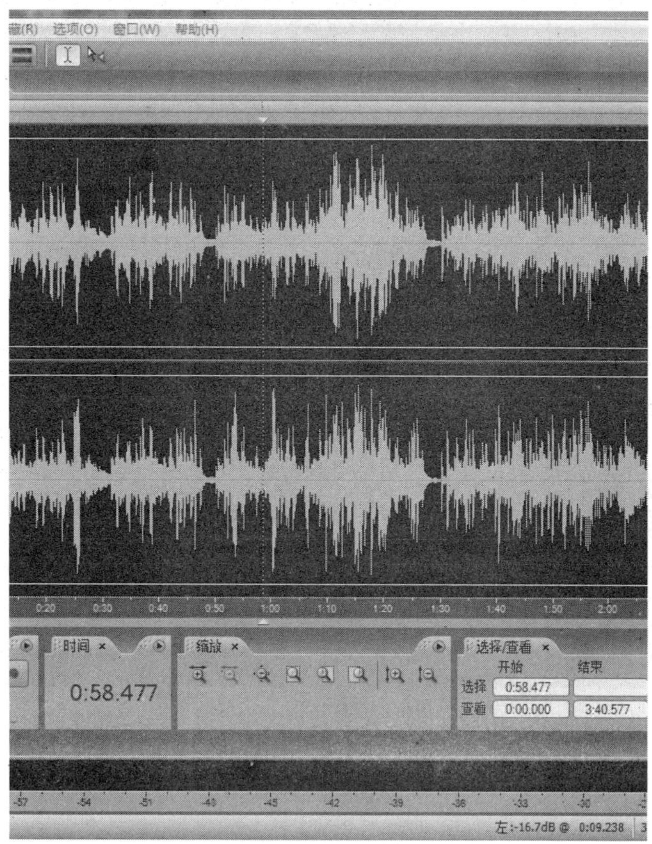

图30-4　时间标尺示意图

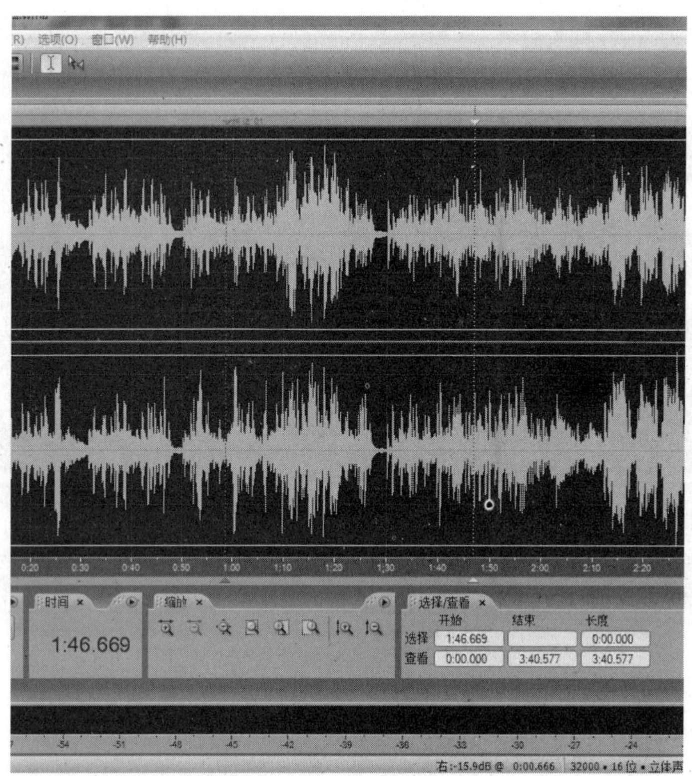

图30-5　“标记01”示意图

第 2 步：在另一个需要标记的关键点位置按 F8 键进行标记，音频编辑轨道上会出现“标记02”字样，如图 30-6 所示。

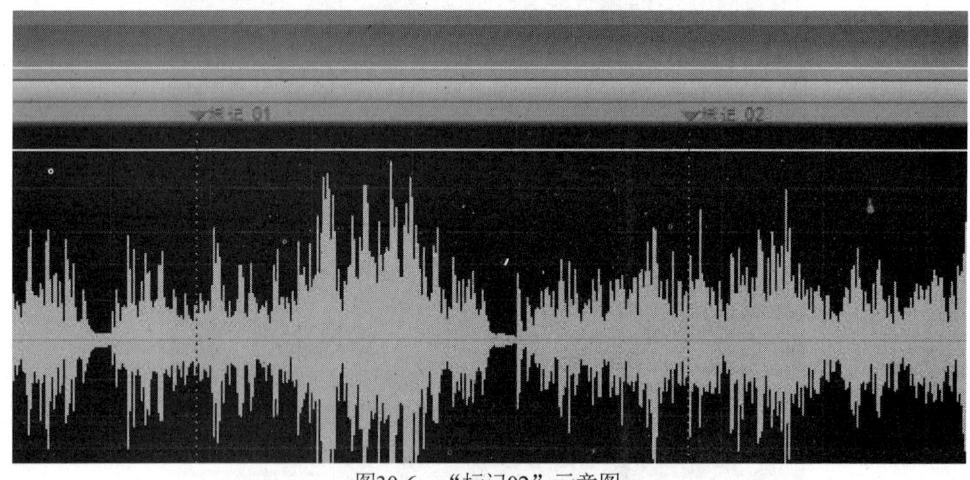

图30-6　“标记02”示意图

第 3 步：拖动鼠标选中需要删除的部分，被选中的区域以白色背景显示。按 Delete 键完成删除，如图 30-7 所示。

第 4 步：重复第 3 步，将另一段不要的音频片段删除，这样被标记的音频片段就留在了音频编辑轨道上。

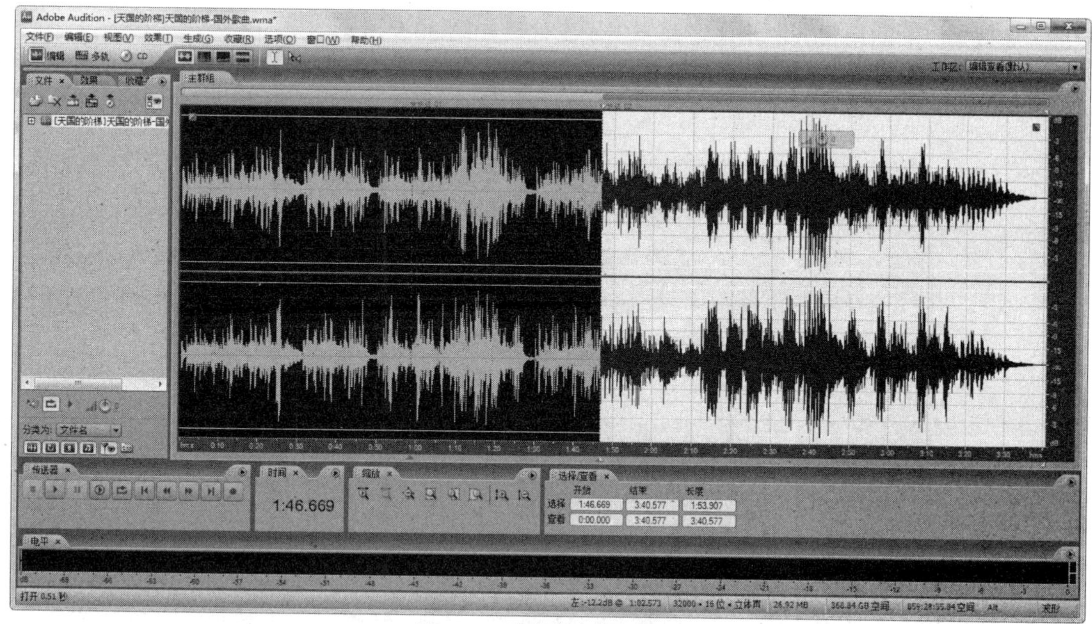

图30-7 删除多余音频片段

4. 为音乐设置效果

第 1 步：选择“效果”菜单中的“混响”子菜单中的“房间混响”菜单命令，弹出“VST 插件-房间混响”对话框。选择“预设效果”中的 ROOM Ambience 1，如图 30-8 所示。将“房间大小”的值设置为 80，将“立体声宽度”设置为 70，将其他的变量调整到喜欢的位置，单击“确定”完成效果的设置。

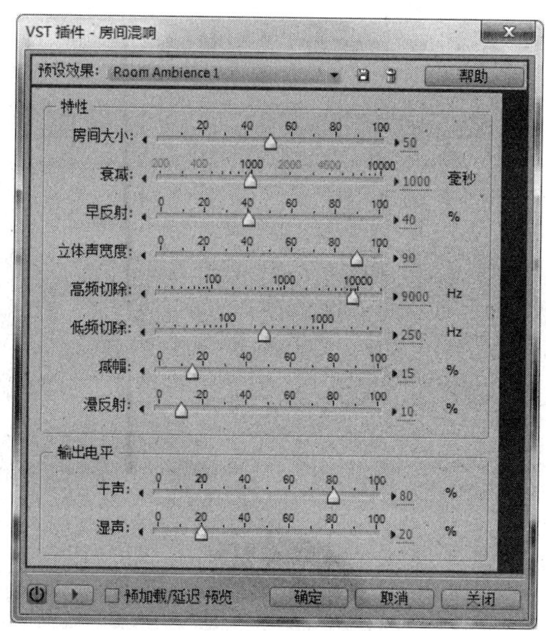

图30-8 设置Room Ambience1效果

添加效果以后的声音波形相比之前发生了变化，如图 30-9 所示。

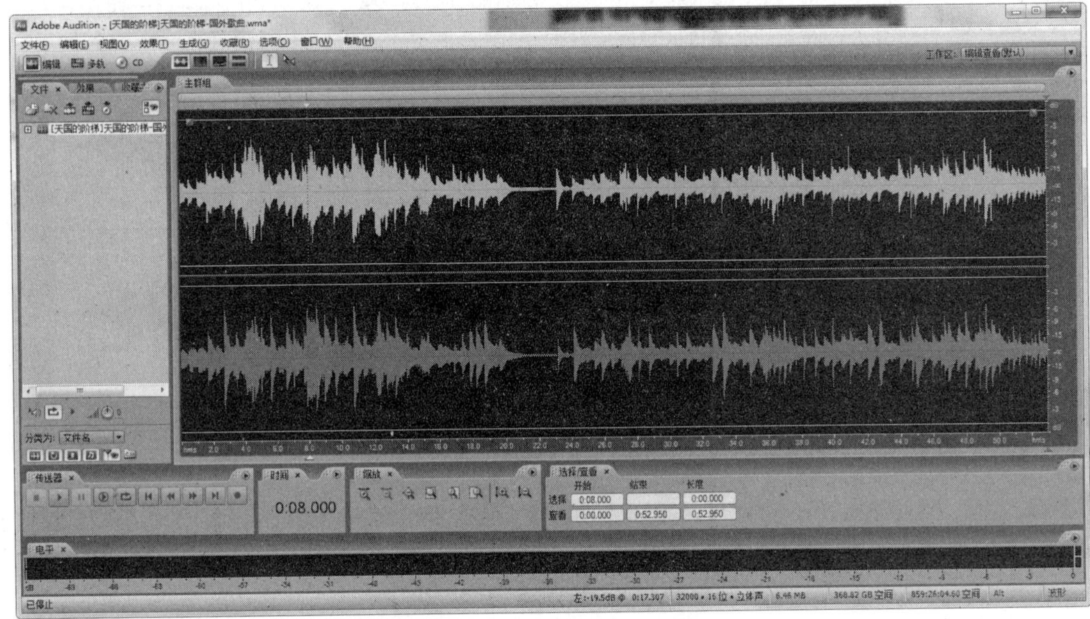

图30-9　添加效果后的声音波形

提示：

在通过软件进行声音的录制时需要对声音进行降噪处理，方法是在“效果”菜单中找到降噪的选项，进行相应的调整即可。

第 2 步：用鼠标按住音频编辑轨道上的“淡化”工具按钮，拖动鼠标，出现黄色的弧线，如图 30-10 和图 30-11 所示，这表示音频进行淡入淡出效果的编辑状态。

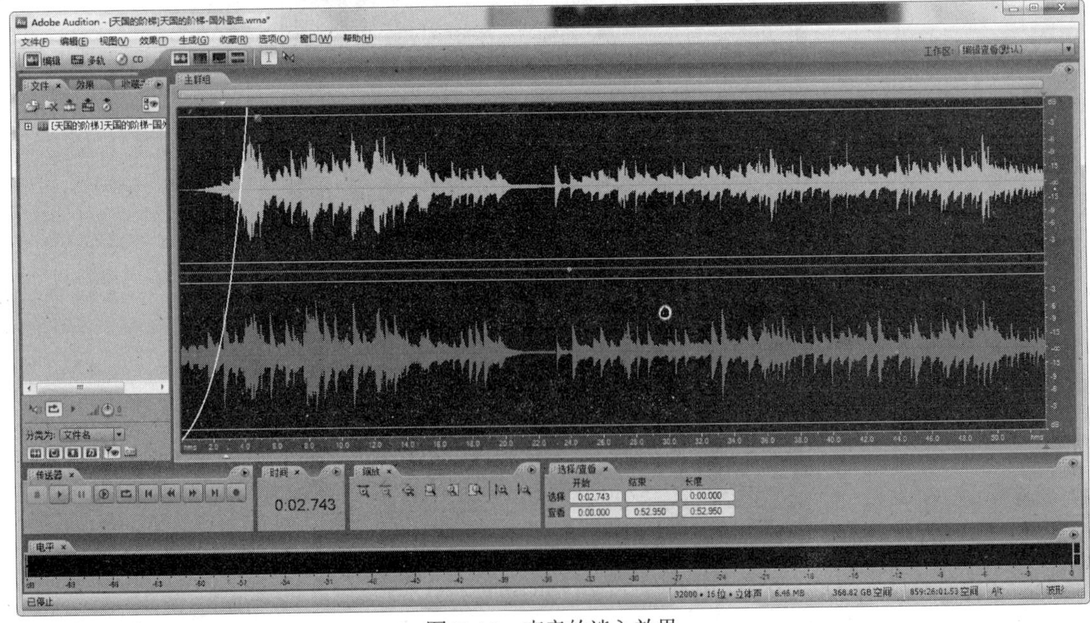

图30-10　声音的淡入效果

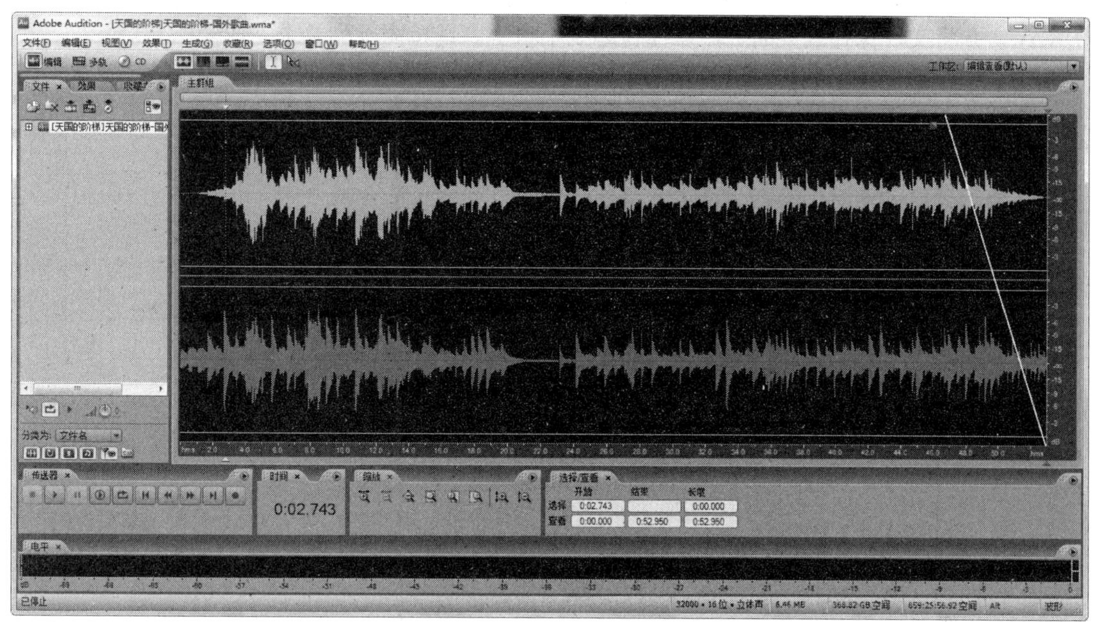

图30-11　声音的淡出效果

5. 输出音频

选择“文件”菜单中的“另存为”菜单命令，打开 “另存为”对话框，如图 30-12 所示。将保存位置设置为“桌面”，文件类型选择 MP3 格式。设置文件名后，单击“保存”按钮完成音频的输出。

图30-12　“另存为”对话框

三、案例拓展

小慧同学想录制一段自己的声音作为手机铃声。请利用 Adobe Audition 3.0 软件录制一段声音并对声音做一下降噪处理。在声音中截取 0~15 秒的音频，保存为“手机铃声”，音频格式设置为 WAV，并将文件保存到桌面上，以便传输到手机上。请按照下列要求完成操作。

- 连接好麦克风，利用传送器中的“录音”按钮，录制一段自己专属的声音。
- 将时间指针指示到0:15.00的位置，做好标记后将多余的音频删除。
- 利用“效果”菜单中的“修复”降噪器，对录制的声音进行降噪处理。
- 将处理好的声音保存在桌面上，并将音频格式设置为WAV。

参考文献

[1] 古燕. 全国计算机等级考试二级教程——MS Office 2010 高级应用(2018 年版)[M]. 北京：高等教育出版社，2017.

[2] 王磊，崔维响，步英雷. 计算机应用基础实训案例教程[M]. 北京：高等教育出版社，2017.

[3] 段永平，陈海英. 计算机应用基础教程：Windows 7 + Office 2010[M]. 北京：清华大学出版社，2017.

[4] 陈遵德. Office 2010 高级应用案例教程[M]. 北京：高等教育出版社，2014.

[5] 未来教育教学与研究中心[M]. 成都：电子科技大学出版社，2014.

[6] 张萍，王磊，崔维响. 计算机应用基础实训案例[M]. 东营：中国石油大学出版社，2015.